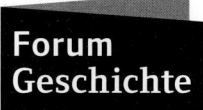
Forum
Geschichte

Kompetenztraining Geschichte

Selbstdiagnose-, Förder- und
Testbögen als Kopiervorlagen

Erarbeitet von Dr. Frank G. Becker
und Holger Reiner Strunz
unter Mitarbeit der Verlagsredaktion

Erarbeitet von:
Dr. Frank G. Becker
und Holger Reiner Stunz
unter Mitarbeit der Verlagsredaktion

Redaktion: Dr. Christine Keitz
Bildassistenz: Dagmar Schmidt
Karten und Grafik: Dr. Volkhard Binder, Berlin; Peter Herlitze, Berlin
Umschlaggestaltung: Ungermeyer, grafische Angelegenheiten,
unter Verwendung einer Fotografie von Corbis / © Andrew Fox
Layout und technische Umsetzung: David van der Kemp (Füsgen Media, Berlin)

www.cornelsen.de

Die Links zu externen Webseiten Dritter, die in diesem Lehrwerk angegeben sind,
wurden vor Drucklegung sorgfältig auf ihre Aktualität geprüft. Der Verlag übernimmt
keine Gewähr für die Aktualität und den Inhalt dieser Seiten oder solcher, die mit ihnen
verlinkt sind.

1. Auflage, 4. Druck 2014

© 2010 Cornelsen Verlag, Berlin
© 2014 Cornelsen Schulverlage GmbH, Berlin

Druck: freiburger graphische betriebe

ISBN 978-3-06-064939-6

 Inhalt gedruckt auf säurefreiem Papier aus nachhaltiger Forstwirtschaft.

Inhaltsverzeichnis

Inhaltsverzeichnis

Inhaltsverzeichnis

Inhaltsverzeichnis

Einleitung

Selbsteinschätzungs-, Förder- und Testbögen zeigen konkret, wie kompetenzorientierter Geschichtsunterricht aussehen kann

A.   Überlegungen zur Didaktik

Eine Szene – Geschichtsunterricht wie er aussehen kann: Die Lehrerin hat mit ihrer 6. Klasse „Die Lebenswelt der Griechen in der Antike" erarbeitet. Nun soll eine Lernkontrolle geschrieben werden. Die Schülerinnen und Schüler fragen, was sie denn nun lernen sollen. So viel Stoff! Und Kunstwerke entschlüsseln – müssen wir das auch können? Und die Namen der griechischen Götter und Philosophen? Die Lehrerin merkt an den Fragen, dass die Klasse unsicher ist. Unsicher nicht nur im Stoff, sondern auch in Bezug auf das, was in der Lernkontrolle von ihnen verlangt werden wird. Zudem weiß sie, dass der Unterricht sehr unterschiedliche Früchte getragen hat; einige der Kinder haben Lücken und über wichtige Probleme nicht nachgedacht.

Natürlich ist auch ein **Selbsteinschätzungsbogen** kein Allheilmittel. Aber der Appell, das eigene Können und die Defizite zu benennen, sowie die freiwillige Selbsteinschätzung sind der erste Schritt, um Lücken zu schließen und Kenntnisse nicht nur zu pauken, sondern sich verstehend anzueignen. Mit ergänzenden **Förderbögen** können die Schülerinnen und Schüler individuell Wissen aufarbeiten und vertiefen. Transparenter Geschichtsunterricht legt offen, was unter welchen Fragestellungen gelernt werden soll und welche Techniken dazu erforderlich sind. Und er macht sichtbar, wo man – im Buch wie in zusätzlichen Materialien – Hinweise finden kann, um sich noch besser vorzubereiten. Diese Kopiervorlagensammlung soll die Selbsteinschätzung sowie individuelles, selbstgesteuertes Lernen ermöglichen. Grundlage hierfür sind erstmals nicht nur die historischen Inhalte, sondern auch die verschiedenen Kompetenzen, die zunehmend in die Bildungsstandards aufgenommen werden.

Bislang liegen den interessierten Geschichtskolleginnen und -kollegen zwei scheinbar unvereinbare Anforderungen vor: zum einen der Lehrplan mit seiner **Stofffülle**, zum anderen die lange Liste von **Kompetenzen**, die die Schülerinnen und Schüler im Laufe ihrer Schulkarriere erwerben sollen: z. B. beurteilen, Meinung bilden, Fremdverstehen entwickeln, Gegenwartsbezüge herstellen. Die entscheidende Frage, wie man die hohen Ziele des Kompetenzerwerbs mit den stofflichen Anforderungen des Lehrplans in Einklang bringen kann, ist bislang nicht gelöst.
Die Auffassung, dass Geschichte ein Denkfach ist, ja sein muss, damit es in unserer Gegenwart eine Berechtigung hat, setzt sich langsam durch. Lange hat auch die Fachdidaktik darüber gestritten, wie man das historische Denken lehren, überprüfen und bewerten kann – kurz: wie **historisches Bewusstsein** „gemessen" werden kann. Die Geschichtswissenschaft und die Schuldidaktik sind sich der-

zeit weitgehend einig, dass der Kompetenzbegriff der Schlüssel zur Beantwortung dieser Frage ist. Auch die Kultusministerien setzen ihn in rechtliche Vorgaben um.

Diese Handreichung bietet den Schülerinnen und Schülern Anhaltspunkte, was von ihnen im **Denkfach Geschichte** erwartet wird und wie sie dieser Anforderung gerecht werden können. Wir, die Autoren, wollen eine Schnittmenge zwischen der Stofffülle des Curriculums und den Kompetenzerfordernissen aufzeigen, die weder die Lehrerinnen und Lehrer noch die Kinder überfordert. Ausgangspunkt und Medium dieser Konkretisierung ist das jeweils im Unterricht eingesetzte **Geschichtsschulbuch**, das bei der Bearbeitung der Förderbögen mit herangezogen werden kann. Zu Grunde liegen auch Überlegungen zum kompetenzorientierten Geschichtsunterricht, wie er in der Zeitschrift „Geschichte lernen", Heft 116/2007, vorgestellt wurde.

In diesem Heft finden Sie keine Tests im eigentlichen Sinne, um über die Kompetenzen von Schülerinnen und Schülern Buch führen zu können. Um eine Messbarkeit des Bildungserfolgs im engeren Sinne geht es nicht. Wohl aber um Instrumente für Ihre Klassen, um sich nach dem Prinzip der Selbsteinschätzung frei von Benotungsdruck zu fragen, was sie verstanden haben und wo sie noch etwas nacharbeiten müssen. Die jedes Kapitel abschließenden **Testbögen** sind weniger Vorlagen für Lernkontrollen, sondern sollen eher als Übungen nochmals zentrale Bereiche aus der Einheit aufgreifen. Viele dieser Bögen eignen sich auch für die Wochenplanarbeit, da sie einer umfangreicheren ganzheitlichen Problemstellung folgen. Wir setzen mit diesen Instrumenten auf die Entwicklung einer Selbstwahrnehmung bei den Schülerinnen und Schülern. Im Zentrum stehen deshalb die Selbstbewertungsbögen, die den Schülerinnen und Schülern umreißen, was von ihnen erwartet wird und welche Fragen sie beantworten können sollen.

Anhand der Kopiervorlagen „Kompetenztraining Geschichte" wird das Desiderat einer Konkretisierung der Schnittmenge von Stoff, Lehrplan und Kompetenzen eingelöst. Es ist ein Vorschlag für die Zusammenführung der verschiedenen Interessen von Schülern, Lehrerinnen, Fachdidaktikern, Bildungsforscherinnen, Schulbuchverlagen und Kultusbehörden. Viele Ideen dieser Handreichung sind unterrichtserprobt, viele können es noch nicht sein. Wir hoffen dennoch, einen Konsens gefunden zu haben, der hilft, Geschichte als Denkfach mit seinen speziellen Erfordernissen und Techniken zu profilieren.

B. Zum Einsatz der Kopiervorlagen im Unterricht

Der Einsatz von **Selbsteinschätzungsbögen** im Geschichtsunterricht der Sekundarstufe I wird vermutlich sowohl für die unterrichtende Lehrkraft wie auch für die Schülerinnen und Schüler ungewohnt sein. Beide Seiten müssen den Umgang mit diesem neuen didaktischen Instrument lernen, um seinen Nutzen zu erkennen. Wer allerdings bereits nach dem ersten Einsatz eine spürbare Verbesserung erwartet, wird unter Umständen enttäuscht.

Die Fähigkeit, die eigenen historischen Sach- und Methodenkompetenzen einschätzen zu können, ist auch für Schülerinnen und Schüler ein Lernprozess. Wir empfehlen daher unabhängig von der Altersstufe, dass die Lehrkraft den ersten ausgegebenen Selbsteinschätzungsbogen im Unterricht mit der Klasse bespricht, beispielsweise um Fragen zur Bedeutung der verwendeten Operatoren zu klären. Mit fortschreitender Übung erlangen beide Seiten größere Routine im Umgang mit dem Medium „Selbsteinschätzungsbogen". Voraussetzung hierfür ist die Bereitschaft, sich auf den anfänglichen Mehraufwand einzulassen, der nach unseren Erfahrungen aber nicht nur zu besseren Ergebnissen bei Lernkontrollen führt, sondern den Lernenden hilft, ihren Arbeitsprozess selbst zu strukturieren und zu evaluieren, was langfristig für beide Seiten zu einer Entlastung führen kann. So ist beispielsweise denkbar, dass geübte „Selbsteinschätzer" auf der Basis einer zurückliegenden Unterrichtseinheit selbst ermitteln, welche Sach-, Methoden-, Handlungs- und Urteilskompetenzen wichtig waren und für die Klasse einen individuellen Selbsteinschätzungsbogen erstellen.

Prinzipiell sehen wir folgende Möglichkeiten zum Einsatz der hier vorliegenden Selbsteinschätzungsbögen im Unterricht:

- **Am Ende einer Unterrichtseinheit** teilt die Lehrkraft den Selbsteinschätzungsbogen aus. Die Schülerinnen und Schüler setzen sich – anfangs eher während des Unterrichts, später zunehmend zu Hause – mit den von ihnen erwarteten Kompetenzen auseinander und schätzen selbst ein, wie gut sie diese beherrschen. Anschließend sammelt die Lehrkraft die Bögen wieder ein, wertet sie aus und erhält so einen differenzierten Überblick, bei welchen Anforderungen noch Förderbedarf besteht. Ob diese Bögen anonym ausgefüllt werden oder ob die Schülerinnen und Schüler der Lehrkraft durch Handzeichen signalisieren, wo sie sich noch unsicher fühlen, wird im Einzelfall zu entscheiden sein. Im Anschluss sollten die Möglichkeiten besprochen werden, wie die noch nicht beherrschten Kompetenzen aufgearbeitet werden können, beispielsweise durch das Angebot der Förderbögen.
- Der im Teil A beschriebene Einsatz der Selbsteinschätzungsbögen **vor Lernkontrollen** wird vermutlich in der Praxis den größten Anteil ausmachen. Hierfür müssten die Bögen etwa sieben bis zehn Tage vor der Lernkontrolle ausgeteilt werden, damit die Lernenden noch genügend Zeit zum Schließen ihrer Lücken haben. In diesem Zusammenhang können die Bögen

auch dazu verwendet werden, den Schülerinnen und Schülern zu zeigen, was in der Lernkontrolle „drankommt" – und was nicht. Hier haben wir sowohl von den Lernenden selbst als auch von deren **Eltern** dankbare Zustimmung erhalten, die sich durch die Selbsteinschätzungsbögen besser informiert fühlen.

- Die Selbsteinschätzungsbögen wurden auf der Grundlage der neuen kompetenzorientierten Lehrpläne für das Fach Geschichte in der Sekundarstufe I des Gymnasiums erstellt. In der Praxis wird die Lehrkraft aber Kompetenzerwartungen streichen oder hinzufügen, zusätzliche Materialien verwenden, Exkurse unternehmen, ein Thema vertiefen und ein anderes hingegen nur kurz streifen. Aus diesem Grund liegen die Materialien dieser Handreichung auch auf **CD-ROM** vor, sodass die Kolleginnen und Kollegen **auf den eigenen Unterricht zugeschnittene Bögen** durch Änderungen, Ergänzungen und Streichungen erstellen können. Dies ist umso wichtiger, weil die Schülerinnen und Schüler das Instrument erst dann schätzen lernen, wenn sie den zurückliegenden Unterricht auf den Selbsteinschätzungsbögen wiederfinden. Auch die oben vorgeschlagenen, von Schülerhand erstellten Bögen lassen sich so realisieren bzw. mit Vorgaben der Lehrkraft kombinieren.

Die große Stärke dieser Selbsteinschätzungsbögen ist es, dass sie den Schülerinnen und Schülern nicht nur die im Geschichtsunterricht erforderlichen Kompetenzen transparent machen, sondern ihnen zugleich Hilfen zum Aufarbeiten ihrer individuell verschiedenen Lücken aufzeigen. Die letzte **Spalte „Hilfen finde ich hier"** verweist allgemein auf das Schülerbuch (SB) – die Lehrkraft kann an dieser Stelle auch konkrete Seitenverweise ergänzen – und/oder gezielt auf Förderbögen.

Verschiedene Einsatzmöglichkeiten der **Förderbögen** sind denkbar:

- Sollte die Lehrkraft, wie oben beschrieben, die Selbsteinschätzungsbögen zur Evaluierung des Unterrichts auswerten, kann sie den Lernenden auf dieser Grundlage die passenden Förderbögen zur Aufarbeitung der Lücken austeilen. Vor allem in den unteren Klassen dürfte es anfangs noch notwendig sein, die Schülerantworten bewertungsfrei zu korrigieren.
- Bei zunehmender Routine im Umgang mit der Selbsteinschätzung reicht es, die Förderbögen als Kopiervorlagen oder laminierte Blätter im Klassenschrank zu deponieren und es den Schülerinnen und Schülern selbst zu überlassen, die individuell festgestellten Lücken mithilfe der Verweise auf das Unterrichtsbuch bzw. die Förderbögen zu schließen. Anhand der Lösungen zu jedem Förderbogen können die Schülerinnen und Schüler ihre Antworten selbst überprüfen. Hat eine Klasse diesen Grad der Selbstständigkeit und Eigenverantwortung erreicht, bereitet der Einsatz der Selbsteinschätzungsbögen auch keinen zusätzlichen Arbeitsaufwand mehr.

Ein generelles Problem im Umgang mit den Selbsteinschätzungsbögen soll nicht verschwiegen werden: Vielen
Schülerinnen und Schülern fällt es schwer, ihre eigenen
Sach-, Methoden-, Handlungs- und Urteilskompetenzen
zutreffend einzuschätzen und die daraus notwendigen
Schlüsse zu ziehen. Insbesondere Jungen attestieren sich
gerne vorschnell größere Kompetenzen, während sich die
Mädchen bisweilen zurückhaltender einschätzen. Die
divergierende Selbst- und Fremdwahrnehmung sollte
unbedingt in der Einführungsphase der Selbsteinschätzungsbögen durch die Lehrkraft thematisiert werden.
Lehrerinnen und Lehrer sind nach wie vor verpflichtet, den
Lernprozess zu beobachten und eigenständig zu bewerten. Nur ein Austausch über Kenntnisse, Defizite und
Lerndesiderate kann zu guten Ergebnissen führen. Die
Selbsteinschätzungsbögen holen die Lernenden mit ins
Boot und machen ihnen Angebote, umreißen, welche
fachlichen und methodischen Kompetenzen von ihnen
erwartet werden. Nur wenn die Selbsteinschätzung weitgehend frei von Bewertungsdruck oder Scham ist, arbeiten Schülerinnen und Schüler an der Selbstwahrnehmung
und werden zu kompetenten Gesprächspartnern im Austausch über den eigenen Leistungsstand und das Lern-
vermögen der Lerngruppe.

Wünschenswert wäre es weiterhin, dass man trotz der
Stofffülle und chronisch knapper Unterrichtszeit die Möglichkeit findet, einen Kurztest zu schreiben, der nicht in die
Halbjahreswertung einfließt. Zu diesem Zweck haben wir
auf der Grundlage jeder Unterrichtseinheit jeweils einen
umfangreichen **Testbogen** konzipiert, der nicht als Ko-
piervorlage für eine Lernkontrolle gedacht ist und daher
auch keine Punktgewichtung oder Zeitvorgabe enthält.
Stattdessen sollen die Schülerinnen und Schüler unabhängig von Noten testen können, inwieweit sie die selbst
attestierten Sach-, Methoden-, Handlungs- und Urteilskompetenzen tatsächlich besitzen.

Wie auch bei den Förderbögen liegen zu den Testbögen
Lösungen vor.

Selbsteinschätzungsbögen im Geschichtsunterricht sind
sicherlich keine didaktische „Wunderwaffe". Sie machen
jedoch **Anforderungen transparent** und geben Orientie-
rungshilfen. Somit können sie dazu beitragen, Enttäu-
schungen und Frust zu vermeiden und das historische
Interesse am Fach zu bewahren. Und nicht zu vergessen:
Selbsteinschätzungsbögen fördern die Kompetenz der
Schülerinnen und Schüler, ihre eigenen Fähigkeiten und
Fertigkeiten realistisch einzuschätzen – ein entscheiden-
der Schritt im Lernprozess im Denkfach Geschichte.

C.   Weiterführende Literatur

AHLRING, I./ZINKE, B., Lerndiagnose als emphatische
    Beobachtung. In: Praxis Schule 5–10 (Februar 2003),
    S. 1–4.

CONRAD, F. (Hg.), Diagnostizieren im Geschichtsunter-
    richt. Themenheft von: „Geschichte lernen" 116 (2007).

HASBERG, W., Von Pisa nach Berlin. Auf der Suche nach
    Kompetenzen und Standards historischen Lernens. In:
    Geschichte in Wissenschaft und Unterricht (GWU) 12
    (2005), S. 684–702.

HELMKE, A., Unterrichtsqualität erfassen, bewerten, ver-
    bessern, 3. Auflage, Seelze, 2004.

INGENKAMP, K., Lehrbuch der pädagogischen Diagnos-
    tik, 2. Auflage, Weinheim/Basel, 1992.

KLIEME, E., Zur Entwicklung nationaler Bildungsstan-
    dards. Eine Expertise, Berlin, 2003.

KRETSCHMANN, R., Erfordernisse und Elemente einer
    Diagnostikausbildung für Lehrerinnen und Lehrer. In:
    Journal für LehrerInnenbildung 2 (2003), S. 9–19.

PANDEL, H.-J., Geschichtsunterricht nach Pisa. Kompe-
    tenzen, Bildungsstandards und Kerncurricula, Schwal-
    bach/Ts., 2005.

SAUER, M., Kompetenzen konkret. Kartenarbeit als Bei-
    spiel für einen Kompetenzbaustein. In: Geschichte, Po-
    litik und ihre Didaktik 34 (2006), S. 36–41.

DERS., Kompetenzen für den Geschichtsunterricht – ein
    pragmatisches Modell als Basis für die Bildungsstan-
    dards des Verbandes der Geschichtslehrer. In: Infor-
    mationen für den Geschichts- und Gemeinschaftskun-
    delehrer 72 (2006), S. 7–20.

1 Älteste Spuren der Menschen

Ich kann, weiß, verstehe …	Sehr sicher	Sicher	Unsicher	Sehr unsicher	Hilfen finde ich hier (SB = Schülerbuch):
1 Ich kann beschreiben, wie die Menschen früher und heute die Zeit gemessen haben bzw. messen.					SB Förderb. 1.1
2 a) Ich kenne verschiedene Zeitrechnungen und					SB Förderb. 1.2
b) kann erklären, weshalb beispielsweise muslimische Mitschülerinnen und Mitschüler heute ein anderes Datum als ihre christlichen Mitschülerinnen und Mitschüler schreiben.					
3 Ich kann die Einteilung der Geschichte in Epochen erklären.					SB
4 a) Ich kenne den Unterschied zwischen einem Sachtext und einer Quelle und					SB Förderb. 1.3
b) kann verschiedene Arten historischer Quellen benennen und unterscheiden.					
5 Ich kann den Begriff „Archäologie" erklären.					SB
6 Ich weiß, wie Archäologen arbeiten, und kann dies an einem Beispiel erklären.					SB
7 Ich kann eine moderne naturwissenschaftliche Methode erklären, mit der sich beispielsweise das Alter von Knochenfunden datieren lässt.					SB
8 a) Ich weiß, dass sich die Menschen zeitgleich in verschiedenen Erdteilen entwickelten.					SB
b) Ich kann darstellen, woher die ersten Menschen kamen und wie sie sich auf der Erde verbreiteten.					
9 Ich kann einen Lehrbuchtext erschließen.					SB Förderb. 1.4
10 a) Ich kenne die Stationen in der Entwicklung der Menschen und					SB
b) kann Merkmale der verschiedenen Menschenarten wiedergeben.					

Kompetenztraining Geschichte
9783060649396_GES_P_012.doc

Uhren – damals und heute

M1 Uhren von damals und heute

Pendeluhr

Wasseruhr

Sonnenuhr

Atomuhr in Braunschweig

Sanduhr

Kerzenuhr

Analoge Stoppuhr

Weltzeituhr in Berlin

Arbeitsaufträge:

1   Ordne die verschiedenen Arten von Uhren nach ihrem Alter. Womit werden die Menschen vermutlich zuerst die Zeit gemessen haben?

2   Erkläre, weshalb manche der hier abgebildeten Uhren für unseren heutigen Alltag ungeeignet sind.

Kompetenztraining Geschichte
9783060649396_GES_P_013.doc

Zeitrechnungen

Die christliche Zeitrechnung wird heute zwar von den meisten Menschen benutzt, aber noch immer führen andere Religionen und andere Kulturen ihre eigenen Kalender, die sich – ähnlich wie im Christentum – an einer Gründergestalt orientieren.
Hier nur eine kurze Auswahl der bekanntesten Zeitmessungen aus vergangenen Epochen und heute:

– Die Ägypter beispielsweise maßen die Zeit jeweils nach den Herrscherjahren ihrer Pharaonen, begannen also regelmäßig wieder von vorne.

– Der jüdische Kalender beginnt mit der Schöpfung der Welt (der Beriah). Erst im vierten nachchristlichen Jahrhundert legte man diese auf das Jahr 3761 v. Chr. fest bzw. errechnete aufgrund von Angaben in der Bibel und im Talmud dieses Jahr als Beginn der Welt.

– Die Griechen zählten die Jahre nach den Olympischen Spielen. Der Zeitraum von vier Jahren wurde als „Olympiade" bezeichnet. Die erste Olympiade fand im Jahr 776 v. Chr. statt.

– Der ursprüngliche römische Kalender war ein Mond-Kalender und hatte 355 Tage. Er begann im März, und die Römer bezogen sich auf das Datum der legendären Gründung ihrer Stadt durch Romulus im Jahr 753 v. Chr. Diese Datierung wurde allerdings erst über drei Jahrhunderte später systematisch benutzt. Bis dahin datierten die Römer nach den Amtszeiten ihrer Regierungschefs, der jeweils regierenden Konsuln.

– Im Buddhismus orientiert man die Zeitrechnung traditionell am Todestag des Buddhas Siddhartha Gautama 544 v. Chr., obwohl dieses Datum inzwischen angezweifelt wird.

– Die islamische Zeitrechnung beginnt mit dem Jahr 622 n. Chr., dem Jahr, als Mohammed nach Medina flüchtete. Allerdings richtet sich dieser Kalender nach dem Mond, weshalb ein Jahr nach islamischer Rechnung etwa nur 354 Tage hat. Die Umrechnung der beiden Datierungsweisen ist daher recht kompliziert. Unter *http://www.oriold.uzh.ch/static/hegira.html* findest du aber eine „Umdatierungsmaschine". Der iranische Kalender, der seit 1979 in Kraft ist, beginnt zwar ebenfalls mit dem Jahr 622 n. Chr., basiert aber auf dem Sonnenjahr.

– Von 1873 bis zum Ende des Zweiten Weltkriegs datierten die Japaner nach der Krönung ihres ersten legendären Königs im Jahr 660 v. Chr.

Weiterführende Informationen findest du unter *http://de.wikipedia.org/wiki/Liste_der_Kalendersysteme*.

Arbeitsaufträge:

1 Erkläre, weshalb M1 drei verschiedene Datumsangaben enthält.

2 Zeichne eine Zeitleiste von 4000 v. Chr. bis 2100 n. Chr., in der 1 mm 10 Jahren entspricht. Trage zuerst das Jahr „0" ein, das es nach unserer Zeitrechnung eigentlich nicht gibt. Trage nun den Beginn der verschiedenen Zeitrechnungen ein, die du kennengelernt hast.

3 Rechne – sofern möglich – unser aktuelles Kalenderjahr in die anderen Datierungsweisen um.

M1 Titelkopf der israelischen Zeitung „The Jerusalem Post"

THE JERUSALEM POST

www.jpost.com

TUESDAY, JULY 22, 2003 • 22 TAMUZ 5763 • 22 JUMADA AL-ULA 1424

Kompetenztraining Geschichte
9783060649396_GES_P_S014_01_FB02.doc

Quellenarten und Sachtexte unterscheiden

Wir unterscheiden zwischen Quellen (aus einer Zeit) und Sachtexten (über eine Zeit).

Arbeitsauftrag:

Ordne die Begriffe den verschiedenen Quellenarten oder den Sachtexten zu. Lege hierzu eine Tabelle wie unten angedeutet an und trage die Begriffe dort ein.

Lexikon   Zeugnis   Jugendzeitungen

Mäppchen   Darstellungstext
                        Waffen

Plakat   Koran
                            Altar   Becher
          Verträge

Höhlenmalereien   Werbeprospekte   Zeichnungen

Internettexte   Tagebucheintrag   Fotos
                                                Schülerausweis

Spielzeug   Volksfest
                              Inschriften

Gemälde   Briefmarken
          Schuhe   Videorecorder

                                      Volkslied
                                Comic
          Lehrbuchtext
Mumien   Bibel
                                      Geburtsurkunde

Baseballschläger   Schulhefte   Fernseher   Fußball

          Glas   Brief
                        Zeitung

Videokassetten   Grabstein
          Märchen   Pyramiden
Thora
          Schminke   Kleidung
                    Schülerzeitung

Textquellen	Bildquellen	Mündliche Quellen	Traditionen	Überreste	Sachtexte

Kompetenztraining Geschichte
9783060649396_GES_P_015.doc

Einen Lehrbuchtext über Urmenschen erschließen

Lehrbuchtexte gehören zu den Sachtexten (Texte über eine Zeit). Sie werden von den Verfasserinnen und Verfassern des Schülerbuchs geschrieben. Die folgende Methode „Einen Lehrbuchtext erschließen" hilft dir, diese Texte besser zu verstehen.

Arbeitsauftrag:

Erschließe den Darstellungstext nach der Methode „Einen Lehrbuchtext erschließen".

M1 Archäologen auf der Spur des Urmenschen

Archäologen träumen davon, einmal das vollständige Skelett eines Millionen Jahre alten Menschen zu finden. Doch was wie ein spannendes Abenteuer aussieht, ist harte Arbeit.
5 Denn bei manchen Grabungsexpeditionen müssen die Wissenschaftlerinnen und Wissenschaftler auf die Annehmlichkeiten eines bequemen Lebens verzichten: Weit entfernt von einem gut ausgestatteten Labor suchen
10 sie nach Überresten. Sie sind immer bestrebt, eine Antwort auf die Frage zu finden: Wie sind die Menschen zu dem geworden, was sie heute sind? Die Archäologen Richard und Meave Leakey hatten Glück. 1984 machten
15 sie in Kenia einen aufsehenerregenden Fund: die Überreste eines männlichen Urmenschen, der als „Junge vom Turkanasee" bekannt geworden ist.
1987 gab es eine andere Meldung in den
20 Medien: „Eva war Afrikanerin". Archäologen hatten in Ostafrika weibliche Knochenreste entdeckt und herausgefunden: Nicht nur der Ur-, auch der Jetztzeitmensch (= Homo sapiens sapiens) stammt aus dem warmen Kli-
25 ma Afrikas. Er hatte sich dort vor 150 000 Jahren entwickelt und in der Welt ausgebreitet. Diese Vermutung (= Hypothese) wird „Out-of-Africa"-Hypothese genannt.

(Verfassertext)

1. Schritt: Thema des Textes

a) _____

_____

b) _____

2. Schritt: Aufbau des Textes

c) Abschnitte im Text markieren.

d) _____

_____

_____

3. Schritt: Inhalt des Textes

e) _____

_____

_____

f) _____

_____

_____

g) _____

_____

h) _____

_____

4. Schritt: Inhalt zusammenfassen

i) _____

_____

1 Älteste Spuren der Menschen

1 Nenne und erläutere drei andere Zeitrechnungen als die christliche Zeitrechnung.

_____

_____

_____

_____

_____

_____

2 Ordne die folgenden Begriffe den verschiedenen Quellenarten zu:

Begriff   **Quellenart**

a) Tagebucheintrag   _____

b) Legende   _____

c) Fußballschuh   _____

d) Gedenktafel   _____

e) Klassenbuch   _____

f) Digitalfoto   _____

g) Radiointerview   _____

h) Klassenarbeit   _____

i) Weihnachtsfeier   _____

3 Nenne die verschiedenen Menschenarten und datiere ihr Auftreten auf der Erde.

_____

_____

_____

_____

_____

4 Nimm begründet Stellung zu der Behauptung, dass die „Wiege der Menschheit" in Afrika liegt.

Kompetenztraining Geschichte
9783060649396_GES_P_017.doc

2   Altsteinzeit und Neolithische Revolution

Ich kann, weiß, verstehe …	Sehr sicher	Sicher	Unsicher	Sehr unsicher	Hilfen finde ich hier (SB = Schülerbuch):
1 Ich kann folgende Epochen der Menschheitsgeschichte datieren und erklären: **a)** Altsteinzeit					SB
b) Jungsteinzeit					SB
c) Metallzeit					SB
2 Ich kann beschreiben, wie die Menschen der Altsteinzeit lebten.					SB Förderb. 2.1
3 Ich kann die technischen Leistungen der Menschen der Altsteinzeit beurteilen.					SB Förderb. 2.2
4 Ich kann die kulturellen Leistungen der Menschen der Altsteinzeit beurteilen.					SB Förderb. 2.3
5 Ich kann beschreiben, wie die Menschen der Jungsteinzeit lebten.					SB Förderb. 2.4
6 a) Ich kann den Begriff „Neolithische Revolution" erklären und					SB
b) kenne Zentren der Neolithischen Revolution.					SB
7 Ich kann die technischen Leistungen der Menschen der Jungsteinzeit beurteilen.					SB Förderb. 2.5
8 Ich kann die kulturellen Leistungen der Menschen der Jungsteinzeit beurteilen.					SB
9 Ich kann Unterschiede in der Lebensweise der Menschen in der Altsteinzeit und der Jungsteinzeit benennen.					SB Förderb. 2.6
10 Ich kann beschreiben, wie die Menschen der Metallzeit lebten.					SB
11 Ich kann erklären, wie der technische Fortschritt durch die Verwendung von Metallen **a)** das alltägliche Leben der Menschen und					SB
b) die Gesellschaft nach etwa 1800 v. Chr. veränderte.					
12 Ich kenne die Siedlungsgebiete der Kelten.					SB
13 Ich weiß, wie ich in einer Bibliothek an Informationen gelange.					SB
14 Ich kann mit meinen Mitschülerinnen und Mitschülern ein Rollenspiel gestalten.					SB

Leben der Menschen in der Altsteinzeit

Als sich am Ende der letzten Eiszeit die Gletscher aus dem mittleren Europa – dem heutigen Belgien, Nordfrankreich und Deutschland – nach Skandinavien zurückzogen, wanderten Menschen in diese Gebiete ein. Da die Jäger und Sammlerinnen besonders von Rentieren lebten, wird diese Epoche, die Zeit vor 15 000 bis 11 500 Jahren, auch als das Zeitalter des Rentiers bezeichnet. Erkenntnisse über die Lebensweise der Menschen gewannen Forscherinnen und Forscher aus vielen Überresten von Winterlagern, die im Raum Schleswig-Holstein entdeckt wurden. Diese Funde deuten darauf hin, dass die Menschen in Zelten aus Holzstangen, Rentierfellen und Lederriemen wohnten. Für die Jagd benutzten sie Harpunen aus Rentiergeweih, Leder und Holz.

Arbeitsaufträge:

1 a) Erläutere mithilfe der Abbildung, wie die Menschen in der Steinzeit ihre Jagdbeute zur Existenzsicherung verwendeten.

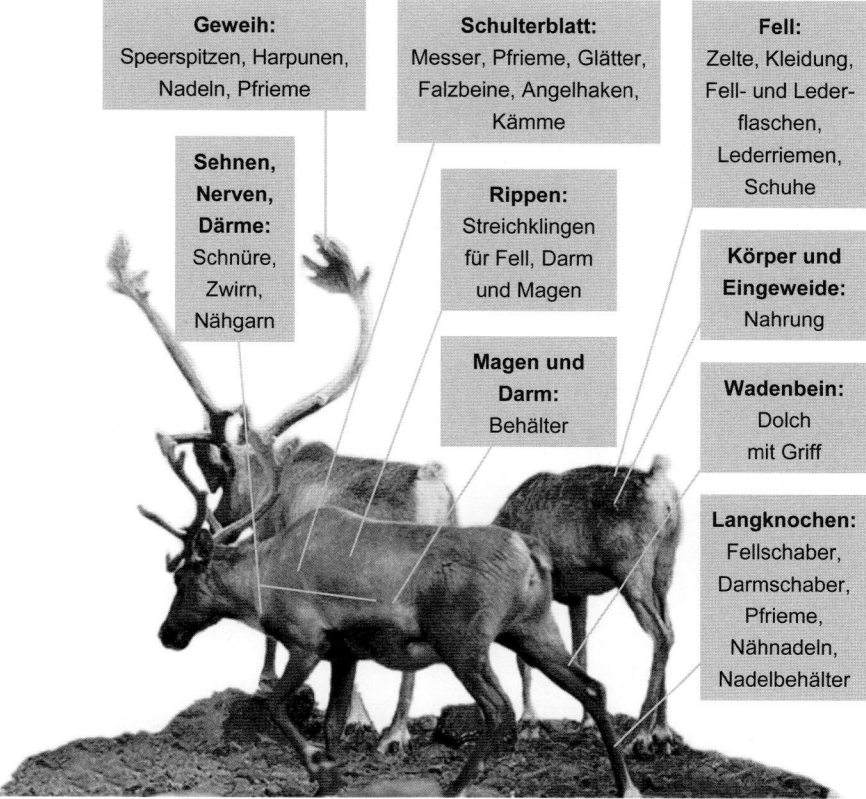

Geweih: Speerspitzen, Harpunen, Nadeln, Pfrieme

Sehnen, Nerven, Därme: Schnüre, Zwirn, Nähgarn

Schulterblatt: Messer, Pfrieme, Glätter, Falzbeine, Angelhaken, Kämme

Rippen: Streichklingen für Fell, Darm und Magen

Magen und Darm: Behälter

Fell: Zelte, Kleidung, Fell- und Lederflaschen, Lederriemen, Schuhe

Körper und Eingeweide: Nahrung

Wadenbein: Dolch mit Griff

Langknochen: Fellschaber, Darmschaber, Pfrieme, Nähnadeln, Nadelbehälter

b) Ordne die Teile nach ihren Verwendungszwecken.

Wohnung	
Kleidung	
Ernährung	
Werkzeuge	
Jagdgeräte	
Körperpflege	

2 Erkläre, welche Fähigkeiten die Menschen in der Altsteinzeit für die gemeinsame Jagd brauchten.

Werkzeuge der Altsteinzeit

Arbeitsaufträge:

1 Trage in die Tabelle Namen und Verwendung der Werkzeuge ein.

2 Nenne zu jedem Steinzeitwerkzeug ein ähnliches modernes Werkzeug.

3 Erkläre, weshalb sich vor allem Werkzeug aus Stein und Knochen erhalten hat.

M1 Werkzeuge der Steinzeit

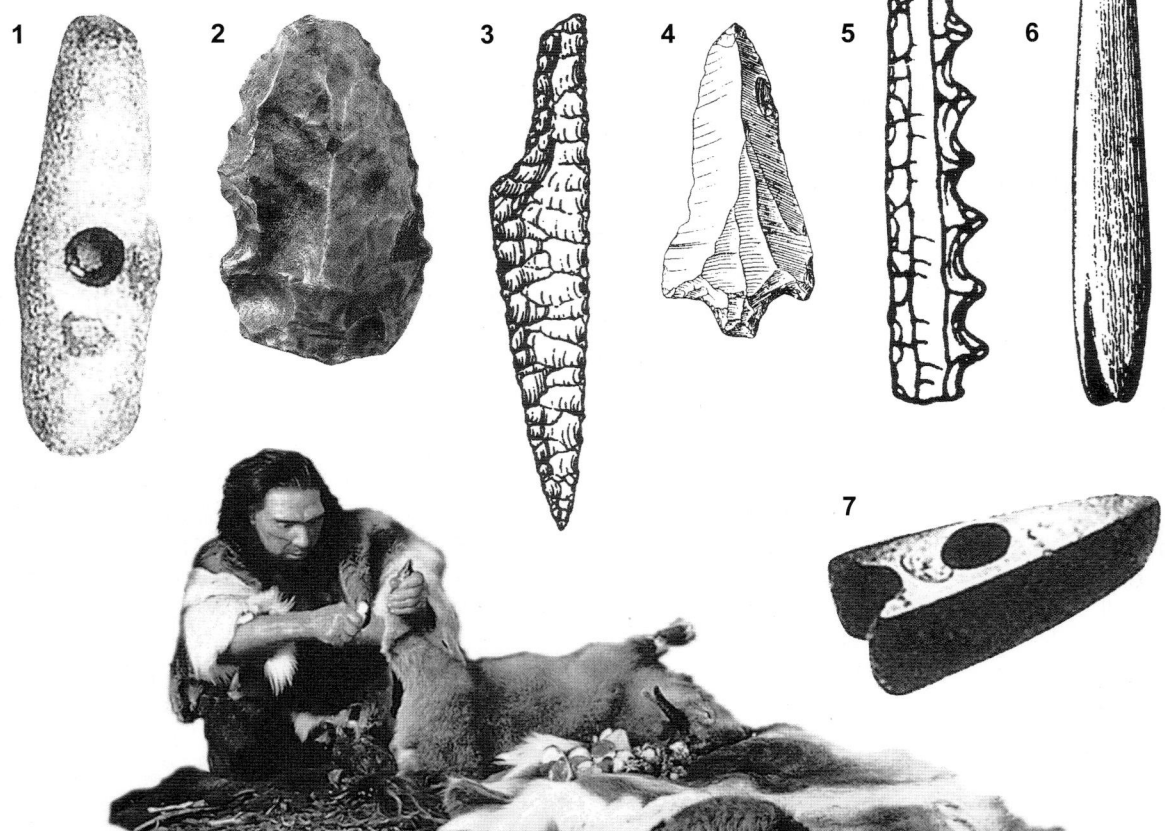

Nr.	Name	Verwendung	Modernes Werkzeug
1			
2			
3			
4			
5			
6			
7			

Kompetenztraining Geschichte
9783060649396_GES_P_020.doc

Felsmalereien der Altsteinzeit

M1 Felsmalerei in der Höhle von Lascaux, Frankreich, um 15 000 v. Chr.

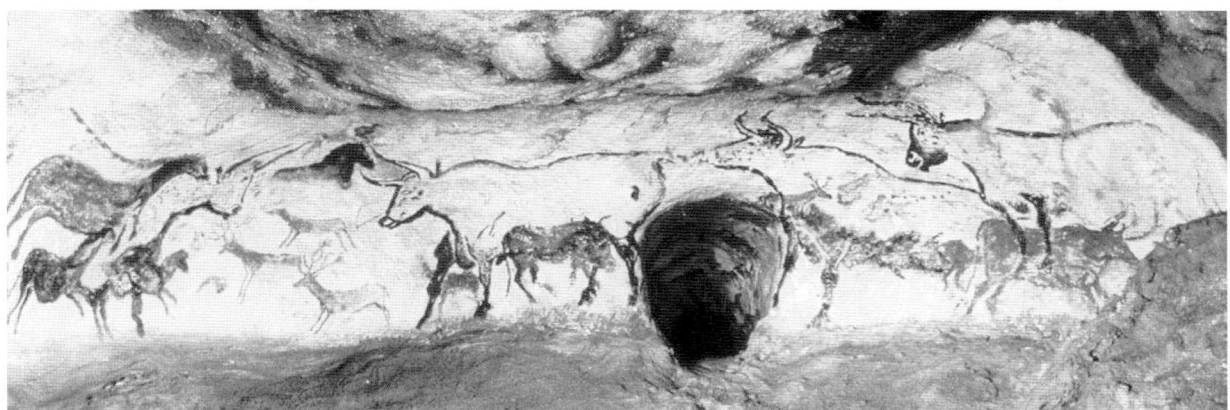

M2 „Mit Jeans in die Steinzeit"
Ein Schriftsteller erzählt:

Die dreizehnjährige Isabelle verbringt ihre Ferien bei Verwandten in Südfrankreich. Bei einem Ausflug findet sie zusammen mit ihren Vettern und ihrer Cousine den Eingang zu
5 einer eiszeitlichen Höhle. In der Höhle entdecken sie wunderschöne, 20 000 Jahre alte Höhlenbilder. „Das ist ein Mammut. Könnt ihr erkennen, wodurch es sich von den heutigen Elefanten schon auf den ersten Blick unter-
10 scheidet? Es hat lange, zottelige Haare, die bis hinunter zum Boden reichen, ein richtiges Fell. Sonst wäre es ja wohl auch in der Eiszeit erfroren ..." „Suzanne, guck mal hier das Pferd", rief Isabelle, „siehst du, wie es lacht?"
15 In der Tat verzog das Wildpferd, das Regis als solches sofort an der stehenden Mähne und den dunkler gezeichneten Beinen sowie an seinem verhältnismäßig kleinen Kopf erkannt hatte, etwas seine Nüstern, und das
20 wirkte in dem unruhigen Kerzenlicht wie ein hämisches Grinsen ... Sie kletterten über Steine und Geröll hinweg zur anderen Seite der Felsenkammer. Auch das Nashorn, das hier zu sehen war, war genau wie Mammut
25 und Wildpferd nur in etwa halber Lebensgröße dargestellt und wirkte ebenso lebendig, obwohl der Maler nur schwarze, gelbbraune und rote Farbe benutzt hatte. „Das hat ja auch ein Fell." Suzanne deutete auf die vielen lan-
30 gen, dunklen Striche am Bauch des Tieres ...

„Und das da?" Isabelle deutete auf ein Tier mit zwei langen, nach rückwärts gebogenen Hörnern. „Wahrscheinlich ein Steinbock." Regis fuhr die Umrisse des einen Hinterbeins
35 vorsichtig mit dem Zeigefinger nach ... „Die haben sich zum Malen Stellen ausgesucht, wo Felsvorsprünge oder härtere, heraustehende Adern im Stein irgendeinem Körperteil ähnlich sehen. Hier zum Beispiel hat der Ma-
40 ler Schenkel, Ferse und den einen Huf auf so einen Vorsprung gemalt. Dadurch wirkt alles noch viel echter. Sozusagen Malerei und Reliefdarstellung in einem!" „Hier ist noch ein Bison, ein ganzer, nicht nur der Kopf." Isabelle
45 hatte während des kleinen Streites zwischen den beiden die Wand noch weiter abgeleuchtet. Das Tier war im Lauf dargestellt oder besser gesagt: wie es anscheinend mitten in der eiligen Flucht plötzlich seine beiden Vor-
50 derhufe gegen den Erdboden stemmte und anhielt, als sei es auf der Stelle festgebannt. „Das war es auch", meinte Philippe und hielt seine Kerze etwas näher an das prachtvolle Gemälde. „Guck mal, ein Pfeil – mit der Spitze
55 gerade in der Schulter!" „Dann ist das ja eine richtige Jagderzählung", wunderte sich Suzanne, „nur nicht mit Worten, sondern gemalt."

Zit. nach Wolfgang Kuhn, Mit Jeans in die Steinzeit, München (dtv) 1995, S. 68–73.

Arbeitsaufträge:

1 Liste auf, welche Tiere die Freunde entdeckt haben, und notiere deren wichtigste Merkmale.

2 Erkläre, weshalb die Menschen der Altsteinzeit derartige Zeichnungen in Höhlen anbrachten.

Kompetenztraining Geschichte
9783060649396_GES_P_021.doc

Leben der Menschen in der Jungsteinzeit

Arbeitsaufträge:

1 Bäuerinnen und Bauern lebten ganz anders als die Jäger und Sammlerinnen. Wie es zu der neuen Lebensweise kam, sagt dir der Lückentext.

   a) Setze die folgenden Wörter an der richtigen Stelle ein und

   b) gib dem Text eine Überschrift.

Bauern – Eiszeit – Erdgruben – Hirten – Jäger – Jagd – Körner – Nomaden – Pflanzen – Samen – Sammlerinnen – sesshaft – Vorräte – wärmer – Wildgetreide – zähmen – züchten

_____

Nach der letzten _____ wurde das Klima viel _____. Jetzt wuchs mehr

_____, als die Menschen verbrauchen konnten. Deshalb legten sie

_____ an, die sie in _____ aufbewahrten. Die _____

und _____ waren gute Naturbeobachter. Sie entdeckten, dass nur an den Stellen

_____ wuchsen, auf die vorher _____ gefallen waren. Eines Tages streuten sie selbst _____ aus. Die Getreidepflanzer wurden _____

und gaben ihr Leben als _____ auf.

Die Menschen begannen Schafe und Ziegen, Schweine und Rinder zu _____ und zu

_____. So waren sie nicht mehr auf die _____ angewiesen. Aus

Sammlerinnen und Jägern wurden _____ und _____.

2 Wie es in den Häusern der Jungsteinzeit aussah, veranschaulicht der folgende Text.

Im Innern eines jungsteinzeitlichen Hauses war es recht dunkel. In den Wänden gab es nur kleine Löcher, die bei Regen oder Kälte zugestopft wurden **(a)**. Der Boden bestand aus festgestampfter Erde **(b)**. An Möbeln gab es nur einen langen Tisch, Bänke und Holzkisten **(c)**. Einige Steine auf dem Boden bildeten die Herdstelle. Dort wurde gekocht **(d)**. Das Feuer spendete außerdem Wärme **(e)** und Licht **(f)**. Geschlafen wurde auf Holzbänken **(g)**. Wer seine Notdurft verrichten musste, ging nach draußen **(h)**. Wasser schöpfte man aus dem Dorfbrunnen oder holte es sich von einem nahe gelegenen Gewässer.

Schreibe zu den mit Buchstaben bezeichneten Textstellen, wie wir heute wohnen.

a) _____   e) _____

b) _____   f) _____

c) _____   g) _____

d) _____   h) _____

Kompetenztraining Geschichte
9783060649396_GES_P_022.doc

Technik in der Jungsteinzeit

M1 Neue Techniken und Geräte in der Jungsteinzeit, Rekonstruktionszeichnung 1999

Arbeitsaufträge:

1 Welche Geräte sind auf dem Bild dargestellt?

2 Erläutere, wie der Bohrer funktionierte.

3 Stelle Vermutungen an, zu welchen Zwecken der Wagen eingesetzt werden konnte.

4 Nenne Gründe, warum Tontöpfe eine Errungenschaft für die Aufbewahrung von Lebensmitteln bedeuten.

5 Der Umgang mit neuen Geräten wie dem Webstuhl erfordert bestimmte Fertigkeiten. Erkläre, warum es in der Jungsteinzeit zur Arbeitsteilung und zur Entstehung von Berufen kam.

6 Erläutere, warum der Ackerbau das Leben der Menschen in der Jungsteinzeit „revolutionierte", also radikal veränderte.

Altsteinzeit und Jungsteinzeit im Vergleich

Arbeitsaufträge:

1 Du hast verschiedene Lebensbereiche der Menschen in der Altsteinzeit und der Menschen in der Jungsteinzeit kennengelernt. Beantworte in Stichworten die Fragen in der Tabelle.

	Altsteinzeit	**Jungsteinzeit**
Wie wohnten die Menschen?		
Womit und wie kleideten sich die Menschen?		
Was aßen die Menschen und wie beschafften sie ihre Nahrung?		
Welche Werkzeuge und Waffen kannten und benutzten die Menschen?		
Wie bewahrten sie Lebensmittel auf?		
Wie griffen die Menschen in die Natur ein?		

2 Nenne Gemeinsamkeiten und Unterschiede der Menschen der Jungsteinzeit und der Menschen älterer Epochen.

Kompetenztraining Geschichte
9783060649396_GES_P_024.doc

2 Altsteinzeit und Neolithische Revolution

1 Entwirf eine „Speisekarte" eines Menschen aus der Altsteinzeit. Denke dabei auch an die Beschaffung der Nahrung und ihre Zubereitung. Achte auf die Jahreszeit.

2 Ordne die folgenden Begriffe der jeweiligen Epoche zu. Aber Vorsicht: Manche Begriffe lassen sich gar nicht zuordnen, manche passen in beide Epochen!

Brunnen – Hacke – Holzwerkzeug – Viehzucht – Bestattung – Steinbohrer – Schwert – Schilfhütten – Faustkeil – Getreideanbau – Mammut – Urlaub – Holzkarren – Wohnhaus – Haustier – König – Spaten – Tonkrug – Feuersteinmesser – gewebte Kleidung – Holzpflug – Speer – Steinwerkzeug – Seife – Knochenwerkzeug

Altsteinzeit	Jungsteinzeit

3 Verrückte Zeiten: Auf dem Bild siehst du ein jungsteinzeitliches Dorf. Leider sind dem Zeichner einige Fehler unterlaufen.

a) Suche die 15 Gegenstände, die in der Jungsteinzeit nichts verloren haben. Kreise sie ein und schreibe sie auf.

b) Wähle zwei Gegenstände aus und begründe, warum sie nicht in die Jungsteinzeit passen.

4 Beziehe begründet Stellung zu der Behauptung, dass die Menschen der Jungsteinzeit weniger von der Natur abhängig waren als die Jäger und Sammler der Altsteinzeit.

Kompetenztraining Geschichte
9783060649396_GES_P_025.doc

3 Ägypten – eine frühe Hochkultur

Ich kann, weiß, verstehe …	Sehr sicher	Sicher	Unsicher	Sehr unsicher	Hilfen finde ich hier (SB = Schülerbuch):
1 Ich kann erläutern, warum Ägypten für viele Touristen ein historisch interessantes Reiseziel ist.					SB Förderb. 3.1
2 Ich kann Unterschiede zwischen der Wahrnehmung von Hochwasser bei uns und im alten Ägypten nennen.					Förderb. 3.1
3 Ich kann erklären, welche Bedeutung das Nilwasser für Ägypten hat.					SB Förderb. 3.1
4 Ich kann beschreiben, wie Landwirtschaft im alten Ägypten funktionierte.					SB Förderb. 3.1
5 Ich kann die Begriffe **a)** Hierarchie,					SB Förderb. 3.2
b) Kooperation und					
c) Pharao in eigenen Worten erklären.					
6 Ich kann anhand eines Beispiels erklären, wie ein Staatswesen funktioniert und welche Bestandteile ein Staat haben muss.					SB Förderb. 3.2
7 Ich kann anhand von Abbildungen Informationen über die Lebenswelt der Ägypter gewinnen.					SB Förderb. 3.2 und 3.3
8 Ich kann die Lebensverhältnisse der Ägypter ausgehend von heute bewerten.					SB
9 Ich kann aufzählen und kurz erläutern, was Frauen im alten Ägypten durften.					SB Förderb. 3.3
10 Ich kann begründet Vermutungen darüber anstellen, warum die Ägypter die Frauen so hoch achteten.					SB
11 Ich kann die Stellung der Frauen anhand von Bildquellen charakterisieren.					SB Förderb. 3.3
12 Ich kann Erklärungen aufführen, mit welchen technischen Mitteln die Ägypter den Pyramidenbau bewerkstelligten.					SB Förderb. 3.4
13 Ich kann fragwürdige Ansichten über die Pyramiden nennen und ihnen eine eigene Erklärung gegenüberstellen.					SB Förderb. 3.4
14 Ich kann anhand der Mumifizierung die Jenseitsvorstellungen der Ägypter erklären.					SB
15 Ich kann mehrere ägyptische Gottheiten unterscheiden und kenne ihre Aufgaben.					SB Förderb. 3.5
16 Ich kann im Internet gezielt Fragestellungen recherchieren und gute und weniger vertrauenswürdige Seiten unterscheiden.					SB Förderb. 3.4
17 Ich kann erläutern, wie die Entzifferung der Hieroglyphen gelang.					SB
18 Ich kann die Rolle des Schreibers im alten Ägypten mit heutigen Berufen vergleichen, die mit dem Schreiben zu tun haben.					SB Förderb. 3.6
19 Ich kann **a)** begründen, warum Ägypten als eine „Hochkultur" zu bezeichnen ist, und					SB Förderb. 3.7
b) erklären, welche Auffassung vom Menschen hinter diesem Begriff steckt.					
20 Ich kann erklären, was uns heute an anderen „Hochkulturen" fasziniert.					SB

Kompetenztraining Geschichte
9783060649396_GES_P_026.doc

Über die Lebenswelt der alten Ägypter

Ägypten ist ein beliebtes Reiseland. Fast alle Reiseveranstalter bieten Reisen nach Ägypten an, meistens an die Strände von Mittelmeer und Rotem Meer, aber auch Ausflüge und Rundreisen. Du hast verschiedene Möglichkeiten, dich über die Ziele zu informieren: Kataloge aus dem Reisebüro, Reiseführer aus der Bibliothek oder Reiseangebote aus dem Internet.

Arbeitsaufträge:

1 Fülle diese Tabelle aus, indem du links diejenigen Sehenswürdigkeiten einträgst, die du dem Namen nach kennst, und dann die neu recherchierten Ziele einträgst.

	Orte und Bauwerke, die ich kenne:	Orte und Bauwerke aus Reiseführern:
1		
2		
3		
4		
5		

2 Heutzutage unternehmen viele Touristen Kreuzfahrten auf dem Nil. Stell dir vor, während der Fahrt das zu sehen, was auf der Malerei M1 dargestellt ist.

a) Nutze das Bild M1 als Quelle. Schreibe in dein Heft, welche Tätigkeiten du erkennen kannst.

b) Erkläre nun die Zusammenhänge, indem du über das Leben der Menschen am Nil einen Reisebericht schreibst.

3 Bei uns in Europa hat Hoch-wasser meist katastrophale Folgen wie die Zerstörung von Häusern und Autos, Überschwemmung der Innenstädte. Die Ägypter hingegen sehnten das Nilhochwasser alljährlich herbei. Erkläre diesen Unterschied.

M1 Bewässerungskanäle entlang des Nils ermöglichen ausgedehnte Landwirtschaft, ägyptische Grabmalerei

Kompetenztraining Geschichte
9783060649396_GES_P_027.doc

Gesellschaft und Staat in Ägypten

Die Ägypter konnten die heute bewunderten Bauwerke nur durch eine gute Organisation und einen gelenkten Staat errichten. In einem Spiel könnt ihr ausprobieren, wie eine gute Hierarchie funktioniert.

Rollenspiel: Erst eine Hierarchie bauen, dann die Pyramide

Erster Durchgang:
Immer acht von euch schließen sich in einer Gruppe zusammen. Jeder zieht eine Rollenkarte, deren Aufgabe er nun übernehmen muss. Stellt euch in einer Reihe auf. Der „Pharao" zieht eine Aktionskarte und muss seinem nächsten Ansprechpartner in der Hierarchie (den richtigen müsst ihr jeweils suchen) eine Anweisung geben, die zum Ziel der Aktionskarte führt. Der Angesprochene gibt wiederum dem nächsten in der Gesellschaftspyramide eine sinnvolle Anweisung bzw. einen Auftrag. Eine Person spielt den Priester, der ganz am Schluss sagt, wie der Ablauf funktioniert hat, und der seinen Segen gibt.

Rollenkarten:

Pharao		**Handwerker**	
Wesir		**Arbeiter** 	
Beamter		**Bauern** 	
Schreiber		**Priester**	

Aktionskarten:

Ein Obelisk soll gebaut werden, der an einen Sieg des Pharaos erinnert.	Der Pharao rüstet sich für den Krieg gegen einen Nomadenstamm aus dem Süden.
Ein Kanal für Nilwasser soll durch Ackerland geführt und angelegt werden.	Ein großer Vorratsspeicher soll auf dem Gelände eines Marktes angelegt werden.
Das Stadttor muss zur besseren Verteidigung ausgebessert werden.	Eine Pyramide soll gebaut werden.

Zweiter Durchgang:
Ihr dreht die Reihenfolge um und meldet der jeweils höhergestellten Person, welche Probleme es bei der Umsetzung des Zieles geben könnte. Der Schreiber notiert die Ergebnisse stichpunktartig, der Priester begründet sein Urteil, ob sich die Götter für oder gegen die Aktion entscheiden.

Kompetenztraining Geschichte
9783060649396_GES_P_028.doc

Eine Bildquelle über Frauen in Ägypten

Aus der Abbildung M1 kannst du etwas über die Stellung der Frauen in der ägyptischen Gesellschaft erfahren.

M1 _____
Ägyptische Wandmalerei

Arbeitsaufträge:

1 Beschreibe die Einzelheiten der Wandmalerei (von links nach rechts):

a) Der Tisch mit den Speisen: _____

_____

b) Die stehende Frau: _____

_____

c) Pärchen 1 (von links): _____

_____

d) Pärchen 2: _____

_____

e) Pärchen 3: _____

_____

f) Pärchen 4: _____

_____

2 Erläutere in deinem Heft, in welcher Beziehung die Personen auf dem Bild zueinander stehen und was das Bild über das Leben von Frauen im alten Ägypten aussagen kann.

3 Setze aus den folgenden Begriffen eine ausführliche Bildunterschrift zusammen und trage sie oben ein: Damengesellschaft, Villa, 1300 v. Chr., Kegel mit Salbe, Trinkschale, Theben, Fächer.

4 Bei der Person am Bildrand könnte es sich um den Hausherrn handeln. Was spricht dafür?

Pyramiden erforschen

Jeder hat schon einmal Spekulationen über das „Geheimnis der großen Pyramiden" gehört. Die historischen Bauwerke werden mit allen möglichen Wundern in Verbindung gebracht. Sehr viele Vorstellungen, die wir aus Filmen und Erzählungen kennen, sind historisch falsch. Bilde dir mittels einer Internetrecherche eine eigene Meinung – auf der Basis beweisbarer Argumente.

Arbeitsaufträge:

1 Recherchiere zu folgenden Behauptungen im Internet (gute Suchbegriffe eingeben!) und stelle den Spekulationen Erkenntnisse gegenüber, die man beweisen kann.

Behauptungen	Meine Ergebnisse
Die Pyramiden wurden von Sklaven gebaut, die die Ägypter aus dem Krieg mitbrachten.	
Die Pyramiden wurden von Außerirdischen gebaut und haben für sie eine Funktion.	
In den Pyramiden wurden Fallen wie Feuerwerfer oder rollende Kugeln gegen Plünderer installiert.	
Die Pyramiden wurden mithilfe einer wundersamen Technik aus der Zukunft erbaut.	
Die Pyramiden von Gizeh wurden in Jahrhunderten Bauzeit errichtet.	
Der Entdecker des Grabes von Tutanchamun, Carter, und einige seiner Mitarbeiter wurden durch einen Fluch getötet.	

2 Aus der Luft erkennt man erst, wie geometrisch perfekt die Pyramiden gebaut wurden.

   a) Erläutere in deinem Heft die Vorteile eines Vogelblicks auf die Pyramiden.

   b) Finde eine Erklärung, wie die Ägypter ohne Flugzeuge den Bau der Pyramiden kontrollieren konnten.

M1 Flug über die ägyptischen Pyramiden, 1994

Religion und Götter in Ägypten

Arbeitsaufträge:

1 Schau dir die Originalmalerei von M1 in deinem Schulbuch (oder in einem anderen Buch über Ägypten) an. Fülle nun die Sprechblasen mit Gedanken oder Äußerungen der Beteiligten aus:

M1 Moderne Skizze der ägyptischen Malerei „Das Totengericht des Hunefer" aus der Zeit um 1300 v. Chr.

2 Zu den ägyptischen Gottheiten gehörten unter anderem Osiris, Isis, Anubis und Horus. Füge bei den folgenden Beschreibungen jeweils den richtigen Namen ein.

Gottheit 1: Er gilt als Sohn von Isis und Osiris und ist der Schutzgott des Pharao. Wie ein Greifvogel hat

er alles im Überblick: _____

Gottheit 2: Die Gottheit überwacht die Einbalsamierung der Toten, ist ihr Begleiter. Ihre Gestalt ist halb

menschlich, halb Teil eines Wüstentieres: _____

Gottheit 3: Er ist so etwas wie der Pharao des Jenseits und trägt eine Krone, die die Landesteile Ober-

und Unterägypten darstellen soll: _____

Gottheit 4: Diese Gottheit gilt als Frau des Osiris und ist für ihre Fürsorglichkeit berühmt. Sie wird zu-

meist mit der Thron-Hieroglyphe über dem Kopf dargestellt: _____

Schrift – ein Merkmal von Hochkulturen

Die Schrift ist ein Kennzeichen der alten Hochkulturen. Hier kannst du wiederholen, warum sie für einen gut funktionierenden Staat so wichtig war. Gleichzeitig lernst du eine andere Hochkultur kennen, deren Erfolg auch auf einer Schrift basierte: die Keilschrift des Zweistromlandes.

Arbeitsaufträge:

1 Für die Verwaltung eines Staates braucht man Schreiber, die ihrer Sache kundig und zuverlässig sind. Stelle in der Tabelle zusammen, welche Tätigkeiten in Ägypten festgehalten werden mussten und warum die Aufgabe für den Schreiber verantwortungsvoll war.

Festgehalten wurde durch Beamte:	Dies war verantwortungsvoll, weil …

2 Lies den Text M2. Erkläre, woher die Keilschrift ihren Namen hat und wie sie funktionierte.

M2 Die Keilschrift der Sumerer

Die Keilschrift wird mit angespitzten Schilfhalmen geschrieben. (Schilf ist eine Pflanze, die an Flussufern wächst.) … Drückte man sie in eine kleine Tafel aus ungebranntem
5 Lehm, so entstanden keilförmige Linien, die an einem Ende dicker waren als am anderen. Aus diesem Grund wird die Schrift der Sumerer auch Keilschrift genannt. Es war eine Silbenschrift. So gab es ein Zeichen für „ba" (wir
10 brauchen zwei Zeichen, um diese Silbe zu schreiben!), ein anderes für „bi", „bu", „ub" und so weiter. Außerdem gab es noch Zeichen für ganze Wörter. Ein Stern bedeutete zum Beispiel „Dingir", Gott. Um überhaupt
15 schreiben zu können, musste man ungefähr 200 verschiedene Zeichen kennen, ein guter Schreiber beherrschte mehr als 500.

Zit. nach *http://de.wikibooks.org/wiki/Wikijunior_Alte_Zivilisationen/_Keilschrift* (Stand: 23.2.2009).

a) Entwirf eine eigene Keilschrift, in die du „Turmbau in Babylon" übersetzt:

_____

b) Informiere dich im Internet über die Sumerer und ihre Hauptstadt Ur.

c) Nenne außer der Schrift weitere Merkmale für eine Hochkultur. Schreibe sie in dein Heft.

3   Ägypten – eine frühe Hochkultur

Ein Kaufmann aus dem Zweistromland kommt nach Ägypten, um dort Getreide zu kaufen. Das letzte Stück des Weges nach Assuan legt er mit dem Schiff zurück.

1   Begleite den Kaufmann auf seiner Schiffsreise den Nil entlang.

    a)   Beschreibe, was der Kaufmann am Rande des Nils sieht, und erkläre seine Beobachtungen.

    b)   Der Steuermann berichtet, welche Bedeutung der Fluss für sein Land und das Leben der Ägypter hat. Berichte aus seiner Perspektive.

2   Der Kaufmann bewundert, in Assuan angekommen, den großen Getreidespeicher, den der Pharao hat anlegen lassen. Zeige anhand des Speichers auf, dass Ägypten ein Staatswesen war, das auf Fürsorge, Planung und Kontrolle gründete. (Erwähne auch Personen, die daran beteiligt sind, damit der Speicher funktioniert.)

3   Bei einem Stopp im Tal der Könige beobachtet der Reisende einen Künstler, der mit einem Priester und einem Beamten Skizzen für das Grabmal des Tutanchamun anfertigt.
Die Wandmalerei mit einem Totenritual (M1) siehst du hier abgebildet.
Beschreibe das Bild schrittweise.
(Beziehe bei der Deutung die Bildunterschrift mit ein und wende auch dein Wissen über die Jenseitsvorstellungen der Ägypter an.)

M1   Der Nachfolger Tutanchamuns öffnet dem Toten mit einem Stab den Mund, damit er wieder sprechen kann, Wandmalerei in der Grabkammer, ca. 1323 v. Chr.

4   Auf dem Rückweg passiert der Händler die Pyramiden von Gizeh, die er schon vom Fluss aus sehen kann. Er kann sich nicht erklären, wie diese Bauwerke zustande gekommen sind. Auch diesmal hilft der Steuermann. Versetze dich in die Rolle des Steuermanns und erläutere, wie die Pyramiden deinen Erkenntnissen zufolge technisch und organisatorisch gebaut worden sind.

5   Bevor der Kaufmann wieder in seine Heimat im Zweistromland zurückkehrt, wundert er sich über die Schrift der Ägypter, die er nicht versteht.

    a)   Beschreibe, welchen Zweck die Hieroglyphenschrift erfüllte.

    b)   Auch im Reich der Sumerer, der Heimat des Kaufmanns, können nur sehr wenige Menschen schreiben. Finde Argumente, ob ein Kaufmann damals schreiben können musste oder nicht.

Kompetenztraining Geschichte
9783060649396_GES_P_033.doc

4   Die Lebenswelt der Griechen in der Antike

Ich kann, weiß, verstehe …	Sehr sicher	Sicher	Unsicher	Sehr unsicher	Hilfen finde ich hier (SB = Schülerbuch):
1 Ich kann folgende Begriffe erklären: **a)** Polis, **b)** Oikos, **c)** Antike, **d)** Sklaven					SB
2 Ich kann erklären, wie die landschaftliche Beschaffenheit Griechenlands das Entstehen der Poleis begünstigte.					SB Förderb. 4.1
3 Ich kann erklären, weshalb sich die Griechen – obwohl sie sehr verstreut siedelten – als eine Gemeinschaft fühlten.					SB Förderb. 4.2
4 a) Ich kenne Gründe, die zur Auswanderung aus den griech. Mutterstädten und zur Gründung neuer Töchterstädte führten,					SB Förderb. 4.3
b) ich kann die Kolonisation der Griechen datieren und					SB
c) ich kenne die Kolonisationsgebiete der Griechen.					SB
5 Ich kann Gemeinsamkeiten sowie Unterschiede zwischen den antiken und den modernen Olympischen Spielen benennen.					SB Förderb. 4.4
6 a) Ich kenne die wichtigsten griechischen Götter und					SB Förderb. 4.5
b) ich kann erklären, wie sich die Religiosität der Griechen von der des Christentums bzw. des Islam unterscheidet.					
7 Ich kenne wichtige griechische Philosophen mit ihren Lebensdaten und kann ihre Leitgedanken wiedergeben.					SB
8 a) Ich kenne die Organe der athenischen Verfassung.					SB
b) Ich kann ihre Funktionsweise erklären sowie ihre Stärken und Schwächen bewerten.					Förderb. 4.6 und 4.8
c) Ich kann athenische und heutige Demokratie vergleichen.					SB Förderb. 4.6
9 Ich kenne die Rollenverteilung in der athenischen Ehe.					SB
10 Ich kann die Rolle Athens im östlichen Mittelmeerraum (bis etwa 430 v. Chr.) beurteilen.					SB
11 Ich kann erläutern, wodurch sich die Gesellschaftsordnung Spartas von der Athens unterschied.					SB Förderb. 4.8
12 Ich kann die Herrschaftsformen Monarchie, Aristokratie und Demokratie unterscheiden.					SB Förderb. 4.7
13 Ich kann die Ziele der spartanischen Erziehung beurteilen.					SB
14 Ich kann Geschichtskarten „lesen", d. h., ich kann zentrale Aussagen einer Geschichtskarte erfassen und wiedergeben.					SB Förderb. 4.1
15 Ich kann Kunstwerke (Vasen, Statuen, Bauwerke, Gemälde etc.) „entschlüsseln", d. h., ich kann sie sowohl unter künstlerischen als auch historischen Gesichtspunkten untersuchen.					SB
16 Ich kann ein Schaubild „lesen", d. h.: Informationen aus einer Graphik mithilfe der Legende entnehmen und bewerten.					SB Förderb. 4.8
17 Ich kann heutige Staaten aufzählen, die auf dem Territorium des ehemaligen Reiches Alexanders des Großen liegen.					SB Förderb. 4.9
18 Ich kann Alexanders Herrschaftsweise beschreiben.					SB Förderb. 4.9
19 Ich weiß, über welche Gebiete die Diadochen herrschten.					SB Förderb. 4.9
20 Ich kann den Begriff „Hellenismus" mit eigenen Worten erklären.					SB
21 Ich kann das Leben im hellenistischen Alexandria mit dem Leben in einer heutigen Großstadt vergleichen.					SB Förderb. 4.10

Eine Geschichtskarte von Attika

Arbeitsauftrag:

Erarbeite anhand der Karte M1, wovon
die Menschen in Attika lebten.

1. Schritt
Wie lautet das Thema der Karte?

_____

_____

Welchen Zeitraum umfasst die Karte?

_____

Welche Frage beantwortet die Karte?

_____

_____

_____

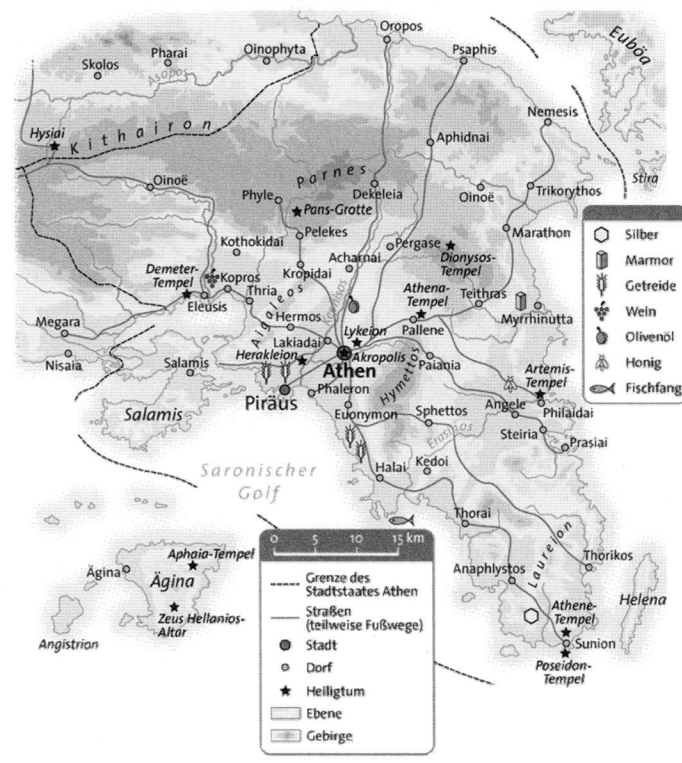

M1 Die Halbinsel Attika im 5. Jahrhundert v. Chr.

2. Schritt
Die Kartenlegende gibt Auskunft über:

_____

_____

3. Schritt
Maßstab: Die Entfernung vom Poseidon-Tempel bis nach Oropos beträgt ca. _____ km.

4. Schritt
Die Karte macht Aussagen über:

_____

_____

_____

_____

_____

_____

Kompetenztraining Geschichte
9783060649396_GES_P_035.doc

Das Gemeinschaftsgefühl der Griechen

M1 Die antiken Hellenen nach eigenem Verständnis

Die verschiedenen Völker der Griechen defi-
nierten die Zugehörigkeit zu den Hellenen
über die verschiedenen Varianten der griechischen Sprache und über den olympischen
5 Kult in der Religion. Religiöse Feste wie die
Mysterien von Eleusis, zu denen sich Einwohner aller griechischen Völker versammelten, drückten in der politisch zersplitterten und
oft durch gegenseitige Konkurrenz oder Krieg
10 geprägten griechischen Welt fast schon nationale Einheit aus. Auch die verhältnismäßig
einheitliche Tempel-Architektur im gesamten
griechischen Raum ist ein Beispiel für die
Rolle der Religion für die gesamtgriechische
15 Kultur. Die panhellenischen Olympischen
Spiele, ein kultischer Wettkampf auf dem
heiligen Hain am Zeusheiligtum von Olympia,
waren nur freien Bürgern eben dieser griechischen Welt offen. Inwieweit die Makedonen
20 eine mit dem Griechischen verwandte Sprache oder einen Dialekt des Griechischen
sprachen, ist bis heute umstritten, offenbar
wurde auch ihre Zugehörigkeit zu den Hellenen in der Antike – besonders von Athen –
25 bezweifelt. Ab 408 v. Chr. waren sie jedoch
nachweislich zu den Olympischen Spielen
zugelassen, waren also als Hellenen anerkannt.
Nichtgriechen bezeichnete man lautmalerisch
30 als Barbaren, ein Wort, das das „Stammeln" –
bar bar – der unverständlichen Fremdsprache
wiedergibt. Später wurde das Wort gleichbedeutend für ungeschliffenes, unzivilisiertes
und kulturloses Verhalten schlechthin. Unser
35 Wort „Barbarei" stammt daher.

*Zit. nach http://de.wikipedia.org/wiki/Griechen
(Stand: 26.09.2008), Bearb. d. Verfassers.*

M2 _____

M3 _____

M4 _____

M5 _____

Arbeitsaufträge:

1 Nenne die im Text angeführten Gründe, weshalb sich die Griechen – obwohl sie sehr verstreut sie-
delten und trotz aller Unterschiede – als eine große Gemeinschaft fühlten.

2 Deute die Motive der Abbildungen und erkläre, was sie mit dem Thema des Textes zu tun haben.

3 Erkläre, weshalb eine gemeinsame Sprache und Schrift sowohl ein Volk „zusammenschweißen" als
auch dazu beitragen können, sich von anderen Völkern abzugrenzen.

Die Griechen gründen Kolonien

Arbeitsaufträge:

1 Vervollständige das Diagramm M1, indem du durch Pfeile Ursachen und Folgen der griechischen Kolonisation kennzeichnest.

2 Arbeite aus den Quellen M2 bis M4 Ursachen für die Kolonisation heraus.

> gebirgiges Land

> Bevölkerungswachstum

> wenig Ackerfläche

> Ackerkrum wird weggeschwemmt

> Holzbedarf (Hausbau u. a.)

> verstärkter Holzbedarf wegen Schiffbau

> Kolonien

M1 Ursachen für die Kolonisation, Schaubild

M2 Beschluss der Bewohner von Thera um 630 v. Chr.
Aus einer Inschrift erfahren wir:

Die Versammlung der Theräer hat beschlossen: Da Apollon den Battos und die Theräer veranlasst hat, Kyrene zu gründen, gilt es den Theräern als ausgemacht, den Battos als
5 Anführer und König nach Libyen zu entsenden. Als Gefährten gleichen Rechts aber sollen Theräer mitfahren, und zwar aus jedem Hause ein Sohn – die Wahl treffe die Unverheirateten – und von den anderen Theräern
10 jeder Freie, der da will.

Wenn nun die Ansiedler die Kolonie behaupten, sollen jene Eingesessenen, die später nach Libyen ausfahren, gleiche bürgerliche und politische Rechte und auch Anteil am
15 noch nicht verteilten Land haben. Wenn sie aber die Kolonie nicht behaupten können, … sollen sie innerhalb von fünf Jahren nach Thera zurückkehren und in den alten Besitz, die alten politische Rechte eintreten können.
20 Wer aber nicht ausfahren will, obwohl die Gemeinde ihn aussendet, sei der Todesstrafe verfallen, sein Besitz sei Gemeindegut.

Zit. nach Erich Bayer, Griechische Geschichte, Stuttgart (Kröner) 1968, S. 51.

M3 Zur Lage auf der Insel Thera
Der griechische Geschichtsschreiber Herodot (um 485–425 v. Chr.) berichtet:

Nun blieb sieben Jahre lang der Regen in Thera aus. Während dieser Zeit verdorrten alle Bäume auf der Insel mit Ausnahme eines einzigen. Auf ihre Anfrage beim Orakel erin-
5 nerte die Pythia sie an die Kolonisation in

Libyen … Die Theraier bestimmten, dass aus allen sieben Gemeinden der Insel immer je einer von zwei Brüdern um die Auswanderung losen sollte … So schickten sie zwei
10 Fünfzigruderer nach Platea [Insel vor Libyen/ Nordafrika].

Zit. nach Herodot, Historien, Bd. 1, hg. v. Joseph Feix, Zürich (Artemis & Winkler) 1995, S. 613–615.

M4 Zur Lage in Athen und Griechenland um 600 v. Chr.
Der griechische Geschichtsschreiber Plutarch (ca. 47–126 n. Chr.) schreibt:

Damals war der Gegensatz zwischen Arm und Reich so groß geworden, dass sich die Stadt in einer höchst kritischen Lage befand … Das ganze niedere Volk war nämlich den

5 Reichen verschuldet … Wer seiner Schulden wegen sich selbst verpfändet hatte, wurde von seinen Gläubigern abgeführt und diente fortan entweder im Lande als Sklave oder wurde in die Fremde verkauft. Viele Eltern
10 waren auch genötigt, ihre Kinder zu verkaufen, denn kein Gesetz verbot das.

Plutarch, Solon, 13; zit. nach Plutarch, Große Griechen und Römer, Bd. 1, Leipzig 1954.

Kompetenztraining Geschichte
9783060649396_GES_P_037.doc

Olympische Spiele – in der Antike und heute

M1 Vasenmalereien,
4. und 5. Jahrhundert v. Chr.

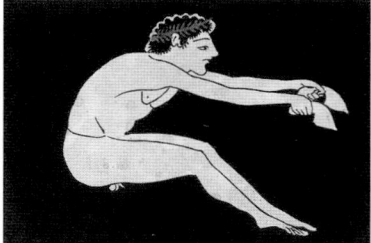

Arbeitsaufträge:

1 Beschreibe, welche antiken Sportarten du auf den Abbildungen erkennen kannst.

2 Ergänze die folgende Tabelle.

	Antike Spiele	Heutige Spiele
Seit wann finden die Spiele statt?		Seit 1896 – bzw. die Winterspiele seit 1924
Wann finden die Spiele statt?		Alle vier Jahre – bzw. alle zwei Jahre, wenn man die Winterspiele berücksichtigt
Warum finden die Spiele statt?		Zur Unterhaltung, als sportlicher Wettkampf
Wo finden die Spiele statt?		Immer an einem anderen Ort, der sich lange vorher darum bewerben muss
Warum nehmen Sportler teil?		Aus sportlichem Ehrgeiz – und wegen der wertvollen Werbeverträge
Welche Belohnung gibt es für einen Sieg?	Siegeskranz aus Olivenzweigen sowie ein Stirnband	Offiziell nur eine Goldmedaille, unter Umständen aber anschließend Sponsoren- und Werbeverträge
Wer darf an den Spielen teilnehmen?		Alle Sportler, die sich dafür qualifiziert haben
Wer darf zuschauen?		Jeder, der sich dafür interessiert – in den Stadien oder vor dem Fernseher
Wie lange dauern die Spiele?		Über zwei Wochen
Welchen Stellenwert haben die Spiele für die Menschen?		Hängt davon ab, ob sie sich für Sport interessieren oder nicht

Kompetenztraining Geschichte
9783060649396_GES_P_038.doc

Griechische Götter

M1 Streit unter Göttern

Jedes Kind in Griechenland kannte unzählige Geschichten über die Götter, so auch die folgende:

Zeus und [seine Frau] Hera stritten unaufhörlich. Obwohl er seine Geheimnisse mit ihr teilte und auch manchmal ihren Rat annahm, vertraute er ihr niemals voll und ganz. Sie wuss-
5 te, dass er sie peitschen oder sogar einen Blitz gegen sie schleudern würde, sollte sie ihre Grenzen überschreiten …
Es kam eine Zeit, als … die Launenhaftigkeit des Zeus so unerträglich wurde, dass Hera,
10 Poseidon, Apollon und all die anderen Olympier … ihn plötzlich umringten, als er schlafend auf seinem Bette lag. Sie banden ihn mit … hundert Knoten, sodass er sich nicht bewegen konnte. Er drohte ihnen mit sofortigem
15 Tod, aber sie hatten den Donnerkeil außer Reichweite gelegt und verlachten ihn höhnisch. Während sie ihren Sieg feierten und eifersüchtig über die Nachfolge stritten, eilte Thetis[1], … die einen Bürgerkrieg auf dem
20 Olympos befürchtete, den hundertarmigen Briareos[2] zu suchen. Dieser löste mit hundert Händen schnell die Knoten und befreite seinen Herrn. Da Hera die Verschwörung gegen ihn angeführt hatte, hängte Zeus sie mit gol-
25 denen Fesseln um die Handgelenke an den Himmel und band ihr einen Amboss an jedes Fußgelenk … Schließlich versprach Zeus, Hera zu befreien, wenn die Götter schwören … sich nie wieder gegen ihn aufzulehnen.

Zit. nach Robert von Ranke-Graves, Griechische Mythologie. Quellen und Deutung, Bd. 1, Reinbek 1960, S. 44 f.

[1] Meeresgöttin, sie wurde von Hera aufgezogen
[2] Ein Ungeheuer, vermutlich Sohn des Poseidon

Arbeitsaufträge:

1 Beschreibe, welchen Eindruck die griechischen Götter in dieser Erzählung auf dich machen.

2 Ergänze die folgende Tabelle.

Griechische Götter	Christentum/Islam
	Monotheistische Religionen, d. h., man glaubt nur an einen Gott.
	Gott ist allmächtig und unfehlbar.
	Gott hat keine menschliche Gestalt.
	Gotteslästerung stellt eine Sünde dar.

3 Erkläre, was es für die Griechen bedeutete, dass die Götter ihr Leben so stark beeinflussen konnten.

Kompetenztraining Geschichte
9783060649396_GES_P_039.doc

Demokratie in Athen – Demokratie heute

Arbeitsaufträge:

1 Sind die folgenden Aussagen über die athenische Demokratie wahr oder falsch?

Aussagen	wahr	falsch
1. Die Besetzung der meisten Ämter in Athen wurde seit Mitte des 5. Jahrhunderts v. Chr. ausgelost.		
2. Politiker, die nach Meinung der Athener zu viel Macht auf sich vereinten, konnten durch das Scherbengericht für zehn Jahre aus der Stadt verbannt werden.		
3. Alle Athener durften wählen, sofern sie alt genug dafür waren.		
4. Jeder Athener Bürger hatte das Recht, auf der Volksversammlung zu reden.		
5. Im Prinzip hatte Athen jeden Tag ein anderes Staatsoberhaupt, das aus dem Rat der 500 ausgelost wurde.		
6. Die Volksversammlung wählte die zehn Strategen (hohe Offiziere).		
7. Nur reiche Athener Bürger konnten es sich leisten, in ein Amt gewählt oder gelost zu werden.		

2 Verbessere die beiden falschen Aussagen aus Aufgabe 1.

1. Fehler: _____

_____

2. Fehler: _____

_____

3 Vergleiche die athenische Demokratie mit unserer heutigen Demokratie.

Athenische Demokratie	Heutige Demokratie
	Staatsbürger ist, wer die deutsche Staatsangehörigkeit besitzt. (Art. 116 GG)
	Randgruppen werden nicht diskriminiert, d. h. von politischen Entscheidungen ausgeschlossen.
	Wir haben eine repräsentative Demokratie, d. h., es werden Vertreter des Volkes in ein Parlament gewählt, welche die Interessen der Wähler wahrnehmen sollen.
	Es herrscht Gewaltenteilung, d. h., die Staatsorgane, welche Gesetze beschließen, und diejenigen, welche die Gesetze ausführen, sind voneinander getrennt und werden von unabhängigen Gerichten überwacht.
	Parteien und Medien sorgen für die Meinungsbildung der Bevölkerung.
	Abgeordnete im Bundestag erhalten für ihre Tätigkeit Gehälter (Diäten) und Spesen.

Herrschaftsformen: Monarchie, Aristokratie, Demokratie

Du hast im Geschichtsunterricht schon verschiedene Modelle kennengelernt, wie ein Land regiert werden kann. Mal steht ein König bzw. ein Pharao an der Spitze, mal bestimmt eine kleine (adlige) Führungsgruppe, manchmal wird das Oberhaupt gewählt. Diesen verschiedenen Herrschaftsformen haben bereits die Griechen Namen gegeben: Monarchie, Aristokratie bzw. Demokratie. Doch worin genau unterscheiden sich diese Modelle?

Arbeitsaufträge:

1 Ergänze die folgende Übersicht:

	Monarchie (gr. *monos* = allein; gr. *archein* = der Erste sein)	**Aristokratie** (gr. *aristoi* = die Besten; gr. *kratein* = herrschen)	**Demokratie** (gr. *demos* = das Volk; gr. *kratein* = herrschen)
Übersetzt heißt das:	Alleinherrschaft	Herrschaft der Besten	Volksherrschaft
Die Herrschaft erfolgt durch?			
Anzahl der Herrscher/ Staatsoberhäupter?			
Wer ist das Staatsoberhaupt?			
Wie lange ist die Amtszeit des Staatsoberhaupts?			
Nenne ein Beispiel für ein Land, in dem diese Staatsform in der Antike existierte.		frühes Griechenland	

2 In Europa gibt es heute mehrere Länder, an deren Staatsspitze ein Monarch bzw. eine Monarchin steht, die aber zugleich eine demokratische Herrschaftsform haben. Finde, indem du selbst in Lexika oder im Internet suchst, mindestens drei dieser Länder heraus und notiere den Namen des jeweiligen Monarchen.

Demokratisches Land in Europa heute, das einen Monarchen/eine Monarchin an der Spitze hat	Name des Monarchen/der Monarchin

Kompetenztraining Geschichte
9783060649396_GES_P_041.doc

Sparta und Athen im Vergleich

M1　Aufgaben und Ämter in der Polis Sparta

Alle männlichen Spartiaten über 30 Jahre trafen sich einmal im Monat in der Volksversammlung. Hier wurde über einen Kriegszug entschieden und man beschloss – ohne vor-
5　hergehende Diskussion – die Gesetze für die Polis. Die Volksversammlung verlieh auch neuen Bewohnern das Recht, Bürger Spartas zu werden. Einmal im Jahr wählte die Volksversammlung fünf „Ephoren". Das waren lei-
10　tende Beamte, die die Einhaltung der Gesetze überwachten. Bei Gesetzesverstößen übernahmen sie auch die Aufgaben von Polizei und Richtern. Neben der Volksversammlung und den Ephoren gab es den Rat der Ältesten, der
15　auf Griechisch „Gerusia" hieß. Er bestand aus 28 Spartiaten über 60 Jahren, die auf Lebenszeit in den Rat gewählt wurden. Die Gerusia schlug vor, über welche Gesetze die Volksversammlung abstimmen sollte. Zur Gerusia ge-
20　hörten zusätzlich zwei Könige. Sie vererbten ihr Amt an ihre Söhne. Die Macht der Könige beschränkte sich allerdings auf die Führung des Heeres im Kriegsfall.

(Verfassertext)

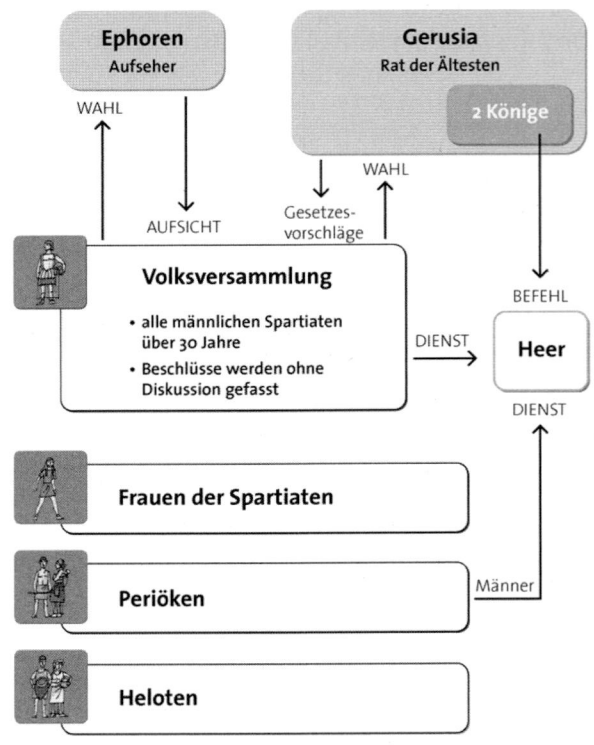

Arbeitsaufträge:

1　Bestimme mithilfe von M1, welche Aufgaben und Rechte die Bevölkerungsgruppen Spartas hatten. Unterscheide dabei nach Männern und Frauen.

2　Vergleiche die Verfassung der Polis Sparta mit der Verfassung der Polis Athen.

	Athen	**Sparta**
Wer besitzt politische Rechte?		
Wer besitzt die größte politische Macht?		
Wer ist das Staatsoberhaupt und wie lange ist seine Amtszeit?		
Wie wird die Regierung gebildet?		
Wo und wie werden politische Entscheidungen getroffen?		
Wer ist für die Rechtsprechung zuständig?		
Wer schlägt Gesetze vor und wer beschließt die Gesetze?		

Kompetenztraining Geschichte
9783060649396_GES_P_042.doc

Alexander der Große

Alexander der Große schaffte, was keinem anderen griechischen König gelang: Er eroberte das mächtige Perserreich und dehnte seine Herrschaft bis an den Indus aus.

M1 Mythos oder Wahrheit: Die Geschichte vom Gordischen Knoten
Es wird erzählt:

Der Legende nach befand sich in Gordion (vgl. Karte S. 154) ein kunstvoll verschlungener Knoten am Streitwagen des Königs Gordios von Phrygien. Nach einem Orakelspruch
5 würde derjenige die Herrschaft über Asien erringen, der diesen Knoten lösen könne – was viele vergeblich versuchten. Alexander der Große fand eine sehr einfache Lösung: Er durchschlug den Knoten kurzerhand mit sei-
10 nem Schwert und löste Staunen aus.

(Verfassertext)

Arbeitsaufträge:

1 Erkläre, warum der Knoten für Alexander von so großer Bedeutung gewesen sein mag.

_____

_____

2 Charakterisiere Alexanders Handlung und ziehe Rückschlüsse, wie die Menschen von ihm dachten.

_____

_____

3 Der zerschlagene Knoten machte den Weg nach Osten frei. Zähle auf, welche heutigen Staaten in Alexanders Reich lagen:

_____

_____

_____

_____

4 Mit Alexander kam die griechische Sprache in den Nahen Osten und nach Asien. Sie blieb auch noch nach seiner Herrschaft und der seiner Nachfolger, Diadochen genannt, weit verbreitet.

a) Welche Personen brachten die griechische Sprache in den Nahen Osten und nach Asien? Welche Einheimischen gebrauchten sie bei gewissen Anlässen?

_____

_____

b) Heute gilt Englisch als eine Weltsprache. Vergleiche in deinem Heft die Verbreitung dieser Sprache mit der Verbreitung der griechischen Sprache zur Zeit Alexanders.

Kompetenztraining Geschichte
                                         9783060649396_GES_P_043.doc

Alexandria – eine hellenistische Stadt

Das ägyptische Alexandria war eine antike Großstadt, die viele Fremde anzog und in der ganzen damals bekannten Welt bewundert wurde. Du erfährst viel über die Lebenswelt zur Zeit des Hellenismus (Ende 4.–1. Jh. v. Chr.), wenn du dich in dieser Stadt mit ihren Besonderheiten orientieren kannst.

Arbeitsaufträge:

1 Informiere dich mithilfe deines Schulbuchs oder im Internet über Alexandria in der Zeit des Hellenismus. Gestalte einen Reiseführer, der Griechen nach Alexandria locken soll.
Tipp: Überlege dir, welche Kapitel der Reiseführer haben soll (z. B. Sehenswürdigkeiten, Aufbau der Stadt, Daten, Stadtplan bis hin zu „Ausgeh"-Tipps). Vielleicht gelingt es dir, ein Leporello (einen geknickten Flyer, bestehend aus einem A4-Blatt) zu entwerfen, der alle Informationen praktisch zur Verfügung stellt.

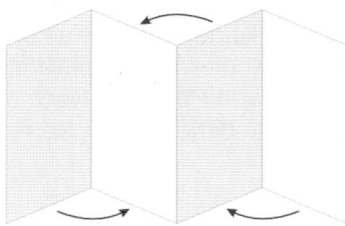

2 Der Leuchtturm der ehemaligen Insel Pharos bei Alexandria (vgl. M1) war eines der sieben Weltwunder in der Antike (Man findet jedoch mehr als zehn Kandidaten auf diesen Titel!).

   a) Finde in Lexika oder im Internet sechs weitere Weltwunder heraus und vermerke eine geographische Zuordnung in Klammern.

   _____

   _____

   _____

   b) Ziehe aus deiner Zusammenstellung Rückschlüsse auf das geographische Weltbild der Menschen der Antike. (Beachte, dass diese Bauwerke nicht nur einfach Bauwerke waren, sondern für eine regionale Besonderheit standen.)

   _____

   _____

   _____

M1 Leuchtturm von Pharos bei Alexandria
Eines der sieben Weltwunder: der Leuchtturm der ehemaligen Insel Pharos an der Hafeneinfahrt von Alexandria. Der Leuchtturm wurde um 279 v. Chr. unter Ptolemaios II. fertiggestellt und erreichte eine Höhe von ca. 120 Metern.
Rekonstruktionszeichnung um 1900

Kompetenztraining Geschichte
9783060649396_GES_P_044.doc

4 Die Lebenswelt der Griechen in der Antike

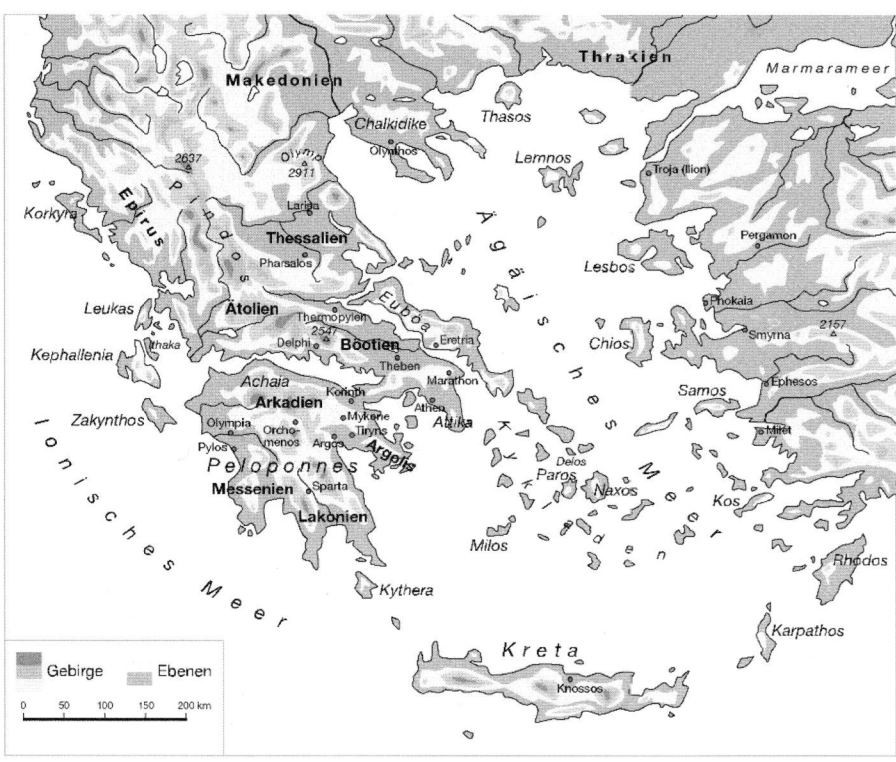

M1 Das antike Griechenland

1 In Griechenland entstand kein großes Reich mit einer Hauptstadt. Vielmehr bildete jede Stadt einen eigenen Staat mit einer eigenen Regierung. Die Griechen nannten einen solchen Ort *Polis*. Erkläre mithilfe der Karte, wie die Landschaft die Entstehung der Stadtstaaten begünstigt hat.

2 Nenne und erläutere drei Ursachen der griechischen Kolonisation zwischen dem 8. und 6. Jahrhundert v. Chr.

3 Sind die folgenden Aussagen wahr oder falsch?

Aussagen	wahr	falsch
1. Griechenlands Landschaft ist geprägt von weitläufigen Ebenen.		
2. Die Griechen gründeten an der nordafrikanischen Küste und in Südspanien Kolonien.		
3. Die Olympischen Spiele fanden zu Ehren des Göttervaters Zeus statt.		
4. Während der Olympischen Spiele musste in ganz Griechenland Frieden gehalten werden.		
5. Die modernen Olympischen Spiele gibt es seit 1952; sie finden alle vier Jahre in einer anderen Stadt statt.		
6. Die griechischen Götter waren ihrem Wesen nach den Menschen sehr ähnlich.		
7. „Polis" ist das griechische Wort für „Polizei".		
8. Alle Athener Bürger durften wählen, sofern sie alt genug dafür waren.		
9. Frauen und Männer besaßen in Athen die gleichen Rechte.		
10. Nur reiche Athener Bürger konnten es sich leisten, in ein Amt gewählt oder gelost zu werden.		
11. Athens wirtschaftliche Macht beruhte auch auf seiner militärischen Führungsrolle im östlichen Mittelmeer.		
12. Sparta gründete wie viele andere griechische Städte zahlreiche Kolonien.		

4 Nimm begründet Stellung zu der Behauptung, dass ein männlicher Athener Bürger nach Errichtung der Demokratie Mitte des 5. Jahrhunderts v. Chr. größere Chancen hatte, die eigene politische Meinung durchzusetzen, als heute.

5 Rom – vom Stadtstaat zur Weltmacht

Ich kann, weiß, verstehe …	Sehr sicher	Sicher	Unsicher	Sehr unsicher	Hilfen finde ich hier (SB = Schülerbuch):
1 Ich kann die Ereignisgeschichte der Römischen Republik von ihrer Gründung bis zu ihrem Ende in eine chronologische Reihenfolge bringen.					SB Förderb. 5.1
2 Ich kann folgende Begriffe erklären: **a)** Stände, d. h. Patrizier und Plebejer					SB
b) Republik					
c) Popularen und Optimaten					
3 a) Ich kenne die historischen Befunde zur Entstehung der Stadt Rom,					SB
b) ich kann den Gründungsmythos nacherzählen und erklären, weshalb die Römer ihn schufen.					SB
4 a) Ich kann den Aufbau der römischen „familia" erklären und					SB Förderb. 5.2
b) kann sie mit der heutigen Form der Familie vergleichen.					
5 Ich weiß, welche Rolle die Religion bei den Römern spielte, und kann erklären, wie sich dies im Alltag zeigte.					SB 104
6 a) Ich kenne die Verfassung der Römischen Republik und					SB Förderb. 5.3
b) ich kann diese Verfassung mit der Staatsordnung in Athen vergleichen.					SB
7 a) Ich kenne die wichtigsten Etappen, in denen Rom die Vorherrschaft in Italien erlangte,					SB Förderb. 5.4
b) kenne die wichtigsten Etappen, in denen Rom schließlich die Vorherrschaft im ganzen Mittelmeerraum und Westeuropa erlangte, und					
c) ich kenne die Herrschaftsmethoden der Römer gegenüber besiegten Völkern.					
8 Ich kann am Beispiel der drei Punischen Kriege kriegerische Konflikte untersuchen.					SB Förderb. 5.5
9 a) Ich kann die römische Expansion beurteilen und					SB Förderb. 5.6
b) ich kenne ihre innenpolitischen und gesellschaftlichen Folgen.					SB Förderb. 5.7
10 Ich kenne die Einstellung der Römer zu Kriegen.					SB
11 Ich kenne die Gründe für die Reformversuche der Gracchen, die Inhalte der Reformen und das Ergebnis.					SB
12 Ich kenne **a)** die Probleme der Römischen Republik Ende des 2. Jahrhunderts v. Chr. und					SB Förderb. 5.9
b) kann die Gründe erläutern, weshalb sie scheiterte.					
13 Ich kann die Rolle Caesars in der Geschichte der Römischen Republik erklären.					SB Förderb. 5.8
14 Ich kann schriftliche Quellen untersuchen.					SB

Kompetenztraining Geschichte
9783060649396_GES_P_046.doc

Die Römische Republik – zentrale Ereignisse

Zum Verständnis der Geschichte der Römischen Republik ist es wichtig, einen Überblick über die Chronologie der Ereignisse zu haben. Bevor du die Aufgaben auf diesem Blatt bearbeitest, solltest du die entsprechenden Seiten im Buch gründlich lesen und dir auf ein Blatt die wichtigsten Ereignisse mit ihren Daten herausschreiben.

Arbeitsauftrag:

Bringe die folgenden Ereignisse in die chronologische Reihenfolge und trage sie dann in dieser Reihenfolge in die Tabelle ein. Erläutere jeweils kurz mit eigenen Worten, worum es sich bei dem Ereignis handelte.

Zeitalter der Bürgerkriege in Rom – 1. Punischer Krieg – Ständekämpfe in Rom – Beginn der Besiedlung der Gegend um Rom – Ermordung Caesars – 2. Punischer Krieg – Die ganze italienische Halbinsel steht unter der Kontrolle Roms – Beginn der Römischen Republik – Ende der Römischen Republik – Sagenhaftes Gründungsdatum Roms – Reformversuche der Gracchen – 3. Punischer Krieg – Plünderung Roms durch die Kelten

Datum	Ereignis	Erläuterung
um 1000 v. Chr.		
753 v. Chr.		
510 v. Chr.		
490–287 v. Chr.		
387 v. Chr.		
272 v. Chr.		
264–241 v. Chr.		
218–202 v. Chr.		
149–146 v. Chr.		
133–121 v. Chr.		
133–31 v. Chr.		
44 v. Chr.		
27 v. Chr.		

Kompetenztraining Geschichte
9783060649396_GES_P_047.doc

Römische Familien

Römer-Quiz

Für jede richtige Antwort erhältst du einen Buchstaben. Von oben nach unten gelesen (zuerst die linke Spalte) ergeben die Lösungsbuchstaben den lateinischen Namen für das römische Familienoberhaupt.

Die Macht des römischen Familienoberhaupts war entstanden,
– als es noch keine staatliche Macht gab. (p)
– weil nach römischem Glauben die Männer die Krone der Schöpfung sind. (s)

Emanzipieren hieß bei den Römern,
– jemanden aus der väterlichen Macht zu entlassen. (a)
– die Frauenquote im Senat zu erhöhen. (o)

Emanzipieren bedeutet heute,
– sich aus einem Zustand der Abhängigkeit zu befreien. (t)
– Frauen im Beruf zu bevorzugen. (l)

Römische Frauen
– kümmerten sich in der Regel um Haus und Familie. (e)
– schrieben und musizierten, da die Sklavinnen ihnen alle Arbeit abnahmen. (o)

Die römischen Jungen hatten
– drei Namen (Vor-, Familien- und Bei- bzw. Spitznamen). (r)
– zwei Namen (Vor- und Familiennamen). (b)

Es machte römischen Eltern nichts aus,
– ihren Söhnen Mädchennamen zu geben. (i)
– ihre Söhne einfach durchzunummerieren. (f)

Mädchen
– hatten keinen Vornamen. Sie wurden mit dem Familiennamen angeredet (Julia aus der Familie der Julier). (a)
– wurden nach Tugenden benannt, wie Pia (= die Fromme). (g)

Unter einem Dach
– redeten sich alle mit Vornamen an. (m)
– wurden nur die Sklaven und Mägde mit Vornamen gerufen. (c)

M1 Römisches Ehepaar mit Kind, Grabdenkmal aus Neumagen, Mitte 3. Jh. n. Chr.

Mädchen
– erhielten keine Schulausbildung. (h)
– gingen gemeinsam mit ihren Brüdern in eine „Elementarschule". (i)

Mädchen heirateten früh,
– manchmal schon mit 15 ½ Jahren. (e)
– manchmal schon mit 12 Jahren. (l)

In der Oberschicht war es üblich,
– dass der Vater den Ehegatten für seine Tochter aussuchte. (i)
– dass nur aus Liebe geheiratet wurde. (f)

Frauen
– hatten keine politischen Rechte. (a)
– hatten keine Zeit, sich um ein politisches Amt zu bewerben. (s)

Frauen durften
– öffentliche Feste, Theater, Thermen (= Badeanstalten) und Spiele besuchen. (s)
– ihr Haus nur mit Erlaubnis des Mannes verlassen. Der Besuch öffentlicher Einrichtungen war ihnen verboten. (o)

Lösungswort: _____

Kompetenztraining Geschichte
9783060649396_GES_P_048.doc

Verfassungsvergleich: Römische Republik und Polis Athen

Arbeitsaufträge:

1 Vergleiche die Verfassung der Polis Athen mit der Verfassung der Römischen Republik. Die Tabelle soll dir dabei helfen.

	Polis Athen	**Römische Republik**
Wer besitzt politische Rechte?		
Wer besitzt die größte politische Macht?		
Wer ist das Staatsoberhaupt und wie lange ist seine Amtszeit?		
Wie wird die Regierung gebildet?		
Wo und wie werden politische Entscheidungen getroffen?		
Wer schlägt Gesetze vor und wer beschließt die Gesetze?		

2 Sind die folgenden Aussagen über die Römische Republik wahr oder falsch? Trage in der Tabelle ein.

Aussagen	**wahr**	**falsch**
1. Die Mitglieder des Senats wurden auf Lebenszeit vom Volk gewählt.		
2. Außer für den Diktator galt für alle römischen Beamten das Prinzip der Kollegialität, d. h., alle Ämter waren mindestens doppelt besetzt.		
3. Die Volkstribune hatten das Recht, ihr Veto (Einspruch) gegen Entscheidungen der Magistrate einzulegen.		
4. Die Magistrate wurden auf die Dauer von vier Jahren gewählt.		
5. Anders als heute wurden die Magistrate nicht bezahlt, weshalb es sich nur wohlhabende Bürger leisten konnten, ein hohes politisches Amt zu bekleiden.		
6. An der Volksversammlung konnte prinzipiell jeder Bürger teilnehmen, doch in der Praxis konnten beispielsweise einfache Bauern davon kaum Gebrauch machen.		
7. In der Volksversammlung hatte die Stimme der reicheren Bürger Roms größeres Gewicht als die der Armen und Besitzlosen.		

3 Verbessere die beiden falschen Aussagen aus Aufgabe 2.

1. Fehler: _____

_____

2. Fehler: _____

_____

Kompetenztraining Geschichte
9783060649396_GES_P_049.doc

Die Ausdehnung des Römischen Reiches

Um 500 v. Chr. war Rom ein kleiner Stadtstaat. Einige Jahrhunderte später beherrschte es Italien, Griechenland, Spanien, Frankreich sowie Länder in Asien und Afrika.

Arbeitsaufträge:

1 Trage in M1 auf den Schreiblinien die Namen der folgenden römischen Provinzen ein:

- Achaia
- Aegyptus
- Africa
- Asia
- Britannia
- Gallia
- Hispania
- Syria

M1 Die Ausbreitung des Römischen Reiches von 220 v. Chr. bis 14 n. Chr.

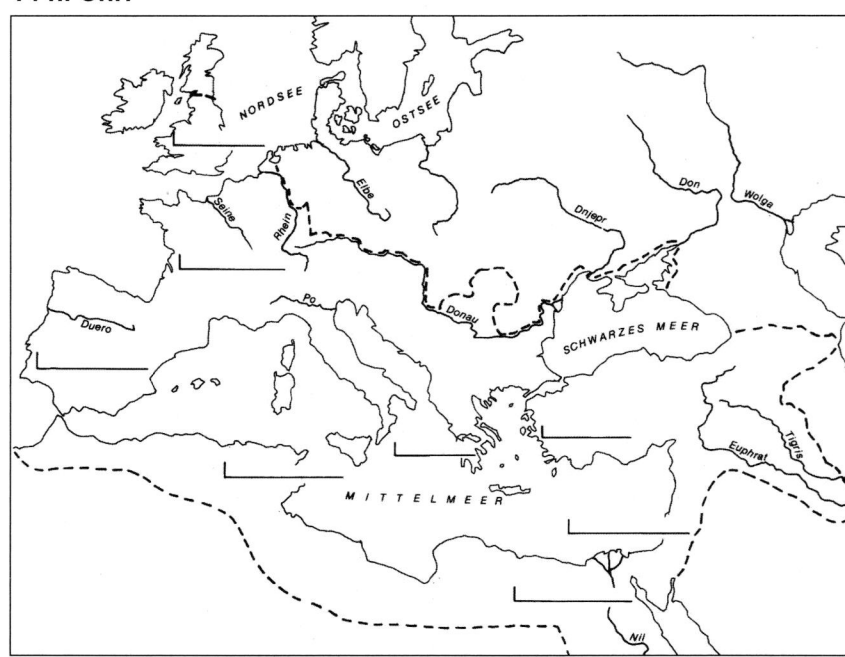

2 Kennzeichne die Phasen der römischen Expansion farblich:

- römischer Machtbereich um 200 v. Chr. (blau),
- römische Provinzen bis 133 v. Chr. (rot),
- römische Provinzen bis 44 v. Chr. (gelb),
- Erwerbungen unter Augustus bis 14 n. Chr. (grün)

3 Trage einige der römischen Provinzen in die Tabelle ein; nimm hierzu einen Erdkundeatlas zu Hilfe.

Eroberungen bis 200 v. Chr.		Eroberungen bis 44 v. Chr.	
Römische Provinz:	Sie liegt heute in:	Römische Provinz:	Sie liegt heute in:
Sicilia	Italien	Asia	Türkei

Eroberungen bis 133 v. Chr.		Eroberungen bis 14 n. Chr.	
Römische Provinz:	Sie liegt heute in:	Römische Provinz:	Sie liegt heute in:
Hispania		Aegyptus	

Kriegerische Konflikte – die drei Punischen Kriege

Arbeitsauftrag:

Fülle die Tabelle aus.

Kriterien	1. Punischer Krieg (264–241 v. Chr.)	2. Punischer Krieg (218–202 v. Chr.)	3. Punischer Krieg (149–146 v. Chr.)
Ursachen			Siehe Folgen des 2. Punischen Krieges
Anlässe			
Ziele der Römer	Rom wollte ganz Unteritalien und Sizilien kontrollieren.		Endgültige Vernichtung Karthagos
Ziele der Karthager	Karthago betrachtete Sizilien als eigenes Einflussgebiet und möchte die Kontrolle behalten.		Verteidigung ihrer Stadt
Ergebnisse			
Folgen			

Kompetenztraining Geschichte
9783060649396_GES_P_051.doc

Wie die Römer mit den Eroberten umgingen

Fast während der gesamten Zeit seines Bestehens führte Rom Kriege, als Stadtstaat ebenso wie als Herrscher über Italien und als Imperium Romanum, das große Teile der damals bekannten Welt beherrschte. Damit stellte sich für Rom immer die Frage, wie mit den ehemaligen Gegnern umzugehen war.

Arbeitsaufträge:

1 Erkläre, welches Selbstverständnis der Römer in Vergils Verserzählung „Aeneis" (M1) deutlich wird.

M1 Der Beruf des Römers
Der römische Dichter Vergil (70–19. v. Chr.)
schrieb in seiner „Aeneis":

Du bist ein Römer, dies sei dein Beruf:
Die Welt regiere, denn du bist ihr Herr,
Dem Frieden gib Gesittung und Gesetze,
Begnad'ge, die sich dir gehorsam fügen,
5 Und brich in Kriegen der Rebellen Trutz.

Vergil, Aeneis 6, 835 ff. Zit. nach Geschichte in Quellen,
Bd. 1: Altertum, bearb. v. Walter Arend, München (bsv)
1965, S. 587, übers. v. E. Norden.

2 Arbeite aus M2 heraus, wie Aristides das Verhältnis von Herrschern und Beherrschten beschreibt.

M2 Vom Nutzen der römischen Herrschaft
Der griechische Redner Aelius Aristides (117–181 n. Chr.) richtete im Jahr 156 n. Chr. folgende
Rede an die Römer:

So kommt kein Hass gegen eure Herrschaft auf ... Ihr machtet alles allen gemeinsam und gabt den Leuten, die dazu fähig waren, die Möglichkeit, ebenso beherzt zu werden wie
5 an der Herrschaft teilzunehmen ... So werden Arme wie Reiche mit Recht zufriedener mit den jetzt bestehenden Verhältnissen und haben ihren Nutzen davon; eine andere Möglichkeit zu leben gibt es nicht ..., und was
10 früher unmöglich schien, wurde unter euch zur Wirklichkeit: Stärke der Herrschaft verbunden mit Menschlichkeit.

Zit. nach Geschichte in Quellen, Bd. 1: Altertum, bearb.
von Walter Arend, München (bsv) 1965, S. 678 f., übers.
v. W. Arend.

3 Arbeite aus M3 heraus, welche Charaktereigenschaften den Römern vom nordbritannischen Häuptling nachgesagt worden sein sollen.

M3 „Räuber des Erdkreises"
Nordbritannische Stämme sind von Rom angegriffen worden. Einem ihrer Anführer legte der römische Historiker Tacitus (etwa 55–117 n. Chr.) folgende Worte in den Mund:

Feindlicher als die Natur sind die Römer; vor ihrem überheblichen Machtanspruch flieht man vergebens, da helfen weder blinder Gehorsam noch Zurückhaltung. Die Römer, die-
5 se Räuber des Erdkreises, durchstöbern jetzt die Meere, nachdem ihnen, die alles verwüsteten, keine neuen Länder mehr zur Verfügung stehen. Wenn der Feind reich ist, dann um Ruhm. Weder der Orient[1] noch der Okzi-
10 dent[2] wird sie je zufriedenstellen. Sie allein von allen Menschen nehmen mit der gleichen Gier Reich und Arm für sich in Anspruch. Stehlen, Töten, Rauben – das nennen sie mit einem falschen Wort Herrschaft, und Frieden
15 nennen sie es, wenn sie eine Wüste hinterlassen.

Tacitus, Agricola 30, 3 f.

[1] Morgenland; [2] Abendland

Kompetenztraining Geschichte
9783060649396_GES_P_052.doc

Die römische Gesellschaft in der Krise

M1 Quintus' Familie geht es schlecht

Ein Schriftsteller erzählt: Quintus, der 14-jährige Sohn eines kleinen Landadligen nördlich von Rom, unterhält sich mit dem Sklaven Kirkos über die Situation auf dem Hof der Familie. Kirkos berichtet ihm über die Zerstörungen nach dem Sklavenaufstand des Spartacus (73–71 v. Chr.):

„Dein Großvater zog gegen Spartacus in den Krieg, er war Offizier, denn alle wurden gebraucht, um den Aufstand niederzuschlagen. In dieser Zeit war dein Vater allein verantwortlich für den Wieder-
5 aufbau des Hofes. Vielleicht machte er da auch Fehler. Auf jeden Fall wurde alles schöner als vorher. Das Wohnhaus erhielt damals noch ein zweites Stockwerk. Und das Bad bekam eine Fuß-bodenheizung. In einigen Räumen wurden die
10 Wände bemalt. Zwei Maultiere, zwei Pferde, fünf Knechte und auch mehrere Hunde hatten wir da-mals!"
„Und du … warst der Aufseher?"
„Jaja … Aber bald mussten wir alles wieder ver-
15 kaufen und die Knechte entlassen. Jetzt haben wir nur noch ein Maultier und zwei Ziegen, auch ein paar Hühner und die Tauben. Sonst nichts mehr."
Quintus versuchte sich zu erinnern: In den vergan-genen vier, fünf Jahren war das Personal immer
20 weniger geworden. Es war ihm noch nicht aufgefal-len. Nun aber wurde ihm der Niedergang des Be-sitzes bewusst und er rief fast zornig: „Ja aber – wie ist denn das alles gekommen?"
„Eine gute Frage! Es kann nicht allein mit dem
25 Brand und den Überfällen vor zwanzig Jahren zu tun haben. Da sind auch andere überfallen wor-den, größere Höfe. Die Großen konnten es besser verkraften. Die Kleinen waren zum Sterben ver-dammt."
30 „Zum Sterben?" Quintus starrte Kirkos fassungslos an.
„Du siehst doch selbst, wie ich das meine. Guck dir doch nur hier den Schuppen an! Mit der Hand voll halb kaputter Ziegel soll ich … Aber lassen wir das.
35 Also, die Großen, musst du wissen, das sind Leu-te, die besitzen Ländereien bis zur Küste des Mee-res und bis zum Gebirge im Osten …" Er beschrieb mit der Rechten einen großen Bogen dazu. „Diese Reichen können ihre Erzeugnisse einfach billiger
40 verkaufen als wir und viele andere, weil sie sich Unmengen von Sklaven kaufen können, die sie fast ohne Entgelt auf den Feldern und in ihren Werkstätten arbeiten lassen."
„Woher haben sie das Geld?"

45 „Woher? … Du stellst Fragen! Also, meistens sind das überhaupt keine Bauern. Das sind römische Senatoren oder römische Ritter, die den Reichtum, den sie in den letzten Kriegen gesammelt haben, in Land anlegen …"
50 „In Land und in Sklaven!"
„Ich sehe, du kannst folgen." Kirkos spuckte auf den Boden. „Und damit drücken sie die Preise."
„Warum das denn? Sie könnten die Preise doch höher halten und so mehr verdienen."
55 Kirkos schaute ihn scharf an, nickte und erklärte: „Du solltest Kaufmann werden!" Er zwickte sich wieder in seine fleischige Nase. „Sie sind gezwun-gen, die Preise für ihre Erzeugnisse so niedrig wie möglich zu halten, denn es gibt noch Reichere, die
60 noch viel größere Ländereien in Sicilia, in Südita-lien und im östlich gelegenen Asia haben. Sie beherrschen den gesamten Getreidehandel, so hat's mir mal dein Großvater erzählt. Und auch den Preis der Oliven bestimmen sie, sie können halt
65 ihre Ware noch preiswerter verkaufen."
Quintus überlegte. So war das also: Die Groß-grundbesitzer in Sicilia und andernorts bestimmten die Preise, weil sie keine Konkurrenz zu fürchten hatten. Die italienischen Landbesitzer mussten
70 sich ihrem Diktat fügen, konnten aber mithalten, weil sie genügend Geld besaßen, um sich Sklaven zu kaufen, deren Arbeit nicht bezahlt wurde. Bau-ern konnten das nicht. Wenn dazu noch andere Katastrophen kamen, wie Plünderung oder Raub
75 der Ernte, dann – aber da war noch etwas unklar: „Soweit habe ich das verstanden, Kirkos. Aber dann könnten wir doch auch mit den Preisen he-runtergehen, und wir würden mehr verkaufen!"
„Siehst du, da ist der Haken!" Kirkos reckte sich
80 und seufzte. „Ich sagte dir ja schon, die Großen konnten die Plündereien besser verkraften als die mittleren Bauern. Denn dein Vater musste teure Kredite aufnehmen, um Steine, Kalk, Sand, Holz, Ziegel, Pferde, Hühner, Ziegen und natürlich auch
85 Werkzeug und Saatgetreide kaufen zu können."

Zit. nach Hans Dieter Stöver, Quintus geht nach Rom, München (dtv) 2003, S. 16–19. Bearb. d. Verf.

Arbeitsaufträge:

1 Arbeite aus dem Text die Gründe heraus, weshalb es Quintus' Familie wirtschaftlich schlecht geht.

2 Erkläre, wodurch die patrizischen Großgrundbesitzer und Ritter von der Krise profitierten.

3 a) Überlege, was die Politiker hätten unternehmen können, um die Lage der Bauern abzumildern.

   b) Nenne mögliche Gründe, weshalb sie aber nur wenig in diese Richtung unternahmen.

Kompetenztraining Geschichte
9783060649396_GES_P_053.doc

Biographien in der Geschichte – Caesar

Arbeitsauftrag:

Ergänze den Lückentext, indem du die folgenden Begriffe an der richtigen Stelle einsetzt. Hilfen findest du in deinem Schulbuch, in Lexika oder im Internet. Jeder Begriff kommt genau einmal vor.

Ädil – Diktator – Gallien – Gnaeus Pompeius Magnus – Iden – Kaiser – Konsul –
Marcus Licinius Crassus – Quästur – Rubikon – Sonnenkalender – Spanien – Staatsstreich – Triumvirat

M1 Über das Leben von Julius Caesar

M2 Büste von Julius Caesar

Gaius Iulius Caesar (eingedeutscht: Julius Cäsar; 100–43 v. Chr.) stammte aus dem angesehenen alten römischen Geschlecht der Julier. Die Julier führten ihr Geschlecht auf den Sohn des trojanischen Adligen Aeneas zurück. Der Sage nach war Aeneas der Sohn der Göttin Venus. Caesars Familie war
5 nicht reich und nur wenige Mitglieder hatten sich vor ihm politisch hervorgetan. Caesar selbst bekleidete im Jahre 69 oder 68 v. Chr. die _____, das war die unterste Stufe der politisch bedeutenden Ämter der Römischen Republik. Danach wurde er in den Senat aufgenommen. Als Quästor diente Caesar in Spanien und heiratete nach seiner Rückkehr Pompeia, eine sehr
10 wohlhabende Enkelin Sullas, deren Reichtum er umgehend für seinen politischen Aufstieg nutzte: 65 v. Chr. war er _____ und errang durch prachtvolle Spiele, durch die er sich hoch verschuldete, große Beliebtheit. 63 v. Chr. wurde Caesar in das bedeutende Amt des Pontifex Maximus, des Oberpriesters, gewählt. Er wurde dabei wie schon bei seinen Spielen, die er als Ädil veranstaltet
15 hatte, finanziell von _____ unterstützt, der zu jener Zeit als reichster Mann Roms galt. Das erste wichtige Amt Caesars außerhalb Roms war die Statthalterschaft in _____. Seine aggressive Kriegsführung festigte seinen Ruf als fähiger Stratege. Auch half ihm der Krieg, seine hohen Schulden loszuwerden. Viele Senatoren widersetzten sich Caesars Wunsch, _____ zu werden und damit das höchste Staatsamt der Republik zu bekleiden. Aus die-
20 sem Grund schloss er mit Marcus Licinius Crassus und _____ das _____ („Drei-Männer-Bündnis"). Die drei Männer konnten schließlich die Wahl Caesars zum Konsul des Jahres 59 v. Chr. durchsetzen. Zwischen 58 und 49 v. Chr. führte Caesar als Prokonsul in _____ einen grausamen Krieg. Man schätzt, dass etwa eine Million Gallier ums Leben kamen und ebenso viele in die Skla-
25 verei gerieten. Caesar verfasste über diesen Feldzug die „Kommentare über den Gallischen Krieg", die bis heute wegen ihrer einfachen Sprache als Anfangslektüre im Lateinunterricht gelesen werden. Caesars Heer, das ihm treu ergeben war, wurde immer größer und er selbst durch die Kriegsbeute immer reicher. Als ihn der Senat aufforderte, seine zehn Legionen aufzulösen, entschloss sich Caesar zum _____: Anfang des Jahres 49 überquerte er den Grenzfluss _____
30 in Norditalien. Damit begann ein Bürgerkrieg im Römischen Reich, den Caesar nach zahlreichen Schlachten vier Jahre später siegreich beenden konnte. Schon 46 v. Chr. führte Caesar anstelle des alten römischen Mondkalenders den aus Ägypten stammenden Sonnenkalender ein. Der nach ihm benannte Julianische Kalender (mit 12 Monaten, 365 Tagen und Schaltjahr) galt in Europa bis ins 16. Jahrhundert, bevor er durch den genaueren
35 Gregorianischen Kalender abgelöst wurde. Nach seinem Sieg im Bürgerkrieg wurde Caesar vom Senat zum _____ auf Lebenszeit ernannt. Er vermied es zwar, sich _____ zu nennen, hatte aber tatsächlich die Machtfülle eines Monarchen und verhielt sich auch ebenso: Caesar war oberster Befehlshaber über die Truppen, durfte ständig den Goldkranz eines siegreichen Feldherrn tragen und konnte als oberster Priester über religiöse Angelegenheiten entscheiden.
40 Um die Republik zu schützen, wurde Caesar an den _____ des März (15. März) 44 v. Chr. von einer Gruppe Senatoren um Marcus Iunius Brutus während einer Senatssitzung erdolcht. Der Titel Caesar war seit Augustus Teil des Namens und der Anrede der römischen Herrscher. Leicht abgewandelt wurde er in vielen Sprachen ein Titel des Herrschers. Das deutsche _____ und das slawische Zar sind von „Caesar" abgeleitet.

Zit. nach http://de.wikipedia.org/wiki/Gaius_Iulius_Caesar (Stand: 30. Juni 2009), gekü. u. bearb. vom Autor.

Kompetenztraining Geschichte
9783060649396_GES_P_054.doc

Krise und Scheitern der Römischen Republik

M1 Der Niedergang der Römischen Republik
Der Geschichtsschreiber Sallust (86–35 v. Chr.) schrieb:

Im Übrigen war die Unsitte, dass es politische
Parteien und Cliquen mit all den üblen Begleit-
erscheinungen gab, erst vor wenigen Jahren
in Rom aufgekommen, und zwar infolge der
5 Friedenszeit und des Überflusses an allen
Dingen, die die Menschen für besonders
wichtig erachten. Denn bis zur Zerstörung
Karthagos verwalteten Volk und Senat von
Rom miteinander die Republik auf friedliche
10 und maßvolle Weise, und es gab keinen
Wettstreit um Ruhm oder die Herrschaft über
andere. Furcht vor dem Feinde hielt die Bürgerschaft bei guten Sitten.
Sowie aber diese Furcht aufhörte, da freilich
15 begann leider das, was gute Zeiten gerne mit
sich bringen: Zügellosigkeit und Übermut …
Denn die Nobilität begann ihr Ansehen, das
Volk seine Freiheit zu missbrauchen; jeder
nahm, raffte und raubte für sich, was er wollte.
20 So wurde alles in zwei Parteien gespalten,
und die Republik, die in der Mitte lag, auseinandergerissen. Dabei konnte sich die Nobilität
durch ihren Zusammenschluss besser durchsetzen; die Macht des Volkes aber, die wegen

25 der großen Menge locker und zerstreut war,
vermochte weniger. Nach dem Willen von
wenigen Leuten wurde Außen- und Innenpoli-
tik gemacht. In den Händen dieser Leute lagen auch Staatsschatz, Provinzen, Ämter,
30 Ruhmestitel und Triumphe. Das Volk hatte
unter Kriegsdienst und Not zu leiden. Die
Beute in den Feldzügen teilten sich die Feldherren gierig mit einigen Freunden. Inzwischen wurden die Eltern oder die jungen Kin-
35 der der Soldaten von ihren Höfen vertrieben,
wenn diese an einen mächtigen Nachbarn
grenzten.
So kam mit diesem Machtanspruch der Nobilität Habsucht ohne Maß und Grenzen auf,
40 beschmutzte und verwüstete alles, kannte
nichts Hohes noch Heiliges mehr; schließlich
richtete sie sich selbst zugrunde. Denn sowie
sich in der Nobilität Männer fanden, die wahren Ruhm ungerechter Macht vorzogen, ge-
45 riet die Bürgerschaft in Bewegung, und es
entstand eine Spaltung der Bürger, ähnlich
einem Erdbeben.

Sallust, Krieg gegen Jugurtha 41. Übers. des Verf.

Arbeitsaufträge:

1 Erkläre, was sich nach Sallust in der Römischen Republik verändert hat. Übertrage dazu die Tabelle in dein Heft:

Politik	Wirtschaft	Gesellschaft

2 Ermittle den Zeitpunkt, von dem an für Sallust der Niedergang der Republik beginnt.

_____

_____

_____

3 Nenne die Gründe, die Sallust für die Veränderung anführt.

_____

_____

_____

Kompetenztraining Geschichte
9783060649396_GES_P_055.doc

5 Rom – vom Stadtstaat zur Weltmacht

1 Erkläre den Begriff „Mythos" allgemein und gib den Mythos der Gründung Roms wieder.

2 Sind die folgenden Aussagen wahr oder falsch? Trage in der Tabelle ein.

Aussagen	wahr	falsch
1. Die Stadt Rom wurde um 600 v. Chr. von den Etruskern errichtet.		
2. Zur römischen „familia" gehörten neben den leiblichen Verwandten die Sklaven.		
3. Im Alter von 40 Jahren löste der älteste Sohn den Vater als „pater familias" ab.		
4. Die Religion spielte nur im Privaten eine Rolle; sie hatte daher keinen Einfluss auf politische Entscheidungen.		
5. Die Magistrate wurden auf die Dauer von vier Jahren gewählt.		
6. Außer für den Diktator galt für alle römischen Beamten das Prinzip der Kollegialität, d. h., alle Ämter waren mindestens doppelt besetzt.		
7. Der Senat bestimmte die Leitlinien der römischen Politik.		
8. Frauen besaßen mit der „concilia feminarum" eine eigene Volksversammlung.		
9. Gegenüber besiegten Gegnern verfuhren die Römer unterschiedlich: Manche wurden zu Bundesgenossen erklärt, andere nahezu vernichtet.		
10. Um die Zeitenwende beherrschte Rom alle Gebiete rund um das Mittelmeer sowie große Teile West- und Südeuropas sowie Kleinasiens.		
11. Die Reform der Gracchen scheiterte am Widerstand der Senatoren und Ritter.		
12. Julius Caesar wurde ermordet, weil er zu viel persönliche Macht erlangte.		

3 Erläutere die drei Meinungen in M1 und vergleiche sie.

M1 Roms Verhalten in der Kritik

Der griechische Geschichtsschreiber Polybios (um 200–120 v. Chr.) berichtete über unterschiedliche Meinungen zur Zerstörung Karthagos (146 v. Chr.):

Manche billigten das Verhalten der Römer: Sie hätten klug und verständig ihre Machtinteressen wahrgenommen. Dass sie der ständigen Bedrohung ein Ende machten und die
5 Stadt, die ihnen so oft ihre Vorherrschaft streitig gemacht hatte und sie ihnen immer noch … streitig machen konnte, vernichteten und damit die Herrschaft Roms sicherten, zeuge von politischer Vernunft und Weitblick.
10 Andere nahmen den entgegengesetzten Standpunkt ein: Sie [die Römer] hätten nicht an den Grundsätzen festgehalten, mit denen sie ihre Vorherrschaft errungen hätten, und seien mehr und mehr zu der Herrschsucht der
15 Athener und Spartaner entartet … Früher hätten sie mit allen nur so lange Krieg geführt, bis sie den Gegner besiegt und zu dem Eingeständnis gebracht hätten, man müsse den Römern gehorchen und ihre Befehle befolgen.

20 Jetzt aber hätten sie … eine erste Probe ihrer eigentlichen Gesinnung gegeben; … denn ohne ein unverzeihliches Unrecht von ihnen erlitten zu haben, seien sie hart und erbarmungslos mit den Karthagern verfahren, ob-
25 wohl diese doch auf alles eingingen und es auf sich nehmen wollten, jedem römischen Befehl zu gehorchen …
Wieder andere sagten, die Römer seien im Ganzen ein zivilisiertes Volk, nähmen für sich
30 in Anspruch und rühmten sich, in dem ganzen Krieg gegen die Karthager seien sie immer nur mit Trug und List vorgegangen, indem sie Schritt für Schritt jedes Mal durch ein Angebot falsche Hoffnungen weckten, ihre wahren
35 Absichten wohlweislich verwahrten.

Polybios XXXVI 9–10. Zit. nach H. Brauer, Roms Aufstieg zur Weltmacht, Paderborn 1971, S. 43 f.

4 Nimm begründet Stellung zu der Behauptung, dass die Römische Republik Ende des 1. Jahrhunderts v. Chr. zwangsläufig zum Scheitern verurteilt war.

Kompetenztraining Geschichte
9783060649396_GES_P_056.doc

6   Lebenswelt Imperium Romanum

Ich kann, weiß, verstehe …	Sehr sicher	Sicher	Unsicher	Sehr unsicher	Hilfen finde ich hier (SB = Schülerbuch):
1 Ich kann folgende Begriffe erklären: **a)** Pax Romana					SB
b) Romanisierung der Provinzen					SB
c) Limes					SB
2 Ich weiß, wie Octavian/Augustus an die Macht kam und wie er sich den Erhalt der Macht dauerhaft sicherte.					SB
3 Ich kann die Frage diskutieren, ob Augustus die Republik wiederhergestellt oder sie endgültig beseitigt hat.					SB
4 a) Ich kenne die Propaganda des Augustus und					SB
b) ich kann sie beurteilen.					Förderb. 6.1
5 Ich kenne Gründe, weshalb im Römischen Reich Spiele wie Wagenrennen oder Gladiatorenkämpfe veranstaltet wurden.					SB Förderb. 6.2
6 Ich weiß, warum Rom schon in der Antike „Haupt der Welt" genannt wurde.					SB
7 Ich kenne die Lebensverhältnisse **a)** des Großteils der Einwohner Roms,					SB Förderb. 6.3
b) von Adligen auf dem Land und					
c) kann sie vergleichen.					
8 a) Ich weiß, dass zahlreiche handwerkliche Berufe bei den höhergestellten Römern kein hohes Ansehen genossen, und					SB Förderb. 6.4
b) ich kann die zeitgenössische Argumentation nachvollziehen.					
9 a) Ich kenne die Bedeutung des Wassers in der Metropole Rom und					SB
b) ich kann die technischen Leistungen zur Wasserversorgung beurteilen.					
10 a) Ich kenne die Herrschaftsziele der römischen Kaiser im Imperium Romanum,					SB
b) ich kenne die Methoden, wie diese Ziele umgesetzt werden sollten, und					
c) ich kann Ziele sowie Methoden beurteilen.					
11 Ich kenne den Aufbau und die Ausrüstung der kaiserzeitlichen Armee sowie den Alltag der einfachen Soldaten.					SB Förderb. 6.5
12 Ich kenne die bis heute spürbaren Folgen der Romanisierung.					SB
13 Ich weiß, welche Regionen Deutschlands im römischen Gebiet lagen.					SB Förderb. 6.6
14 Ich kenne Parallelen zwischen römischen Provinzstädten und Rom und kann diese erläutern.					SB Förderb. 6.7
15 Ich weiß, warum Menschen im Römischen Reich reisten, und ich kann Merkmale des Reisens nennen.					SB Förderb. 6.8
16 Ich kann die Wirtschaftskrise des Römischen Reiches in der Spätantike beschreiben.					SB
17 Ich kenne die Ursachen, die zum Untergang des (West-)Römischen Reiches 476 n. Chr. führten.					SB
18 Ich kann erklären, warum das Christentum in der Antike für verschiedene Gruppen in der Gesellschaft attraktiv war.					SB Förderb. 6.9

Kompetenztraining Geschichte
9783060649396_GES_P_057.doc

Augustus – ein Herrscher stellt sich selbst dar

In seiner Autobiographie berichtet Augustus, wie besiegte Völker ihm verlorene römische Feldzeichen zurückgaben. Mit dieser Szene ist auch der Brustpanzer seiner berühmten Marmorstatue geschmückt.

M1 Aus dem Tatenbericht des Augustus

Mehrere Feldzeichen, durch andere besiegte Feldherren verloren, habe ich von den Feinden zurückgeholt aus Hispania, Gallien und von den Dalmatiern. Die Parther habe ich gezwungen, dass sie mir von dreien römischen Heeren die Beute und Feldzeichen zurückgeben[1] und demütig flehend um die Freundschaft des römischen Volkes bitten. Und diese Feldzeichen habe ich im Allerheiligsten, wel-
5 ches ist im Tempel des Mars Ultor[2], aufgestellt.

Zit. nach Augustus, Meine Taten, München (Artemis) 1989, S. 37 f.

[1] Diese Feldzeichen hatte der Feldherr Crassus im Jahr 53 v. Chr. nach einer Niederlage an die Parther verloren. Im Jahr 20 v. Chr. wurden sie kampflos an die Römer zurückgegeben. [2] Gott des Krieges

M2 Darstellung auf dem Brustpanzer der Monumentalstatue des Augustus, vereinfachte Zeichnung

Erläuterung zu der Darstellung:

Mittelszene: Ein „Barbar" (rechts) übergibt einem römischen Feldherrn (links) ein römisches Feldzeichen. Der Blick des Barbaren ist auf den Legionsadler gerichtet, der sich genau in der Mitte des Panzers, an der Herzgrube des Augustus, befindet.
Oberes Bild: In der Mitte thront der Himmelsgott Caelus, links ist der Sonnengott Sol dargestellt, rechts die beiden Gottheiten Luna mit Fackel und Aurora mit dem Krug des Morgentaus, die den Aufgang des neuen goldenen Zeitalters ankündigen.
Unteres Bild: Die liegende Frauengestalt stellt die Erdmutter dar. Sie verkörpert die Fruchtbarkeit und Lebensfülle des goldenen Zeitalters.
Die Einrahmung zwischen Himmel und Erde hebt die Mittelszene hervor. Über der Erdmutter sieht man die Schutzgötter des Augustus, Apollo (links) und Diana (rechts). Zu beiden Seiten der Feldzeichenübergabe sind Frauengestalten in trauernder Haltung dargestellt, Verkörperungen der unterworfenen Völker.

Arbeitsaufträge:

1 Beschreibe, mit welchen Attributen der Künstler die Personen in M2 ausgestattet hat, damit man sie erkennt: den römischen Feldherrn, den „Barbaren", Caelus, Sol, die Erdmutter, Apollo und Diana.

2 Erkläre, was der Künstler ausdrücken wollte, als er die Rückgabe der Feldzeichen so deutlich ins Zentrum des Brustpanzers rückte, und weshalb sich Augustus mit diesem Brustpanzer darstellen ließ.

Spiele im Römischen Reich

M1 Was für Spiele fanden im römischen Kolosseum statt?

Die beiden Jugendlichen, Livia und Titus, kommen auf ihrem Spaziergang durch Rom am Kolosseum vorbei, einem riesigen, ovalen Gebäude mit offenem Dach, Zuschauertribünen und einer großen Arena.

„Die Spiele hier, im Amphitheater, sind die beliebtesten", sagt Livia. „Früher hatten sie etwas mit Religion zu tun, aber heute sind sie nur noch Sensation und Unterhaltung."

5 „Find ich unmöglich", sagt Titus, „wenn – wie ja in den meisten Fällen – Sklaven oder Kriegsgefangene als Gladiatoren ausgebildet werden, damit sie mit Schwertern, Schilden, Netzen oder dem Dreizack aufeinander los-

10 gehen."

„Aber es gibt doch auch Kämpfe, wo nur Tiere gegeneinander kämpfen: Bären, Stiere, Tiger, Löwen?"

„Und was ist mit den zum Tode verurteilten
15 Männern, die gegen wilde Tiere antreten müssen?", fragt Titus. Livia konnte nicht viel dagegen einwenden. „Aber viele Gladiatoren sind durch Siegprämien reich geworden. Du kennst doch Gladiator Flamma. Er hat schon
20 33-mal gekämpft. Und überleg doch mal: Wenn ein Kaiser oder Senator die hohen Kosten für die Ausbildung eines Gladiators aufbringt, wird er sich überlegen, ob er ihn, wenn er um Gnade fleht, dem Tode preisgibt
25 – und den Daumen nach unten senkt."

(Verfassertext)

M2 Brot und Spiele – „Panem et circenses"

Spiele wie Wagenrennen oder Gladiatorenkämpfe gab es in Rom schon seit dem 4. und 3. Jahrhundert v. Chr. Sie wurden anfangs zur Ehre der Götter ausgerichtet. Je stärker allerdings Einzel-
5 persönlichkeiten, vor allem Feldherren und später die Kaiser, die Politik bestimmten, desto häufiger wurden Spiele von diesen Personen veranstaltet. Sie wollten damit die Gunst des Volkes gewinnen. An Feiertagen fanden fast immer Spiele statt.
10 Daher kann man an der steigenden Zahl der Feiertage die wachsende Bedeutung von Spielen ablesen: Am Ende der Republik gab es ca. 65 Feiertage, im 3. Jahrhundert n. Chr. fast dreimal so viele! Seit Augustus hatten nur die Kaiser das
15 Vorrecht, außer der Reihe Spiele zu veranstalten. Sie erhofften sich dabei, dass die Bürger, wenn sie durch spannende Spiele abgelenkt waren, die Politik dem Kaiser, seinen Soldaten und Beamten überlassen würden. Mit Erfolg? Glaubt man dem
20 römischen Schriftsteller Juvenal, interessierte die Römer tatsächlich in jener Zeit nichts so sehr wie „Brot und Spiele" (= lat. „panem et circenses").

(Verfassertext)

M3 Gladiatoren im Kampf, Detail eines Bodenmosaiks aus einer Villa bei Tuskulum/ Italien, 3. Jh. n. Chr.

Arbeitsaufträge:

1 Arbeite mithilfe von M1 die Merkmale römischer Gladiatorenkämpfe heraus.

2 Informiere dich über das römische Kolosseum. Nutze dazu ein Lexikon oder das Internet.

3 Untersuche mithilfe des Darstellungstextes (M2), wie sich der Zweck römischer Spiele verändert hat.

4 Zeige, inwieweit Spiele ein Mittel der Politik der römischen Kaiser waren.

Kompetenztraining Geschichte
9783060649396_GES_P_059.doc

Leben in der Stadt Rom

M1 Straßenszene in einer römischen Stadt,
Foto aus dem Spielfilm „Die letzten Tage von
Pompeji", 1960er-Jahre

M2 *Der Architekt und Ingenieur Vitruvius
(exakte Lebensdaten unbekannt) schrieb zur
Zeit des Augustus:*

Bei der gewaltigen Ausdehnung der Hauptstadt und der unermesslichen Zahl ihrer Bevölkerung besteht die Notwendigkeit, unzählige Wohnungen zu beschaffen. Da nun das
5 vorhandene Baugelände bei einer ebenerdi-
gen Bebauung nicht mehr dem Bedarf …
genügen kann, zwang die Not dazu, durch
Errichtung höherer Gebäude Abhilfe zu
schaffen. Da auf diese Weise der Umfang der
10 Stadt durch die vielen Stockwerke sozusagen
nach der Höhe hin vervielfacht wurde, verfügt
die Bevölkerung Roms ohne irgendwelche
Einschränkung über vortreffliche Wohnungen.

Vitruvius, Über die Baukunst, 2, 8, 17. Zit. nach Geschichte in Quellen, Bd. 1: Das Altertum, bearb. v. Walter
Arend, München (bsv) 1965, S. 595.

M3 *Der römische Dichter und Satiriker Juvenal (um 60–127 n. Chr.) berichtete über das
Wohnen in der Stadt:*

Unser Hausverwalter ist wahrlich erfinderisch.
Wenn das Haus einzustürzen droht, über-
tüncht er die Risse, die sich seit langem gebildet haben, weiß und sagt, jetzt könnten wir
5 beruhigt schlafen. Unterdessen droht dir das
Dach über dem Kopf zusammenzustürzen.
Leben müsste man dort, wo es keine Gefahr
in der Nacht und keine Feuersbrünste gibt.

Zit. nach Freya Stephan-Kühn, Viel Spaß mit den Römern!, 3. Aufl., Würzburg (Arena) 1998, S. 134.

M4 *Der römische Dichter Martial (etwa 40 bis
103 n. Chr.) schrieb:*

Es gibt in Rom für einen Menschen keinen Ort
zu denken und auszuruhen. Die Schulmeister
machen ihm das Leben am Morgen unmöglich, nachts die Bäcker, die Hämmer der Kup-
5 ferschmiede den ganzen Tag über. Hier klim-
pert der müßige Geldwechsler auf seinem
schmutzigen Tisch mit seinem Kleingeld …
Die Anhänger der Göttin Bellona [Kriegsgöt-
tin] geben nicht einen Moment Ruhe …
10 Nachts werde ich vom Lachen der Vorbeige-
henden wach und Rom steht in meinem
Schlafraum. Wann immer ich genug habe
und erschöpft bin und schlafen will, gehe ich
zu meinem Landhaus.

Vitruvius, Über die Baukunst, 2, 8, 17. Zit. nach Geschichte in Quellen, Bd. 1: Das Altertum, bearb. v. Walter
Arend, München (bsv) 1965, S. 595.

Arbeitsaufträge:

1 Beschreibe das Leben in einer römischen Stadt (M1). Ordne deine Befunde nach Bereichen:
Arbeiten, Wohnen, Fortbewegen, Umwelt. Vergleiche mit dem Straßenleben heute.

2 Erläutere, wie die Autoren von M2 bis M4 die Wohnverhältnisse in Rom darstellen, und erkläre,
weshalb sich ihre Ansichten unterscheiden. Achte dabei auf die Berufe der Verfasser.

3 Welche Aussagen hältst du für glaubwürdiger? Begründe deine Meinung.

Berufe im Römischen Reich

Bäcker	*Töpfer*	*Zimmermann*
Maurer	*Frisör*	*Textilhändler*
Metzger	*Lehrer*	*Schankwirt*
Schmied	*Arzt*	*Schuhmacher*

Arbeitsaufträge:

1 Betrachte die Bilder genau und beschreibe sie.

2 Finde heraus, welche der darunter genannten Berufe hier auch tatsächlich abgebildet sind. Fülle die Tabelle aus:

Beruf	Hilfsmittel, Werkzeuge, Waren

Kompetenztraining Geschichte
9783060649396_GES_P_061.doc

Armee und Soldaten im Römischen Reich

Zur Kaiserzeit bestand das römische Heer hauptsächlich aus Berufssoldaten. Jeder römische Bürger konnte im Heer dienen. Viele junge Männer verpflichteten sich für 20 Jahre. Bei ihrer Entlassung erhielten sie eine größere Geldsumme oder ein Stück Land. Die oberste militärische Einheit war die Legion. Sie bestand aus 4000 bis 6000 Soldaten, den Legionären, und einer Gruppe von 100 bis 200 Reitern.

M1 Römische Legionäre in der Comicserie „Asterix"

Arbeitsaufträge:

1 Vergleiche die Ausrüstung von Asterix, Obelix und den anderen angeworbenen Legionären mit der Ausrüstung eines römischen Legionärs, wie sie in deinem Schülerbuch oder in einem Fachbuch abgebildet ist.

2 Beschreibe den Aufbau eines römischen Lagers.

3 Beurteile, wie wahrscheinlich die „Sonderlösung" des römischen Legionärs auf dem letzten Bild war.

Kompetenztraining Geschichte
9783060649396_GES_P_062.doc

Römische und germanische Regionen in Mitteleuropa

Die Germanen waren Bauern und Viehzüchter. Sie lebten auf Waldlichtungen und in offenen Fluss-
tälern sowie auf gerodeten Plätzen. Ihre Häuser waren einfach. Häufig wohnten Mensch und Tier unter
einem Dach. Verwandte Familien bildeten eine Sippe. Mehrere Sippen bildeten einen Stamm. Nur in
seltenen Fällen, etwa bei einem Kriegszug gegen die Römer, verbündeten sich mehrere Stämme.

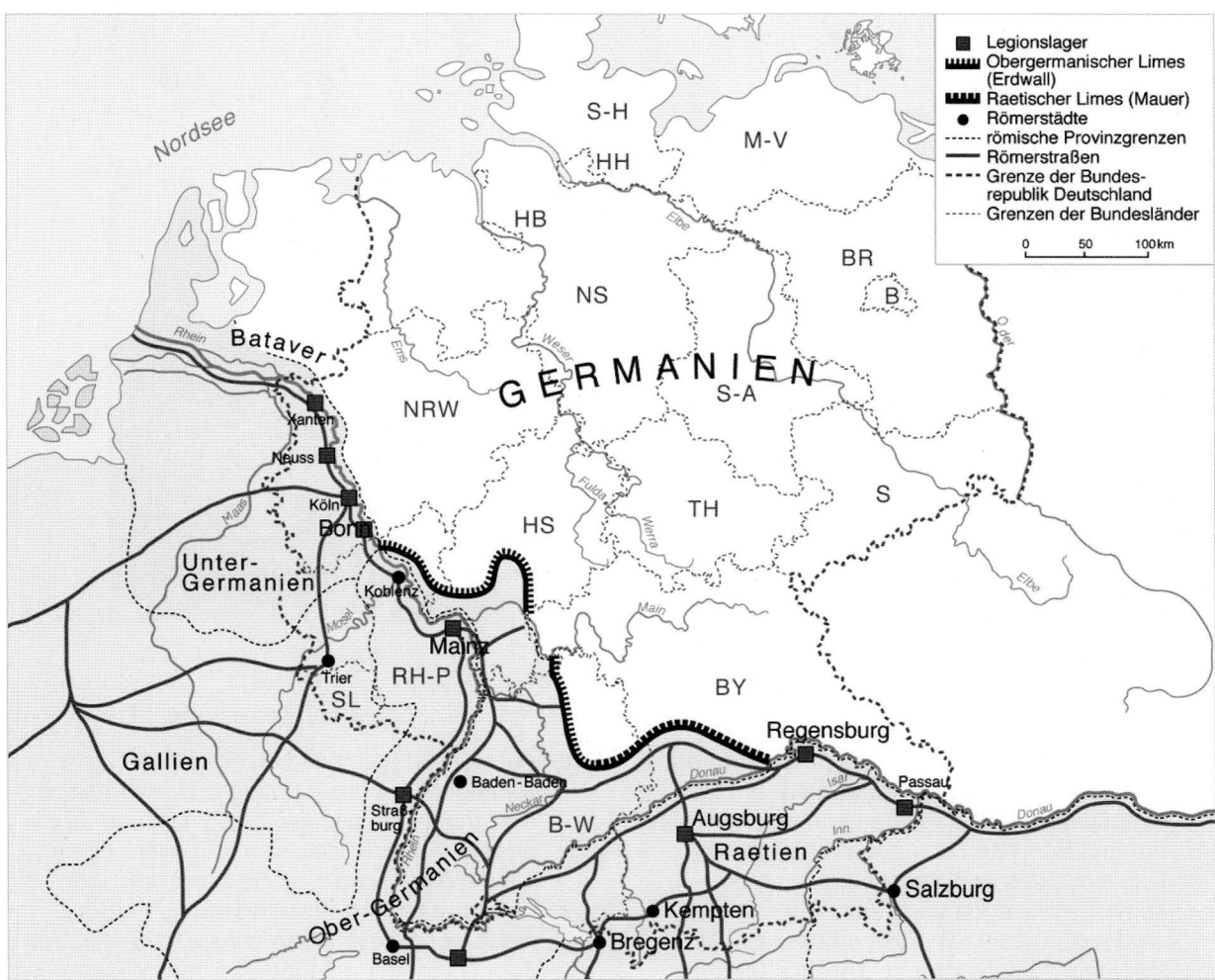

Arbeitsaufträge:

1   Ermittle zu den Abkürzungen in der Karte die Namen der 16 Bundesländer und schreibe sie in dein
    Heft. Hebe dein Bundesland auf der Karte farblich hervor.

2   Die Römer hatten um Christi Geburt bereits mehrere germanische Stämme unterworfen. Schreibe die
    Namen der Bundesländer in dein Heft, die ganz oder teilweise auf ehemals römischem Gebiet liegen.

3   Trage die Namen einiger germanischer Stämme in die Karte ein (s. Bataver am Unterlauf des
    Rheins). Die Siedlungsgebiete hatten keine festen Grenzen. Daher reichen ungefähre Angaben.
    An der Küste zwischen Weser und Ijsselmeer lebten die Friesen; im nördlichen Sachsen-Anhalt und
    im Westen Brandenburgs die Semnonen; im südlichen Thüringen und in Sachsen die Hermundurer;
    in Niedersachsen westlich der Elbe die Langobarden; im mittleren Teil Niedersachsens östlich der
    Weser die Cherusker; im nördlichen Teil Hessens die Chatten; im nördlichen Bayern die Markoman-
    nen und darunter die Teutonen; im Norden Nordrhein-Westfalens die Brukterer und im Süden die
    Sugambrer.

4   Notiere Unterschiede zwischen dem freien Germanien und den römischen Provinzen in dein Heft.

Leben in den römischen Provinzen

M1 Cäsar plant im besiegten Gallien die Errichtung einer römischen Stadt, Illustration aus der Comicserie „Asterix"

M2 Ein Gallier richtet sich ein

Sidonius (um 431–486 n. Chr.), Senator und Gutsherr aus Lyon, beschrieb seine Villa:

Ich bin in Avitacum, so heißt das Landgut … die Villa ist von Norden nach Süden angelegt. Das Bad im Südosten lehnt sich an einen mit Bäumen bestandenen Hügel an.
5 Das Holz, das dort geschlagen wurde, kommt sozusagen von selbst zur Öffnung der Heizungsanlage. Dort erhebt sich die Halle mit dem Warmbad, anschließend der Kosmetikraum von gleichen Ausmaßen,
10 wenn man nicht das Becken und den Mauervorsprung im Bad, wo das heiße Wasser aus gewundenen Rohren hervorsprudelt, in Rechnung zieht. Im Innern des Caldariums ist es taghell. Daran schließt sich das kalte
15 Bad an, das so groß ist, dass die Diener nicht behindert werden, selbst wenn alle vorgesehenen Plätze besetzt sind. An den Wänden fehlen die sonst üblichen, etwas zweideutigen Badeszenen …

20 Auf der Ostseite des Hauses verläuft eine Säulenhalle. Vom Eingang aus erstreckt sich ein langer überdeckter Gang. Dessen äußerster Teil erweitert sich und bildet einen kühlen Raum, wo sich die geschwätzigen
25 Dienerinnen und Wärterinnen aufhalten, wenn wir uns zur Ruhe zurückziehen … Von dem Gang aus gelangt man zum Wineresszimmer, von da aus zum kleinen Speisezimmer, von wo man den ganzen vor dem
30 Haus gelegenen See überblickt. Vom runden Speisesofa aus genießt man zwischen den Gängen des Mahles die schöne Aussicht. Man serviert Wein auf Eisstückchen … Nach dem Essen kann man einen kühlen Raum
35 aufsuchen, in dessen Vorraum die Schar der Diener Platz findet für ein Nickerchen …

Apollinaris Sidonius, Epistula II, 2.

Arbeitsaufträge:

1 Vergleiche M1 mit dem Modell Roms in der Kaiserzeit (Schülerbuch) und notiere die grundsätzlichen Gemeinsamkeiten in beiden Städten.

2 Erkläre, an welchem Vorbild sich Sidonius und seine Familie in ihrem Lebensstil orientieren (M2).

Kompetenztraining Geschichte
9783060649396_GES_P_064.doc

Reisen im Römerreich

Nur ein Reich mit sicheren und befestigten Verkehrswegen kann auf Dauer erfolgreich sein. Im Römischen Reich gab es ein sehr gut ausgebautes Verkehrsnetz, das Händlern, Soldaten und anderen Reisenden ein rasches Vorankommen ermöglichte – auch Bildungshungrigen.

Arbeitsaufträge:

1 a) In jungen Jahren studierte Gaius Julius Caesar auf Rhodos die Kunst der Rhetorik. Wissenschaftler gehen heute davon aus, dass Schiffe in der Antike mit ca. 8 Knoten (also knapp 15 km/h) unterwegs waren. Wie lange brauchte Caesar, wenn er von Rom über Rhegium und Kreta nach Rhodos fuhr? _____ Tage (Nimm einen Atlas zu Hilfe.)

   b) Wie lange brauchten Soldaten auf ihrem Marsch von Byzantium nach Argentorate (heute Augsburg) im besten Fall? _____ Tage (Nimm einen Atlas zu Hilfe.)

2 Die Römer markierten ihre Hauptstrecken mit Meilensteinen. Diesen (M1) hat man bei Apollonia im heutigen Albanien gefunden. Er stammt aus der Herrschaftszeit Caesars.

   a) Beschreibe die Funktionen dieser Meilensteine.

   _____

   _____

   _____

   _____

   _____

   _____

   b) Stelle eine Verbindung von Meilensteinen und der Bildung der Reisenden her.

   _____

   _____

   _____

M1 Römischer Meilenstein, 1. Jahrhundert v. Chr.

_____

_____

_____

Kompetenztraining Geschichte
9783060649396_GES_P_065.doc

Die Ausbreitung des Christentums in der Antike

Arbeitsaufträge:

1 Lies die folgende Erzählung aufmerksam durch.

2 Notiere in dein Heft, weshalb das Christentum für die folgenden Gruppen interessant war:

a) Bauern und Handwerker   b) der Kaiser   c) Frauen
d) Sklaven   e) Soldaten   f) Bettler

M1 „Stell dir vor, du wärst im Jahr 309 n. Chr. in Rom ...“ – eine historische Erzählung (2009)

Du befindest dich im Jahr 309 n. Chr. und stehst auf einer Straße in Rom. Um dich herum herrscht buntes, reges Treiben. Kaufleute preisen ihre Waren an, Bettler bitten um Geld, einige vornehme
5 Herrschaften bahnen sich ihren Weg rücksichtslos durch die Menge mitsamt ihrem großen Gefolge. Die Hauptstadt des Römischen Reiches sprüht wieder einmal vor Leben. Eine Vielzahl von Gerüchen steigt dir in die Nase, nicht alle davon riechen
10 angenehm. Es ist ein heißer, aber grauer Tag. Die Luft ist schlecht und stickig.
Alles ist nicht mehr so wie früher. Nicht mehr so wie bei deinen Vorfahren, als glücklichere Zeiten geherrscht haben. Heute stöhnen alle Geschäfts-
15 leute über die hohen Steuern, mit der Wirtschaft geht es schon lange bergab. Vor einiger Zeit hat wieder einmal die Pest in der Stadt gewütet, eine furchtbare Seuche. Viele Menschen sind gestorben.
20 Auch von den Grenzen des Reiches hört man nichts Gutes. Ständig ist irgendwo Krieg. Ständig braucht der Kaiser mehr Geld, um neue Soldaten in den Kampf schicken zu können. Du hast das Gefühl, als wäre der Tag nicht mehr fern, dass
25 Rom selbst von irgendwelchen Wilden erobert und in Schutt und Asche gelegt werden wird.
Niemand sieht der Zukunft frohen Mutes entgegen. Du auch nicht. Die Götter scheinen euch Römer verlassen zu haben. Du hast das Gefühl, noch so
30 viel Gold, noch so viele Tiere den Göttern opfern zu können, die Situation des Staates wird nicht besser. Und deine eigene schon gar nicht! Deine alten römischen Götter haben sich eigentlich sowieso immer nur um euch Römer als Ganzes
35 gekümmert, oder deine Familie als Ganzes. Aber wer ist eigentlich für dich da, für dich ganz allein? Du grübelst und grübelst. Nein, von den Göttern, die du kennst, fällt dir niemand ein, der für dein ganz persönliches Wohl da ist.
40 Und dabei beschäftigen dich gerade in diesen unsicheren Zeiten voll schlechter Nachrichten Fragen über Fragen. Was passiert wohl nach dem Tod? Wie sieht deine Zukunft aus? Wird alles am Ende doch irgendwie gut werden?
45 Neulich hast du von einem Freund gehört, dass er jetzt Christ geworden ist. Er war vollkommen begeistert. Er erzählte dir, dass die christliche Religion

einem Antworten auf alle Fragen geben würde. Ja, es gebe etwas nach dem Tod, der Himmel warte
50 auf einen. Von allen Qualen des Lebens werde man erlöst. Zumindest die Guten. Wer böse war, der werde bestraft. Sei das nicht toll, meinte er. Bei den Christen gebe es nur einen einzigen Gott, nicht hunderte verschiedene wie bei unserem alten
55 Glauben. Ein Gott für alle Probleme, das sei doch auch ungeheuer praktisch! Und du müsstest keine Opfer bringen. Du müsstest nur den Geboten der Nächstenliebe und Brüderlichkeit nachkommen, sagte er.
60 Nächstenliebe und Brüderlichkeit – wenn sich alle danach verhalten würden, hätten wir doch wirklich eine bessere Welt, nicht wahr? Dann würde nicht immer jeder nur an sich denken, wie jetzt, nicht immer nur jeder Geld und Macht anhäufen wollen.
65 Friede würde dann herrschen, den Armen würde geholfen, es gäbe keine Sklaven mehr, Bauern könnten frei ihre Felder bestellen, Handwerker ungestört ihrer Arbeit nachgehen, Soldaten müssten nicht mehr um ihr Leben fürchten. Und was
70 soll's, selbst wenn man irgendwann einmal stirbt – dann komme man ins Himmelreich, wo alles noch viel schöner sei als hier auf Erden.
Da hast du deinen Freund gefragt, ob in so einer christlichen Gesellschaft nicht alles drunter und
75 drüber gehen würde, ob denn da niemand bestimmen würde im Staat, niemand sagen würde, wo es langgeht. Dein Freund lachte und sagte, das sei alles kein Problem. Die christliche Religion sieht durchaus vor, dass hier auf Erden ein Herrscher
80 über die Menschen herrschen sollte. Genau wie du meintest – es muss ja alles seine Ordnung haben. Natürlich soll der Herrscher gut sein, nach den christlichen Regeln herrschen und leben.
Das klingt ja wirklich nicht schlecht, meintest du
85 und hast dich dann aber verabschiedet. Aber heute, an diesem warmen, stickigen Tag auf den Straßen Roms, denkst du ernsthaft darüber nach, ob du es nicht auch einmal bei diesen Christen probieren solltest, wie schon so viele deiner Freunde
90 und Bekannten. Du beschließt, gleich morgen einmal der nächsten christlichen Gemeinde einen Besuch abzustatten.

Erzählung von Michael Elster, Wiesbaden, 2009.

6 Lebenswelt Imperium Romanum

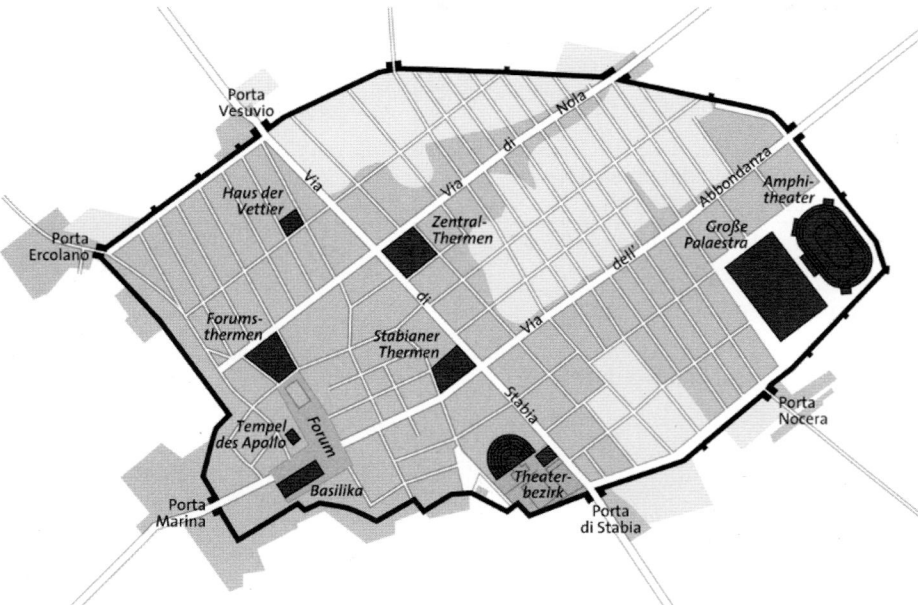

M1 Schematischer Grundriss Pompejis im 1. Jh. n. Chr.

1 Zeige anhand des schematischen Grundrisses, dass Pompeji mit öffentlichen Gebäuden ausgestattet war, die es auch in der Hauptstadt gab. Erläutere, warum die Regierung in Rom es förderte, dass überall im Reich „nach römischer Art" gelebt wurde.

2 Sind die folgenden Aussagen wahr oder falsch? Trage in der Tabelle ein.

Aussagen	wahr	falsch
1. Augustus stand seinem Ziehvater Caesar an Ehrgeiz in nichts nach, war aber klug genug, die Römische Republik zum Schein wiederherzustellen.		
2. Unter dem Kaisertum des Augustus herrschte innerhalb des Römischen Reiches Frieden.		
3. Den Besuch der Wagenrennen oder Gladiatorenkämpfe konnten sich in Rom nur wenige reiche Einwohner leisten.		
4. In Rom lebten zur Kaiserzeit ungefähr 100 000 Menschen. Die meisten von ihnen konnten sich nur leisten, in einer Mietskaserne („insula") zu wohnen.		
5. Die Wasserversorgung Roms war ein technisches und organisatorisches Meisterstück. Das Wasser stammte aus bis zu 91 km entfernten Quellen.		
6. Einen eigenen Wasseranschluss im Haus konnten sich in der Regel nur die vornehmen und reichen Römer leisten.		
7. Im 2. Jahrhundert n. Chr. erreichte das Imperium Romanum seine größte Ausdehnung. In fast 40 Provinzen lebten 50 bis 60 Millionen Menschen.		
8. Nichtrömische Soldaten, die in der römischen Armee lange Jahre gedient hatten, erhielten nach ihrem Ausscheiden das römische Bürgerrecht verliehen.		
9. Unter „Romanisierung" versteht man, dass innerhalb der Familie nur noch Latein gesprochen werden darf.		
10. Die Grenze zwischen den römischen Provinzen und dem nichtbesetzten Germanien bildete eine 550 km lange Befestigungsanlage, der Limes.		

3 In Rom hieß es: „Gib dem Volk Brot und Spiele und du hast Ruhe." Erläutere diesen Ausspruch.

4 Nimm begründet Stellung zu der Behauptung: „Den germanischen Stämmen ging es nach ihrer Eroberung durch die Römer schlechter als vorher, weil sie nicht mehr frei waren."

Kompetenztraining Geschichte
9783060649396_GES_P_067.doc

7 Von der Antike zum Mittelalter

Ich kann, weiß, verstehe …	Sehr sicher	Sicher	Unsicher	Sehr unsicher	Hilfen finde ich hier (SB = Schülerbuch):
1 Ich kann die wichtigsten Gebiete nennen, in denen sich bis ca. 750 n. Chr. die islamische Herrschaft ausbreitete.					SB Förderb. 7.1
2 Ich kann erklären, wie die Dreiteilung der Welt um das Mittelmeer zu politischen und kulturellen Unterschieden führte.					SB Förderb. 7.2
3 Ich kann Gemeinsamkeiten von Christentum und Islam benennen.					SB Förderb. 7.2
4 Ich kann den Beginn der islamischen Zeitrechnung datieren und erklären.					SB
5 Ich weiß, was der Begriff „Dschihad" bedeutet.					SB Förderb. 7.2 und 7.4
6 Ich kann die Begegnung von Islam und Christentum in Spanien anhand von Beispielen erläutern.					SB Förderb. 7.3 und 7.5
7 Ich kann erklären, wie sich das Königtum im Frankenreich bis zu seiner Auflösung entwickelte.					SB Förderb. 7.8
8 Ich kann das Territorium des Frankenreiches mit den Grenzen heutiger europäischer Staaten vergleichen.					SB
9 Ich kann die Begriffe „Heerkönigtum" und „Sakralkönigtum" unterscheiden.					SB
10 Ich kann anhand eines Beispiels zeigen, welche Rolle den Klöstern bei der Missionierung zukam.					SB Förderb. 7.5
11 Ich kann einen historischen Sachverhalt klären, indem ich Material suche, auswerte und bewerte.					SB Förderb. 7.6 und 7.8
12 Ich kann beschreiben, wie Karl der Große seine Herrschaft zeigte und sicherte.					SB Förderb. 7.3, 7.7 und 7.8
13 Ich kenne die Namen wichtiger Klöster und Pfalzen.					SB
14 Ich kann beschreiben, wie die Frankenkönige ihren Hof verwalteten.					SB
15 a) Ich kenne den Unterschied zwischen den Herrschertiteln „König" und „Kaiser" und					SB
b) weiß, warum Karl den Kaisertitel erhielt.					SB Förderb. 7.8
16 Ich kann die Epochen der Antike und des Mittelalters zeitlich einordnen.					SB

Die Ausdehnung der islamischen Herrschaft

M1 Die Expansion des Islam bis ca. 750

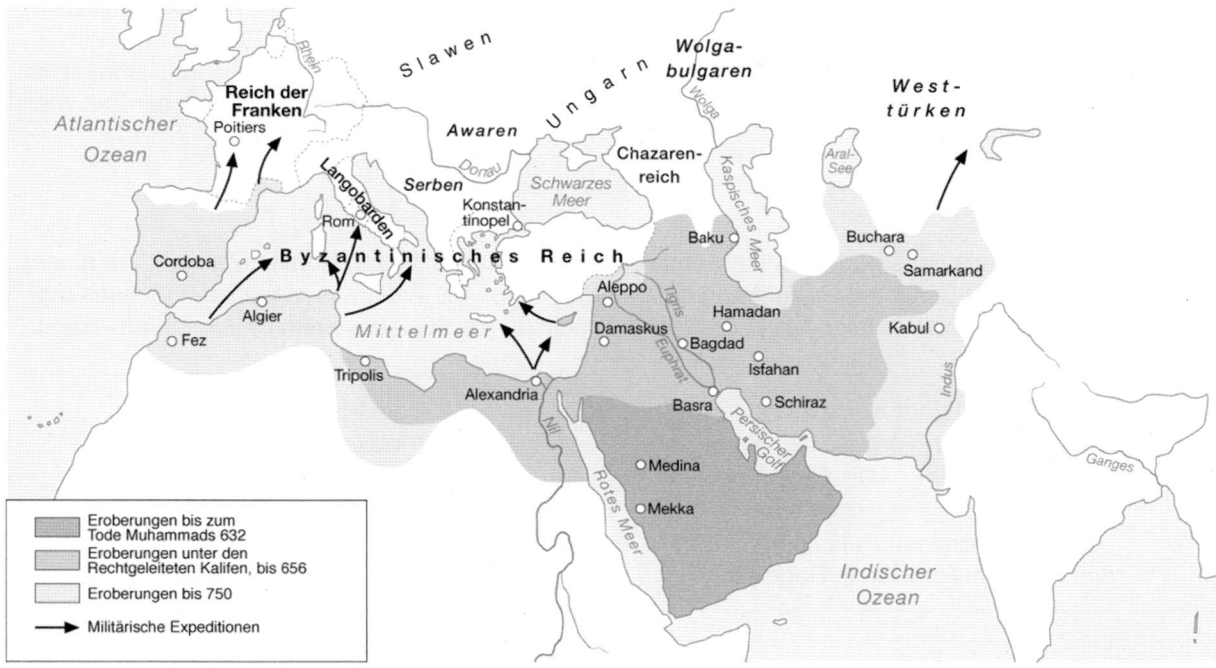

Arbeitsaufträge:

1 Betrachte die Karte M1.

    a) Benenne die Schritte, mit denen sich die islamische Religion ausbreitete. Beziehe dich dabei auf die Gebiete heutiger Staaten.

1. Schritt: _____

2. Schritt: _____

3. Schritt: _____

    b) Zeige auf, welche Gebiete umkämpft waren:

	Gebiet	Konflikt mit …
1		
2		
3		
4		
5		

2 Leite aus folgenden Stichwörtern ab, warum das Zusammenleben zwischen Mauren, Christen und Juden unter islamischer Herrschaft lange so gut funktionierte. Mache dir auf einem Blatt Notizen und bereite einen Kurzvortrag (ca. 5 Minuten) vor.

1. Kultur und Wissenschaft   3. Attraktivität der Lebensweise

2. Religiöse Toleranz   4. Neuartige Erfindungen

Kompetenztraining Geschichte
9783060649396_GES_P_069.doc

Drei Kulturräume in der Mittelmeerwelt

Mit dem Ende des Römischen Reiches (um 500 n. Chr.) und der Völkerwanderung zerbrach die Einheit des Mittelmeerraumes. Drei neue Machtzentren entstanden: das Islamische Reich, das Oströmische Reich und das Frankenreich.

In der Hafenstadt Aleria auf Korsika überlappen sich die Einflusssphären der drei Reiche. Die Insel ist noch Teil des Oströmischen Reiches, von den Frankenherrschern begehrt und immer wieder Ziel von islamischen Eroberern.

Arbeitsaufträge:

1 Im Hafen von Aleria liegen drei Handelsschiffe, die an der Ostküste von Korsika Zuflucht vor einem Sturm suchten: ein Schiff mit Getreide aus Alexandria, eines mit Wein aus Marseille und eines mit Olivenpaste aus Kreta. Mit folgenden Spielkarten kannst du die Seeleute einen Dialog führen lassen:

Die neue Hauptstadt Konstantinopel und ihre Macht im Vergleich zu Rom	Wie die Idee des Dschihad missverstanden wird
Die prächtigen Paläste des Harun al Raschid in Bagdad	Die Einigung der fränkischen Stämme
Warum sich Chlodwig taufen ließ: Sage und Wirklichkeit	Die Lebensgeschichte des Propheten Muhammad
Unser König ist noch immer ein Gott.	Die Stadt Adana (in der heutigen Südtürkei) wurde von den islamischen Herrschern erobert.

   a) Teilt verdeckt die Themenkarten aus.

   b) Bestimme anhand deiner Themenkarte, wen du spielen sollst.

   c) Spielt die Gespräche der Seeleute mit verteilten Rollen.

   d) Rate, welcher Herkunft die anderen Sprecher sind.

   e) Reagiere auf die Ausführungen des vorstellenden Seemanns gemäß deiner eigenen Rolle.

2 Überlege, wie ein Korse auf das Gespräch der Fremden reagiert. Erörtere in deinem Heft, welche Vor- und Nachteile der Korse hat, auf einem Schnittpunkt der drei Kulturen zu leben.

3 Der islamische Seemann und der Franke kommen ins Gespräch über ihre Religionen.
   Führe Gemeinsamkeiten von Islam und Christentum an:

_____

_____

_____

_____

_____

Kompetenztraining Geschichte
9783060649396_GES_P_070.doc

Die Spanische Mark Karls des Großen

In den Jahren 661 bis 715 eroberten die arabischen Mauren die Iberische Halbinsel. In der Schlacht bei Tours und Poitiers jedoch wurde ihr Vormarsch auf Europa gestoppt. Um sein Reich zu schützen, gründete Karl der Große die „Spanische Mark". Darüber informiert dich der folgende Lückentext.

M1 Das Frankenreich

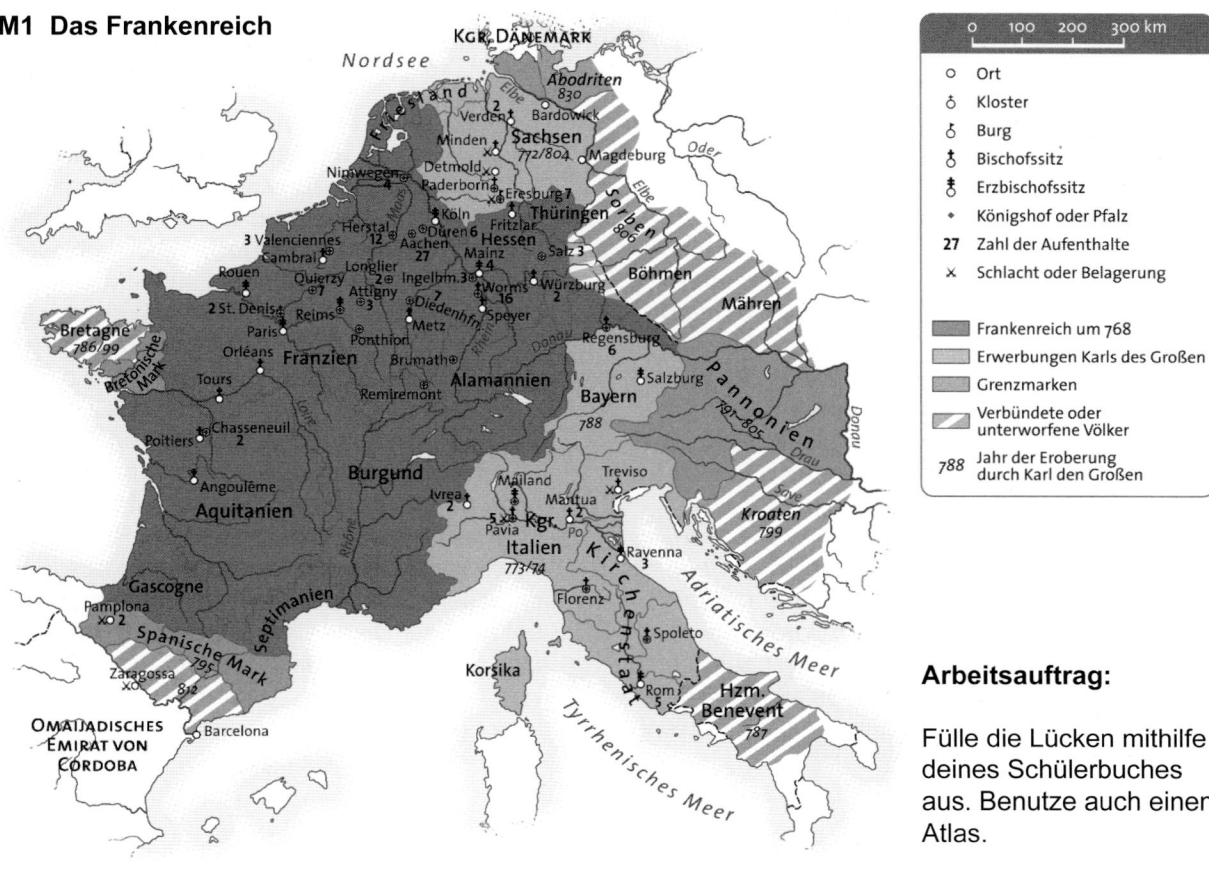

Arbeitsauftrag:

Fülle die Lücken mithilfe deines Schülerbuches aus. Benutze auch einen Atlas.

Die Spanische Mark erstreckt sich entlang der Gebirgskette der _____. Sie, die Bretonische Mark und die Pannonische Mark, werden als _____ bezeichnet. Karl der Große richtete die Spanische Mark im Jahr 795 zum Schutz des fränkischen Territoriums gegen die

_____ ein. Die _____ Mauren hatten in der Zeit von _____ bis _____

Spanien erobert. Sie machten _____ zu ihrer neuen Hauptstadt. Ihr Ansturm gegen das

Frankenreich konnte jedoch in zwei historischen Schlachten bei _____ und _____ in

Südwestfrankreich im Jahre 732 gestoppt worden. Der Sieg kam dem _____ Pippin zu,

der aus der Familie der _____ stammte und sich zum _____ erheben ließ.

Karl der Große besuchte die Spanische Mark zweimal, insbesondere die Stadt _____. Die

Mark wurde von einem _____ verwaltet. Sitz des Markgrafen war die heute zweitgrößte

spanische Stadt _____. Die Spanische Mark bildete die Ausgangsbasis der christlichen

Rückeroberung Spaniens, „Reconquista" genannt, die die islamische Herrschaft 1492 beendete.

Kompetenztraining Geschichte
9783060649396_GES_P_071.doc

Christen, Juden und Muslime in Spanien

Nicht jeder, der in Spanien in muslimischem Gebiet lebte, musste auch die neue Religion annehmen. Dies brachte zwar Vorteile, war aber keine Pflicht. In diesem Text erfährst du mehr über die Hintergründe des friedlichen Zusammenlebens von Mauren, Christen und Juden in Spanien.

M1 Über die Herrschaft der muslimischen Mauren in Spanien
Historiker haben herausgefunden:

Die arabisch-islamischen Heere wären sicherlich nicht so erfolgreich gewesen ohne ihren religiösen Antrieb: den Gesetzen des Islams in einem „Heiligen Krieg" (Dschihad) zum
5 Sieg zu verhelfen. Dennoch war dies nicht das einzige Motiv der arabischen Eroberer. Die Araber wollten anfangs politische Unterwerfung der Besiegten und Beute, nicht Missionierung, also Bekehrung. Die neuen Herr-
10 scher verlangten von den fremden Völkern unbedingte Gefolgschaft und die Zahlung einer Steuer für jeden Einwohner. Ansonsten hatten islamische Herrscher gegen nichtislamische Untertanen nichts einzuwenden,
15 solange sie zahlten. Ein erzwungener Übertritt von Christen und Juden zum Islam wurde daher nicht einmal versucht. Allerdings waren die wirtschaftlichen und sozialen Vorteile ein Anreiz, Muslim zu werden. Das erklärt den
20 Übertritt vieler Christen zum Islam in Spanien im 8. und 9. Jahrhundert.

Die Christen in Andalusien, auch Mozaraber genannt, lebten als Kaufleute und Handwerker in eigenen Stadtvierteln und hatten die
25 gleiche Steuer zu zahlen wie die spanischen Juden. Die Treue zu ihrem Glauben schloss nicht aus, dass Christen und Juden wichtige Stellungen am Hof der Kalifen, wie die muslimischen Herrscher genannt wurden, einneh-
30 men konnten – Wissen zählte mehr als die Glaubenszugehörigkeit. Nur wenige Christen wanderten in benachbarte christliche Gebiete aus. Lediglich eine winzige Minderheit protestierte gegen die islamischen Autoritäten, in-
35 dem sie öffentlich die muslimische Religion verspotteten. Die von den Muslimen ausgesprochenen Verurteilungen und Hinrichtungen betrachteten diese Christen als Martyrium, also als heldenhaften Tod für ihren Glauben.

Frei zit. nach Martin Grohmann und Wolfgang Jäger, Das Mittelalter (Kurshefte Geschichte), Berlin (Cornelsen) 2007, S. 183 f.

Arbeitsaufträge:

1 Erkläre, warum der „Dschihad" nicht der wichtigste Antrieb für die islamische Eroberung Spaniens war.

_____

_____

_____

_____

2 Erläutere, warum nur wenige Christen in die Spanische Mark auswanderten.

_____

_____

_____

_____

Die Bedeutung der Klöster im Mittelalter

Klöster waren die Vorposten des christlichen Glaubens. Sie dienten der Mission und waren wichtige Anlaufpunkte der mittelalterlichen Könige und Kaiser. Das Kloster von Bad Hersfeld ist in vielerlei Hinsicht typisch: Es wurde von angelsächsischen Mönchen 769 gegründet und hatte auch einen Pfalzbau. Die Geschichte des Klosters zeigt, wie eng die Verbreitung des Christentums und der Aufstieg des fränkischen Königtums zusammenhängen.

Arbeitsaufträge:

1 Beurteile, ob es sich um
- dir bekannte Zusammenhänge (A) oder
- neu erworbenes Wissen (B) oder gar
- eine unwahrscheinliche oder falsche Behauptung (C) handelt.

Nr.	Aussage / Behauptung	A	B	C
1	Anfang des 8. Jahrhunderts hatte sich das Christentum noch nicht nördlich des Rheins verbreitet.			
2	Der irische Mönch Bonifatius begann seine Mission bei den Hessen und Thüringern.			
3	Bonifatius und seine Mitbrüder gründeten zahlreiche Klöster: darunter 744 das Kloster Fulda und 769 das Kloster Hersfeld.			
4	Das Kloster Hersfeld lag verkehrsgünstig im Tal am Fluss Fulda und an der Schnittstelle von Handelswegen.			
5	Der englische Mönch Lullus wurde Mainzer Bischof, später Erzbischof und war 17 Jahre lang Abt des Klosters Hersfeld.			
6	Bonifatius gründete 741 das Bistum Büraburg bei Fritzlar.			
7	Das Kloster Hersfeld diente nun der Ausbildung von Priestern für die umliegenden Dörfer.			
8	Die Mönche aber brachten alle Bewohner der Region als Heiden um.			
9	Das Kloster Hersfeld erwarb große Besitzungen in Thüringen und wurde bedeutend durch eine Klosterschule, eine Bibliothek und den Anbau von Obst, Gemüse und Kräutern.			
10	Im Jahr 775 übertrug Lullus das Kloster an Karl den Großen als Reichsabtei. Karl besuchte es im Jahr 782 und machte dort mehrmals Station.			
11	Nur ein Kloster von der Größe Hersfelds war als Pfalzort geeignet, da der Hof in wenigen Wochen des Aufenthalts 500 Schweine verspeiste.			
12	In mehr als zehn Urkunden zeigte sich Karl dem Kloster gegenüber erkenntlich und schenkte ihm weiteres Land.			
13	Das Kloster machte als Pfalzort ein riesiges Geschäft, weil dem König enorme Übernachtungskosten in Rechnung gestellt werden konnten.			
14	Nach der Teilung des Frankenreiches war Hersfeld eine Grenzstadt.			
15	Noch heute feiern die Hersfelder im Oktober zu Ehren von Lullus ihr Erntedankfest, das „Lullusfest".			

2 In der Lebensgeschichte des Bonifatius berichtet sein Biograph, der Priester Willibald von Mainz, von einem aufsehenerregenden Ereignis: Bonifatius fällte die „Donar-Eiche" bei Geismar in der Nähe von Fritzlar. Informiere dich darüber, was es mit dieser Eiche auf sich hatte und warum Bonifatius sie gefällt hat. Schreibe eine Geschichte dazu.

Kompetenztraining Geschichte
9783060649396_GES_P_073.doc

Einen historischen Sachverhalt klären – Bonifatius

Du hast Bonifatius als Missionar der Deutschen kennengelernt und weißt, welche Schritte du machen musst, um einen historischen Sachverhalt zu klären. Auf diesem Bogen kannst du beides wiederholen. Das abgebildete Denkmal stellt den Betrachter vor ein Rätsel. Viel Spaß beim Lösen!

Arbeitsauftrag:

Das Attribut des Heiligen Bonifatius ist das mit einem Schwert durchbohrte Buch. Kläre, welche Geschichte hinter diesen Darstellungen steckt. Gehe Schritt für Schritt vor und nutze dabei die folgende Methode „Einen historischen Sachverhalt klären":

M1 Der Heilige Bonifatius,
Denkmal vor dem Dom in Mainz

a) Meine Fragestellung:

_____

_____

_____

b) Hier suche ich Material:

_____

_____

_____

c) Dieses Material liefert die besten Aussagen:

_____

_____

_____

d) Die Lösung meiner Frage lautet: _____

_____

_____

e) Die Attribute (Schwert und Buch) stehen für diesen historisch belegbaren Zusammenhang:

_____

_____

_____

Karl der Große – ein reisender Herrscher

Könige und Kaiser waren viel unterwegs. Sie herrschten nie von nur einer Stelle aus, sondern kontrollierten ihr Reich auch durch ihre persönliche Anwesenheit und die ihres Hofes und Heeres. Die Historiker haben die Wege genau rekonstruiert, die mittelalterliche Könige genommen haben.

M1 Ein Jahr unterwegs mit Karl dem Großen

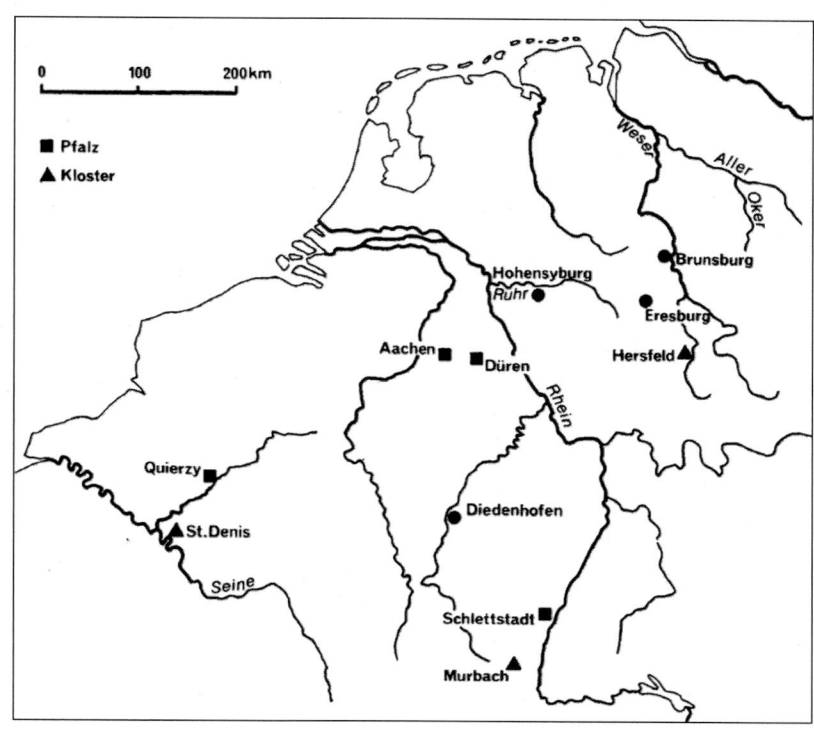

Januar 775: Der Feldzug gegen die Sachsen wird beschlossen.

26. März: Karl feiert in Quierzy das Osterfest.

3. Mai: Karl ist in Diedenhofen.

24. Mai bis 26. Juni: Erneuter Aufenthalt in Quierzy.

Juli: Reichsversammlung in der Pfalz Düren.

Nach dem 3. August: Der Sachsenfeldzug beginnt. Das fränkische Heer marschiert nach Hohensyburg, überschreitet die Ruhr und zieht in die Eresburg ein, die im Jahr zuvor von den Sachsen zerstört worden war. Der Marsch geht weiter nach Brunsberg. Die Sachsen, die Karl am Überschreiten der Weser hindern wollen, werden geschlagen. Vormarsch bis zur Oker; die Westfalen werden geschlagen. Der Feldzug dauert zwei Monate. Karl kehrt mit Geiseln – die er in fränkische Klöster schickt, damit sie „zu Christen erzogen werden" – und mit großer Beute zurück.

Spätestens ab 25. Oktober: Aufenthalt in der Pfalz Düren.

November: Aufenthalt in Diedenhofen und Beschluss, nach Italien zu ziehen.

Dezember: Karl bricht nach Italien auf; er reist zunächst zur Pfalz Schlettstadt, wo er das Weihnachtsfest verbringt.

Arbeitsaufträge:

1 a) Zeichne den Reiseweg des Königs als Luftlinie in die Karte ein.

b) Miss die einzelnen Reisestrecken und berechne, wie viele Kilometer der König und sein Gefolge im Jahr 775 ungefähr zurückgelegt haben:

_____

2 Wenn der König und sein Gefolge pro Tag 20 Kilometer zurücklegten, wie viele Tage brauchte Karl dann, um a) von Quierzy nach Diedenhofen, b) von Quierzy nach Düren und c) von Düren nach Schlettstadt zu gelangen?

a) _____   b) _____   c) _____

3 Der Tross Karls kommt in Aachen an. Schreibe in dein Heft eine Geschichte, wie sich seine Hofmannen und die Aachener auf diesen Tag vorbereitet haben.

Kompetenztraining Geschichte
9783060649396_GES_P_075.doc

Materialien zur Kaiserkrönung Karls auswerten

Karls wohl wichtigster Weg führte ihn nach Rom, wo der Papst ihn Weihnachten 800 mit der Kaiserkrone der römischen Cäsaren krönte. Daher stammt unser Wort „Kaiser". Dieses Ereignis wird von den Zeitgenossen sehr unterschiedlich wiedergegeben.

M1 Kaiserkrönung nach Einhard
Einhard, Biograph Karls des Großen, schilderte die Kaiserkrönung Karls wie folgt:

Als Karl am Weihnachtstag 800 ehrfürchtig in der Peterskirche in Rom betete, schlich sich Papst Leo III. hinterrücks an ihn heran und setzte dem Verdutzten die Kaiserkrone aufs
5 Haupt. Einhard abschließend: „Hätte Karl vom Vorhaben Leos gewusst, hätte er die Kirche nicht betreten."

Zit. nach Einhard, Vita Caroli Magni, Stuttgart 1996, S. 53.

M2 Kaiserkrönung in der Klosterchronik
In der Chronik des Klosters Lorsch heißt es:

Und weil schon damals das Kaisertum bei den Griechen nicht mehr bestand und sie eine weibliche Herrschaft hatten, erschien es dem Apostelnachfolger Leo selbst und allen
5 heiligen Vätern, die an diesem Konzil teilnahmen, und dem übrigen christlichen Volk, dass sie Karl, den König der Franken, zum Kaiser erheben müssten … Ihre Bitte konnte König Karl nicht abschlagen, sondern er un-
10 terwarf sich mit aller Demut Gott und nahm auf Bitten der Bischöfe und des gesamten Christenvolkes am Fest der Geburt unseres Herrn Jesu Christi den Kaisertitel mit der Segnung durch den Herrn Papst Leo an.

Zit. nach Franz Unterkirchner (Hg.), Wiener Fragment der Lorscher Annalen, Graz 1967, S. 76.

Arbeitsauftrag:

Kläre den historischen Sachverhalt „Die Kaiserkrönung Karls des Großen" anhand der folgenden Schritte:

1. Schritt, Fragestellung formulieren:
Zum Beispiel: Wie ist es möglich, dass ein und dasselbe Ereignis so unterschiedlich beschrieben wird?

2. Schritt, Material sichten:
Wo finde ich etwas über Einhard, wo mehr Informationen über das Kloster Lorsch?

_____

_____

3. Schritt, Material auswählen:
Welche Informationen sind für mich geeignet und aussagekräftig?

_____

_____

4. Schritt, Ergebnis bewerten und Frage beantworten:

_____

_____

_____

Kompetenztraining Geschichte
9783060649396_GES_P_076.doc

7 Von der Antike zum Mittelalter

M1 Der Elefant von Karl dem Großen

Harun ar-Raschid (763–809) war als Kalif weltlicher und geistlicher Herrscher des islamischen Reiches. Er nahm mit Karl dem Großen diplomatischen Kontakt auf und schickte
5 Gesandte, die neben wertvollem Schmuck und Gewürzen einen weißen Elefanten mit sich führten. Dieser stammte vom anderen Ende von Haruns Reich, aus Indien.
Im Jahr 801 wurde der Elefant, Abul Abbas
10 genannt, in Begleitung von Isaak, einem jüdischen Kaufmann, Dolmetscher und Gesandten Karls, zusammen mit einer kleinen Delegation von Bagdad aus auf den Weg nach Aachen geschickt. Im Oktober des Jahres ist
15 ein Aufenthalt in der Nähe von La Spezia in Italien belegt, wo die Delegation an Land ging.
Im Sommer des darauffolgenden Jahres erreichte der Elefant Aachen, er gilt bis heute
20 als erster Elefant in Mitteleuropa und wurde in einem Gehege der Pfalz gehalten. Die Reichsannalen berichten, dass er 810 nach der Überquerung des Rheins auf einer der Reisen Karls verendete, Karl führte ihn gerne
25 in seinem Hofstaat mit.

(Verfassertext)

M2 Schachfigur: Karl der Große auf seinem Kriegselefanten, Elfenbeinschnitzerei aus Indien, um 1000–1500

1 Beschreibe ausgehend von dieser kurzen Darstellung die politische und religiöse Situation in Europa um 800.

2 Erkläre, warum Harun ar-Raschid nicht schon vorher Kontakt mit Karl dem Großen oder einem anderen Franken aufgenommen hat.

3 Begründe, weshalb der Elefant Abul Abbas nach Aachen gebracht wurde.

4 Erkläre, warum Karl den Elefanten nicht die ganze Zeit über in Aachen ließ, sondern das Tier auf Reisen mitgenommen wurde.

5 Auch heute machen sich Politiker auf Staatsbesuchen Geschenke.

   a) Erkläre, welche Zwecke damals und heute mit Staatsgeschenken verfolgt wurden.

   b) Welche Gegenstände eignen sich deiner Meinung nach als Staatsgeschenke?

Kompetenztraining Geschichte
9783060649396_GES_P_077.doc

8 Mittelalterliche Lebenswelten

Ich kann, weiß, verstehe …	Sehr sicher	Sicher	Unsicher	Sehr unsicher	Hilfen finde ich hier (SB = Schülerbuch):
1 Ich kann beschreiben, welche Einflüsse das Leben in einem mittelalterlichen Dorf prägten.					SB
2 Ich kann erläutern, in welchen rechtlichen Beziehungen die Menschen im Dorf lebten.					SB
3 a) Ich kann verschiedene Dorftypen unterscheiden und					SB
b) weiß, weshalb diese Formen so entstanden sind.					
4 a) Ich kann den Begriff „Grundherrschaft" an einem selbst gewählten Beispiel erläutern und					SB Förderb. 8.1 und 8.4
b) kann ihn vom Begriff „Lehnswesen" unterscheiden.					
5 Ich kann erläutern, was Frondienst war.					SB
6 Ich kann anhand einer Sachquelle etwas über Zusammenleben, Recht und Wirtschaft im Mittelalter herausfinden.					SB Förderb. 8.1
7 Ich kann begründen, warum das Reich ein „Personenverbandsstaat" war.					SB Förderb. 8.2
8 Ich kenne verschiedene Adelstitel im Mittelalter und kann sie in eine Rangordnung bringen.					SB Förderb. 8.2
9 Ich kann anhand einer Abbildung zeigen, wie Herrscher im Mittelalter durch Gesten „Politik machten".					SB
10 Ich kann verschiedene Burgtypen erkennen und erklären, wie man sie verteidigt.					SB Förderb. 8.3
11 Ich kann den Grundaufbau einer Burg zeichnen.					SB Förderb. 8.3
12 a) Ich kann vom Leben eines Burgfräuleins berichten und					SB Förderb. 8.3
b) den Begriff „Minne" von „Liebe" unterscheiden.					
13 a) Ich kann die Anforderungen an einen Ritter beschreiben und					SB
b) daraus Rückschlüsse auf die Wirklichkeit ziehen.					
14 Ich weiß, wann und durch wen meine Stadt bzw. Gemeinde gegründet wurde.					SB Förderb. 8.5
15 a) Ich kann verschiedene Städtetypen unterscheiden und					SB Förderb. 8.5
b) Beispiele aus meinem Bundesland für sie nennen.					
16 a) Ich kann erklären, wie man in der Stadt Bürger wurde und					SB Förderb. 8.6
b) welche Pflichten Bürger hatten.					
17 Ich kann mir eine sinnvolle Marktordnung überlegen, die auch heute auf einem Wochenmarkt funktioniert.					SB Förderb. 8.6
18 Ich kann anhand einer Stadt (z. B. Köln) erklären, warum sich die Stadtbewohner einer mittelalterlichen Stadt von ihrem Stadtherrn befreien wollten.					SB
19 Ich kann Wissensbereiche nennen, die für Leben und Arbeit in einem mittelalterlichen Kloster wichtig waren.					SB Förderb. 8.7
20 a) Ich kann Beispiele dafür nennen, dass Menschen ihre Position in der Ständegesellschaft verändern konnten, und					eigene Überlegungen
b) kann dies mit unserer heutigen Gesellschaft vergleichen.					

Kompetenztraining Geschichte
9783060649396_GES_P_078.doc

Mühlen als Sachquellen untersuchen

Um Getreide zu mahlen, brauchte es die Kraft des Wassers oder des Windes. Im Mittelalter gab es nicht nur an den Küsten Mühlen, sondern auch in den Mittelgebirgen. Anhand der Nutzung einer solchen Mühle kannst du viel über das Leben der Landbevölkerung und deren Rechte gegenüber den Grundherren herausfinden. Außerdem sind Mühlen „Sachquellen", die uns etwas zu sagen haben.

Arbeitsaufträge:

1 Untersuche die Sachquelle Windmühle (M1):

1. Schritt: Sachquelle beschreiben

2. Schritt: Funktion der Sachquelle erkunden

3. Schritt: Geschichtliche Bedeutung erschließen

2 Die Menschen auf dem Land waren unterschiedlich stark vom Grundherrn abhängig. Erläutere die Stellung

a) eines Leibeigenen,

b) eines Grundholden bzw. Hörigen und

c) eines freien Bauern

anhand der Nutzung der Mühle. Schreibe in dein Heft.

3 Die Bauern waren zum Mahlen ihres eigenen Getreides auf die Mühle des Grundherrn angewiesen.

a) Überlege dir ein Gespräch zwischen einem hörigen Bauern und seinem Grundherrn über die Nutzung der Mühle. Schreibe in dein Heft.

b) Beschreibe, wie ein freier Bauer durch die Nutzung der Mühle in die Abhängigkeit eines Grundherrn geraten konnte.

M1 Bockwindmühle,
moderne Zeichnung

DIE FLÜGEL DREHEN DAS KAMMRAD, DAS DAS ZAHNRADGETRIEBE BEWEGT, WODURCH DER OBERE MÜHLSTEIN GEDREHT WIRD, DER DAS KORN MAHLT

KAMMRAD

ZAHNRADGETRIEBE

DER ERSTE SACK KORN WIRD IN DEN MÜHLENTRICHTER GELEERT

MÜHLSTEINE IM HOLZGEHÄUSE

DER ZWEITE SACK KORN WIRD HINAUFGETRAGEN

MEHL FLIESST HERAUS

ERDHÜGEL

BOCKGERÜST

Kompetenztraining Geschichte
9783060649396_GES_P_079.doc

Die Lebenswelt der Ritter

Die Ritter leisteten als Lehnsleute ihrem Herrn Kriegsdienst. Seit dem 14. Jahrhundert wurden ihre Dienste kaum noch gebraucht. Sie versuchten daher, als Raubritter ihren Lebensunterhalt zu sichern.

Arbeitsaufträge:

1 Ordne folgende Adelstitel ihrem Rang nach:

Freiherr – Graf – Baron – Kaiser – Herzog – Fürst – Erzherzog – Ritter – König – Landgraf – Kurfürst

_____

_____

2 Werner Kalb von Reinheim gilt für uns heute als Raubritter. Er griff um 1380 Städte wie Frankfurt und Worms an und erpresste die Bürger und Stadtherren. Die folgenden Personen hätten sein Unwesen stoppen können. Zeige, wie sie gegen Werner vorgehen konnten.

Werners Bruder Friedrich sagt: _____

_____

Der Erzbischof von Mainz sagt: _____

_____

Der Rat der Stadt Worms sagt: _____

_____

König Wenzel sagt: _____

_____

3 Viele solcher Konflikte wurden durch den Schwur eines Landfriedens gelöst, an dem sich verschiedene Herrschaftsträger beteiligten. Formuliere einen Bündnisschwur, den alle in Aufgabe 2 genannten Personen schwören, um den Frieden herzustellen:

„Wir geloben bei Gott und auf den Namen unseres Königs Wenzel, dass _____

_____

_____

_____."

4 Der deutsche König Wenzel wurde im Jahr 1400 von den Kurfürsten wegen Untätigkeit abgesetzt.

a) Erkläre an diesem Beispiel, warum das Lehnswesen zu dieser Zeit nicht mehr funktionierte.

b) Begründe, warum das Aufkommen von Städtebünden und unabhängigen Grafschaften als „Ende des Personenverbandsstaates" angesehen werden kann. Schreibe ins Heft.

Leben auf der Burg

Burgen waren im Mittelalter sichtbare Zeichen von Macht. Zugleich waren sie Verteidigungsanlagen und Wohnsitze des Adels. Auf der Burg gab es eine feste Verteilung der Rollen zwischen Herren und Bediensteten sowie zwischen Männern und Frauen.

Arbeitsaufträge:

1 Beschreibe anhand der Zeichnung des Palas (M1) die Aufgabenverteilung zwischen

   a) Burgherren und Gesinde:

_____

_____

_____

_____

   b) adligen Männern und adligen Frauen:

_____

_____

_____

_____

2 Suche drei mittelalterliche Burgen in deinem Bundesland und bestimme ihren Burgtyp.

M1 Leben in einer mittelalterlichen Burg, Rekonstruktionszeichnung

_____

_____

3 Minne ist nicht gleich Liebe. Suche Gemeinsamkeiten und Unterschiede.

Aspekte	Minne im mittelalterlichen Sinn	Liebe zwischen Mann und Frau
Verehrung einer Frau		
Aktive Werbung um Beziehung		
Sexualität		

Kompetenztraining Geschichte
9783060649396_GES_P_081.doc

Begriffe verstehen: Grundherrschaft und Lehnswesen

Häufig werden die Begriffe „Grundherrschaft" und „Lehnswesen" vermischt oder verwechselt. Dies passiert, weil beide Begriffe tatsächlich etwas mit Herrschaft und Gefolgschaft zu tun haben, jedoch auf unterschiedliche Weise. Dieser Bogen soll dir helfen, beide Begriffe auseinanderzuhalten und anhand der Gemeinsamkeiten das typisch Mittelalterliche zu verstehen.

Arbeitsaufträge:

1 Kreuze an, ob wahr oder falsch:

Aussagen	wahr	falsch
1. Der Lehnsherr herrscht über die Hörigen des Grundherrn.		
2. Der Grundherr richtet über die Hörigen.		
3. Der freie Bauer erhält vom Grundherren ein (lat.) „feudum".		
4. Der Vasall überließ den Hörigen Land, das er selbst nur zum Lehen hatte.		
5. Der Hörige schuldet dem Grundherrn Rat (lat. „consilium") im Frieden.		
6. Die Hörigen waren dem Grundherrn die Heeresfolge schuldig.		
7. Wenn das Lehen wieder zurückgegeben werden musste, waren Hörige frei.		
8. Die Hörigen leisten dem Lehnsherrn des Grundherrn den Mannschaftseid.		
9. Freie Bauern konnten Lehnsherrn von Hörigen werden.		
10. Hörige leisteten dem Grundherrn Frondienste.		
11. Mit einem Lehen erhielt der Grundherr auch Leibeigene.		
12. Das Hufenland fällt an die Krone, wenn der Vasall stirbt.		

2 Charakterisiere anhand der folgenden vier Stichworte (a–d) Gemeinsamkeiten von Grundherrschaft und Lehnswesen, die häufig dazu führen, dass man beides verwechselt.

a) Pflicht und Treue gegen Schutz: _____

_____

b) Herrschaft über Land und Leute: _____

_____

c) Personenverband: _____

_____

_____

d) Weitergeben von Macht: _____

_____

Kompetenztraining Geschichte
9783060649396_GES_P_082.doc

Stadtleben im Mittelalter

Checkliste zur Erforschung einer mittelalterlichen Stadt

1. Wann wurde die Stadt gegründet (urkundliche Erwähnung)?

   _____

2. Durch wen wurde sie gegründet?

   _____

3. Seit wann gab es einen Markt (Privileg?)

   _____

4. War der Gründer auch der Stadtherr?

   _____

5. Lebten vorher auch schon Menschen dort?

   _____

6. Gab es ein Kloster oder eine Abtei oder einen Dom?

   _____

7. Seit wann gibt es eine Stadtmauer?

   _____

8. Finde die Namen von Stadttoren heraus:

   _____

   _____

9. Wurde sie erweitert? Wann?

   _____

10. Wie hießen Vororte oder Vorstädte?

    _____

    _____

11. Wo residierte der Stadtherr?

    _____

12. Gab es Höfe oder Häuser von Adligen?

    _____

    _____

13. Gab es einen oder mehrere Marktplätze? Wo? Für welche Waren?

    _____

    _____

14. Wo lagen Hospitäler, Siechen- oder Pesthäuser?

    _____

    _____

15. Welche Straßennamen erinnern noch heute an Handwerkernamen?

    _____

    _____

16. Gab es ein Judenviertel oder eine Judengasse bzw. eine Synagoge?

    _____

    _____

17. Zeichne das Wappen der Stadt in dein Heft.

Hilfe findest du hier:

- Historische Karten, Chroniken
- Stadtbibliothek (lokale Abteilung)
- Stadtarchiv (Ansprechpartner)
- Internetseiten (zur Geschichte der Stadt)
- Heimatforscher, historische Vereine

Streit um die Macht in der Stadt

In der mittelalterlichen Stadt gab es verschiedene soziale Gruppen, die unterschiedliche Rechte und Interessen sowie unterschiedlichen Einfluss auf die Politik der Stadt hatten: Stadtherr, Rat, Zünfte, Bruderschaften, Kirchengemeinden. Häufig gab es Streit um die Macht.

Arbeitsaufträge:

1 Lies in deinem Schulbuch die Abschnitte über Zünfte und Machtkämpfe in der mittelalterlichen Stadt und entscheide.

Behauptung	wahr	falsch
Handwerker konnten Zünften beitreten, um Vorteile im Beruf zu haben.		
Die Stadtherren regelten die Mitgliedschaft in den Zünften.		
Die Zünfte schufen Standards für Ausbildung, Herstellung, Qualität und Preis.		
Die Berufsverbände wirkten an Kirchenprozessionen und der Stadtverteidigung mit.		
Auf mittelalterlichen Märkten bestimmten Angebot und Nachfrage den Preis.		

2 In der Nähe des Marktes gab es oft auch ein Kaufhaus, in dem Waren vor der Witterung geschützt feilgeboten wurden.

    a) Finde Gründe dafür, warum die Ratsherren (Patrizier) für den Bau eines Kaufhauses waren.

_____

_____

_____

_____

M1 Mittelalterliches Kaufhaus in Mainz, Gemälde, 18. Jahrhundert

    b) Im 14. Jh. übernahmen vielerorts die Zünfte die Kontrolle über die Kaufhäuser. Erkläre, warum sie die Patrizier bekämpften.

_____

_____

_____

_____

3 Verfasse in deinem Heft eine Marktordnung, die folgende Konflikte regelt:

- Finanzielles Interesse der Patrizier und der Zünfte
- Interessen von Kaufleuten aus der Stadt und von außerhalb
- Gültigkeit von Maßeinheiten und Währungen
- Verwendung der Einnahmen aus der Vermietung von Ständen
- Zulassung jüdischer Handwerker
- Zutritt von Frauen
- Kontrolle der Marktaufseher

Kompetenztraining Geschichte
9783060649396_GES_P_084.doc

Über die Bedeutung mittelalterlicher Klöster

Klöster waren nicht nur Orte von Rückzug und religiöser Versenkung. Neben dem Gebet prägte die Arbeit den Alltag der Klosterinsassen. Und damit war nicht nur Feld- und Gartenarbeit gemeint. Auf diesem Bogen kannst du kennenlernen, auf welchen Gebieten Klöster im Mittelalter führend waren.

Arbeitsaufträge:

1 Wenn man an einer heutigen Universität studiert, findet man viele Fächer, die durch die Arbeit im Kloster einen großen Wissensfortschritt erlebten. Notiere Stichworte und Gedanken zu den Disziplinen (informiere dich in deinem Schulbuch über Klöster und Universitäten).

Medizin: _____

_____

Landwirtschaft: _____

_____

Heilmittelkunde: _____

_____

Religionswissenschaft: _____

_____

Tiermedizin: _____

_____

Pflanzenkunde: _____

_____

Philosophie: _____

_____

Sprachwissenschaften: _____

_____

Erziehungswissenschaften: _____

_____

Wirtschaftswissenschaften: _____

_____

2 Recherchiere im Internet zum Begriff „Klosterreform" und erkläre, warum so häufig neue Orden gegründet wurden, die einen Neuanfang im Klosterleben forderten. Schreibe in dein Heft.

Kompetenztraining Geschichte
9783060649396_GES_P_085.doc

8   Mittelalterliche Lebenswelten

Wir verfolgen die Geschichte von Gerald, geboren um 1150 als zweiter Sohn des Hörigen Egbert.
Gerald wächst im Dorf Krauthausen auf, das zum Grundbesitz eines Barons gehört.

1   Stell dir vor, in welchen Verhältnissen Gerald vermutlich aufwuchs.

    a)   Beschreibe kurz die allgemeinen Lebensverhältnisse in Krauthausen (folgende Stichpunkte
        können dir helfen: Arbeit, Familie, Wohnen, Ernährung, Religion, Bildung, Herrschaft).

    b)   Charakterisiere das Verhältnis Geralds zum Baron von Krauthausen, dem Grundherrn der
        Familie.

2   Als Gerald erwachsen ist, entschließt er sich, sein Dorf zu verlassen. „Stadtluft macht frei", davon
    hat er gehört.

    a)   Nenne Motive, warum Gerald sein Dorf verlassen möchte.

    b)   Erkläre, warum Gerald in die Stadt gehen möchte.

    c)   Begründe, warum Geralds Plan aus Sicht seines Grundherrn strafbar ist.

3   Gerald kommt nach Köln, in eine mittelalterliche Großstadt.

    a)   Beschreibe, welche baulichen Elemente eine Stadt im Mittelalter kennzeichnen.

    b)   Nach zwölf Jahren wird Gerald das Bürgerrecht verliehen. Stelle zusammen, über welche Schritte
        er das geschafft haben mag.

4   Gerald schließt sich dem Protest der Patrizier und Handwerker gegen den Erzbischof an, der der
    Stadtherr von Köln ist. Nenne Gründe, warum sie eine Selbstverwaltung fordern.

5   Als Gerald krank wird, lässt er sich in einem Kölner Hospital pflegen, das von einem Orden unterhal-
    ten wird.

    a)   Begründe, warum die Ordensbrüder sich der Pflege von Kranken widmeten.

    b)   Finde Gründe, warum auch ein mittelalterliches Hospital eine Forschungsstätte und ein Wirt-
        schaftsunternehmen war.

6   Beurteile die Karriere des Hörigen Gerald – war ein solcher Lebensweg im Mittelalter normal?

9 Herrschaft im mittelalterlichen Europa

Ich kann, weiß, verstehe …	Sehr sicher	Sicher	Unsicher	Sehr unsicher	Hilfen finde ich hier (SB = Schülerbuch):
1 Ich kann die Entstehung des Deutschen Reiches erklären.					SB Förderb. 9.1
2 Ich kann wichtige Territorien des hochmittelalterlichen Reiches benennen.					SB
3 Ich kann den Prozess der Machtstabilisation des Kaisertums skizzieren.					SB Förderb. 9.2
4 Ich kann die Aufgaben des mittelalterlichen Königs bzw. Kaisers benennen.					SB Förderb. 9.2
5 Ich kann die Bindung an den König von der Bindung an das Reich anhand eines Beispiels unterscheiden.					SB
6 a) Ich kann den Dualismus von Papsttum und Kaisertum erklären und					SB Förderb. 9.3
b) ein Beispiel hierfür erläutern.					
7 Ich kann an Gesten ablesen, welche politische Bedeutung sie hatten.					SB Förderb. 9.3
8 Ich kann ein Flussdiagramm zur Geschichte des Investiturstreits erstellen.					SB Förderb. 9.4
9 a) Ich kann den Inhalt des Wormser Konkordats wiedergeben					SB
b) und beurteilen, wen es begünstigte.					
10 a) Ich kann die Autoren von schriftlichen Quellen einordnen,					SB
b) die Quellen vergleichen und					
c) ein begründetes Urteil fällen.					
11 Ich kann Faktoren benennen, die die Züge der Wikinger ermöglichten.					SB
12 Ich kann die mittelalterliche Entwicklung Englands und Frankreichs vergleichen.					SB Förderb. 9.5
13 Ich kann den Beitrag der Wikinger zur frühen russischen Geschichte benennen.					SB
14 Ich kenne bedeutende Adelsfamilien und weiß, wo deren wichtigste Besitzungen lagen.					SB
15 a) Ich kann die sieben Kurfürsten benennen und					SB
b) weiß, wo deren Territorien lagen.					
16 Ich kann die Herrschaft im Deutschen Reich im Spätmittelalter mit der in England und Frankreich vergleichen.					SB Förderb. 9.5
17 Ich kann die wichtigsten Regelungen der Goldenen Bulle benennen.					SB
18 Ich kann beschreiben, wie ein Reichstag im Deutschen Reich verlief.					Förderb. 9.6
19 Ich kann den Gegensatz von Reich und Landesherrschaft mit dem von Bund und Ländern heutzutage vergleichen.					eigene Überlegungen

Kompetenztraining Geschichte
9783060649396_GES_P_087.doc

Mittelalterliche Ursprünge des Deutschen Reiches

Nach dem Ende der Karolinger-Dynastie 911 stritten sich im Heiligen Römischen Reich die Stammesherzöge um die Vorherrschaft. Insbesondere der Frankenherzog Konrad, Arnulf von Bayern und Heinrich von Sachsen konkurrierten miteinander. Bild M1 zeigt, wie man sich im 19. Jahrhundert vorstellte, wie Heinrich die Königskrone angeboten worden sei: nämlich bei der Ausübung seines Hobbys, der Vogeljagd, im Wald.

Mithilfe von M1 und der Arbeitsaufträge kannst du die historische Situation klären, die häufig als Beginn des Deutschen Reiches angesehen wird.

M1 Hermann Vogel (1854–1921), Heinrich dem Vogler wird die deutsche Königskrone dargebracht, Illustration für ein Geschichtsbuch, Dresden, Ende 19. Jh.

Arbeitsaufträge:

1   Stelle Vermutungen darüber an, wer in M1 die Personen im Hintergrund sind.

2   Die gemalte Szene in M1 ist legendenhaft. Begründe, warum der Maler die Krönung als Überraschung für Heinrich dargestellt hat.

3   Der Franke Konrad, der als Erster nach den Karolingern die Königskrone getragen hatte, suchte Heinrich als neuen König aus, obwohl Heinrich nicht aus seinem Stamm kam. Erkläre das Verhalten Konrads.

4   Die Bestätigung der Königswahl erfolgte im hessischen Fritzlar durch „Akklamation", also Zustimmung der versammelten Stammesvertreter und Mitglieder der Volksgruppen durch Beifall. Begründe, warum diese Zustimmung – im Unterschied zur Nachfolge in der Karolingerzeit – nötig war.

5   Man setzt teilweise das Jahr 919, teilweise aber auch das Krönungsjahr des Vorgängers von Heinrich (also 911) an den Beginn der deutschen Königstradition. Bewerte vor diesem Hintergrund den Ausspruch: „Die Königstradition stand in den ersten Jahrzehnten auf tönernen Füßen. Die Könige waren nur wenig stärker als die Stammesfürsten – eine Tradition, auf die man nicht gerade stolz sein muss."

Kompetenztraining Geschichte
9783060649396_GES_P_088.doc

Otto I. in einer TV-Dokumentation

Das ZDF startete 2008 eine große Geschichtsreihe „Die Deutschen", beginnend mit Otto I. Wenn du die entsprechende Folge in der Onlinemediathek von *www.diedeutschen.zdf.de* (Stand: 11.2.2009) aufrufst, wirst du erkennen, dass der im Film gezeigte Stoff dem des Schulbuchs entspricht. Wiederhole mithilfe des Films und dieses Bogens die wichtigsten Zusammenhänge der Herrschaftsausbildung.

Arbeitsauftrag:

Schau dir die 45-minütige Dokumentation an und beantworte die Fragen. Zu manchen Fragen findest du Hintergrundinformationen auch in deinem Schulbuch.

a) Welche Regel Karls des Großen änderte Ottos Vater Heinrich I.?

b) Welche Stämme akzeptierten Otto als König?

c) Beschreibe den Konflikt, den Otto mit seinen Brüdern hatte.

d) Überprüfe, ob der Film sich an Widukinds Schilderung von Wahl und Krönung hält.

e) „Gott segne den König, aber möge er nie wiederkommen." Erkläre den Ausspruch.

f) Wie hießen die beiden sächsischen Städte, die Otto am wichtigsten waren?

g) Aus welchen Gründen wandte sich Liudolf gegen seinen Vater?

h) Mit welcher Geste versöhnten sich Otto und sein Sohn Liudolf?

i) Schildere kurz, welcher Erfolg Otto zum unangefochtenen Herrscher machte.

j) Was wäre geschehen, wenn die Feinde gegen Otto gewonnen hätten?
Fasse die Meinung des Historikers zusammen.

k) Welcher Abschnitt der Kaiserkrönung wird im Film gezeigt?

l) „Per me reges regent." Was bedeutet dieser lateinische Ausspruch?

m) Wie wird der Standpunkt Widukinds im Filmbeitrag charakterisiert?

n) Konnten sich die Stämme in Ottos Reich verstehen?

o) Informiere dich im Internet über die Schwiegertochter Ottos, Theophanu.
Welche Rolle spielt sie in der Geschichte der Deutschen?

p) Warum galt Ottos Lanze als heilig?

q) Was hast du über die Reichskrone erfahren?

r) Zwei Momente werden im Film als Geburtsstunde der Deutschen bezeichnet.
Welche?

s) Hältst du die Spielszenen für historisch wahrheitsgetreu?
Begründe.

Kompetenztraining Geschichte
9783060649396_GES_P_089.doc

Gesten und Symbole von Päpsten und Kaisern

Das Verhältnis von Kaiser und Papst wird auf mittelalterlichen Bildern mithilfe von Gesten, Farben und Symbolen dargestellt. Auf diesem Bogen kannst du ein mittelalterliches Bild beschreiben und seine politische Bedeutung herausfinden.

M1 Kaiser Konstantin der Große führt das Pferd Papst Silvesters I. beim Einzug in Rom am Zügel, Rom, mittelalterliche Wandmalerei, 1246

Arbeitsaufträge:

1 Beschreibe die Elemente des Bildes M1. Berücksichtige dabei besonders Gesten und Symbole.

_____

_____

_____

_____

_____

2 Charakterisiere das Verhältnis zwischen Papsttum und Kirche, wie es hier dargestellt wird.

_____

_____

_____

_____

3 „Spielregeln zeigen Machtverhältnisse." Erkläre diesen Satz anhand des Bildes. Schreibe ins Heft.

Kompetenztraining Geschichte
9783060649396_GES_P_090.doc

Der Investiturstreit

Der Streit um die Einsetzung von Bischöfen weitete sich zum Konflikt zwischen Papst und König aus. Auf diesem Bogen kannst du die einzelnen Schritte systematisch nachzeichnen und erfährst etwas über Wege der Konfliktlösung im Mittelalter.

Arbeitsaufträge:

1 Lies die Abschnitte zum Investiturstreit in deinem Geschichtsbuch und fülle Erklärungen in die Kästchen.

König	Papst
Königliche bzw. kaiserliche Praxis seit ca. 1000:	Besetzung wird geduldet, wenn nützlich, aber:
▼	▼
Position zur Kirchenreform:	Forderung der Reformer:
▼	▼
Politischer Vertrauensverlust:	Maßnahmen gegen den König:
verfahrene Situation: Buße?	**verfahrene Situation: Vergebung?**

2 Trage stichwortartig das Ergebnis der Auseinandersetzung ein.

Der Kompromiss des Wormser Konkordats:

3 Bewerte die Ereignisse.

    a) Begründe, weshalb Gregor VII. aus religiöser Sicht kaum anders handeln konnte, als Heinrich Vergebung zu signalisieren. Schreibe in dein Heft.

    b) Erläutere an diesem Beispiel, inwiefern Gesten im Mittelalter politisches Gewicht bekommen konnten.

    c) Schreibe aus der Sicht der Mathilde von Tuszien ein Tagebuch der aufregenden Januartage 1077.

Kompetenztraining Geschichte
9783060649396_GES_P_091.doc

Mittelalterliche Reiche im Vergleich

Herrschaft sah im Mittelalter in Europa nicht immer gleich aus. Stelle die Besonderheiten der Herrschaft in Frankreich, England, dem Kiewer Reich, bei den Wikingern und im Heiligen Römischen Reich, wie das mittelalterliche Reich des deutschen Kaisers offiziell hieß, einander gegenüber. Die vergleichende Tabelle (Synopse) hilft dir dabei.

Arbeitsaufträge:

1 Trage Stichpunkte in die Tabelle ein.

Aspekt	Wikinger	England	Frankreich	Kiewer Rusreich	Heiliges Römisches Reich
Hauptstadt					
Führung des Staates					
Beteiligung Adliger an der Macht					
Beziehung zu anderen Ländern					
Rolle der Kirche					
Entwicklung der Herr-schaft					

2 Welche Aspekte von Herrschaft sind den mittelalterlichen Staaten und Gesellschaften in Europa gemeinsam? Schreibe in dein Heft.

Kompetenztraining Geschichte
9783060649396_GES_P_092.doc

Der mittelalterliche Reichstag

Der Reichstag ist im Spätmittelalter Zeichen für die neue Machtverteilung. Am Reichstag kann man aber auch die neuen Probleme ablesen. Dieser Bogen hilft dir dabei.

M1 Hoftag

Im Mittelalter an den Höfen der Fürsten (oft zu hohen Kirchenfesten) einberufene Versammlung der Würdenträger und Vasallen, auf der Beschlüsse gefasst und Gesetze erlas-
5 sen wurden. Aus dem Hoftag, der zunächst nur beratende Funktion hatte, entwickelten sich später die ständischen Vertretungen wie der Reichstag und der Landtag.

Zit. nach Schülerduden Geschichte. Ein Lexikon zum Geschichtsunterricht, 4. neubearb. Aufl., Mannheim 2003, S. 226.

M2 Reichstag

Der Hoftag als Versammlung der Kollegien von Kurfürsten, Reichsfürsten und reichsständischen Städten unter dem Vorsitz des Königs wurde erstmals 1495 als „des Königs und des
5 Reichs Tag" und als „des Reiches gemeiner Tag" bezeichnet, worauf der Begriff „Reichstag" zurückgeht. Die geladenen Fürsten und Herren waren bei Strafe zum Erscheinen verpflichtet. Versammlungsorte waren die könig-
10 lichen Pfalzen, die Bischofsstädte und Reichsstädte. Die Beratungsthemen wurden vom König bestimmt, doch konnten auch Mitglieder des Reichstages Anregungen einbringen. In die Zuständigkeit des Reichstages fielen
15 u. a. Reichsgesetzgebung, Reichsheerfahrten, Romfahrt, Reichssteuern, Erhebungen in den Reichsfürstenstand und Verfügungen über das Reichsgut. Der König scheint an Mehrheitsbeschlüsse nicht gebunden gewesen zu
20 sein, außerdem war umstritten, ob Abwesende oder solche, die einen Mehrheitsbeschluss nicht unterstützten, an das Votum des Reichstages gebunden waren. In Steuersachen waren Mehrheitsbeschlüsse prinzipiell
25 nicht bindend, was zur Konsequenz hatte, dass nur die zustimmenden Reichsstände einem diesbezüglichen Beschluss folgten.

Peter Schels, Kleine Enzyklopädie des Mittelalters, zit. nach www.mittelalter-lexikon.de (Stand: 16.2.2009).

Arbeitsaufträge:

1 Nenne die Regelungen der „Goldenen Bulle" von 1356.

2 Arbeite Unterschiede zwischen „Hoftag" und „Reichstag" heraus.

3 Betrachte die Sitzordnung im Reichstag (M3). Ziehe Rückschlüsse auf die Stellung der einzelnen Stände.

4 Betrachte eine Karte vom Reich beim Tode Karls IV. 1378 (Schulbuch, historischer Atlas):

   a) Leite aus der Gestalt des Reiches ab, warum die Einigung auf Reichstagen so schwierig war.

   b) Begründe, warum die Fürsten oft kein Interesse am Gelingen eines Reichstages und an einem Erfolg des Kaisers hatten.

M3 Reichstagssitzung im Reichstagssaal zu Regensburg,
zeitgenössisches Flugblatt, Nürnberg 1653

An der Stirnseite des Saales thront der Kaiser, rechts und links neben ihm sitzen die Kurfürsten, an den Längsseiten links die weltlichen und rechts die geistlichen Fürsten (vom Kaiser aus gesehen) und im Vordergrund die Vertreter der Freien Reichsstädte.

9 Herrschaft im mittelalterlichen Europa

M1 Die Reichsinsignien – Zeichen königlicher Macht

Zu den Herrschaftszeichen der mittelalterlichen römischen Könige und Kaiser gehörten im engeren Sinne Krone, Reichsapfel, Szepter und Schwert, im weiteren Sinne die Reichs-
5 kleinodien, das sind Krönungsornat, Handschuhe und Heiligtümer wie z. B. Lanze und Kreuz.
Die *Reichskrone* ging auf den alttestamentarischen König David zurück und gilt als tradi-
10 tionelles Herrschaftszeichen. Seit dem späten 10. Jahrhundert wurde sie allgemein akzeptiert. Ihr Äußeres verweist nicht nur auf weltliche Herrschaft, sondern die achteckige Form, die an das Paradies, das „himmlische Jerusa-
15 lem", erinnern sollte, sowie die christliche Zahlensymbolik in der Anordnung der Steine haben religiöse Bedeutung. Die Inschrift weist den König als Herrscher von Gottes Gnaden aus.
20 Das *Szepter* ist ein biblisches Gerichtszeichen. Nach dem Investiturstreit wurde eine Szepterform nicht mehr verwandt, die den Herrscher als Hirten einer Gemeinde auswies.
25 Der *Reichsapfel* symbolisiert die Erde und den Anspruch auf die Weltherrschaft Christi, die auch durch den Träger weltlicher Herrschaft voranzutreiben und zu verteidigen ist. Das *Schwert* steht für die weltliche königliche
30 Macht (regnum), der die Macht des Papstes (sacerdotium) gegenübersteht. Auf der Schwertscheide sind die Könige und Kaiser seit Karl dem Großen verzeichnet. Im Investiturstreit wurde der Name Heinrichs IV. noch
35 zu Lebzeiten auf die Scheide graviert.
Die *Heilige Lanze* ist Herrschaftszeichen und Reliquie zugleich und sollte den himmlischen Schutz durch Jesus garantieren.
Das *Reichskreuz* zeigt, dass der König durch
40 die Krönung eine sakrale Würde empfangen hat und als Träger weltlicher Macht von der kirchlichen und göttlichen Macht beauftragt ist.

(Verfassertext)

1 Schildere kurz den Prozess, der seit Karl dem Großen dazu führte, dass Otto I. König wurde.

2 Lies den Text M1.

    a) Arbeite aus der Beschreibung der Reichsinsignien heraus, inwiefern sich Könige und Kaiser im Mittelalter nicht nur als Träger weltlicher Macht sahen.

    b) Begründe, welche Meinung die Päpste zu Gestalt und Verwendung der Reichsinsignien haben konnten.

3 Beschreibe, welche Rolle die Reichsinsignien bei der Krönung spielten.

4 „Die Reichskleinodien sollten den Reichtum der Könige und Kaiser nach außen demonstrieren." Bewerte diese Aussage.

5 Im Jahr 1177 kam es zwischen Kaiser und Papst zu einer großen Auseinandersetzung mit Folgen.

    a) Erläutere, worum es im Investiturstreit ging und wie er endete.

    b) Zeige auf, welche Rolle die Reichsinsignien für den Investiturstreit spielten.

6 Ursprünglich hielten nur Könige und Kaiser die Reichsinsignien in der Hand. Im Spätmittelalter durften auch die Kurfürsten sie berühren und dem Kaiser überreichen. Der Kaiser gab sogar einzelne Gegenstände Verwandten in Verwahrung, die damit ihre Nähe zum Königtum demonstrieren konnten.

    a) Zähle die sieben Kurfürsten des Reiches auf, die mit den Insignien in Berührung kamen.

    b) Erkläre, inwiefern sich in dem veränderten Umgang mit den Insignien auch die Herrschaftsentwicklung im spätmittelalterlichen Reich spiegelt.

Kompetenztraining Geschichte
9783060649396_GES_P_094.doc

10 Weltvorstellungen im Mittelalter

Ich kann, weiß, verstehe …	Sehr sicher	Sicher	Unsicher	Sehr unsicher	Hilfen finde ich hier (SB = Schülerbuch):
1 Ich kann Weltbilder von Weltkarten unterscheiden.					SB
2 Ich kann erklären, welche unterschiedlichen Dinge man unter dem Begriff „Weltbild" versteht.					SB
3 a) Ich kann drei unterschiedliche Anwendungsbereiche für mittelalterliche Weltkarten nennen und					SB Förderb. 10.1
b) angeben, welche Gruppen diese jeweils brauchten.					
4 Ich kann den Unterschied zwischen Geschichtskarten und historischen Karten erklären.					SB Förderb. 10.1
5 a) Ich kann begründen, warum maßstäbliche Genauigkeit für christliche Weltkarten nicht so wichtig war, und					SB
b) kann Vermutungen darüber anstellen, welchen Zwecken diese Karten dienten.					
6 Ich kann zwei Beispiele dafür geben, welche Bezüge christliche Weltkarten zur Bibel haben.					SB Förderb. 10.2
7 Ich kann die Weltreligionen auf einer Weltkarte in ihrer Verbreitung grob lokalisieren.					SB Förderb. 10.3
8 Ich weiß, warum die Ausrichtung nach Süden bei islamischen Karten eine wichtige Rolle spielt.					SB Förderb. 10.3
9 Ich kann erklären, was die geographische Genauigkeit der islamischen Karten mit dem geringen Stellenwert der Welterschaffung im Koran zu tun hat.					SB Förderb. 10.3
10 Ich kann erläutern, warum die Chinesen Stadtpläne und Weltkarten ganz ähnlich gestalten.					SB
11 a) Ich kann beschreiben, inwiefern Handelsbeziehungen zu einer genaueren naturkundlichen Weltkenntnis bzw.					SB
b) einem Weltbild beitragen.					
12 Ich weiß, warum auf den Karten der großen Weltreligionen nur drei Kontinente vorkommen und nicht sieben.					SB
13 Ich kann die drei wichtigsten Arbeitsschritte zur Untersuchung einer historischen Karte nennen und anwenden.					SB
14 Ich kann begründen, warum unterschiedliche kulturelle Voraussetzungen zur Ausbildung unterschiedlicher Weltbilder führten.					SB Förderb. 10.4
15 Ich kann erklären, warum alle großen Weltreligionen wilde Völker am Rand der Karten lokalisieren und was dies mit der Vorstellung von diesen Fremden zu tun hat.					SB Förderb. 10.4
16 a) Ich kann Vermutungen darüber anstellen, warum wir heute weitgehend geographische Weltkarten benutzen, und					SB Förderb. 10.4
b) Beispiele nennen, wo Weltanschauungen dennoch bildlich dargestellt werden.					

Kompetenztraining Geschichte
9783060649396_GES_P_095.doc

Historische Karten und Geschichtskarten unterscheiden

Arbeitsaufträge:

1 Betrachte die Karten im Mittelalterkapitel deines Geschichtsbuches.

Trage in die Tabelle ein, welche Karten im Schulbuch historische Karten und welche Geschichtskarten sind.

Historische Karten	Geschichtskarten

2 Weltkarten, die in der Zeit des Mittelalters entstanden sind, dienten drei Arten der Verwendung: Einige dienten dem religiösen oder wissenschaftlichen Gebrauch, andere waren für die Landvermessung und Routenkarten stellten eine Hilfe für Seefahrer oder Pilger dar. Kreuze in der folgenden Tabelle an, welche Personen an welchem mittelalterlichen Weltkartentyp interessiert waren.

	Religiös-wissenschaftl. Karten	Karten zur Landvermessung	Routenkarten
a) Ein Pilger aus deutschen Landen wallfahrtet nach Santiago de Compostela.			
b) Vertreter zweier Orden treffen sich zu einem theologischen Streitgespräch.			
c) Ein Kaufmann aus Köln plant eine Schiffsreise nach Nowgorod in Russland.			
d) Einem islamischen Gesandten wird eine prächtige Handschrift als Geschenk überreicht, auf deren erster Seite eine Karte aufgemalt ist.			
e) Der Graf von Katzenellenbogen erbt eine Ritterschaft mit Burg und schickt einen Untergebenen zur Klärung der Besitzverhältnisse dorthin.			
f) In einer Klosterschule müssen Schüler eine Karte abmalen, in der das Paradies eingezeichnet ist.			
g) Ein Priester des Klosters Fulda inspiziert die klösterlichen Weinberge am Rhein und kontrolliert die Parzellenaufteilung.			
h) Der Abt eines Klosters in Hildesheim reist mit seinem Gefolge nach Rom, um an einer Synode (religiöse Konferenz) teilzunehmen.			

Kompetenztraining Geschichte
9783060649396_GES_P_096.doc

Ein christliches Weltbild

Arbeitsauftrag:

In M1 ist die „Londoner Psalterkarte" abgebildet. Suche folgende Elemente, beschrifte sie an der Seite und verbinde Element und Schrift mit einem Pfeil.

a) die Stadt Jerusalem als Zentrum der Welt
b) Jesus als Weltenherrscher
c) die Engel, die Jesus segnen
d) die Weltmeere in ihrem T-Schema
e) das Paradies, von dem die paradiesischen Flüsse ausgehen
f) die zwei paradiesischen Lebensbäume
g) die Stadt Rom (hier: „Roma")
h) die hinter einer Mauer eingesperrten Heidenvölker

M1 Weltkarte aus einem englischen Gebetsbuch („Londoner Psalterkarte") um 1260

Jesus als Weltenherrscher

Kompetenztraining Geschichte
9783060649396_GES_P_097.doc

Ein islamisches Weltbild

M1 Islamische Karte aus Pakistan im mittelalterlichen Stil

Arbeitsauftrag:

Betrachte die Karte M1.

a) Zeichne die vier Himmelsrichtungen ein.

b) Kreise die Kontinente Europa, Afrika und Asien ein und beschrifte sie.

c) Markiere den Fluss Nil, das Kaspische Meer als Binnenmeer und die Alpen.

Weltbilder im Vergleich

M1 Die bösen Völker Gog und Magog in den Weltkulturen

Im Mittelalter war die Geschichte der beiden Völker Gog und Magog in Europa sehr bekannt. Bereits beim Propheten Ezechiel werden sie im Alten Testament erwähnt. Im Neu-
5 en Testament heißt es in der „Offenbarung des Johannes", der Teufel würde am jüngsten Tag die beiden Völker befreien, Christus wird sie aber mithilfe der guten Menschen besiegen können. Auf Weltkarten sind sie am Rand
10 der Welt dargestellt.
Auch im Koran werden die beiden Völker erwähnt: In Sure 18 heißt es, ein islamischer Heerführer habe sie besiegen können und sie hinter einer Mauer aus Metall gefangen
15 gehalten. Da sie nicht wissen, wie man Metall bearbeitet, können sie aus diesem Gefängnis nicht ausbrechen. Auf islamischen Weltkarten findet sich eine Lokalisierung der beiden Völker nicht.
20 Wissenschaftler vermuten, dass es sich bei beiden Zuschreibungen um Mongolenvölker handelt, gegen die Vorläufer der chinesischen Mauer errichtet worden waren.

(Verfassertext)

Arbeitsaufträge:

1 Lies den Text M1.

a) Vergleiche die Beschreibungen der Völker Gog und Magog im Islam und im Christentum.

b) Erkläre, warum diese Völker auf christlichen Karten vorkommen, auf islamischen dagegen nicht.

c) Nenne mögliche Gründe, warum Menschen andere Völker als „Barbaren" darstellen.

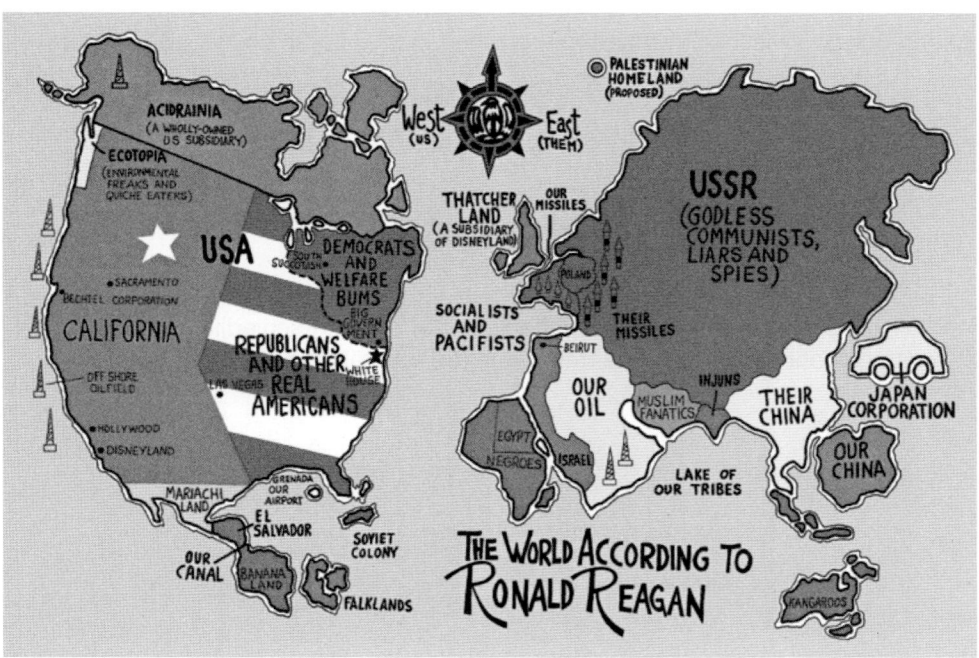

M2 „The World According to Ronald Reagan", Karikatur 1984.

Anmerkung: Im Original sind die UdSSR und Polen rot eingefärbt. Westeuropa ist rosa ebenso wie der Nordosten der USA. Kalifornien, die Falklandinseln, Großbritannien, Israel und „Our China" (Taiwan) sind blau.

2 Die Karikatur M2 zeigt das „Weltbild" Ronald Reagans, US-Präsident 1981–1989.

a) Übersetze die englischen Beschriftungen.

b) Welche Besonderheiten fallen dir auf? Liste sie auf und erkläre sie aus der damaligen politischen Situation.

c) Zeichne aus dem Kopf deine eigene Weltkarte. Vergleicht die Entwürfe in der Klasse.

Kompetenztraining Geschichte
9783060649396_GES_P_099.doc

10 Weltvorstellungen im Mittelalter

1 Erkläre die verschiedenen Bedeutungen des Begriffs „Weltbild".

2 Wende deine Kenntnisse über mittelalterliche Weltkarten an.

   a) Zeichne ein Schema für eine mittelalterliche Weltkarte, in der die Grundprinzipien mittelalterlicher Weltsicht in Europa enthalten sind.

   b) Beschrifte deine Karte.

3 Benenne wichtige Unterschiede zwischen Weltkarten verschiedener Kulturen an zwei Beispielen.

4 Historiker und andere Wissenschaftler nehmen mittelalterliche Karten unterschiedlicher Kulturen als Informationsquellen ernst, obwohl diese nach unserem heutigen Verständnis nicht stimmen. Erkläre und begründe.

5 Bewerte die Aussage: „Die Begegnung verschiedener Menschen kann das Weltbild dieser Menschen verändern."

11 Kulturelle Begegnungen und Konflikte im Mittelalter

Ich kann, weiß, verstehe …	Sehr sicher	Sicher	Unsicher	Sehr unsicher	Hilfen finde ich hier (SB = Schülerbuch):
1 Ich kann drei Schauplätze von kulturellen Begegnungen und Konflikten im Mittelalter aufzählen.					SB
2 Ich kann wichtige Gebiete der Wissenschaft und des alltäglichen Lebens nennen, auf denen der Islam führend war.					SB
3 Ich kann die Eroberung Spaniens durch die Mauren und die Rückeroberung durch die Christen zeitlich einordnen.					SB
4 Ich kann Faktoren nennen, warum das Zusammenleben unter maurischer Herrschaft in Andalusien gut funktionierte.					SB
5 Ich kann den Begriff „Kreuzzug" allgemein und im historischen Zusammenhang des Mittelalters definieren.					SB Förderb. 11.2
6 a) Ich kann die Motive unterscheiden, die Papst Urban für seinen Kreuzzugsaufruf hatte und					SB Förderb. 11.1 und 11.2
b) die die Kreuzfahrer dafür hatten, ihre Heimat zu verlassen und in der Fremde zu kämpfen.					
7 Ich kann Beispiele von positiven Kontakten zwischen Kreuzfahrerstaaten und den islamischen Nachbarn benennen.					SB
8 Ich kann erklären, warum sich Menschen jüdischen Glaubens häufig in Hafenstädten und an Flüssen ansiedelten.					SB Förderb. 11.3
9 Ich kann erklären, warum Juden für den Ausbruch der Pest verantwortlich gemacht wurden.					SB Förderb. 11.3
10 Ich kann die Privilegien benennen, mit denen deutsche und slawische Fürsten Siedler in ihr Land lockten.					SB Förderb. 11.4
11 a) Ich kann Nachteile der Herrschaft des „Deutschen Ordens"					SB
b) und Vorteile für das beherrschte Land nennen.					
12 Ich kann beurteilen, warum es insbesondere im 20. Jahrhundert so häufig Streit zwischen Deutschland und Polen um Minderheiten, Sprache und Grenzziehung gab.					SB Förderb. 11.4
13 a) Ich kann die Begriffe „Wallfahrt" und					SB
b) „Reliquie" mit eigenen Worten erklären.					
14 a) Ich kann fünf bekannte Wallfahrtsziele aufzählen und					SB Förderb. 11.5
b) erklären, warum manche am Rande Europas liegen.					
15 Ich kann beschreiben, welche besonderen Erfahrungen ein Mensch auf einer Pilgerfahrt machen konnte.					SB
16 Ich kann erklären, warum das Pilgern ein europäisches „Wir-Gefühl" erzeugt hat.					SB
17 a) Ich kann erklären, warum es viele „Seidenstraßen" gibt und					SB Förderb. 11.5
b) welche Waren auf ihnen gehandelt wurden.					
18 Ich kann erklären, warum Historiker Marco Polo nicht mehr uneingeschränkt Glauben schenken.					SB Förderb. 11.5
19 Ich kann beurteilen, ob man den Begriff „Kreuzzug" außerhalb seines historischen Zusammenhangs verwenden sollte.					Förderb. 11.2

Kompetenztraining Geschichte
9783060649396_GES_P_101.doc

Jerusalem und die Kreuzzüge

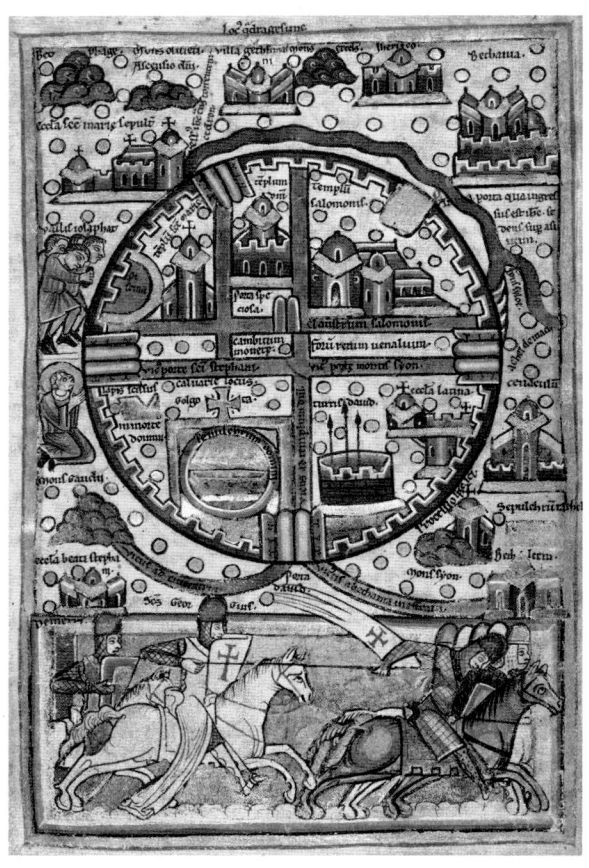

**M1 Karte von Jerusalem
zur Zeit der Kreuzzüge**

Arbeitsaufträge:

1 Vergleiche die Darstellung Jerusalems in M1
mit anderen christlichen Weltkarten, die du
schon kennengelernt hast. Erkläre in Stichworten, welche Bedeutung Jerusalem für die
Christen hatte.

2 Nenne mithilfe deines Geschichtsbuches
Motive des Papstes Urban II. für seinen Kreuz-
zugsaufruf und Gründe der Ritter, ihm zu
folgen:

	Papst	Ritter
1		
2		
3		
4		
5		

3 Betrachte M2. Überlege, warum Jesus als
Anführer dargestellt ist und warum er Schwert
und Bibel mit sich führt. Schreibe dazu eine
Begründung in dein Heft.

M2 Christus führt die Kreuzritter an,
Buchmalerei, 14. Jh.

Kompetenztraining Geschichte
9783060649396_GES_P_102.doc

Die Kreuzzüge – Grundwissen, Folgen, Urteile

M1 Kreuzzugsquiz

1. In welchem Land liegt heute Clermont?
2. Welcher Papst rief zum „Heiligen Krieg" auf?
3. Wie nennt man Christen, die eine Wallfahrt machen?
4. Welche Stadt war das Ziel der Kreuzfahrer?
5. Welcher Sultan besetzte 1187 Jerusalem?
6. Welches türkische Reitervolk eroberte im 11. Jahrhundert Palästina?
7. Ein Spiel, das die Kreuzritter aus dem Orient mitgebracht haben.

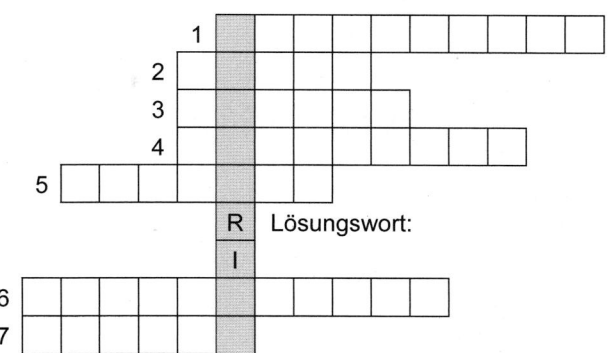

M2 Kreuzzug ohne Kreuz

Der Journalist und USA-Kenner Claus Kleber kommentierte 2005 die Außenpolitik der USA:

George W. Bush ist ein „wiedergeborener" evangelikalischer Christ. Das bedeutet nach dem Verständnis dieser Glaubensrichtung, dass er für sich persönlich Jesus Christus als
5 Erlöser erfahren und angenommen hat. Sein Glaube gibt ihm die Überzeugung, dass Gott einen Zweck verfolgte, als er ihn, den beruflich und privat auf die schiefe Bahn geratenen jungen Mann aus Texas, auf den rechten Weg
10 und am Ende ins Weiße Haus führte. Ausgerechnet ihn, ausgerechnet zu dieser Zeit. Nichts spricht dafür, dass George W. Bush

Gottes Fügung als Auftrag zur Weltmission versteht. Eher läuft er Gefahr, zu Hause an
15 die amerikanische Verfassung zu stoßen, die klar eine Trennung zwischen Kirche und Staat verlangt. Sein weltweites Sendungsbewusstsein hat, wie zu zeigen sein wird, problematische Auswirkungen, aber sein Kreuz
20 zug ist weltlich, sozusagen ein Kreuzzug ohne Kreuz. Dennoch passt der Begriff: Auch die mittelalterlichen Eroberungszüge ins Morgenland waren ja durchaus weltlich motiviert.

Claus Kleber, Amerikas Kreuzzüge, Gütersloh (Bertelsmann) 2005. Zit. nach *www.3sat.de/bookmark/sendung/ 76840/index.html* (Stand: 16.5.08).

Arbeitsaufträge:

1 Löse das Kreuzzugsquiz M1: Fülle die Kästchen aus und trage das Lösungswort ein.

2 Erkläre, was Claus Kleber in M2 meint, wenn er die Außenpolitik des amerikanischen Präsidenten als „Kreuzzug ohne Kreuz" bezeichnet.

_____

_____

_____

3 Nenne mögliche Folgen, die der Vergleich aktueller Politik mit den mittelalterlichen Kreuzzügen haben kann. Hältst du einen solchen Vergleich für sinnvoll? Begründe deine Meinung.

_____

_____

_____

Kompetenztraining Geschichte
9783060649396_GES_P_103.doc

Juden in Europa

M1 Hostienschändung, Propagandaflugblatt, Nürnberg 1495

1 Hier stiehlt Christoph, ein Christ, acht Hostien aus einer Kirche.

2 Hier verkauft er für einen Taler die Hostie an die Juden.

3 Hier durchsticht ein Jude die Hostie. Diese blutet.

4 Hier sieht man die Gefangennahme der Juden von Passau.

5 Zwei Juden werden mit Zangen gefoltert.

6 Hier verbrennt man die Juden.

Arbeitsaufträge:

1 Führe eine Internetrecherche zum Thema „Juden in Mitteleuropa" durch. Schreibe die Ergebnisse zu den folgenden Arbeitsaufträgen in dein Heft.

    a) Erkläre den historischen Begriff „Exodus".

    b) Finde heraus, was die „SCHUM"-Städte waren und was an ihnen so besonders war.

    c) Informiere dich über den jüdischen Gelehrten „Raschi": Wofür ist er bekannt?

    d) Erkläre, was im Mittelalter ein „Ghetto" war.

2 Die Juden von Passau sollen 1477 Abendmahlshostien geschändet haben. Mit diesem Flugblatt M1 wurde 1495 in Nürnberg Stimmung gegen Juden gemacht, 1498 wies der Rat der Stadt sie schließlich aus Nürnberg aus.

    a) Beschreibe in Stichworten, wie mit dem Flugblatt (M1) eine judenfeindliche Stimmung erzeugt werden sollte.

    b) Vergleiche den Vorwurf der Hostienschändung mit den Vorwürfen der Brunnenvergiftung und der Verbreitung der Pest. Schreibe dazu einen kurzen Text in dein Heft.

Die Siedlung Deutscher in Osteuropa

M1 Das Angebot

Ein Schriftsteller erzählt: Meinhard und seine Frau Hiltrut sind Hörige. Sie haben sich gerade über ihren Grundherrn geärgert.

Aus dem Waldstück, das ihre Hufe begrenzte, trabte ein Reiter gemächlich auf das Haus zu … Bald war der Fremde bei ihnen angelangt und sie konnten sehen, dass sein Pferd ein schöner, kräf-
5 tiger Brauner war und er selbst einfache, aber gute Kleidung trug. Er grüßte sehr höflich, lächelte den Kindern zu, die neugierig nach draußen geeilt waren, und stieg von seinem Reittier.
„Bring einen Becher Bier und ein Stück Brot!",
10 befahl Hiltrut Roswitha, der ältesten Tochter.
„Nur Bier, Mädchen", bat der Fremde, „alles andere habe ich bei mir."
Er holte Brot, Zwiebeln, Käse und zuletzt ein großes Stück Schinken aus seiner Satteltasche und
15 legte alles auf die Bank vor dem Haus.
Die Kinder kriegten große Augen.
„Wer will, isst mit!", sagte der Fremde, und das musste er nicht zweimal sagen.
Nachdem Meinhard eine Zeitlang andächtig und
20 genussvoll gekaut hatte, sah er den Gast prüfend an …
„Also, wer seid Ihr und was wollt Ihr von uns?"
„Ich heiße Gernot, bin Lokator des Herrn der Mark Lausitz und bin gekommen, um dich zu fragen, ob
25 du bei ihm Bauer werden willst."
Meinhard starrte den Fremden verwundert an. „Ich begreife Euch nicht."
„Wie solltest du auch", nickte Gernot. „Ich werde es dir erklären. Weit von hier Richtung Sonnenauf-
30 gang, vielleicht dreißig, vierzig Tagereisen von eurer Hofstatt entfernt, liegt die Mark Lausitz. Dort gibt es fruchtbares Land, aber zu wenig Menschen, die es bebauen. Deshalb hat mein Herr mich nach Westen geschickt. Ich soll Leute wie dich und
35 deine Familie finden, die bereit sind, mir in die Mark Lausitz zu folgen. Natürlich müssen sich für euch der weite Weg und die Mühen, die ihr auf euch nehmt, lohnen. Hört also, was euch mein Herr zu bieten hat! Ihr werdet ein Stück Land erhal-
40 ten, das mindestens doppelt so groß sein wird wie dieses hier und euch alle leicht ernähren kann. Über dieses Land dürft ihr nach Belieben verfügen, ihr dürft es an eure Kinder und Kindeskinder vererben, ja, es sogar verkaufen. Zehn Jahre lang ist
45 der Boden, den ihr bekommt, von allen Abgaben

und Diensten frei und auch danach werdet ihr die Belastung kaum spüren. Bedingung ist, dass ihr das Land urbar macht und wenigstens zehn Jahre dort ansässig seid. Na, was sagst du dazu?"
50 Meinhard überlegte lange. So lange, bis Hiltrut ungeduldig wurde und ihn aufforderte: „Nun sag doch schon was, Meinhard! Dies Land hier reicht doch kaum noch, alle Mäuler zu stopfen, und die Abgaben sind drückend!"
55 Aber Meinhard schwieg immer noch. Endlich sagte er verdrießlich:
„Frau, du redest dummes Zeug. Du weißt genau, dass wir hörige Bauern sind, an dieses Stück Land gebunden, ob es uns passt oder nicht."
60 Das stimmte. Einen Augenblick lang hatte sie gehofft …
„Wenn das das Einzige ist, was euch abhält, daran muss es nicht scheitern", erklärte da der Lokator. „Es gibt hier kaum einen Grundherrn, der nicht
65 mehr Hörige hätte, als sein Land verkraften kann. Mit eurem Herrn hab ich bereits gesprochen. Ihr dürft gehen und außerdem ein Stück Rindvieh, zwei Schweine, Kleinvieh, Kleidung und Geräte mitnehmen."
70 „Das Land verlassen?" Es war, als ob Meinhard jetzt erst begriff, was da plötzlich auf ihn zukam. Er sah nachdenklich auf den Wald, der sich seit seiner Kinderzeit kaum verändert hatte, auf die anderen Hofstellen, auf die kleine Kirche mit den dicken
75 Mauern, auf die abgeernteten Felder, die im beginnenden Abendrot schimmerten; war es so einfach, das alles zu verlassen?
„Wir sind hier zu Hause", begann er, aber sofort fiel ihm Hiltrut ins Wort: „und haben hier gehungert!"
80 Meinhard nickte. „Auch das ist richtig. Aber trotzdem …"
Noch einmal meldete sich Gernot zu Wort. „Es wird nicht einfach sein", sagte er, „es werden Jahre schwerer Arbeit vor euch liegen, schwerer Arbeit
85 noch als hier. Doch es wird euer Land sein, das ihr bebaut, und es wird euch die Arbeit, die ihr hineinsteckt, reichlich vergelten."

Nach Harald Parigger, Geschichte erzählt, Von der Antike bis zum 20. Jahrhundert, Frankfurt a. M. (Cornelsen Scriptor) 1994, S. 192 ff.

Arbeitsaufträge:

1 Erläutere die im Text vorkommenden Begriffe „Höriger", „Hufe", „Grundherr" und „Lokator".

2 Der Lokator versprach den Bauern Land und persönliche Freiheit. Dennoch war es keine leichte Entscheidung, in den Osten zu ziehen. Sammle in einer Tabelle Argumente dafür und dagegen.

3 Lege dar, was die Einheimischen mit den Neuankömmlingen gemeinsam hatten und was sie trennte.

Kompetenztraining Geschichte
9783060649396_GES_P_105.doc

Handel zwischen Morgen- und Abendland

M1 Handel zwischen Morgen- und Abendland im 12./13. Jh.

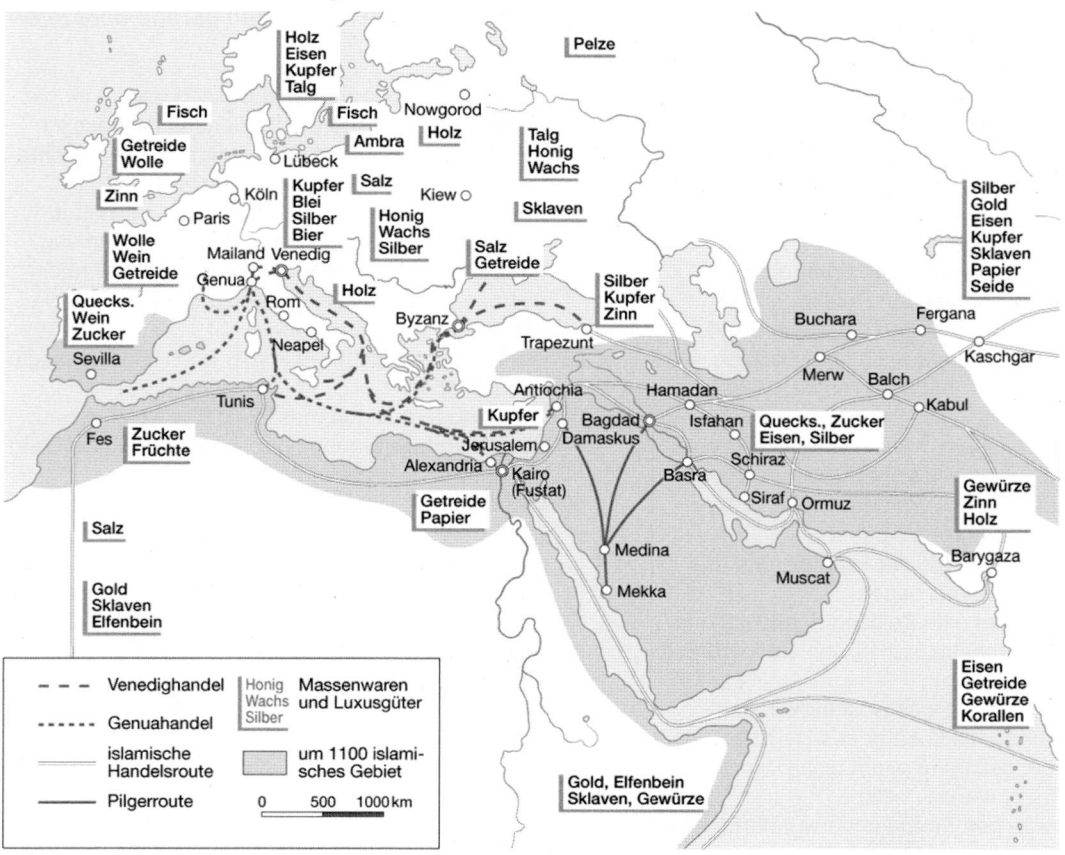

Arbeitsaufträge:

1 Betrachte die Karte M1.

   a) Zähle die Regionen und Städte auf, die „Drehscheiben" des Handels zwischen Ost und West waren. Schreibe in dein Heft.

   b) Notiere in dein Heft, welche Waren vornehmlich in Asien bzw. in Europa produziert und dann gehandelt wurden.

2 Im 13. Jahrhundert reisten neben dem berühmten Marco Polo auch die Franziskaner Wilhelm von Rubruk und Johannes von Montecorvino nach Ostasien, d. h. in das Mongolenreich und nach China. Informiere dich über diese drei Reisenden und ihre Reisen (Schulbuch, Lexika, Internet) und beantworte die entsprechenden Fragen in der Tabelle.

Behauptung	wahr	falsch
1. Wilhelm von Rubruk ging als Missionar im päpstlichen Auftrag an den Mongolenhof von Karakorum.		
2. Rubruk fand eine erstaunliche Toleranz in den Städten der Mongolen vor.		
3. Johannes von Montecorvino wurde die Ausübung des christlichen Glaubens verboten.		
4. Historiker behaupten, dass es Marco Polo als Person niemals gegeben hat.		
5. Wahrscheinlich hat Marco Polo viele seiner Geschichten übertrieben, um Eindruck zu machen.		
6. Marco Polo hat Asien nur von der Seidenstraße (Landweg) her kennengelernt.		

Kompetenztraining Geschichte
9783060649396_GES_P_106.doc

11 Kulturelle Begegnungen und Konflikte im Mittelalter

1 Führe drei Themenfelder auf, die du im Unterricht bzw. im Schulbuch als Beispiele von Konflikt und Begegnung im Mittelalter kennengelernt hast, und verdeutliche, welche Gruppen sich jeweils gegenüberstanden.

2 a) Nenne fünf Erfindungen, die wir der islamischen Welt verdanken.

  b) Begründe, warum diese dazu beitrugen, dass die Menschen in Spanien oder im Heiligen Land voneinander profitierten.

3 „Toleranz statt Unterwerfung ist das Rezept für ein gutes Zusammenleben unter einer neuen Regierung." Nimm Stellung zu dieser Aussage. Beziehe dich dabei auf eines der folgenden Beispiele: das maurische Andalusien, die „Ostsiedlung" oder China.

4 Zeige, welche Rolle der wirtschaftliche Austausch für das gegenseitige Kennenlernen spielte. Gehe auf mindestens zwei verschiedene Beispiele aus der Zeit des Mittelalters ein.

5 Auf Pilgerreisen, im Fernhandel und bei den Kreuzzügen entstand eine Art europäisches Bewusstsein. Zeige auf, was die Menschen im Vergleich zu anderen Kulturen gemeinsam hatten und was sie untereinander noch unterschieden haben mag.

Kompetenztraining Geschichte
9783060649396_GES_P_107.doc

12 Renaissance und Humanismus

Ich kann, weiß, verstehe …	Sehr sicher	Sicher	Unsicher	Sehr unsicher	Hilfen finde ich hier (SB = Schülerbuch):
1 a) Ich kann die Renaissance zeitlich einordnen und					SB
b) begründen, warum sie als Übergang zwischen Mittelalter und Neuzeit bezeichnet wird.					
2 Ich kann erklären, warum Italien die „Wiege" dieses Wandels war.					SB
3 Ich kann fünf italienische Stadtstaaten nennen, an deren Höfen sich die Renaissancekultur ausprägte.					SB Förderb. 12.3
4 Ich kann mittelalterliche Bilder und Renaissancebilder systematisch vergleichen.					SB Förderb. 12.1 und 12.4
5 Ich kann erläutern, warum die Zentralperspektive die Malerei veränderte und einen neuen Eindruck hervorbrachte.					SB
6 Ich kann begründen, warum die „Mona Lisa" das bekannteste Gemälde der Welt ist.					SB Förderb. 12.1
7 Ich kann anhand der Tätigkeitsfelder von Leonardo da Vinci erklären, was man unter einem „uomo universale" versteht.					SB Förderb. 12.2
8 Ich kann Leonardos Auffassung von Wissenschaft von mittelalterlicher Erfahrung und Weltdeutung unterscheiden.					SB Förderb. 12.7
9 a) Ich kann am Beispiel von Florenz erläutern, wie die Selbstverwaltung der italienischen Stadtstaaten funktionierte, und					SB Förderb. 12.3
b) darlegen, wie Cosimo de Medici diese Ordnung zerstörte.					
10 Ich kann folgende Begriffe definieren und erläutern: **a)** Manufaktur					SB Förderb. 12.4
b) Wechsel					
c) Verlagswesen					
11 Ich kann erklären, warum Jakob Fugger durch seine Ausbildung in Italien große Vorteile nördlich der Alpen hatte.					SB Förderb. 12.3
12 Ich kann in einer Mindmap darstellen, wie eine Handelsgesellschaft funktioniert.					SB Förderb. 12.4
13 a) Ich kann erklären, warum sich die Fugger für Schürfrechte an Edelmetallen interessierten und					SB Förderb. 12.4
b) warum Fürsten und Kaiser diese Rechte abtraten.					
14 Ich kann erklären, wie die Fugger die Wahl Kaiser Karls V. beeinflussten, und Stellung dazu nehmen.					SB Förderb. 12.5
15 Ich kann erläutern, warum sich im 14. Jahrhundert eine neue Weltsicht durchsetzte.					SB
16 Ich kann **a)** die Wortbedeutung von „Humanismus" erklären und **b)** Begriffe aus diesem Wortfeld nennen und erläutern.					SB Förderb. 12.6
17 Ich kann Gründe dafür anführen, warum sich Gelehrte nun verstärkt für antike Schriften interessierten.					SB Förderb. 12.6
18 Ich kann erläutern, welche Bildungskonzeption hinter dem „humanistischen Gymnasium" steckt.					SB Förderb. 12.6

Kompetenztraining Geschichte
9783060649396_GES_P_108.doc

Ein Renaissancegemälde untersuchen

M1 Gemälde „Die Gesandten" von Hans Holbein, 1533

Arbeitsaufträge:

1 Ordne die Gegenstände den Personen zu und überlege, was sie über die beiden Männer und ihre Position aussagen sollen.

Weltlicher Gesandter (links)		Gelehrter Kleriker (rechts)	
Gegenstand:	Wofür er steht:	Gegenstand:	Wofür er steht:

2 Überlege, warum der Kleriker nicht mehr so aussieht wie ein Mann der Kirche des Mittelalters. Schreibe in dein Heft.

Kompetenztraining Geschichte
9783060649396_GES_P_109.doc

Petrarca – ein Mensch der Renaissance

M1 Die Besteigung des Mont Ventoux
Francesco Petrarca berichtete in einem Brief an Francesco Dionigi von Borgo San Sepolcro (1336):

Zuerst von ungewohntem Zug der Luft und dem freien Schauspiel ergriffen, stand ich wie ein Staunender – ich schaue zurück: da lagerten die Wolken zu meinen Füßen. Schon
5 erschien mir minder fabelhaft der Athos und Olympus, da ich das, was ich von jenen gehört und gelesen hatte, an einem minder berühmten Berge erschaue.
Hernach wende ich den Blick nach der italie-
10 nischen Seite, wohin sich ja am meisten die Seele neigt: starr und schneebedeckt und ganz in meiner Nähe erschienen mir die Alpen, durch welche einst jener wildeste Feind des römischen Namens sich einen Durchgang
15 bahnte und, wenn der Sage zu glauben, mit Essig die Felsen sprengte – und doch sind sie ein Beträchtliches von hier entfernt. Ich seufzte, ich gestehe es, nach Italiens Himmel, der mehr meiner Seele als meinen Augen er-
20 schien, und eine unsägliche Sehnsucht, Freunde und Vaterland wiederzusehen, befiel mich – eine Sehnsucht, die ich eigentlich eine unmännliche Weichheit schelten sollte, aber auf großer Männer Zeugnis zur Entschuldi-
25 gung stützen kann.

Zit. nach *http://bergnews.com/service/petrarca-mont-ventoux/petrarca-mont-ventoux.php* (Stamd: 16.5.08).

Arbeitsaufträge:

1 Lies Petrarcas Bericht über die Besteigung des Mont Ventoux (M1).

a) Beschreibe die Gefühle, die Petrarca bei der Besteigung des Berges hatte.

_____

_____

_____

_____

b) An welchen Aussagen erkennt man, dass Petrarca ein Mensch der Renaissance war?

_____

_____

_____

_____

2 Leonardo da Vinci gilt als Universalgenie. Informiere dich über Leonardo.

a) Vervollständige die Liste mit Berufen, die wir heute anführen müssten, um die breiten Interessen Leonardos als „uomo universale" zu beschreiben:

_____   _____   _____

_____   _____   _____

_____   _____   _____

b) Lege dar, inwieweit Leonardo als Beispiel eines „Renaissancemenschen" gelten kann.

Italienische Staaten in der Zeit der Renaissance

Arbeitsaufträge:

1 Informiere dich über die italienischen Staaten der Renaissance und ihre Herrscher. Finde über ein Lexikon oder das Internet (z. B. Wikipedia, Meyers Lexikon online) heraus, welches fürstliche Geschlecht welchem Stadtstaat zuzuordnen ist (Hilfe: Geschlecht als Suchwort), und zeichne Verbindungslinien ein. Notiere, wann ihre Herrschaft begann und endete.

1) Florenz   Gonzaga   _____

2) Mantua   Malatesta   _____

3) Mailand   d'Este   _____

4) Ferrara   Sforza   _____

5) Rimini   Medici   _____

2 Wahr oder falsch? Löse das Quiz zur politischen Verfassung von Florenz.

Behauptungen	wahr	falsch
1. Florenz hatte um 1300 mehr als 60 000 Einwohner.		
2. Damit war es größer als die Städte nördlich der Alpen.		
3. Der Wohlstand der Stadt gründete sich auf Getreidehandel.		
4. Politische Ämter durften nur Bankiers einnehmen.		
5. Die Hälfte der Florentiner war wahlberechtigt.		
6. Sieben von neun Mitgliedern des Rates stammten aus der Zunft der Großkaufleute.		
7. Die Mitglieder des Rates wurden gelost.		
8. Die Gruppe der Popolani waren die Anhänger der Ratsmehrheit.		
9. Die Medicis erhielten Florenz vom Papst als Lehen.		
10. Florenz blieb auch unter den Medici noch Republik.		
11. Lorenzo de Medici beschäftigte Künstler wie Michelangelo und Botticelli an seinem Hof.		
12. Die wichtigste Filiale der Medici war Augsburg.		
13. Die Medici hatten ein Bergbaumonopol auf Allaun (= Salz, das u. a. als Ätz- und Bleichmittel verwendet wurde).		
14. Die Medicifamilie stellte selbst mehrere Päpste.		

3 Die Welt des Geldes – eine italienische Welt. Viele Begriffe aus der internationalen Finanzsprache stammen aus dem Italienischen.

a) Wie kommt das? Erkläre.

b) Erkläre die Bedeutung unten stehender Begriffe. Nimm ein Fremdwörterbuch zu Hilfe.

Begriff	Bedeutung
Bank	
Kredit	
Konto	

Kompetenztraining Geschichte
9783060649396_GES_P_111.doc

Das Handelshaus der Fugger

Arbeitsaufträge:

1 Finde heraus (Schulbuch, Lexikon, Internet), wo das Handelshaus der Fugger überall Filialen unterhielt. Liste die Ortsnamen auf und schreibe das jeweilige heutige Land dahinter (z. B.: Budapest/ Ungarn).

_____

_____

_____

2 Erstelle eine Mindmap zum Aufbau einer Handelsgesellschaft um 1500.
Eine Möglichkeit ist die Gliederung nach Tätigkeitsfeldern (Handel, Geldverleih, Verlagswirtschaft und Bergbau).

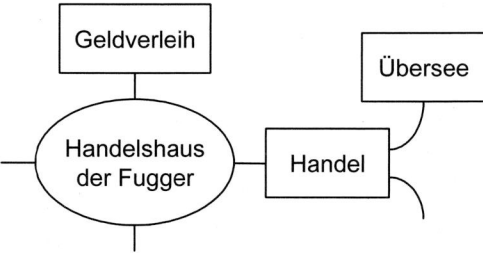

3 Kennst du Unternehmen in unserer Zeit, die man mit dem Unternehmen der Fugger vergleichen könnte? Nenne Gemeinsamkeiten und Unterschiede.

_____

_____

_____

_____

Einen Brief von Jakob Fugger untersuchen

Arbeitsauftrag:

1 Jakob Fugger hatte die Wahl des deutschen Königs und späteren Kaisers Karl V. 1519 mit einem großzügigen Kredit unterstützt. Unten findest du Auszüge aus einem Brief Jacobs an den Kaiser Karl V. von 1523.

   a) Stelle fest, auf welche Zeit sich die Aussagen Jakobs beziehen (Vergangenheit, Gegenwart, Zukunft) und in welchem Modus (Indikativ oder Konjunktiv) sie formuliert sind.

   b) Trage in die rechte Spalte Stichworte oder kurze Sätze zu der Frage ein, was Jakob mit diesem Passus des Briefes beabsichtigt.

	Brieftext	a) Zeit/Modus	b) Warum schreibt er das?
1	Eure kaiserliche Majestät tragen ungezweifelt gut Wissen, wie ich und meine Neffen bisher dem Hause Österreich zu dessen Wohlfahrt und Aufstieg zu dienen geneigt sind.		
2	Deshalb haben wir uns auch mit … Kaiser Maximilian, Eurer Kaiserlichen Majestät Ahnherrn, eingelassen und zur Erlangung der römischen Krone für Eure Kaiserliche Majestät uns gegen etliche Kurfürsten verschrieben, die ihr Trauen und Glauben auf mich und vielleicht sonst niemanden setzen wollten.		
3	Auch haben wir … ein trefflich Summa Geldes dargestreckt, die ich nicht allein bei mir und meinen Neffen, sondern bei meinen guten Freunden mit großem Schaden aufgebracht …		
4	So hab ich auch hierin meinen eigenen Nutzen nicht angesehen. Dann wo ich von dem Hause Österreich abstehen und Frankreich fördern hätte wollen, würd ich groß Gut und Geld, wie mir dann angeboten worden, erlangt haben.		
5	Was aber Eurer Kaiserlichen Majestät und dem Hause Österreich für Nachteil daraus entstanden wäre, das haben Eure Majestät aus hohem Verstande wohl zu erwägen …		
6	So ist an Eure Kaiserliche Majestät mein untertäniges Bitten, die wolle solche meine getreuen, untertänigen Dienste … gnädiglich bedenken und verordnen, dass mir solch mein ausliegend Summa Gelds samt dem Interesse ohne längeren Verzug entrichtet und bezahlt werde.		

Zit. nach Jakob Strieder, Augsburger Wirtschaftsleben und Wirtschaftsgeist im Zeitalter der Fugger. In: Heinz F. Deiniger (Hg.), Das reiche Augsburg, München (Duncker & Humblot) 1938, S. 77 f.

Bücher und Gelehrte

M1 Renaissancegelehrte auf der Suche nach Büchern aus der Antike

Die Bibliothek des Klosters Hersfeld in Nordhessen geht auf die Zeit um 800 zurück. Um 1400, also vor der Erfindung des Buchdrucks, umfasste sie laut Katalog ungefähr
5 850 Bände und galt als eine der größten Bibliotheken im nordalpinen Raum. Die meisten Schriften waren liturgischer oder theologischer Natur.
Im Jahr 1423 besuchte der Italiener Poggio
10 Bracciolini das Kloster auf der Suche nach Abschriften antiker Autoren, für die sich sein Förderer, der Papst, interessierte. Im Tausch für kirchenrechtliche Schriften nahm Poggio Bracciolini eine Handschrift mit nach Italien,
15 die seit ca. 800 nicht mehr nachweisbar war. Einzig der Geschichtsschreiber Lampert von Hersfeld zitierte sie um 1080. Es handelt sich um die „Germania" des römischen Historikers Cornelius Tacitus, in der dieser die
20 germanischen Stämme, deren Leben und Gebräuche beschreibt. Dieser Text machte, nachdem er in Italien gedruckt worden war, insbesondere im 19. Jahrhundert im Rahmen des Germanenkults des deutschen Kaiser-
25 reiches Karriere und gilt bis heute als eine der klassischen Lektüren des Lateinunterrichts an Schulen.

(Verfassertext)

Arbeitsaufträge:

1 Untersuche M1.

a) Erkläre kurz, was die Suche des „Literaturagenten" Poggio mit dem Humanismus zu tun hat.

_____

_____

_____

b) Nimm Stellung zu dem Befund, dass ausgerechnet ein Papst nach nichtchristlichen antiken Büchern suchen lässt.

_____

_____

_____

2 Untersuche das Wortfeld „Humanismus". Der lateinische Stamm „humanus", der sich in allen Wörtern dieses Wortfeldes wiederfindet, bedeutet „menschlich, menschenfreundlich, gebildet, kultiviert".

a) Bilde mit jedem Wort des Wortfeldes einen sinnvollen Satz und schreib ihn in dein Heft.

human	=	menschenwürdig, die Menschenwürde achtend
humanitär	=	menschenfreundlich, wohltätig
Humanität	=	Menschlichkeit, edle Gesinnung gegenüber Menschen
humanisieren	=	einen Zustand menschenwürdiger machen
Humanist	=	jemand, der die Ideale des Humanismus in seinem Denken und Handeln verwirklicht

Bekanntes lateinisches Sprichwort: „Errare humanum est" = Irren ist menschlich

b) Nimm in deinem Heft Stellung zu der Aussage: „Das Ziel aller humanistischen Bildung besteht nicht darin, bestimmte praktische Fertigkeiten zu vermitteln, sondern die individuellen Fähigkeiten eines Menschen zu entwickeln und zu fördern." (frei zitiert nach Wilhelm von Humboldt)

Kompetenztraining Geschichte
9783060649396_GES_P_114.doc

Ein neues Bild vom Menschen

Arbeitsaufträge:

1 Betrachte M1. Der antike Denker Vitruv formulierte Gesetze von Proportionen und Schönheit. Leonardo da Vinci orientierte sich an seinen Ideen und zeichnete einen männlichen Körper.

Erkläre, warum man den Ansatz Leonardos als humanistisch beschreiben kann.

M1 Leonardo da Vinci, Die Proportionen des Menschen, Zeichnung, 1485/1490

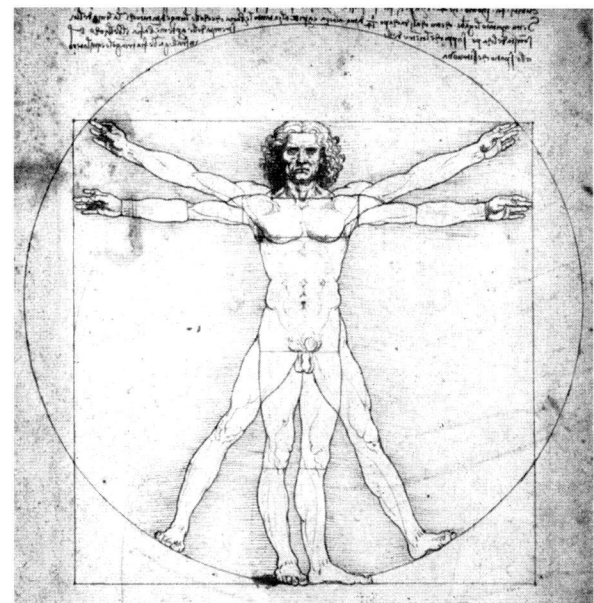

_____

_____

_____

_____

_____

2 Zusätzliche Informationen über die Unterschiede von mittelalterlicher Medizin und der Vorstellung vom Körper in der Renaissance findest du im Internet. Versuche Seiten zu finden, die dir bei der Beantwortung dieser Fragen helfen (z. B. bei Wikipedia > Galenus, > Medizingeschichte):

a) Beschreibe, wie der griechische Arzt Galen (= Galenus) medizinisches Wissen erwarb.

_____

_____

_____

_____

b) Arbeite den Unterschied zwischen mittelalterlicher und neuzeitlicher Medizin an Beispielen heraus:

Mittelalterliche Vorstellung	Vorstellung in der Renaissance

Kompetenztraining Geschichte
9783060649396_GES_P_115.doc

12 Renaissance und Humanismus

1 a) Nenne fünf italienische Stadtstaaten.

b) Erkläre, warum dort die europäische Renaissancebewegung beginnt.

2 a) Erkläre anhand von M1 die neue Weltsicht in der Malerei.

b) Zeige ausgehend von diesem Bild, wie sich der europäische Handel in dieser Zeit veränderte. Verwende für deine Erklärung Fachbegriffe aus dem Finanzwesen.

M1 Ein Geldwechsler mit seiner Frau,
Gemälde von Marinus von Reymerswaele, 1539

3 Auf dem Bild M2 siehst du Vertreter der Zünfte, die den Rat der Stadt Augsburg betreten. Vergleiche die Regierung Augsburgs mit der Regierung von Florenz vor Cosimo de Medici (Gemeinsamkeiten/Unterschiede, verwende Fachbegriffe).

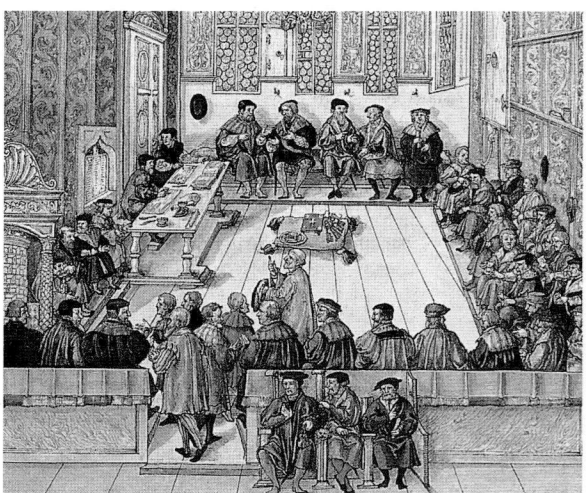

M2 Der Rat der Stadt Augsburg,
Buchmalerei, 14. Jh.

4 Zeichne eine Mindmap, die erklärt, wie ein Handelshaus wie das der Fugger funktioniert hat.

5 Notiere Argumente für bzw. gegen die Einführung eines Schulfaches „Humanismus/Menschenkunde". Formuliere dann deine eigene Meinung und begründe sie.

Kompetenztraining Geschichte
9783060649396_GES_P_116.doc

13 Entdeckungen und Eroberungen

Ich kann, weiß, verstehe …	Sehr sicher	Sicher	Unsicher	Sehr unsicher	Hilfen finde ich hier (SB = Schülerbuch):
1 Ich kann erläutern, was das Revolutionäre an der Erfindung des Johannes Gutenberg war.					SB Förderb. 13.1
2 a) Ich kann aus der Naturwissenschaft der Frühen Neuzeit ein Beispiel für empirische Forschung nennen und					SB Förderb. 13.3
b) die Vorgehensweise grob skizzieren.					
3 Ich kann darlegen und begründen, dass Galileo Galilei ein typischer Mensch der Renaissance war.					SB
4 a) Ich kann sowohl das heliozentrische Weltbild des Kopernikus und Galilei als auch das geozentrische Weltbild des Ptolemäus erläutern und					SB Förderb. 13.2
b) kann die aus der Veränderung des Weltbilds entstandenen Probleme und Konflikte erklären.					
5 Ich kann das heliozentrische Weltbild mit dem mittelalterlichen geozentrischen Weltbild vergleichen.					SB Förderb. 13.2
6 Ich kann Erfindungen und Entdeckungen benennen, die das Weltbild der Menschen seit dem Mittelalter entscheidend veränderten.					SB
7 Ich kenne allgemeine Gründe sowie persönliche Motive des Christoph Kolumbus für die Suche nach einem westlichen Seeweg nach Indien.					SB Förderb. 13.4
8 a) Ich kann die Lebenswelt der Azteken und Inka darstellen sowie					SB
b) die Kultur der beiden Völker miteinander vergleichen.					
9 Ich kann die Eroberung Tenochtitláns durch die Spanier 1519/1520 darstellen.					SB
10 a) Ich kann sowohl Ziele als auch Methoden der Kolonisierung in Amerika im 15./16. Jahrhundert nennen und					SB Förderb. 13.5
b) beurteilen.					
11 Ich kann die Folgen der Conquista für die Indianer Mittel- und Südamerikas erläutern.					SB Förderb. 13.5
12 Ich kann den Begriff „Dreieckshandel", seine Funktionsweise und seine bis heute reichenden Folgen erklären.					SB Förderb. 13.6
13 Ich kann aus heutiger Sicht unterschiedliche Perspektiven auf die Entdeckung und Eroberung wiedergeben und erläutern.					SB

Kompetenztraining Geschichte
9783060649396_GES_P_117.doc

Johannes Gutenberg und der Buchdruck

Arbeitsaufträge:

1 Quiz: Welche Aussagen über den Buchdruck stimmen? Kreuze an.

Behauptungen	wahr	falsch
Johannes Gutenberg hat das Drucken erfunden.		
Schon in China und Korea hat man mit beweglichen Lettern gedruckt.		
Gutenberg druckte mit Goldschmiedelettern.		
Gutenbergs Druckerpresse ähnelt der Weinpresse seiner Heimat.		
Naturwissenschaftliche Druckwerke verdrängten theologische.		
Ende des 15. Jh. begannen Drucker statt auf teurem Pergament auf Papier zu drucken.		

2 Informiere dich im Internet über Johannes Gutenberg und schreibe deine Ergebnisse auf.

    a) Gutenberg hat mit dem Guss von so genannten Spiegeln für die Wallfahrt erste Erfahrungen gesammelt, die ihm auch beim Buchdruck hilfreich waren. Welche waren dies?

    b) Johannes Gutenberg war auch ein Unternehmer. Bringe in Erfahrung, ob ihn seine revolutionierende Erfindung reich gemacht hat.

    c) Johannes Gutenberg wurde im Jahr 2000 posthum mit einer besonderen Auszeichnung geehrt. Finde heraus, mit welcher Begründung man ihm diese verliehen hat.

_____

_____

_____

_____

_____

_____

3 Untersuche, welche politisch-gesellschaftlichen Folgen die neue Technik des Buchdrucks hatte.

_____

_____

_____

_____

_____

Kompetenztraining Geschichte
9783060649396_GES_P_118.doc

Kopernikus und das neue Weltbild

Im Mittelalter erklärten die Menschen die Welt mithilfe der Bibel. Im 15. Jahrhundert begannen sie, die Natur zu beobachten und zu experimentieren. Als der Astronom Nikolaus Kopernikus (1473–1543) den Lauf der Planeten beobachtete und ihre Umlaufbahnen berechnete, stellte er fest, dass die überlieferten Vorstellungen nicht stimmten. Nach langem Zögern veröffentlichte er seine Ergebnisse.

M1 Das mittelalterliche geozentrische Weltbild

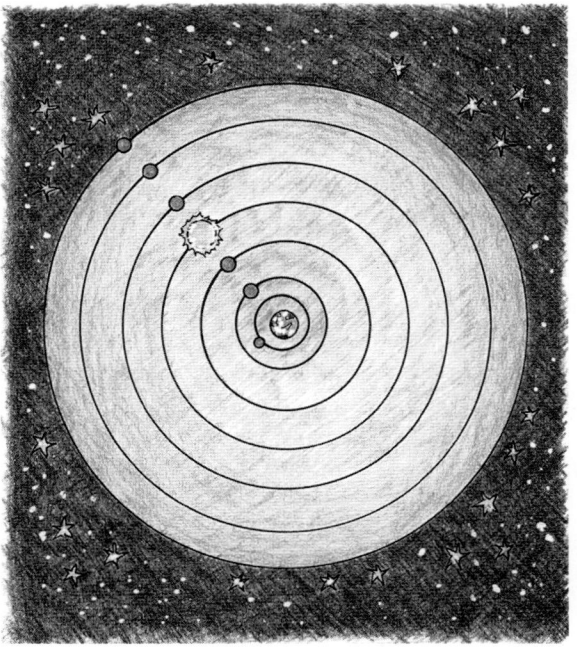

M2 Das heliozentrische Weltbild des Kopernikus

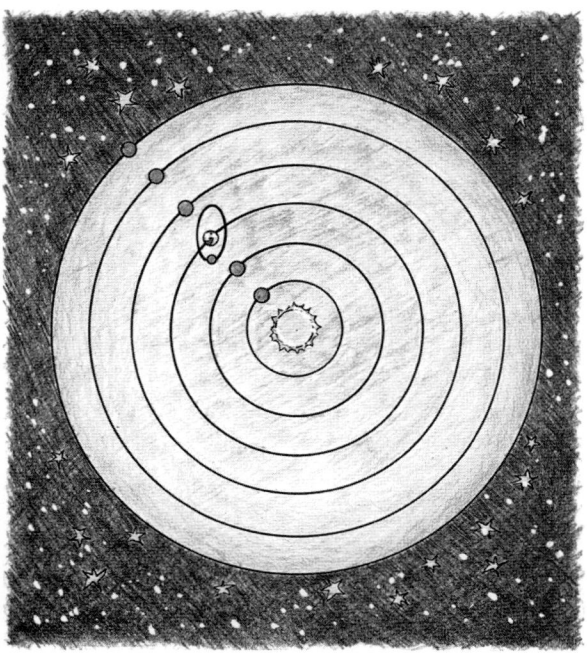

M3 Die Argumentation der Kirche

Kardinal Robert Bellarmin, Berater des römischen Inquisitionsgerichts, schrieb in einem Brief 1675:

Wenn man aber behaupten will, die Sonne stehe wirklich im Mittelpunkt der Welt und bewege sich nur um sich selbst, ohne von Osten nach Westen zu laufen, und die Erde
5 stehe am dritten Himmel und bewege sich mit der größten Schnelligkeit um die Sonne, so läuft man damit große Gefahr, nicht nur alle Philosophen und …Theologen zu reizen, sondern auch unseren heiligen Glauben zu
10 beleidigen, indem man die Heilige Schrift eines Fehlers überführt … Wenn ihr nicht nur die Väter, sondern auch die modernen Kommentare über (die Bibel) lesen wollt, werdet ihr finden, dass die alle übereinstimmend die
15 Stellen, sie wörtlich auffassend, dahin erklären, dass die Sonne am Himmel ist und sich mit der größten Schnelligkeit um die Erde bewegt und dass die Erde vom Himmel sehr weit entfernt ist und unbeweglich im Mittel-
20 punkt der Welt steht.

Zit. nach Albrecht Fölsing, Galileo Galilei. Prozess ohne Ende. Eine Biographie, Reinbek, 1996, S. 299 f.

Arbeitsaufträge:

1 Betrachte die beiden Abbildungen M1 und M2.

   a) Erläutere in deinem Heft die Unterschiede zwischen der mittelalterlichen Vorstellung über die Bewegung der Planeten und den Ergebnissen des Kopernikus.

   b) Erkläre, warum er mit der Veröffentlichung zögerte.

2 Lies M3. Arbeite die Argumente heraus, die Kardinal Bellarmin für das geozentrische Weltbild anführt. Erläutere, wie er diese begründet. Schreibe in dein Heft.

Kompetenztraining Geschichte
9783060649396_GES_P_119.doc

Galilei und die neue Wissenschaft

M1 Ein Experiment

In Galileis „Dialog über die beiden hauptsächlichen Weltsysteme" von 1632 wird folgender Versuch beschrieben:

Auf einem Lineale, oder sagen wir auf einem Holzbrett von 12 Ellen[1] Länge, bei einer halben Elle Breite und drei Zoll Dicke, war auf dieser letzten schmalen Seite eine Rinne von
5 etwas mehr als einem Zoll Breite eingegraben. Dieselbe war sehr gerade gezogen, und um die Fläche recht glatt zu haben, war inwendig ein sehr glattes und reines Pergament aufgeklebt; in dieser Rinne ließ man eine sehr
10 harte, völlig runde und glattpolierte Messingkugel laufen.
Nach Aufstellung des Brettes wurde dasselbe einerseits gehoben, bald eine, bald zwei Ellen hoch; dann ließ man die Kugel durch den
15 Kanal fallen und verzeichnete in sogleich zu beschreibender Weise die Fallzeit für die ganze Strecke; häufig wiederholten wir den einzelnen Versuch, zur genaueren Ermittlung der Zeit, und fanden gar keine Unterschiede, auch nicht einmal von einem Zehntel eines
20 Pulsschlages. Darauf ließen wir die Kugel nur durch ein Viertel der Strecke laufen und fanden stets genau die halbe Fallzeit gegen früher. Dann wählten wir andere Strecken und verglichen die gemessene Fallzeit mit der
25 zuletzt erhaltenen und mit denen von zwei Dritteln oder drei Vierteln oder irgend anderen

Bruchteilen; bei wohl hundertfacher Wiederholung fanden wir stets, dass die Strecken sich verhielten wie die Quadrate der Zeiten …
30 Hierbei fanden wir außerdem, dass auch die bei verschiedenen Neigungen beobachteten Fallzeiten sich genauso zueinander verhielten, wie weiter unten unser Autor dasselbe andeutet und beweist.
35 Zur Ausmessung der Zeit stellten wir einen Eimer voll Wasser auf, in dessen Boden ein enger Kanal angebracht war, durch den ein feiner Wasserstrahl sich ergoß, der mit einem kleinen Becher aufgefangen wurde, während
40 einer jeden beobachteten Fallzeit; das dieser Art aufgesammelte Wasser wurde auf einer sehr genauen Waage gewogen; aus den Differenzen der Wägungen erhielten wir die Verhältnisse der Gewichte und die Verhältnisse
45 der Zeiten, und zwar mit solcher Genauigkeit, dass die zahlreichen Beobachtungen niemals merklich voneinander abwichen.

[1] alte Längeneinheit, entsprach etwa der Länge des Unterarmes, unterschiedliche Festlegungen, z. B. preußische Elle: 66,69 cm

Zit. nach Michael Heidelberger und Sigrun Thiessen, Natur und Erfahrung, Reinbek 1981, S. 157.

Arbeitsaufträge:

1 Lies den Bericht über das Experiment (M1). Arbeite wesentliche Bestandteile des Experiments heraus.

_____

_____

_____

_____

_____

_____

2 Nenne die wichtigsten Kennzeichen empirischer (auf Erfahrung beruhender) Forschung. Befrage dazu auch einen Lehrer eines naturwissenschaftlichen Faches. Schreibe in dein Heft.

Kompetenztraining Geschichte
9783060649396_GES_P_120.doc

Eine historische Karte von 1489

Als die Türken die östliche Küste des Mittelmeeres besetzten und 1453 sogar Konstantinopel eroberten, verteuerten sich die Waren aus Asien so sehr, dass der Handel kaum noch lohnte. Die türkische Konkurrenz ließe sich aber ausschalten, wenn es gelänge, auf dem Seeweg Indien zu erreichen.

M1 Weltkarte des Henricus Martellus Germanus, 1489

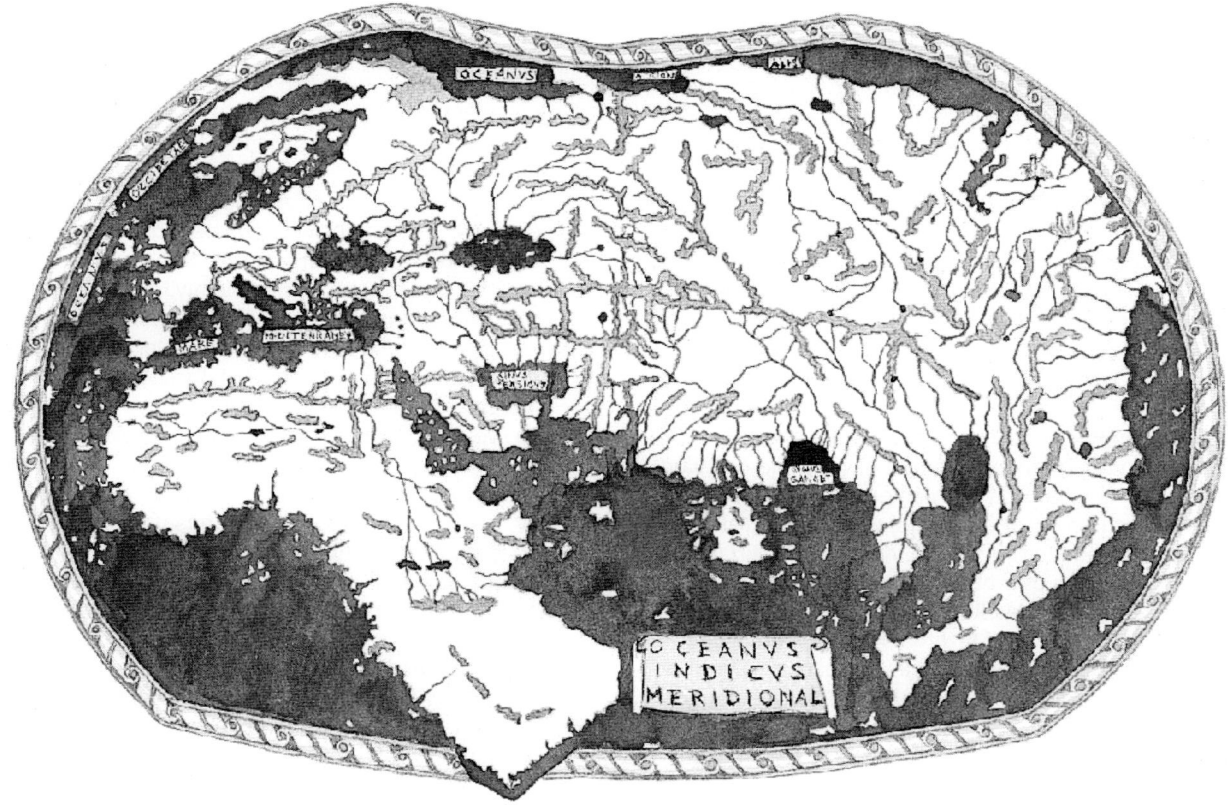

Arbeitsaufträge:

1 Beschrifte die Karte: Markiere Europa, Afrika, Indien, Spanien und Portugal.

2 Wenn es gelang, Afrika zu umsegeln, konnte man Indien erreichen. Es gab jedoch eine weitere Möglichkeit, nach Indien zu kommen. Rolle dazu den Förderbogen nach hinten, sodass sich die Seitenränder berühren. Beschreibe die Route, die man einschlagen musste.

_____

_____

3 Christoph Kolumbus, der in spanischen Diensten stand, war bereit, diesen neuen Weg zu segeln. Worin lag das große Wagnis? Nenne mehrere Punkte.

_____

_____

Kompetenztraining Geschichte
9783060649396_GES_P_121.doc

Eine Erzählung über Miguel aus Mittelamerika

M1 Miguel – Spanier oder Indianer?

Ein Schriftsteller erzählt aus der Frühen Neuzeit: Der 15-jährige Miguel ist der Sohn eines verschollenen Spaniers und einer Indianerin. Er wächst in einem mittelamerikanischen Dorf auf, dessen Einwohner christianisiert sind. Miguel soll an einem Eroberungszug teilnehmen. In der Nacht vor der Abreise lässt ihn sein Großvater holen, um Abschied zu nehmen.

Ein geheimnisvoller, sanfter Schein zuckte im Dunkel ... Ich trat ein. Der Schein kam von vielen brennenden Kerzen auf dem Boden des Raumes ... Erst als mein Blick durch den Raum wanderte,
5 entdeckte ich, dass sie einen kleinen Hügel oder Altar einrahmten, auf dem ein Gegenstand glänzte. Davor hockte mein Großvater auf seinen Fersen. Er hielt den Körper ganz ruhig, während seine Hände Blütenblätter über den Boden verstreuten
10 ... Er war nackt bis auf einen Schurz und am ganzen Oberkörper, auf Brust und Rücken, bemalt: mit Raubkatzenpfoten und Vogelspuren. Mir war unheimlich zumute: denn so wie mein Großvater hier hockte, konnte er nur einen Götzen anbeten.
15 Immer wieder warnen uns die guten Mönche vor dem Teufel, der nie müde wird, uns allesamt vom rechten Weg abzubringen, ganz besonders jene, die ihn früher angebetet haben, wenn sie die alten Götter anriefen. Zwar brachten die Spanier uns
20 den wahren Glauben und nach der Conquista und der Befriedung wurden die Indianer bekehrt und getauft, doch es gibt anscheinend immer noch Leute, die nach außen hin dem christlichen Glauben angehören, tief in ihrem Herzen jedoch den
25 Göttern der alten Religion treu geblieben sind. Und nun entdeckte ich, dass mein Großvater einer von ihnen war.
In meinem Schrecken mischte sich ein Gefühl der Angst, denn aus dem, was man sich zuflüstert, ...
30 wusste ich, dass diese Götzenverehrung zum Inquisitionsprozess (Vorgehen der Kirche gegen Irrgläubige, oft mit Folter verbunden) und zur unerbittlichen Strafe führte.
Endlich hob mein Großvater den Kopf und forderte
35 mich auf, näher zu kommen. Auch er bediente sich jetzt der alten Sprache und nicht des Spanischen:
... Höre. Wenn du weggehst, musst du alles vergessen, was du jetzt siehst. Ich bin und bleibe dein Großvater, derselbe, der in den Morgenstunden als
40 Dorfoberster zu Gericht sitzt; derselbe, der an den gebotenen Feiertagen mit dir zur Messe ins Kloster geht; derselbe, der für uns alle zu Unserer Lieben Jungfrau betet ... Höre. Ich bin aber auch noch

immer derselbe, der ich war, als die Spanier zu
45 uns kamen. So muss ich leben mit zwei Hälften in mir: die eine gehört zur alten Zeit; die andere zu dieser Zeit, die wir jetzt durchmachen."
Ich hörte ihm zu, während ich weiter den Altar anschaute. Der Götze musste aus Gold sein. Es
50 war eine sitzende, menschenähnliche Figur mit überkreuzten Beinen, vorgebeugtem Oberkörper und einem riesigen runden Kopfschmuck. Sie besaß ein Greisengesicht mit herausgestreckter Zunge und zwei großen, runden Ohrgehängen.
55 Der Altar war ein behauener Steinwürfel mit flachen Reliefs an den Seiten. Zu Füßen des Sockels entdeckte ich zu meinem Entsetzen den leblosen Körper eines Hündchens. Zweifellos hatte mein Großvater dem Götzen geopfert.
60 „Du, Miguel, gehörst in Wirklichkeit zu beiden Welten. Zweierlei Blut rinnt in deinen Adern, schlägt in deinem Herzen. Du bist vom Geschlecht der Spanier, der Söhne der Sonne, und aus unserem indianischen Geschlecht, das vom Mais kommt. Du
65 gehörst für immer beiden an. Es ist nicht ungewöhnlich und auch nicht leicht, so beschaffen zu sein; dennoch musst du danach trachten, das Gleichgewicht der Teile nicht zu verlieren."
Er kramte in seinen Kleidern und holte einen klei-
70 nen glänzenden Gegenstand hervor.
„Du unternimmst nun Waghalsiges, Gefährliches, mein Enkelsohn. Um deine Sicherheit zu erflehen, habe ich dem Huehuetéotl geopfert, der auf seinem Haupt das Feuer trägt, das alles hervorbringt,
75 aber auch alles verzehrt. Morgen bei der Messe werde ich die Liebe Jungfrau, die Mutter Jesu darum bitten. Jetzt nimm dies."
Er hielt mir eine glänzende Figur hin, die an einer Kette hing.
80 „Trag ihn um den Hals. Achte darauf, dass man ihn nicht sieht."
Es war ein kleiner Kolibri (ein Vogel). Ich hängte ihn mir um und steckte ihn unter das Hemd.

Erzählt nach José María Merino, Das Gold der Träume, Würzburg (Arena) 1994 (© Thienemann Verlag), S. 2–25.

Arbeitsaufträge:

1 Lies den Text M1.

2 Miguel erhält vom Großvater eine Kette. Er soll darauf achten, dass man sie nicht sieht. Erkläre.

3 Miguel gehört dem indianischen und spanischen Volk an. Stelle mögliche Probleme für Miguel dar.

Kompetenztraining Geschichte
9783060649396_GES_P_122.doc

Der Dreieckshandel in der Frühen Neuzeit

Viele Spanier ließen sich in Mittelamerika als Kolonialherren nieder. Auf ihren Feldern arbeiteten Indios, die rücksichtslos ausgebeutet wurden. Tausende starben. Der Dominikanermönch Bartolomé de las Casas, Bischof in Mexiko, wollte den Indios helfen. Er regte an, Sklaven aus Afrika nach Amerika zu holen, weil diese widerstandsfähiger seien. Schon bald gab es einen regen Handel zwischen Europa, Afrika und Amerika. Innerhalb der nächsten 300 Jahre wurden mehr als 10 Millionen Sklaven aus Afrika in die „Neue Welt" gebracht.

M1 Der Dreieckshandel in der Frühen Neuzeit

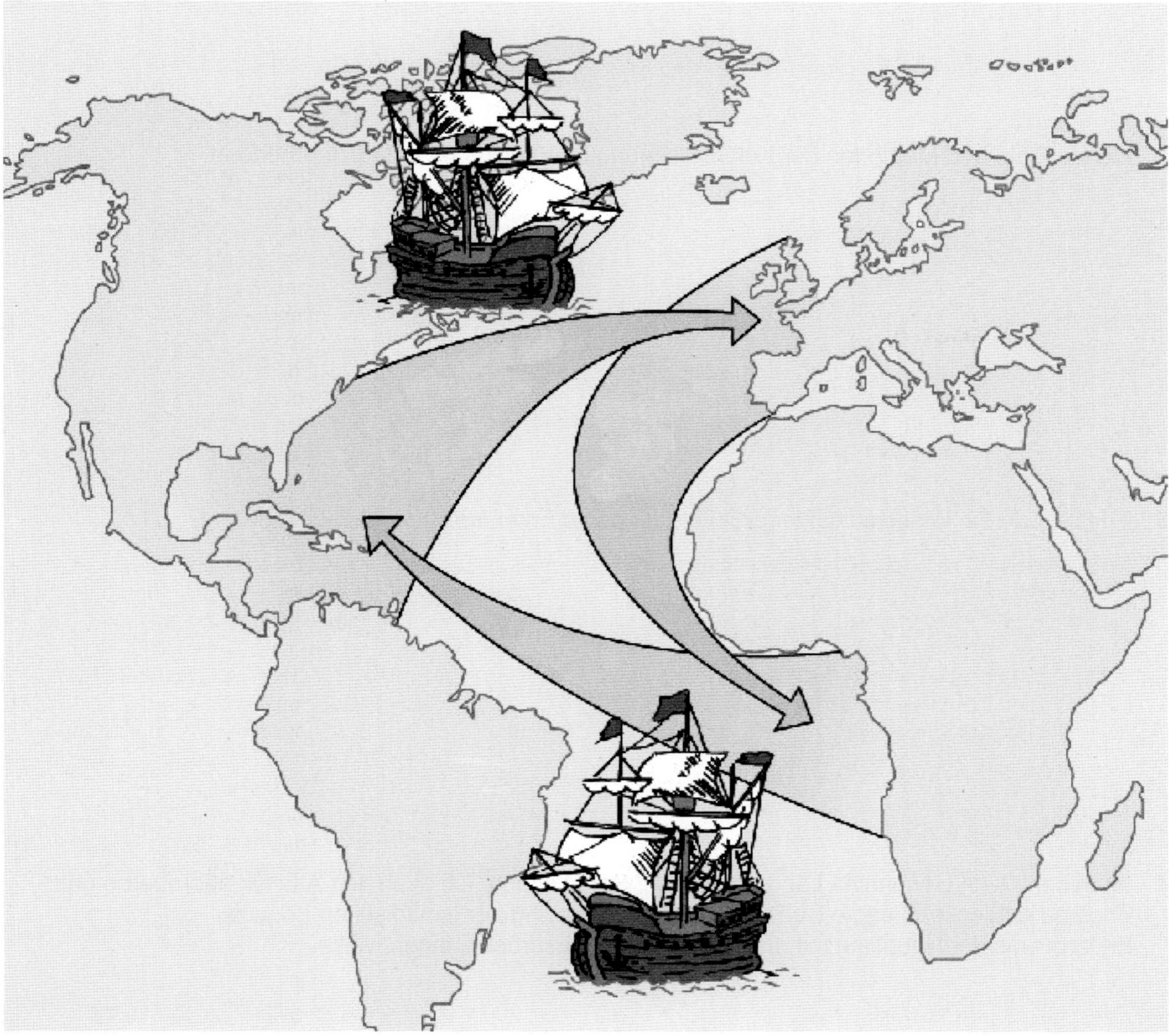

Arbeitsaufträge:

1 Trage in die Karte ein: Afrika, Europa, Mittelamerika, Nordamerika und Südamerika.

2 Vermerke auf den Pfeilen, welche Produkte von Europa nach Afrika, von Afrika nach Mittelamerika und von dort nach Europa gebracht wurden: Alkohol, Baumwolle, Glas, Gold, Silber, Sklaven, Textilien, Zucker.

3 Der Handel zur damaligen Zeit zwischen Europa, Afrika und Amerika wird Dreieckshandel genannt. Erkläre den Begriff.

4 Erläutere, für wen der Dreieckshandel lukrativ war.

Kompetenztraining Geschichte
9783060649396_GES_P_123.doc

13 Entdeckungen und Eroberungen

1 Nenne und erläutere die Unterschiede zwischen dem heliozentrischen und dem geozentrischen Weltbild.

2 Nenne Ziele und Methoden der Kolonialisierung in Amerika im 15./16. Jahrhundert.

3 Erkläre, wie ein Wissenschaftler arbeitet, der seine Erkenntnisse empirisch gewinnt.

4 „Man kann kein bewohntes Land entdecken. Sonst könnte ich auch den Atlantik überqueren und England entdecken", sagte Dehatkadons, der Häuptling der indianischen Iroquois.
Erkläre, was der Häuptling mit diesem Satz zum Ausdruck bringen wollte.

14 Das Zeitalter der Reformation

Ich kann, weiß, verstehe …	Sehr sicher	Sicher	Unsicher	Sehr unsicher	Hilfen finde ich hier (SB = Schülerbuch):
1 Ich kann die Ereignisgeschichte zwischen dem Thesenanschlag Luthers und dem Westfälischen Frieden in eine chronologische Reihenfolge bringen.					SB Förderb. 14.1
2 Ich kann die Begriffe **a)** „Reformation",					SB
b) „Konzil von Trient" und					
c) „Westfälischer Friede" mit eigenen Worten erklären.					
3 Ich kenne Missstände in der römisch-katholischen Kirche zu Beginn des 16. Jahrhunderts.					SB Förderb. 14.2
4 a) Ich kann die traditionelle Lehre der römisch-katholischen Kirche ebenso wie die neue Martin Luthers darstellen und					SB Förderb. 14.3
b) Unterschiede benennen.					
5 Ich kenne Ursache, Anlass, Verlauf, Ausgang und Folgen des Bauernkriegs und kann die Bauernaufstände geographisch verorten.					SB Förderb. 14.4
6 Ich kenne Maßnahmen der katholischen Kirche, der Reformation entgegenzutreten.					SB
7 a) Ich kenne die wesentlichen Inhalte des „Augsburger Religionsfriedens" von 1555 und					SB
b) kann dessen Bestimmungen mit den ursprünglichen Zielen der Reformation vergleichen.					SB
8 a) Ich kenne die längerfristigen Folgen des Dreißigjährigen Krieges und					SB Förderb. 14.5
b) kann seine Bedeutung für Europa darstellen.					
9 Ich kann die Redewendung „Die Folter macht die Hexen" erklären. Hierzu kann ich darstellen,					SB Förderb. 14.6
a) wie eine Person in der Frühen Neuzeit zur Hexe „gemacht" wurde,					
b) wie ein Hexenprozess mit seinen Verhören ablief und					
c) welche Konsequenzen ein solcher Prozess in aller Regel für die Angeklagten hatte.					

Kompetenztraining Geschichte
9783060649396_GES_P_125.doc

Zeittafel zum Reformationszeitalter

Wie bei vielen historischen Themen ist es auch zum Verständnis der Reformation wichtig, einen Überblick über die Chronologie der Ereignisse zu haben. Bevor du beginnst, solltest du die entsprechenden Seiten in deinem Buch gründlich lesen und dir auf einem Blatt die wichtigsten Ereignisse mit ihren Daten herausschreiben.

Arbeitsauftrag:

a) Bringe die folgenden Ereignisse in die richtige chronologische Reihenfolge und trage sie dann in dieser Reihenfolge in die Tabelle ein: Bauernkrieg – Westfälischer Friede – Thesenanschlag Luthers – Dreißigjähriger Krieg – Konzil von Trient – Reichstag in Worms – Luther gilt als Ketzer – Reichstag in Augsburg – Schmalkaldischer Krieg.

b) Ergänze jeweils kurz, worum es sich bei dem Ereignis handelte.

Datum	Ereignis	Erläuterung
1517		
1519		
1521		
1525		
1545 bis 1547		
1545 bis 1563		
1555		
1618 bis 1648		
1648		

Kompetenztraining Geschichte
9783060649396_GES_P_126.doc

Der Ablasshandel – eine Quellenanalyse

Im 15. Jahrhundert kauften sich viele Adlige ein geistliches Amt wie das Bischofsamt. Sie lebten meist weiter wie zuvor, feierten Feste und gingen zur Jagd. Um ihre Gemeinde kümmerten sie sich nicht allzusehr. Das Lesen der Messe und Predigten überließen sie schlecht ausgebildeten Stellvertretern. Aber auch diese Hilfsgeistlichen, die in der Regel nur einen Hungerlohn erhielten, vernachlässigten oft ihre Aufgaben.

M1 „Der Sterbende", Ausschnitt aus dem Gemälde von Lucas Cranach d. Ä., 1518

M2 Aus einer Predigt des Dominikanermönchs Johann Tetzel, 1517:

Du Adliger, du Kaufmann, du Frau, du Jungfrau, du Braut, du Jüngling, du Greis! Wisse, dass ein jeder, der gebeichtet, bereut und Geld in den Kasten getan hat, eine volle Ver-
5　gebung seiner Sünden haben wird. Habt ihr nicht die Stimmen eurer Verstorbenen gehört, die rufen: „Erbarmt euch, denn wir leiden unter harten Strafen und Foltern, von denen ihr uns gegen eine geringe Gabe loskaufen
10　könnt."

Zit. nach Helmar Junghans (Hg.), Die Reformation in Augenzeugenberichten, 2. Aufl., München (dtv) 1980 (© Karl Rauch Verlag), S. 43 (gekürzt).

M3 Aus den 95 Thesen Martin Luthers, 1517:

21. Es irren die Ablassprediger, die da sagen, dass durch des Papstes Ablässe der Mensch von aller Sündenstrafe losgesprochen und erlöst werde.
5　27. Eine falsche Lehre predigt man, wenn man sagt: Sobald das Geld im Kasten klingt, die Seele aus dem Fegfeuer springt.
32. Wer glaubt, durch Ablassbriefe das ewige Heil erlangen zu können, wird auf ewig ver-
10　dammt werden samt seinen Lehrmeistern.
36. Jeder Christ, der wahrhaft Reue empfindet, hat einen Anspruch auf vollkommenen Erlass der Schuld auch ohne Ablassbrief.
43. Man soll die Christen lehren, dass, wer
15　den Armen gibt und dem Bedürftigen leiht, besser tut, als wer Ablassbriefe kauft.

Zit. nach H. Junghans, a. a. O., S. 58 f. (gekürzt).

Arbeitsaufträge:

1　Das Bild M1 stellt eine der wichtigsten Aufgaben der Kirche dar. Formuliere diese in einem Satz.

2　Arbeite aus M2 heraus, wie Johann Tetzel den Ablasshandel begründet.

3　Arbeite aus M3 heraus, welche Position Martin Luther zum Ablasshandel einnimmt.

4　Urteile selbst: Kann man das Seelenheil kaufen?

Ein zeitgenössisches Bild zum Glaubensstreit

Die meisten Menschen konnten damals nicht lesen, viele von ihnen verstanden es aber, Bilder zu „lesen" bzw. zu deuten. Versuche es einmal selbst.

M1 Evangelische und katholische Predigt, Holzschnitt von Georg Pencz, 1529

Arbeitsauftrag:

Beschreibe den Holzschnitt M1.

a) Notiere in der Tabelle Unterschiede zwischen der linken und rechten Bildhälfte.

b) Trage am Ende deiner Tabelle ein, welche Hälfte die Predigt der römisch-katholischen Kirche und welche Hälfte die der neuen evangelischen Kirche darstellen soll.

Linke Bildhälfte	Rechte Bildhälfte
Hier soll die Predigt der _____ Kirche dargestellt werden.	Hier soll die Predigt der _____ Kirche dargestellt werden.

Die Bauern und die Reformation

Luther hatte eine Schrift mit dem Titel „Von der Freiheit eines Christenmenschen" veröffentlicht. Mit der Freiheit des Christenmenschen meinte Luther, dass alle Menschen durch Jesus erlöst und damit im religiösen Sinn frei und gleich vor Gott seien. Die Bauern und alle anderen Abhängigen bezogen diese Auslegung des Christentums auf ihre eigene Situation. Nicht nur die Kirche müsse reformiert werden, auch sie sollten frei von Zwang und Willkür sein.

M1 Adlige Grundherren bei der Jagd, Buchmalerei, um 1480

Arbeitsaufträge:

1 Ordne die Aussagen A bis L den entsprechenden Personen in dem Bild zu. Begründe deine Zuordnung.

A Ich wohne in einer armseligen Hütte.	E Ich kann nicht ohne Erlaubnis heiraten.	I Meine Nahrung ist Haferbrei und Wasser.
B Ich muss das Holz fällen und beim Häuserbau helfen.	F Sie dürfen nur das tun, was ich sage.	J Ich kann ihnen alles befehlen.
C Meine Bauern gehören mir.	G Ich wohne in einer stolzen Behausung.	K Das Land, auf dem die Bauern leben, gehört mir.
D Ich muss den zehnten Teil meiner Ernte und meines Viehs abgeben.	H Ich muss die Felder des Grundherrn beackern.	L Der Grundherr herrscht über mich, er entscheidet alles, ich habe kaum Rechte.

2 Diskutiert anschließend in der Gruppe die Lage der Bauern.

Kompetenztraining Geschichte
9783060649396_GES_P_129.doc

Der Westfälische Friede von 1648

M1 Der Frieden wird gefeiert

Die Stadt Münster veranstaltete anlässlich der Unterzeichnung des Friedensvertrags ein Fest. Alle Bürger waren aufgefordert zu kommen. In den Akten der Stadt Münster findet sich folgender Bericht (1649):

Vor dem rathauß ein ziemblich groß gebäw[1] einem castel[2] gleich gesetzt worden, welches mit fewer auffgangen, darbey denn unterschiedliche ... raqueten und schwärmer, wel-
5 che an einem seyl lauffend und in die lufft gestiegen, so den lufft und wasserkugeln mit untergemenget gesehen worden ... Von dem hohen Lamberts thurn[3] [ist] ein seyl biß ans castel gezogen, daran ein fewriger trach hat
10 sollen herunder fliehen und das castel anzünden, ist aber im herunderfahren am seyl verhindert worden, also dass derselbige widerumb hinauff geschossen und auffm thurn

vollends verbrandt. So hat man auch uber-
15 zwerch der gassen vom rathhauß auß eine linie gezogen, daran diese wort gehangen Vivat Pax[4] unnd zwischen selbige Wort der statt Münster wapen, ... so [ist] auch angezündet worden.

Zit. nach Varia Bd.1: Stadtmünsterische Akten und Vermischtes = Serie III Abt. D der Acta pacis Westphalicae, hg. v. Max Braubach/Konrad Repgen, Münster (Aschendorff) 1964, Nr. 232.

[1] äw, ew, aw = äu, eu, au; [2] Schloss; [3] Turm der Kirche St. Lamberti; [4] Es lebe der Frieden!

Arbeitsaufträge:

1 Du wohnst in einem durch den Krieg verarmten westfälischen Dorf. Deine Eltern schicken dich nach Münster, um bei einem Verwandten, der Bäcker ist, Mehl für deine Familie zu erbetteln. Du erlebst das geschilderte Freudenfest (M1) mit. Schreibe auf, was du nach der Rückkehr deiner Familie berichtest.

2 Markiere farbig in der Karte die wichtigsten Gebietsveränderungen. Lege zum besseren Verständnis eine Legende an.

Gebietsveränderungen 1648

- Frankreich erhielt die Bistümer Metz, Toul und Verdun bestätigt, sowie Gebiete im Elsass, Sundgau und Breisach (rechtes Rheinufer).
- Schweden erhielt als Reichslehen Vorpommern mit Stettin, Wismar sowie die Inseln Rügen, Usedom und Wollin, das Erzbistum Bremen und das Bistum Verden.
- Brandenburg bekam Hinterpommern, Cammin, die Bistümer Halberstadt und Minden sowie die Anwartschaft auf das Bistum Magdeburg.
- Bayern behielt die Oberpfalz.
- Den Vereinigten Niederlanden und der Schweiz wurde die volle Souveränität anerkannt, sie schieden aus dem Reichsverband aus.

M2 Mitteleuropa nach dem Westfälischen Frieden

3 Nenne die Großmächte in Europa nach 1648.

Kompetenztraining Geschichte
9783060649396_GES_P_130.doc

Hexenverfolgungen

M1 In der Gewalt des Hexenrichters
Ein Schriftsteller erzählt 1994 über die Zeit der Hexenverfolgungen:

„Willst du nun endlich gestehen?" Der Hexenrichter deutete anklagend auf die entblößte Schulter der Frau. „Das ist der letzte Beweis!" Die junge Frau wandte den Kopf und sah angstvoll auf den
5 braunen Leberfleck. Den hatte sie doch schon immer gehabt. Der sollte plötzlich beweisen, dass sie sich dem Satan verschrieben hatte? Aber sie hatte doch nichts getan! All die irrsinnigen Vorwürfe, die der Richter des Bischofs da erhob:
10 Eine Hostie sollte sie bespuckt, mit dem Teufel Unzucht getrieben haben, auf einem dürren Ast zum Hexensabbat geflogen sein und Unwetter herbeigezaubert haben; ihrem Schwager hätte sie ein schweres Fieber angehext und das Kind ihrer
15 Nachbarin ermordet – all diese Verbrechen hatte sie nie begangen. Sie selbst musste es schließlich wissen! …
„Ich habe nichts zu gestehen", sagte sie. „Gut, wie du willst", entgegnete er und lächelte. Der Raum,
20 in dem sie sich befanden, war fensterlos und düster, nur von ein paar blakenden Lampen erhellt. An einem langen Tisch saß die Malefizkommission (Malefiz = Missetat, Verbrechen), der oberste Hexenrichter und seine zwei Beisitzer sowie der
25 Schreiber. Vor dem Tisch, ganz allein, stand die Frau. Ihr langes schwarzes Haar hing strähnig um den Kopf, über ihr schmutziges Gesicht liefen helle Streifen, die Spuren von Tränen. Das Kleid hing ihr in Fetzen vom Leib, denn auf der Suche nach dem
30 Hexenmal hatten es die Henkersknechte einfach zerrissen. Der Richter stand auf und hob die Hand. „Ich weiß nicht, ob du dir über die Schwere der Beweislast im Klaren bist", sagte er mit sanfter und freundlicher Stimme. „Zum Ersten hat dich dein
35 Schwager verklagt, du habest ihn mit deinem gotteslästerlichen Zauber krank gemacht; außerdem beschwört er, zum Zweiten, dass er dich das Kind habe verfluchen hören, das bald darauf gestorben ist." Erregt unterbrach ihn die Frau. „Aber
40 begreift Ihr denn nicht! Seit Jahren streitet er mit mir, weil er das Haus meines Vaters haben will – wie könnte er es leichter bekommen als so?" Doch unbeirrt fuhr der Malefizrichter fort: „Vier Frauen, zum Dritten, bezeugen, du seiest mit ihnen zum
45 Sabbattreffen geflogen; dort hättet ihr Pläne geschmiedet, die heilige Kirche zu vernichten, hättet schreckliche Unwetter heraufbeschworen, die die Ernte vernichten sollten, und dem Teufel zu Gefallen noch andere Bosheiten begangen."

50 „Das sagten sie doch erst, nachdem Ihr sie grausam gefoltert hattet", rief verzweifelt die Frau. Wieder beachtete der Richter ihren Einwurf nicht. „Und zum Vierten hat man ein Teufelsmal bei dir gefunden. Was, glaubst du, braucht es noch, um
55 dich zu überführen?" Plötzlich wurde die sanfte Stimme hart und schneidend. „Also gesteh! Und sag, wer noch dazugehört zu der Hexenpest, damit wir sie endlich ausrotten können!" Einen Moment schien es, als sei die Angeklagte
60 am Ende ihrer Kräfte. Sie schlug die Hände vors Gesicht und senkte den Kopf. Aber dann nahm sie die Hände herunter, sah dem Richter in die Augen und sagte mit klarer Stimme: „Nein, ich gestehe nicht. Denn es ist eine Todsünde, so scheußliche
65 Verbrechen zu bekennen, wenn man sie gar nicht begangen hat." … Der Richter erwiderte nur kurz: „Wenn du es so wünschst …" und winkte. Hinter der Frau ertönte ein leises Klirren. Sie fuhr zusammen und spürte, wie die Angst alle anderen
70 Gefühle überdeckte. Denn sie wusste, was nun kommen würde. „Dreh dich um", sagte der Richter. Sie gehorchte. Da standen der Henker und seine Gehilfen und zeigten ihr die Folterwerkzeuge. „Willst du nun gestehen?", fragte der Richter. Sie
75 schüttelte stumm den Kopf. „Also tut eure Pflicht!", befahl er. Dann begannen die Qualen und sie schienen endlos zu sein. Die Schmerzen waren so grauenhaft, dass die Frau immer wieder nahe dran war zu schreien: ‚Ich bin eine Hexe, natürlich bin
80 ich eine Hexe, ich will alles gestehen, was ihr hören wollt, mein Geld sollt ihr haben und das Haus meines Vaters noch dazu, nur hört auf, mich so zu quälen!' Aber sie hielt es aus. Als die Henker endlich von ihr abließen, stand sie da, von
85 Schluchzen geschüttelt, von ihren Fingern tropfte Blut, in ihren Armen und Schultern pochte der Schmerz, aber sie hatte nicht gestanden … Sie wischte sich die Tränen aus den Augen, atmete tief und wartete. Der Richter blickte sie an, beina-
90 he wohlwollend. Dann lächelte er wieder. „Es ist gut", sagte er, erhob sich und fügte im Hinausgehen hinzu: „Gemäß den Instruktionen unseres allergnädigsten Herrn Bischofs: Morgen fahren wir fort." Da wusste die Frau, dass sie keine Hoff-
95 nung mehr haben durfte.

Zusammengestellt nach Harald Parigger, Geschichte erzählt. Von der Antike bis zum 20. Jahrhundert, Frankfurt a. M. (Cornelsen Scriptor) 1994, S. 280 ff.

Arbeitsaufträge:

1 Unterstreiche im Text, was der Frau vorgeworfen wird.

2 Welche Erklärung gibt die Frau für die Vorwürfe, die ihr gemacht werden?

3 Wie könnte die Geschichte weitergehen? Schreibe die Erzählung zu Ende.

Kompetenztraining Geschichte
9783060649396_GES_P_131.doc

14 Das Zeitalter der Reformation

1 Nenne die wesentlichen Inhalte des „Augsburger Religionsfriedens" von 1555.

2 Erkläre, wodurch Martin Luther in Konflikt mit der spätmittelalterlichen Kirchenlehre geriet.

3 Stelle den Verlauf eines Hexenprozesses in der Frühen Neuzeit dar.

4 Beziehe begründet Stellung zu der Behauptung, dass es den Menschen infolge der Reformation besser als vorher ging.

Kompetenztraining Geschichte
9783060649396_GES_P_132.doc

15 Absolutismus und Aufklärung

Ich kann, weiß, verstehe …	Sehr sicher	Sicher	Unsicher	Sehr unsicher	Hilfen finde ich hier (SB = Schülerbuch):
1 Ich kann erklären, warum sich Ludwig XIV. selbst als Sonnenkönig bezeichnete.					SB Förderb. 15.1
2 Ich kann begründen, warum Ludwig XIV. sein Land zu einem Zentralstaat mit Beamtenapparat umbaute.					SB Förderb. 15.2
3 Ich kann die Begriffe a) „Nationalkirche",					SB
b) „Hugenotten" und					
c) „Gottesgnadentum" definieren.					
4 Ich kann das Deutsche Reich und Frankreich in Bezug auf die Rolle der Zentralgewalt (Kaiser/König) vergleichen.					SB
5 Ich kann die Kennzeichen eines modernen Staates aufzählen.					SB Förderb. 15.2
6 Ich kann aufzeigen, welche Elemente des französischen Staates der Begriff „Absolutismus" nicht abdeckt.					SB Förderb. 15.2
7 Ich kann die gesellschaftlichen Veränderungen zur Zeit des Absolutismus nennen und ihre Auswirkungen erläutern.					SB
8 a) Ich kann erklären, warum man die französische Ständegesellschaft im Modell wie eine Pyramide darstellen kann, und					SB Förderb. 15.3
b) kann dieses Modell auf ein Blatt zeichnen.					
9 Ich kann drei Beispiele dafür nennen, dass man von einem Stand in den anderen aufsteigen konnte.					SB Förderb. 15.3
10 Ich kann begründen, warum zur Zeit des Absolutismus wirtschaftspolitische Programme entwickelt wurden.					SB Förderb. 15.4
11 a) Ich kann mithilfe der Begriffe „Import", „Export", „Rohstoffe" und „Manufaktur" das System des Merkantilismus erklären					SB Förderb. 15.4
b) und warum es nicht dauerhaft funktionieren konnte.					
12 Ich kann mindestens vier Begriffe nennen, mit denen ich die Aufklärung näher beschreiben kann.					SB
13 Ich kann in eigenen Worten den Satz wiedergeben, mit dem Immanuel Kant die Aufklärung kurz definiert hat.					SB Förderb. 15.5
14 Ich kann Stellung zu der These nehmen: „Die Aufklärung richtete sich nur an Philosophen und Wissenschaftler."					SB Förderb. 15.5
15 Ich habe verstanden, in welcher Beziehung die Aufklärung zur Bewegung des Humanismus steht.					SB
16 a) Ich kann erläutern, wie Friedrich II. von Preußen sich sein Verhältnis zu den Untertanen vorstellte, und					SB Förderb. 15.7
b) kann es mit der absolutistischen Praxis vergleichen.					
17 a) Ich kann das Prinzip der Gewaltenteilung beschreiben					SB
b) und in einem Schema darstellen.					
18 Ich kann einen Philosophen der Aufklärungszeit vorstellen.					Förderb. 15.6
19 Ich kann **a)** Lockes Idee vom Gesellschaftsvertrag skizzieren					SB 94, Förderb. 15.6
und **b)** erklären, warum er ein Recht auf Widerstand vorsieht.					
20 a) Ich weiß, warum England zur Zeit des europäischen Absolutismus bereits ein Parlament mit zwei Kammern hatte, und					SB 96, Förderb. 15.8
b) kann die Entwicklung Englands mit Frankreich vergleichen.					

Kompetenztraining Geschichte
9783060649396_GES_P_133.doc

Der Absolutismus in Frankreich

M1 Die Bartholomäusnacht, das Edikt von Nantes und das Edikt von Fontainebleau
Im Internet-Lexikon „Wikipedia" findest du folgenden Text:

In der Bartholomäusnacht (24. August 1572) und den Tagen danach wurden in Paris ca. 3000 Menschen ermordet (mehrere Tausend in der Provinz), in der großen Mehrzahl Hu-
5 genotten. Von August bis Oktober fanden ähnliche Massaker in anderen Städten statt, zum Beispiel in Toulouse, Bordeaux, Lyon, Bourges, Rouen und Orléans, wobei zwischen 5000 und 15 000 Menschen umkamen.
10 Weitere Ausschreitungen folgten, bis den Hugenotten 1598 vom französischen König Heinrich IV. im Edikt von Nantes Rechtssicherheit garantiert wurde.
Rund hundert Jahre später, im Jahr 1685,
15 hob König Ludwig XIV. diese Freiheiten im Edikt von Fontainebleau wieder auf und verbot die Praktizierung des protestantischen Glaubens. Dieses Edikt traf die französischen Protestanten schwer, da es konsequent
20 durchgesetzt wurde. Aus Südfrankreich (Languedoc-Roussillon und Dauphiné), wo die meisten Protestanten wohnten, flohen die Angehörigen der Oberschicht zu Tausenden in andere protestantische Länder und wurden
25 Hugenotten genannt. Insgesamt flohen im Zeitraum von 1685 bis 1730 von den 730 000 noch existierenden Hugenotten etwa 150 000 bis 200 000 Menschen aus Frankreich.

Bearbeitet nach: Wikipedia-Archiv.

Arbeitsaufträge:

1 Zeige anhand der Informationen aus M1, wie Frankreich zu einem homogenen (= gleichförmigen) Staat gemacht werden sollte. Schreibe die Antwort in dein Heft.

2 Beschrifte das Schema M2.

3 Überlege, ob es sich hierbei um ein Verfassungsschema handelt, und begründe deine Meinung.

_____

_____

_____

_____

M2 Die Säulen absolutistischer Herrschaft

4 Die Sonne war das Symbol des „Sonnenkönigs", Ludwigs XIV. Begründe, warum sich Ludwig der XIV. mit der Sonne vergleichen konnte:

Charakteristika der Sonne	Ludwig XIV.
Wärme, Hitze	
Ausstrahlung überallhin	
spendet Leben	
steht in der Mitte des Universums	

Frankreich – ein zentralistischer Staat

Arbeitsaufträge:

1 Untersuche den Prozess der Zentralisierung in Frankreich.

    a) Arbeite die Schritte der Zentralisierung Frankreichs heraus. Lies in deinem Schulbuch nach.

1. Schritt: _____

2. Schritt: _____

3. Schritt: _____

4. Schritt: _____

    b) Erläutere, wie sich der König gegenüber der Provinzregierung verhielt.

_____

_____

_____

_____

2 Wiederhole die Grundlagen eines absolutistischen Staates und vergleiche ihn mit mittelalterlichen Staatsgebilden.

	Absolutismus	Mittelalter
1		
2		
3		
4		

3 Neben dem königlichen Zentralstaat gab es auch im Absolutismus Organe der Mitbestimmung des Volkes: die Generalstände, die Ständeversammlungen der Provinzen sowie Dorfversammlungen. In ihnen trafen Adel, Geistlichkeit und freie Bürger aufeinander und hatten Anteil an der Selbstverwaltung ihres Gebietes. Außerdem war das Königshaus von den Steuereinnahmen aus den Provinzen abhängig.

Erkläre vor dem Hintergrund dieser Informationen, warum der Begriff „Absolutismus" unter Historikern umstritten ist.

_____

_____

_____

Kompetenztraining Geschichte
9783060649396_GES_P_135.doc

Menschen und Gesellschaft im Absolutismus

Arbeitsaufträge:

1 Untersuche das Leben der Menschen und die Gesellschaft im Absolutismus. Betrachte dazu die Abbildung M1 noch einmal genau.

   a) Charakterisiere die Stellung der Adligen.

_____

_____

_____

_____

   b) Erläutere, was unter dem „Dritten Stand" zu verstehen ist.

_____

_____

_____

_____

2 Man kann die drei Stände der Gesellschaft im Absolutismus auch in einem Pyramidenmodell darstellen. Beschreibe links, in welcher Form und für wen sozialer Aufstieg möglich war:

Soziale Mobilität (Aufstieg)   **M1 Ständepyramide,** Schaubild

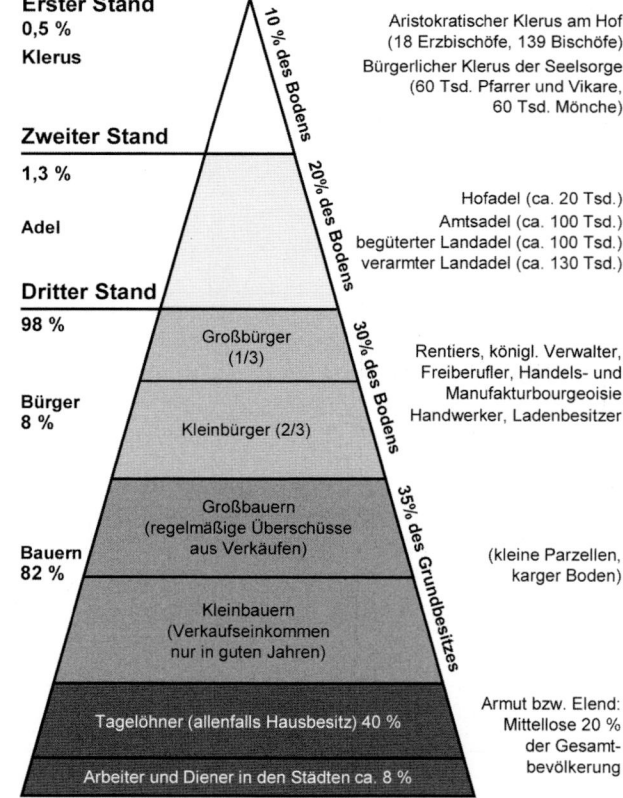

Kompetenztraining Geschichte
9783060649396_GES_P_136.doc

Der Merkantilismus

Arbeitsauftrag:

Vollziehe das Planspiel zum Merkantilismus nach:

1 Im Staat A wird ein besonders weißes Porzellan hergestellt.
2 Staat A schirmt sich durch Zölle auf ausländisches Porzellan ab.
3 Staat A verbietet den Export von Rohstoffen zur Porzellanherstellung.
4 Staat B importiert das teure extra weiße Porzellan.
5 Staat B gründet selbst eine Manufaktur für dieses Produkt.
6 Staat B erhöht die Zölle für ausländisches Porzellan, bis alle nur noch das einheimische kaufen.
7 Staat B verbietet den Export von Rohstoffen.
8 Staat A muss einen Teil der Rohstoffe importieren, kann es aber nicht mehr.
9 Staat A hat in Staat B keinen Absatzmarkt mehr.
10 In Staat A verfällt der Preis und die Manufaktur gerät in Absatzschwierigkeiten, Entlassungen und Verluste drohen.

M1 Funktionsweise des Merkantilismus, Schaubild

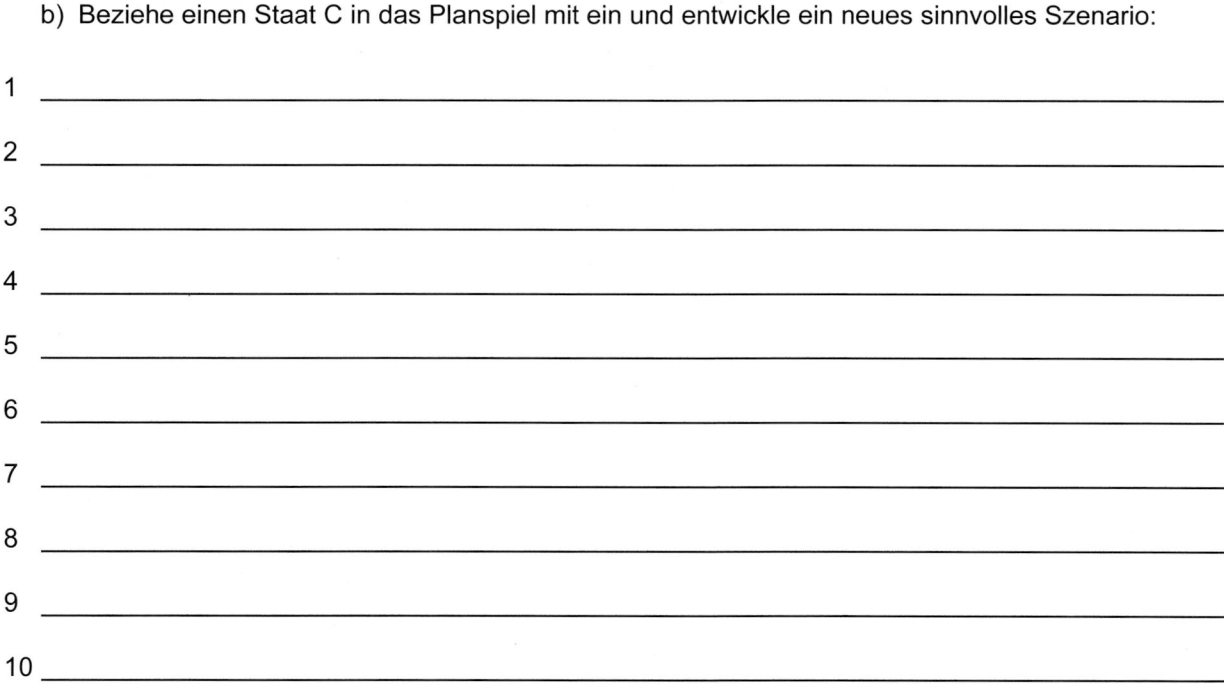

a) Erkläre anhand des Planspiels das langfristige Scheitern merkantilistischer Wirtschaftspolitik. Schreibe in dein Heft.

b) Beziehe einen Staat C in das Planspiel mit ein und entwickle ein neues sinnvolles Szenario:

1 _____

2 _____

3 _____

4 _____

5 _____

6 _____

7 _____

8 _____

9 _____

10 _____

Die Aufklärungsbewegung

Arbeitsauftrag:

Was ist Aufklärung und wie verbreitete sie sich? Bearbeite die folgenden Aufgaben.

a) Sind die Aussagen wahr oder falsch? Trage in die Tabelle ein.

	Aussagen zur Aufklärung	wahr	falsch
1	Philosophen waren die Anreger der Aufklärung.		
2	Sie wollten das Gottesgnadentum der Monarchen neu begründen.		
3	Die Aufklärung kämpfte gegen alle Religionen.		
4	Das Licht der Aufklärung sollten neue Erfindungen sein.		
5	Bauern schlossen sich diesen Ideen an und schrieben Bücher.		
6	Frauen nahmen besonders häufig an Lesegesellschaften teil.		

b) Übersetze Schritt für Schritt Kants Definition der Aufklärung in deine Sprache:

Aufklärung ist der Ausgang des Menschen aus seiner selbst verschuldeten Unmündigkeit.	
Unmündigkeit ist das Unvermögen, sich seines Verstandes ohne Leitung eines anderen zu bedienen.	
Selbst verschuldet ist diese Unmündigkeit, wenn die Ursache derselben nicht am Mangel des Verstandes, sondern der Entschließung und des Mutes liegt.	
Habe Mut, dich deines eigenen Verstandes zu bedienen! ist also der Wahlspruch der Aufklärung.	

Zit. nach Immanuel Kant, Beantwortung der Frage: Was ist Aufklärung? In: Berlinische Monatsschrift 4 (Haude und Spener) 1784, S. 481 f.

c) Es gibt aus der Zeit der Aufklärung zahlreiche Abbildungen, die Menschen in einem Caféhaus zeigen. Was hat der Besuch eines Caféhauses mit der Aufklärung zu tun? Erstelle dazu eine Mindmap.

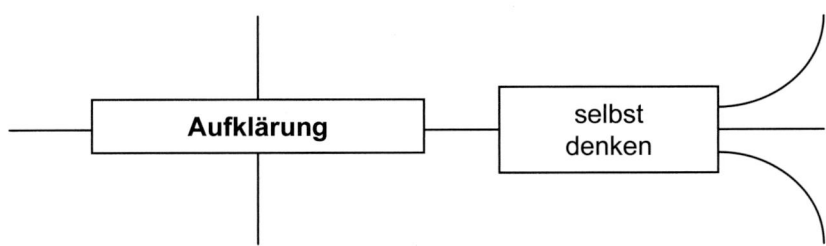

Kompetenztraining Geschichte
9783060649396_GES_P_138.doc

Aufgeklärte Philosophen und Gewaltenteilung

Arbeitsaufträge:

1 Ergänze die Namen der abgebildeten Aufklärer in der Tabelle (Hilfe: Schülerbuch) und trage wichtige Stichpunkte zu den politischen Vorstellungen der Philosophen ein.

 _____

_____

_____

_____

 _____

_____

_____

_____

 _____

_____

_____

_____

 _____

_____

_____

_____

 _____

_____

_____

_____

 _____

_____

_____

_____

2 Quiz zur Gewaltenteilung: Ordne durch eine Verbindungslinie richtig zu.

1. Gerichtsvollzieher
2. Justizministerin
3. Abgeordnete
4. Ausschussvorsitzender
5. Gefängnisvollzugsbeamter
6. Zollbeamter
7. Rechtspflegerin
8. Parlamentarischer Staatssekretär
9. Schöffe
10. Schulleiterin

Judikative

Exekutive

Legislative

Absolutismus und aufgeklärter Absolutismus

M1 Kapitularien zur Neuordnung des Medizinalwesens in Preußen (1725)
Bestimmung für die Stadt Berlin (Ergänzung von 1727), bearbeitete Fassung:

Wir, Friedrich Wilhelm I., verfügen zum Wohle des Staatswesens und der Stadt Berlin:

1. Das alte Pesthospiz jenseits des Brandenburger Thors wird zum Lazareth und Hospital bestimmt. Es soll … Charité heißen. Als königliches Krankenhaus ist es wie folgt umzubauen:

2. Es soll seine Abteilung für unbemittelte Alte behalten, die durch die staatlichen Aufseher für die Anstalt bestimmt werden. Jeder District hat ein Contingent und der staatlichen Einweisung ist Folge zu leisten. Die Alten werden unwürdigen Verhältnissen entwunden und auf Kosten und zum Wohle des Staates erhalten.

3. Das Arbeitshaus für Bettelvolk soll neu entstehen und incriminierende Elemente des Staatswesen zum Besseren hin erziehen. Unter Aufsicht sollen die Anstaltsinsassen ein fleißig und ordentliches Leben führen und in sauberen und lichten Verhältnissen leben. Halbjährlich besucht ein Inspector des Königs die Anstalt …

4. Uneheliche Schwangere sollen hier niederkommen nach den besten Gesetzen der ärztlichen Kunst und nicht zu ihrem Schaden. Die Mündel sollen zu thatkräftigen Unterthanen herangebildet werden, den Frauen ist Kost zu gönnen.

5. Der Besuch der allgemeinen Krankenanstalt sei frei für jedermann und geschieht ohne Ansehung des Glaubens. Auch den Geringsten soll eine angemessen medizinische Pflege angediehen werden. Jeder Insasse habe sein eigenes Lager und Bett. Der Staat verausgabt die Mittel für 400 Insassen, die dieses Haus nunmehr fassen soll.

6. Das Lazareth ist die Lehranstalt für angehende Ärzte der kgl. Preußischen Armee. Den Ärzten wird ein Unterricht auch in Philosophie, Latein, Französisch und Polnisch erteilt. Die Ausbildung dauert vier Jahre, der Militärmediziner dient dann weitere acht Jahre bei der kgl. Armee.

7. Für das Collegium der Professoren der militärärztlichen Bildungsanstalt wird ein Anatomisches Theater errichtet, Vorlesungen finden im Marstallgebäude statt, ebenso Sektionen. Jeder Tote soll examiniert werden nach den Regeln der Kunst …

8. Das Lazareth und Hospital unterstehen Uns persönlich und werden von der königlichen Verwaltung beaufsichtigt, die das Haus kontrolliert und die Führung zu verantworten hat. Die Ärzte werden durch die Königliche Administration im Benehmen mit dem Stab des Militärs ernannt.

Zit. nach Dieter Jetter, Quellen zur Geschichte des deutschen Krankenhauses, Hildesheim, 1980, S. 256.

Arbeitsaufträge:

1 Untersuche die Bestimmungen zur Neuordnung des Medizinalwesens in Berlin (M1).

a) Unterstreiche Passagen in M1 blau, in denen der Staat seinen Bürgern hilft.

b) Unterstreiche Passagen in M1 rot, die für den Staat von Vorteil sind.

2 Vergleiche den Absolutismus mit dem Aufgeklärten Absolutismus.

Absolutismus	Aufgeklärter Absolutismus
Gottesgnadentum	
	Zusammenarbeit mit den Aufklärern (Friedrich II. und Voltaire)
„Der Staat bin ich." (Ludwig XIV.)	
	Zufriedene Bürger stärken den Staat.
	Die fürstliche Gewalt hat eine Grenze, wenn sie gegen göttliche Gebote verstößt.

Kompetenztraining Geschichte
9783060649396_GES_P_140.doc

Der englische Staat in der Frühen Neuzeit

Arbeitsaufträge:

1 Nenne die Verfassung, nach der England seit 1689 regiert wurde: _____

    a) Zeichne mithilfe von Schülerbuch, Lexika und Internetinformationen ein Verfassungsschema.

Exekutive	Legislative	Judikative

    b) Bringe die Ereignisse, die zu Englands besonderer Verfassung führten, in die richtige chronologische Ordnung. Füge jeweils eine kurze Erläuterung und das richtige Datum hinzu:

       1199–1216 • 1215 • ab 1295 • 1337–1453 • ab 1348 • 1653–1658 • 1688 • 1689

Nr.	Ereignis	Erläuterung	Datum
	Glorious Revolution		
	Magna Charta		
	Hundertjähriger Krieg		
	Bill of Rights		
	Pest und Ende der Leibeigenschaft		
	Herrschaft Oliver Cromwells		
	Herrschaft König Johanns Ohneland		
	Ausbildung des House of Commons		

    c) Vergleiche die Befugnisse des House of Commons mit den Rechten und Pflichten des Dritten Standes in Frankreich.

_____

_____

_____

Kompetenztraining Geschichte
9783060649396_GES_P_141.doc

15 Absolutismus und Aufklärung

1 Stelle das Staats- und Herrscherverständnis des Absolutismus ausgehend von einer Interpretation der Abbildung M1 dar.

M1 Ludwig XIV., Reiterbildnis von René Antoine Houasse (um 1645–1710)

2 Beschreibe die Regierungsform des Absolutismus.

   a) Zeige, welche Aspekte den Absolutismus heute als eine moderne Regierungsform erscheinen lassen.

   b) Kritisiere den Begriff „Absolutismus", indem du zeigst, welche Elemente der französischen Politik und Gesellschaft er nicht richtig abdeckt.

3 Zeichne ein Schema der drei Stände der französischen Gesellschaft und der möglichen sozialen Bewegungen innerhalb des Systems.

4 Beschreibe, wer kurzfristig vom Wirtschaftssystem des Merkantilismus profitierte und wem es langfristig schadete.

5 Stelle einen Philosophen der Aufklärung mit seinen zentralen Ansichten zum Staat vor.

6 Argumentiere, was dafür bzw. dagegen spricht, die Presse als vierte Gewalt in unserem Staatswesen zu bezeichnen. Schildere zunächst ihr Verhältnis zu den anderen Gewalten.

16 Amerikanische und Französische Revolution

Ich kann, weiß, verstehe …	Sehr sicher	Sicher	Unsicher	Sehr unsicher	Hilfen finde ich hier (SB = Schülerbuch):
1 Ich kann die zentralen Ereignisse der Amerikanischen Revolution benennen.					SB
2 Ich kann wichtige Ereignisse der Französischen Revolution, ihrer Vor- und Wirkungsgeschichte auflisten.					SB Förderb. 16.5
3 Ich kann erklären, warum die amerikanische Verfassungsbewegung ein Vorbild für die Franzosen war, und dies mit Beispielen belegen.					SB Förderb. 16.5
4 Ich kann die US-Verfassung in ihren Grundzügen mit der französischen Revolutionsverfassung von 1791 vergleichen.					SB Förderb. 16.5
5 Ich kann zentrale Merkmale des Selbstverständnisses der US-Amerikaner erklären und beurteilen.					SB Förderb. 16.1
6 a) Ich kann anhand der Beschwerdehefte der Landbevölkerung aufzeigen, welche Kritik die Franzosen hatten, und					SB
b) diese Quelle mit dem Mittel der Quellenkritik analysieren.					
7 Ich kann erläutern, warum die Ständegesellschaft in Frankreich nicht mehr länger funktionieren konnte.					SB
8 Ich kann verschiedene Entwicklungen voneinander unterscheiden, die in Frankreich verschiedene „Einzelrevolutionen" von Gruppen darstellten.					SB Förderb. 16.2 und 16.3
9 Ich kann **a)** die Interessen dieser Gruppen benennen und					SB Förderb. 16.2
b) zeigen, wie sich ein politisches Spektrum (mit Parteien) ausbildet.					
10 Ich kann erläutern, warum der Tag des „Sturms auf die Bastille", der 14. Juli, französischer Nationalfeiertag ist.					SB
11 a) Ich kann den „Marsch der Frauen nach Versailles" in die Entwicklung der Frauenemanzipation einordnen und					SB Förderb. 16.3
b) den Erfolg dieser Vorkämpferinnen beurteilen.					
12 Ich kann die Begriffe **a)** „Wahlmänner", **b)** „Passivbürger", **c)** „konstitutionelle Monarchie" mit eigenen Worten erklären.					SB
13 Ich kann den Beitrag der französischen Revolutionsverfassung für die heutigen Menschen- und Bürgerrechte bewerten.					SB
14 Ich kann erklären, warum die Königsfamilie in Frankreich letztlich hingerichtet wurde.					SB Förderb. 16.4
15 a) Ich kann Beispiele für die Radikalisierung der Revolution in Frankreich geben und					SB Förderb. 16.4
b) das Verhältnis der Sondergesetze zur ursprünglichen Verfassung bestimmen.					
16 a) Ich kann den historischen Begriff „terreur" erklären sowie					SB Förderb. 16.4
b) Gemeinsamkeiten und Unterschiede zur Verwendung der Begriffe „Terror" und „Terrorismus" heute aufzeigen.					
17 Ich habe verstanden, warum die Franzosen Napoleon Bonaparte vertrauten und seine Kaiserkrönung akzeptierten.					SB Förderb. 16.6
18 Ich kann erklären, aus welchen Motiven das revolutionäre Frankreich Krieg gegen andere Länder führte.					SB
19 Ich kann aufzählen, welche Folgen Napoleons Herrschaft für die deutschen Staaten hatte.					SB Förderb. 16.6

Kompetenztraining Geschichte
9783060649396_GES_P_143.doc

Das Selbstverständnis der US-Amerikaner

M1 Herman Melville (1819–1891) über die USA.

Melville stammte aus einer verarmten New Yorker Familie. Er ging früh zur See und verdingte sich als Matrose, unter anderem auf Walfängern. Seine Reisen führten ihn bis in die Südsee. 1844 kehrte er in die USA zurück, lebte als freier Schriftsteller und war von 1866 bis 1885 als Zollinspektor in New York tätig. Sein Meisterwerk „Moby Dick" zählt zu den Klassikern der Weltliteratur. 1850 schrieb er in dem Roman „Weißjacke":

<u>Dem Hause der Knechtschaft entronnen, folgte Israel vor Zeiten nicht den Wegen der Ägypter.</u> Ihm wurde eine besondere Offenbarung zuteil; ihm wurden neue Dinge unter
5 der Sonne anvertraut.
Und wir Amerikaner sind das einzige auserwählte Volk, das Israel der Gegenwart; <u>wir tragen die Bundeslade mit den Freiheiten der Welt.</u> Vor siebzig Jahren entrannen wir
10 der Knechtschaft und außer unserem Erstgeburtsrecht – ein ganzer Erdteil ist ja unser – hat uns Gott als künftiges Erbe die weiten Reiche der politischen Heiden gegeben, die erst noch kommen und im Schatten unserer
15 Bundeslade Ruhe finden sollen und keine blutbefleckten Hände erheben werden. Gott hat vorherbestimmt, die Menschheit erwartet große Dinge von unserer Rasse und große Dinge keimen in unserer Seele. Die übrigen
20 Nationen müssen bald hinter uns zurückbleiben.
<u>Wir sind die Pioniere der Welt</u>, die Vorhut, die durch die Wildnis unversuchter Dinge geschickt wurde, um in der Neuen Welt, der
25 unsrigen, einen neuen Pfad zu bahnen. In unserer Jugend liegt unsere Kraft, in unserer Unerfahrenheit unsere Weisheit. [...] Lang genug haben wir an uns selbst gezweifelt und uns gefragt, ob <u>der politische
30 Messias</u> wirklich erschienen sei. Doch <u>er ist da, in uns, und wir müssen nur seine Eingebungen zu Wort kommen lassen.</u> Und wir wollen nie vergessen, dass mit uns zum ersten Mal beinah in der Geschichte der
35 Erde nationale Selbstsucht zur schrankenlosen Menschenliebe wird; denn wir können Amerika selber nichts Gutes tun, ohne zugleich der Welt eine Wohltat zu erweisen.

a) _____

_____

_____

_____

_____

b) _____

_____

_____

c) _____

_____

_____

_____

d) _____

_____

_____

_____

Herman Melville, Weißjacke (1850), Übers. Walter Weber, Zürich (Manesse) 1948, S. 263 ff.

Arbeitsaufträge:

1 Erläutere die vier unterstrichenen Zitate (a bis d) aus M1. Was ist mit ihnen gemeint?

2 „Die USA besitzen die Arroganz zu glauben, auf dieser Welt alles besser machen zu wollen."

a) Erläutere dieses Zitat ausgehend vom Text Melevilles (M1).

b) Bewerte den Satz ausgehend von der politischen Situation in der Gegenwart.

Kompetenztraining Geschichte
9783060649396_GES_P_144.doc

Ursachen der Französischen Revolution

M1 Bauern stürmen das Schloss ihres Grundherren, unbekannter Künstler, o. J.

Arbeitsaufträge:

1 Die Bauern verbrennen die Bücher, die ihre Frondienste und Abgaben verzeichnen (M1).
Die vier Herren haben von diesen Ereignissen erfahren. Notiere, wie sie darüber denken könnten.

2 Eine Revolution – drei Teilbewegungen? Fülle mithilfe deines Schulbuches die Tabelle aus.

	Gesellschaftliche Gruppe	Unzufriedenheit	Interesse	„Partei"
1				
2				
3				

Kompetenztraining Geschichte
9783060649396_GES_P_145.doc

Anfänge der Revolution in Frankreich

Arbeitsaufträge:

1 Schreibe in die Blasen zu M1, was die Frauen nach deiner Ansicht gesagt ⬭ und gedacht ⬜ haben.

M1 Aufbruch der Pariser Marktfrauen nach Versailles, kolorierte Radierung, 1789

2 Interpretiere die Karikatur M2. Schreibe in dein Heft.

M2 Das Erwachen des Dritten Standes, Karikatur von 1789

1. Schritt:
Den ersten Eindruck festhalten

2. Schritt:
Ideen sammeln – „Brainstorming"

3. Schritt:
Einzelheiten beschreiben

4. Schritt:
Die Bedeutungen klären

5. Schritt:
Gesamtaussage formulieren

Radikalisierung der Revolution und Terror

Arbeitsaufträge:

1 Untersuche, wie die Revolution schrittweise radikaler wurde.

a) Bringe folgende Themen durch Nummerierung in die richtige Reihenfolge und ordne die Daten zu.

<u>Daten:</u>
1789 • 1791 • 1792 • Apr. 1792 • Sept. 1792 • Jan. 1793 • Aug. 1793 • 1793/74 • Juli 1794 • 1794–1799

Ereignis	Datum
Levée en masse (Erhebung des Volkes)	
Sturm auf die Bastille	
Direktoriumsherrschaft	
Einführung der Guillotine	
Zensuswahlrecht	
Tod Robespierres	
Kriegserklärung an Preußen und Österreich	
Hinrichtung der Königsfamilie	
Einführung des Revolutionskalenders	
Jakobinerherrschaft	

b) Erläutere die Ereignisse in deinem Heft.

c) Beurteile auf Grundlage deines Schulbuches, welche Rolle die Menschen- und Bürgerrechte bei der Radikalisierung spielten. Außer Kraft gesetzt wurden sie nicht.

_____

_____

_____

2 Vergleiche „Terreur", „Terror", „Terrorismus" – damals und heute.

Terror: systematisches Verbreiten von Angst und Schrecken durch Gewaltaktionen
Terrorismus: Verbreiten von Terror als Schreckensherrschaft durch Anschläge und Gewaltmaßnahmen zum Erreichen eines bestimmten politischen Ziels

---

a) Versuche, Unterschiede zwischen dem „terreur" der Jakobinerherrschaft und dem Terrorismus unserer Tage zu finden.

_____

_____

b) Überlege, was „Staatsterrorismus" bedeutet. Welche Voraussetzungen müssen hierfür erfüllt sein?

_____

_____

Kompetenztraining Geschichte
9783060649396_GES_P_147.doc

Verfassungen im Vergleich: USA und Frankreich

M1 Verfassung der USA von 1787

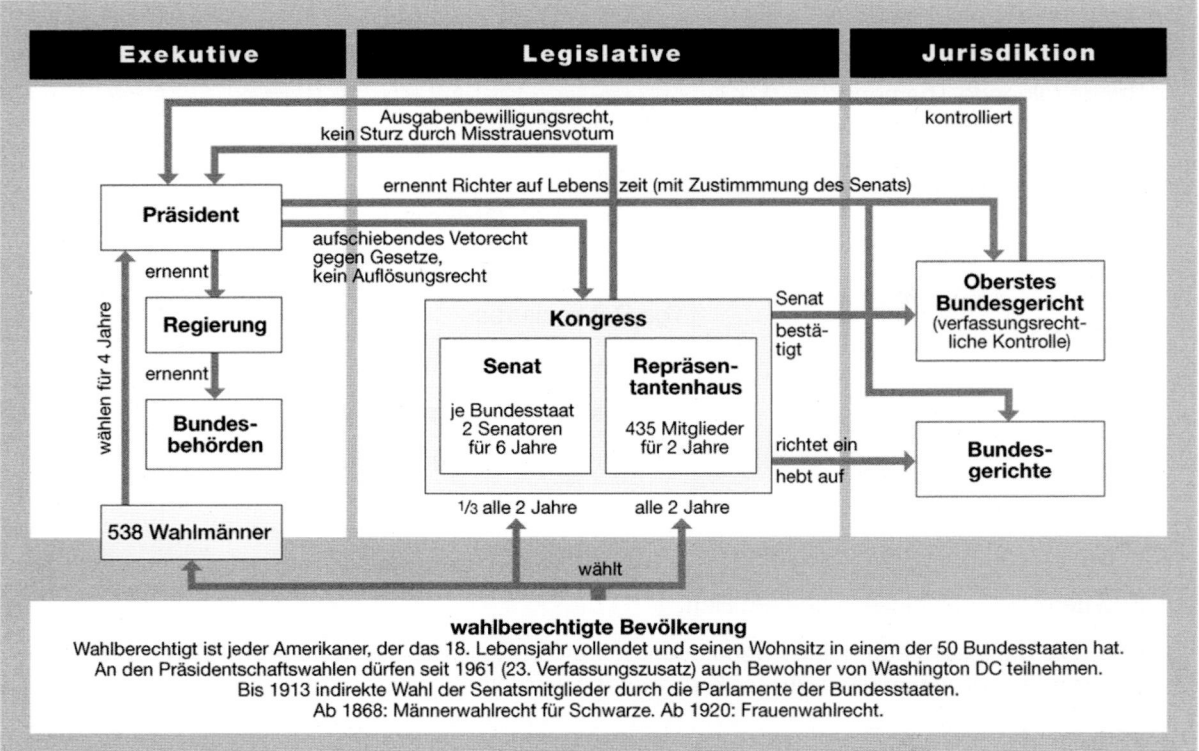

Arbeitsaufträge:

1 Trage wichtige Ereignisse aus der Zeit der Französischen Revolution auf dem Zeitstrahl ein.

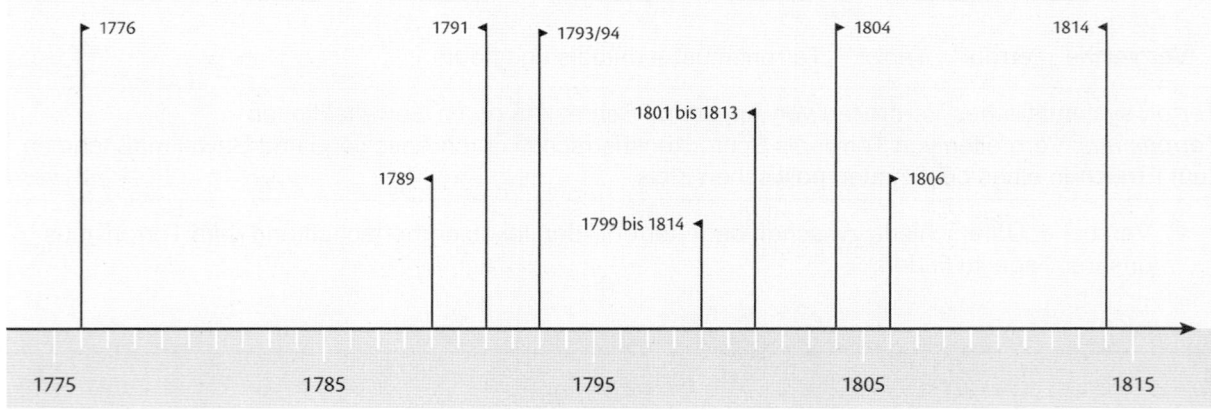

2 Vergleiche die Verfassung der USA mit der französischen Verfassung von 1791.

	Gemeinsamkeiten	Unterschiede
1		
2		
3		
4		
5		

Kompetenztraining Geschichte
9783060649396_GES_P_148.doc

Die Herrschaft Napoleons

M1 Ludwig XVI., kolorierter Kupferstich nach einer Zeichnung von
Amaury-Duval, 1847

M2 Napoleon, Gemälde von
Jacques-Louis David, 1800/1801

Arbeitsaufträge:

1 Beurteile anhand der beiden Bilder M1 und M2, warum die Franzosen große Hoffnungen in Napoleon setzten.

2 Der Code civil („Code Napoléon") war beliebt – auch in deutschen Ländern. Arbeite mithilfe deines
Schulbuches heraus, welche Vorzüge das neue Gesetzeswerk auch vielen Deutschen bot.

_____

_____

_____

3 Beschreibe in Stichworten die wichtigsten Folgen der napoleonischen Herrschaft für die deutschen
Länder. Orientiere dich an den Schlagwörtern.

a) Kaisertum	e) Nationalstolz
b) mittelgroße Staaten	f) Machtstellung in Europa
c) geistliche Territorien	g) Zusammengehörigkeitsgefühl
d) Einheit der Länder	h) Rechtsbewusstsein

Kompetenztraining Geschichte
9783060649396_GES_P_149.doc

16 Amerikanische und Französische Revolution

1 Erläutere die Ursachen der Französischen Revolution, indem du diese vier Faktoren unterscheidest:

   a) Neues staatspolitisches Denken der Aufklärung

   b) Vorbildfunktion der USA und ihrer Verfassung

   c) Finanzkrise in Frankreich

   d) Unzufriedenheit des Dritten Standes

2 Erläutere, warum der Sturm auf die Bastille von großer symbolischer Bedeutung für die Revolution und ihr Nachleben war.

3 „Durch dieses Land weht ein frischer Wind!" (Abbé de Sieyès). Stelle Bezüge dieses Zitates zu dem dir bekannten Bild „Schwur im Ballhaus" her (M1).

M1 Schwur im Ballhaus am 20. Juni 1789, Gemälde nach Jacques Louis David

4 Zeichne ein Verfassungsschema, das Frankreich als konstitutionelle Monarchie ausweist. Verwende auch die Begriffe: Passivbürger, Wahlmänner, Nationalversammlung, Veto, Geschworenengericht, Aktivbürger.

5 Spekuliere begründet, welche gesellschaftlichen und politischen Entwicklungen zu welchem Zeitpunkt nötig gewesen wären, um die Revolution zu stabilisieren und zu befrieden.

6 Welcher der beiden Thesen würdest du zustimmen? Begründe deine Meinung.

   a) Die Kriege der Revolutionsregierungen, die Auflösung des Reiches und das Schaffen neuer Staaten haben das deutsche Nationalgefühl eher geschwächt.

   b) Die Kriege der Revolutionsregierungen, die Auflösung des Reiches und das Schaffen neuer Staaten haben das deutsche Nationalgefühl eher gestärkt.

Kompetenztraining Geschichte
9783060649396_GES_P_150.doc

17 Deutschland im 19. Jahrhundert

Ich kann, weiß, verstehe …	Sehr sicher	Sicher	Unsicher	Sehr unsicher	Hilfen finde ich hier (SB = Schülerbuch):
1 Ich kann die Ereignisse zwischen dem Wiener Kongress von 1814/15 und der Reichsgründung 1871 in eine chronologische Reihenfolge bringen.					SB Förderb. 17.1
2 Ich kann die Begriffe **a)** „Wiener Kongress",					SB Förderb. 17.2 bis 17.4
b) „Restauration",					
c) „Deutscher Bund",					
d) „Karlsbader Beschlüsse",					
e) „Hambacher Fest",					
f) „Liberalismus",					
g) „Demokraten",					
h) „Paulskirche" und					
i) „Reichsgründung 1871" mit eigenen Worten erklären.					
3 Ich kann beschreiben, **a)** nach welchen Prinzipien Europa nach dem Ende der napoleonischen Herrschaft neu geordnet wurde und					SB Förderb. 17.2
b) welche territorialen Veränderungen es in Europa gab.					
4 Ich kenne die Ziele und Methoden der nationalen und demokratischen Bewegung in Deutschland im 19. Jahrhundert.					SB Förderb. 17.4 und 17.5
5 Ich kann politische Dichtungen deuten und vergleichen.					SB
6 Ich kenne Ursachen für die Krise des monarchischen Systems in der ersten Hälfte des 19. Jahrhunderts.					SB
7 a) Ich kenne Ursachen, Verlauf und Folgen der Märzrevolution in den deutschen Staaten und					SB Förderb. 17.6
b) kann die revolutionären Forderungen wiedergeben.					
8 a) Ich kenne die Streitpunkte in der Verfassung, über welche das Paulskirchenparlament 1848/49 debattierte, und					SB
b) kann erläutern, welche politische Richtung sich durchsetzte und die geplante Reichsverfassung von 1849 prägte.					
9 a) Ich kenne die maßgeblichen Gründe für das Scheitern der Revolution 1848/49 und					SB
b) kann die Folgen der gescheiterten Revolution benennen.					
10 a) Ich kann die Reichsverfassung von 1871 beschreiben,					SB Förderb. 17.7
b) sie mit dem Verfassungsentwurf von 1849 vergleichen und					
c) kann die Reichsverfassung von 1871 bewerten.					
11 Ich kann erklären, weshalb die Reichsgründung von 1871 als nationale Einigung „von oben" bezeichnet wird.					SB
12 Ich kann unterschiedliche Positionen zur Reichsgründung wiedergeben und erläutern.					SB Förderb. 17.8
13 Ich kann die zentralen Merkmale der Gesellschaft im Kaiserreich benennen.					SB Förderb. 17.9 und 17.10
14 Ich kann ein Historiengemälde deuten.					SB
15 Ich kann Restauration, Revolution und Reichsgründung in ihrem historischen Kontext beurteilen.					SB

Kompetenztraining Geschichte
9783060649396_GES_P_151.doc

Deutschland 1814/15 bis 1871

Wie bei vielen historischen Themen ist es auch zum Verständnis des 19. Jahrhunderts wichtig, einen Überblick über die Chronologie der Ereignisse zu haben. Bevor du dieses Blatt bearbeitest, solltest du die entsprechenden Seiten in deinem Buch gründlich lesen und dir die wichtigsten Ereignisse mit ihren Daten herausschreiben.

Arbeitsauftrag:

Bringe die folgenden Ereignisse in die richtige chronologische Reihenfolge und trage sie in die Tabelle ein. Ergänze jeweils kurz mit eigenen Worten, worum es sich bei dem Ereignis handelte:

Revolutionen im Deutschen Reich – Deutsch-Französischer Krieg – Revolution in Frankreich – Wiener Kongress – Deutsch-Österreichischer Krieg – Hambacher Fest – Reichsgründung – Karlsbader Beschlüsse – Vormärz – Wartburgfest – Gründung des Norddeutschen Bundes

Datum	Ereignis	Erläuterung
1814/15		
1815 bis 1848		
1817		
1819		
1832		
Feb. 1848		
März 1848		
1866		
1867		
1870/71		
1871		

Kompetenztraining Geschichte
9783060649396_GES_P_152.doc

Europa vor und nach dem Wiener Kongress

M1 Europa im Jahr 1812

M2 Europa nach dem Wiener Kongress 1815

Arbeitsauftrag:

Erkläre, wie der Wiener Kongress durch die neue Grenzziehung versuchte, in Europa ein Gleichgewicht und zugleich einen wirksamen Schutz vor Frankreich zu erreichen.

Die Politik der Restauration

Das politische Grundproblem des 19. Jahrhunderts in Deutschland war der Gegensatz zwischen liberalen Ideen und dem Wunsch nach Wiederherstellung der vorrevolutionären Ordnung (= Restauration). Dieses Problem erkennt man bereits an den Erwartungen, die an den Wiener Kongress 1814/15 gestellt wurden. Die Texte M1 und M2, in denen König Friedrich Wilhelm III. von Preußen und der Student Ferdinand Nagel darlegen, was sie sich von Wiener Kongress erhoffen, sind erfunden. Die Inhalte geben die damalige Situation aber angemessen wieder.

Arbeitsaufträge:

1 Lies die Texte M1 und M2 aufmerksam durch und notiere in dein Heft:

a) Welche Vorstellungen hatten die Monarchen (wie z. B. Friedrich Wilhelm III.) vom Wiener Kongress,

b) welche Erwartungen hegten das Bürgertum und die Studenten (wie z. B. Ferdinand Nagel)?

2 Erkläre, weshalb nur die Vorstellungen der Monarchen verwirklicht wurden.

M1 König Friedrich Wilhelm III. von Preußen zum Wiener Kongress

Endlich ist es mir im Bündnis mit den anderen europäischen Monarchen gelungen, den französischen Emporkömmling Napoleon in der Völkerschlacht von Leipzig 1813 zu besiegen. Die-
5 ser französische Imperator hat die deutschen Staaten mit Krieg überzogen und große Teile erobert. Er hat viele der kleinen deutschen Fürstentümer vernichtet und in größere, von ihm abhängige Fürstentümer einverleibt. Außerdem
10 hat er große Teile des preußischen Gebietes erobert und uns in der Schlacht von Jena und Auerstedt vernichtend geschlagen. Damals musste ich die Hälfte meines Territoriums an ihn abtreten! Das hat meinen Staat sehr ge-
15 schwächt und wir mussten widerwillig Reformen einführen. In den Befreiungskriegen haben wir uns gemeinsam mit den anderen europäischen Monarchen verbündet und es diesem Franzosen gezeigt. Jetzt haben wir ihn besiegt.
20 Wie können wir die Unordnung, die er in Europa angerichtet hat, rückgängig machen? Immerhin hat er mit seinen Eroberungen in unseren Ländern die althergebrachten Grenzen zerstört. Kann ich vielleicht nach der ganzen Unordnung
25 mein Territorium etwas vergrößern? Aber vor allem: Wie können wir uns gegen Revolutionen schützen? Was damals in Frankreich 1789 geschah, war eine Katastrophe für die göttliche Ordnung und die Monarchie. Das Volk darf nicht
30 herrschen, denn wir sind die rechtmäßigen, die legitimen Herrscher! Dieser Napoleon hat hingegen in den von ihm besetzten europäischen Ländern alles durcheinandergebracht, zum Beispiel mit seinem Code civile und diesen gan-
35 zen revolutionären Ideen von Freiheit und bürgerlichem Recht. Das müssen wir jetzt in Wien mal klarstellen.

M2 Ferdinand Nagel zum Wiener Kongress

Ich bin ein Medizinstudent aus Leipzig. Eigentlich bin ich der Meinung, dass uns die Französische Revolution viele großartige Neuerungen gebracht hat. Die Menschen- und Bürgerrechte
5 garantieren uns Freiheit, Besitz und Gleichheit. Das ist ein unglaublicher Fortschritt. Der Code civil, den Napoleon in unsere deutschen Staaten gebracht hat, bedeutet ein einheitliches Recht für alle. Endlich können die reichen Grundherren
10 nicht mehr nach Gutdünken über die Bauern und uns Bürger bestimmen. Und diese elende Kleinstaaterei in Deutschland hat dank Napoleon endlich ein Ende. Napoleon hat größere Fürstentümer geschaffen. Doch das ist auch ein
15 Nachteil. Wir sind Deutsche und wollen nicht unter fremder, französischer Herrschaft leben! Wir wollen unseren eigenen Staat! Genauso wie es einen französischen Staat gibt, wollen wir einen deutschen Nationalstaat! Einen deutschen
20 Staat, in dem wir selbst die Ideen der Demokratie und des Nationalismus umsetzen! Dafür habe ich in den Befreiungskriegen gegen Napoleon gekämpft! Ich habe für die Freiheit und Einheit Deutschlands meinen Kopf hingehalten!
25 Ohne uns hätten die deutschen Fürsten in Preußen und Österreich niemals Napoleon in Leipzig besiegen können. Jetzt wollen die Herrscher aus Europa einen Kongress in Wien abhalten, um zu entscheiden,
30 was mit Europa werden soll, nach dem Chaos, das Napoleon hinterlassen hat. Das ist unsere große Stunde!

M1 und M2: Jessica Küster, Mainz, 2009.

Kompetenztraining Geschichte
9783060649396_GES_P_154.doc

Grundideen des Liberalismus

M1 Brief des Jurastudenten Heinrich von Gagern an seinen Vater, 1818. *Von Gagern wurde später, in der Revolution 1848/49, Präsident der Paulskirchenversammlung:*

Die Burschen [= Mitglieder einer Burschenschaft] also in diesem Geiste haben in ihrem Burschenleben eine ganz andere Tendenz. Vaterlandsliebe ist bei ihnen das leitende Prinzip; das Vaterland, so-
5 viel jeder beitragen kann, glücklich zu machen, mehr Nationalität, … mehr Volkstümlichkeit zu verbreiten, bessere Verfassungen zu erstreben, ihr Zweck … Wir wollen nur in Teutschland [= Deutschland] eine eigne Mode; erfinde, wer will,
10 in Teutschland eine eigne Form von Röcken [= Kleidung], wir wollen sie als teutsche Röcke tragen; solang dies nicht geschieht, wollen wir aber lieber den Rock tragen, den unsere Ureltern trugen, als dass wir uns von andern Völkern eine
15 Mode aufdringen lassen und dass wir deren Nachahmer machen …

Nun wirst Du, mein teurer Vater, als verständiger Beobachter sagen: Das ist alles gut und schön, aber auf was zielt das alles in der Wirklichkeit? Wie
20 wollt ihr es in Deutschland? Was sind eure politischen Ansichten? Was ist euer Ziel? – Das habe ich vorhin nur kurz angedeutet und will jetzt einiges hinzufügen: Wir wünschen unter den einzelnen Staaten Deutschlands größeren Gemeinsinn, grö-
25 ßere Einheit in ihrer Politik und in ihren Staatsmaximen; keine eigne Politik der einzelnen Staaten, sondern das engste Bundesverhältnis; überhaupt, wir wünschen, dass Deutschland als ein Land und das deutsche Volk als ein Volk angesehen werden
30 könne … Wir wünschen eine Verfassung für das Volk nach dem Zeitgeiste und nach der Aufklärung desselben, nicht dass jeder Fürst seinem Volke gibt, was er Lust hat und wie es seinem Privatinteresse dienlich ist.

Zit. nach Heinrich von Gagern, Deutscher Liberalismus im Vormärz. Briefe und Reden 1815–1848, Göttingen (Musterschmidt) 1959, S. 58 ff.

M2 Aus den „Grundsätzen und Beschlüssen des achtzehnten Oktobers", verabschiedet auf dem Wartburgfest 1817:

Es gibt ein Norddeutschland und ein Süddeutschland, wie es eine rechte und eine linke Seite am Menschen gibt. Aber der Mensch ist eins und hat nur einen Sinn und ein Herz und Deutschland ist
5 eins und soll nur einen Sinn und ein Herz haben … Der Wille des Fürsten ist nicht das Gesetz des Volkes, sondern das Gesetz des Volkes soll der Wille des Fürsten sein … Freiheit und Gleichheit ist das Höchste, wonach wir zu streben haben … Aber
10 es gibt keine Freiheit als in dem Gesetz und durch das Gesetz, und keine Gleichheit als mit dem

Gesetz und vor dem Gesetz … Das Recht, in freier Rede und Schrift seine Meinung über öffentliche Angelegenheiten zu äußern, ist ein unveräußer-
15 liches Recht jedes Staatsbürgers, das ihm unter allen Umständen zustehen muss. Dieses Recht muss das Wahlrecht des Bürgers ergänzen, wenn er die reelle Freiheit behalten soll … Von dem Lande oder Ländchen, in welchem wir geboren
20 sind, wollen wir niemals das Wort Vaterland gebrauchen. Deutschland ist unser Vaterland.

Zit. nach Hans Ehrentreich: Heinrich Luden und sein Einfluss auf die Burschenschaft, in: Quellen und Darstellungen zur Geschichte der Burschenschaft, Bd. 4, Heidelberg (Winter) 1913, S. 118.

Arbeitsauftrag:

Lies M1 und M2 aufmerksam durch und kreuze an, welche Aussagen zutreffen oder nicht.

	Zu den liberalen und nationalen Forderungen des Vormärz gehörten …	wahr	falsch
1	ein allgemeines Wahlrecht		
2	das Verbot der Burschenschaften		
3	Einführung von Geschichte als Hauptfach an allen Schulen		
4	ein deutscher Nationalstaat		
5	die Bekämpfung der Ziele der Französischen Revolution		
6	Einigkeit zwischen den deutschen Teilstaaten		
7	die Schaffung einer Verfassung		
8	Volkssouveränität		
9	Abschaffung der Leibeigenschaft		
10	die Einführung von Grundrechten wie dem Recht auf freie Meinungsäußerung		

Das Lied der Deutschen

M1 Das Lied der Deutschen

August Heinrich Hoffmann von Fallersleben (1798–1874), Professor für deutsche Sprache und Literatur, wurde 1842 wegen seiner politischen Einstellung entlassen und aus Preußen ausgewiesen. Das Lied, das er 1841 dichtete, wurde 1922 deutsche Nationalhymne; 1945, nach dem Ende des Nationalsozialismus, wurde es verboten. 1952 wurde die dritte Strophe als offizielle Hymne der Bundesrepublik Deutschland eingeführt:

1. Deutschland, Deutschland über alles,
    Über alles in der Welt,
    Wenn es stets zu Schutz und Trutze
    Brüderlich zusammenhält;
    Von der Maas bis an die Memel,   5
    Von der Etsch bis an den Belt:
    Deutschland, Deutschland über alles,
    Über alles in der Welt!

2. Deutsche Frauen, deutsche Treue,
    Deutscher Wein und deutscher Sang   10
    Sollen in der Welt behalten
    Ihren alten schönen Klang
    Und zu edler That begeistern
    Unser ganzes Leben lang.
    Deutsche Frauen, deutsche Treue,   15
    deutscher Wein und deutscher Sang!

3. Einigkeit und Recht und Freiheit
    Für das deutsche Vaterland!
    Danach lasst uns alle streben
    Brüderlich mit Herz und Hand!   20
    Einigkeit und Recht und Freiheit
    Sind des Glückes Unterpfand:
    Blüh im Glanze dieses Glückes,
    Blühe, deutsches Vaterland!

Arbeitsaufträge:

1 Untersuche den Liedtext nach den Arbeitsschritten „Eine Textquelle analysieren".
Schreibe in dein Heft.

2 Erkläre, weshalb dieses Lied 1841 bei den Regierungen im Deutschen Bund Anstoß erregt haben dürfte.

_____

_____

_____

_____

_____

_____

Die Märzforderungen von 1848

M1 Märzforderungen aus Dresden

In einem Flugblatt vom 7. März 1848 forderten Bürger von der sächsischen Regierung:

Wir [erwarten] von der sächsischen Staatsregierung: …
1. Freiheit der Presse …
2. Freiheit des religiösen Bekenntnisses …
5 3. Freiheit des Versammlungs- und Vereinsrechtes …
4. Gesetzliche Sicherstellung der Person gegen willkürliche Verhaftung …
5. Verbesserung des Wahlgesetzes …
10   durch Herabsetzung des Zensus.
6. … Schwurgericht.
7. Vereidigung des Militärs auf die Verfassung.
8. Verminderung des stehenden Heeres …
15 9. Vertretung der deutschen Völker bei dem Deutschen Bunde.
10. Lossagung … von den Karlsbader Beschlüssen …
Wir zweifeln nicht an dem landesväterlichen
20 Sinne des allverehrten, allgeliebten Königs
… Es lebe der König!
[Unterzeichnet wurden diese Forderungen von Handwerksmeistern, Rechtsanwälten, Ärzten und Fabrikanten.]

Zit. nach Karl Obermann, Flugblätter der Revolution 1848/49. Dokumente, München (dtv) 1972, S. 49 f.

M2 Märzforderungen aus Köln

In einer politischen Broschüre forderten Kölner Arbeiter vom Stadtrat und vom preußischen König (3. März 1848):

1. Gesetzgebung und Verwaltung durch das Volk, da ein freies Volk … sich nicht mehr im Interesse Einzelner ausbeuten lassen will …, allgemeines Wahlrecht und all-
5   gemeine Wählbarkeit.
2. Unbedingte Freiheit der Rede und Presse.
3. Aufhebung des stehenden Heeres und Einführung einer allgemeinen Volksbewaffnung mit vom Volke gewählten Füh-
10   rern …
4. Freies Vereinigungsrecht.
5. Schutz der Arbeit und Sicherstellung der menschlichen Bedürfnisse für alle … Nur die schlechte Verteilung der Arbeit und
15   ihre Ausbeutung im Interesse Einzelner verhindert es, dass genug hervorgebracht wird, um die Bedürfnisse aller Einzelnen zu befriedigen. Es ist daher Sache des Staates, die Produktion dem Interes-
20   se der Einzelnen zu entreißen und sie im Interesse aller zu leiten. Jeder Mensch hat ein Recht auf Arbeit sowie auf einen seinen Bedürfnissen angemessenen Lohn.
25 6. Vollständige Erziehung aller Kinder auf öffentliche Kosten.

Zit. nach Karl Obermann, Flugblätter der Revolution 1848/49. Dokumente, München (dtv) 1972, S. 47 f.

Arbeitsauftrag:

Lies beide Quellen und unterstreiche jeweils die wirtschaftlichen Forderungen in Grün, die politischen in Blau.

Kompetenztraining Geschichte
9783060649396_GES_P_157.doc

Die Verfassungen von 1849 und 1871

Arbeitsaufträge:

1 Vergleiche den Verfassungsentwurf von 1849 mit der Reichsverfassung von 1871 nach den folgenden Kriterien:

	Paulskirchenentwurf 1849	**Reichsverfassung 1871–1918**
Staatsoberhaupt		
Ländervertretung		
Volksvertretung		
Wahlrecht		
Grundrechte		
Flagge	Schwarz-Rot-Gold	Schwarz-Weiß-Rot
Hauptstadt	Frankfurt (freie Reichsstadt)	Berlin (Hauptstadt Preußens)

2 Welche Institution hat nach den beiden Verfassungen jeweils die größte Macht? Erkläre.

_____

_____

_____

Kompetenztraining Geschichte
9783060649396_GES_P_158.doc

Urteile zur Reichsgründung 1871

„Die Einheit haben wir zwar …"

Eine süddeutsche
Demokratin

Das ist alles falsch gelaufen. Wir wollten zwar die Einheit, aber ohne Fürsten, Könige und Kaiser. Ich bin traurig, dass das Volk weiterhin kaum mitreden darf. Wo bleibt da die Freiheit?

Eine bayerische
Lehrerin

Schlecht, dass man die Deutschen in Österreich ausgesperrt hat; es hätte auch nicht ein Preuße Kaiser werden müssen …
Aber trotzdem gut, dass die meisten Deutschen jetzt in einem Staat leben können …

Ein preußischer Bauer

Ich bin stolz darauf, dass mein König jetzt auch noch Kaiser von Deutschland geworden ist. Endlich nehmen uns die anderen Europäer mal ernst.

Ein norddeutscher
Arbeiter

Bismarck hat mit seinem Kaiser-Theater alle blind gemacht. Ich habe keine Arbeit, meine politische Meinung darf ich nicht sagen. Ich wandere aus, nach Amerika! 5 Millionen Deutsche sind schon drüben! Da ist man frei …

Eine polnische
Landarbeiterin aus
Ostpreußen

Ich finde, die Deutschen machen sich das zu leicht. Sie tun so, als ob es keine anderen Volksgruppen in ihrem neuen Staat gäbe. Dabei wohnen hier viele Polen, Dänen und Elsässer, die lieber in ihrem eigenen Staat leben würden.

Ein rheinischer
Industrieller

Gut, dass die vielen kleinen Staaten weg sind. Das hat den Handel gestört. Deutschland kann jetzt als Großmacht mitreden. Wir werden in der ganzen Welt Geschäfte machen. Hoppla, jetzt kommen wir …

Arbeitsauftrag:

In Deutschland wurde die Reichsgründung bejubelt. Für viele Menschen ging ein langgehegter Traum in Erfüllung. Vereinzelt gab es auch kritische Stimmen. Notiere in der Tabelle Zustimmung und Vorbehalte.

Das wird gut gefunden:	Das wird kritisiert:

Der Kampf gegen die Arbeiter im Kaiserreich

M1 August Bebel (1840–1913) erinnert sich an das Sozialistengesetz

Sobald das Gesetz verkündet und in Kraft getreten war, fielen die Schläge hageldicht. Binnen weniger Tage war die gesamte Parteipresse mit Ausnahme des „Offenbacher
5 Tageblatts" und der „Fränkischen Tagespost" in Nürnberg unterdrückt. Das gleiche Schicksal teilte die Gewerkschaftspresse mit Ausnahme des Organs des Buchdruckerverbandes, des „Korrespondenten". Auch war der
10 Verband der Buchdrucker, abgesehen von den Hirsch-Dunckerschen Vereinen, die einzige Gewerkschaftsorganisation, die von der Auflösung verschont blieb. Ebenso verfielen der Auflösung die zahlreichen lokalen sozial-
15 demokratischen Arbeitervereine, nicht minder die Bildungs-, Gesangs- und Turnvereine, an deren Spitze Sozialdemokraten standen …
Das Trümmerfeld des Zerstörten wurde erweitert durch die Verbote der nicht periodisch
20 erscheinenden Literatur …
Während wir so in voller Tätigkeit waren, aus den Trümmern, die das Sozialistengesetz uns bis dahin geschaffen hatte, zu retten, was zu retten möglich war, wurden wir am 29. No-
25 vember mit der Nachricht überrascht, dass am Abend zuvor der „Reichsanzeiger" eine Proklamation des Ministeriums veröffentlichte, wonach der kleine Belagerungszustand über Berlin verhängt wurde. Dieser Hiobsbotschaft
30 folgte am nächsten Tage die Mitteilung, dass 67 unserer bekanntesten Parteigenossen, … bis auf einen sämtliche Familienväter, ausgewiesen worden seien. Einige mussten binnen 24 Stunden die Stadt verlassen …
35 Damals gingen die Gerichte noch nicht so weit, Sammlungen für die Ausgewiesenen zu bestrafen, später aber, als die Behörden solche Sammlungen ausdrücklich aufgrund des Sozialistengesetzes verboten, wurde die
40 Rechtsprechung eine andere.
Wir mussten jetzt die Sammlungen ausschließlich für die Familien der Ausgewiesenen vornehmen … Die fortgesetzten Ausweisungen und die Schikanierung der Aus-

45 gewiesenen durch die Polizei hatten aber einen Erfolg, den unsere Staatsretter nicht vorausgesehen. Durch die Verfolgungen aufs Äußerste erbittert, zogen sie von Stadt zu Stadt, suchten überall die Parteigenossen
50 auf, die sie mit offenen Armen aufnahmen, und übertrugen jetzt ihren Zorn und ihre Erbitterung auf ihre Gastgeber, die sie zum Zusammenschluss und zum Handeln anfeuerten. Dadurch wurde eine Menge örtlicher
55 geheimer Verbindungen geschaffen, die ohne die Agitation der Ausgewiesenen kaum entstanden wären.

August Bebel, Aus meinem Leben, 3. Teil, zit. nach: Manfred Görtemaker, Deutschland im 19. Jahrhundert, Bonn (Leske & Budrich) 1994, S. 289 ff.

M2 Das Sozialistengesetz im Reichsgesetzblatt vom 22. Okt. 1878

Reichs-Gesetzblatt.

№ 34.

Inhalt: Gesetz gegen die gemeingefährlichen Bestrebungen der Sozialdemokratie. S. 351.

(Nr. 1271.) Gesetz gegen die gemeingefährlichen Bestrebungen der Sozialdemokratie. Vom 21. Oktober 1878.

Wir Wilhelm, von Gottes Gnaden Deutscher Kaiser, König von Preußen rc.

verordnen im Namen des Reichs, nach erfolgter Zustimmung des Bundesraths und des Reichstags, was folgt:

§. 1.

Vereine, welche durch sozialdemokratische, sozialistische oder kommunistische Bestrebungen den Umsturz der bestehenden Staats- oder Gesellschaftsordnung bezwecken, sind zu verbieten.

Dasselbe gilt von Vereinen, in welchen sozialdemokratische, sozialistische oder kommunistische auf den Umsturz der bestehenden Staats- oder Gesellschaftsordnung gerichtete Bestrebungen in einer den öffentlichen Frieden, insbesondere die Eintracht der Bevölkerung gefährdenden Weise zu Tage treten.

Den Vereinen stehen gleich Verbindungen jeder Art.

§. 2.

Auf eingetragene Genossenschaften findet im Falle des §. 1 Abs. 2 der §. 35 des Gesetzes vom 4. Juli 1868, betreffend die privatrechtliche Stellung der Erwerbs- und Wirthschaftsgenossenschaften, (Bundes-Gesetzbl. S. 415 ff.) Anwendung.

Auf eingeschriebene Hülfskassen findet im gleichen Falle der §. 29 des Gesetzes über die eingeschriebenen Hülfskassen vom 7. April 1876 (Reichs-Gesetzbl. S. 125 ff.) Anwendung.

§. 3.

Selbständige Kassenvereine (nicht eingeschriebene), welche nach ihren Statuten die gegenseitige Unterstützung ihrer Mitglieder bezwecken, sind im Falle des

Reichs-Gesetzbl. 1878.   67

Ausgegeben zu Berlin den 22. Oktober 1878.

Arbeitsaufträge:

1 Fasse § 1 des „Gesetzes gegen die gemeingefährlichen Bestrebungen der Sozialdemokratie" zusammen (M2).

2 Erläutere, wie sich das Sozialistengesetz auf die Betroffenen auswirkte (M1).

Kompetenztraining Geschichte
9783060649396_GES_P_160.doc

Erziehung im Kaiserreich

M1 „Pausenturnen" auf dem Schulhof, Foto, um 1912

M2 Kaiser Wilhelm II. in einer Ansprache zur Eröffnung der Schulkonferenz in Berlin 1890:

Wir müssen als Grundlage für das Gymnasium das Deutsche nehmen; wir sollen nationale junge Deutsche erziehen und nicht junge Griechen und Römer … Ebenso möchte ich
5 das Nationale bei uns weiter gefördert sehen in Fragen der Geschichte, Geographie und Sage … Warum wird immer an unserer Regierung herumgenörgelt und auf das Ausland verwiesen? Weil die jungen Leute nicht wis-
10 sen, wie unsere Zustände sich entwickelt haben … [Es] ist absolut notwendig, dass wir mit der Anzahl unserer Stunden heruntergehen … Die statistischen Angaben über die Verbreitung der Schulkrankheiten … sind
15 wahrhaft erschreckend … Bedenken Sie, was uns für ein Nachwuchs für die Landesverteidigung erwächst. Ich suche nach Soldaten, wir wollen eine kräftige Generation haben, die auch als geistige Führer und Beamte dem
20 Vaterlande dienen.

Zit. nach Kaiserreden. Ein Charakterbild des Deutschen Kaisers, Leipzig (Weber) 1902, S. 283 ff.

Arbeitsaufträge:

1 Beschreibe das Foto M1 und schildere deine ersten Eindrücke des „Pausenturnens".

2 Erkläre, welches Lehrer-Schüler-Verhältnis hier deutlich wird und welche Motive die Schulleitung möglicherweise für eine solche Präsentation ihrer Zöglinge hatte.

3 Zähle Bildungsziele auf, die an dieser Schule vermutlich außer den Unterrichtsinhalten vermittelt werden sollten.

4 Überprüfe deine Ergebnisse anhand der Ansprache des Kaisers in M2.

Kompetenztraining Geschichte
9783060649396_GES_P_161.doc

17 Deutschland im 19. Jahrhundert

1 Erkläre mit deinen Worten den Begriff „Liberalismus".

2 Nenne die Prinzipien, nach denen die politische Ordnung in Europa Anfang des 19. Jahrhunderts wiederhergestellt wurde. Erläutere die Prinzipien jeweils.

a) _____ :

b) _____ :

c) _____ :

3 a) Nenne die Ziele der nationalen und demokratischen Bewegung in Deutschland im 19. Jahrhundert.

b) Nenne die Methoden, mit denen diese Bewegung versuchte, ihre Ziele zu erreichen.

4 Nenne die Gründe für das Scheitern der Paulskirchenverfassung von 1848/49 und erläutere sie.

5 Beziehe begründet Stellung zu der Behauptung, dass sich mit der Reichsgründung von 1871 die Wünsche und Hoffungen der Deutschen erfüllten.

Kompetenztraining Geschichte
9783060649396_GES_P_162.doc

18 Die Industrialisierung und ihre Folgen

Ich kann, weiß, verstehe …	Sehr sicher	Sicher	Unsicher	Sehr unsicher	Hilfen finde ich hier (SB = Schülerbuch):
1 Ich kenne Zentren der Industrialisierung im Europa des 19. Jahrhunderts.					SB
2 Ich kann erklären, warum die Industrialisierung in England begann, und die Wirkung folgender Faktoren einschätzen:					SB Förderb. 18.1
a) Faktor „Raum und Bevölkerung",					
b) Faktor „liberale Wirtschaftsweise",					
c) Faktor „technische Innovationen" und					
d) Faktor „Bildung".					
3 Ich kann die Begriffe **a)** „Liberalismus" und					SB
b) „Arbeiterbewegung" mit eigenen Worten erklären.					
4 Ich kann die Folgen der Industrialisierung beurteilen.					SB Förderb. 18.2
5 a) Ich kann Statistiken auswerten und					SB
b) graphisch umsetzen.					
6 a) Ich kann Faktoren der Industrialisierung in Deutschland nennen und					SB Förderb. 18.3
b) ihre Auswirkungen bewerten.					
7 Ich kann erklären, welche Rolle die Eisenbahn für die Industrialisierung in Deutschland spielte.					SB Förderb. 18.3
8 Ich kenne wesentliche Unterschiede zwischen der Industrialisierung in Großbritannien und in Deutschland.					SB
9 Ich kann Merkmale der Entwicklung der Industrialisierung in Deutschland beschreiben und dabei					SB Förderb. 18.4
a) die Rolle des preußischen Staates charakterisieren,					
b) gewandelte Siedlungs- und Wohnformen beschreiben,					
c) den Arbeitsalltag der Bergleute und Bergarbeiterfrauen beschreiben.					
10 a) Ich kann Merkmale frühindustrieller Arbeits- und Lebensbedingungen nennen und beurteilen und					SB Förderb. 18.4 und 18.5
b) insbesondere die Arbeits- und Lebensbedingungen von Kindern und Jugendlichen beschreiben.					
11 Ich kann Fotos analysieren.					SB
12 a) Ich kann die Bezeichnung „Soziale Frage" erläutern,					SB
b) drei Lösungsansätze hierzu darstellen und bewerten.					
13 a) Ich kann den Begriff „Sozialismus" als weiteren Lösungsansatz für die Soziale Frage erläutern und					SB
b) kenne die zeitgenössische Kritik am Sozialismus.					
14 a) Ich kann den Wandel der Arbeitswelt in den vergangenen 100 Jahren beschreiben und					SB
b) erörtern, welche Konsequenzen dieser für die Gesellschaft des 21. Jahrhunderts hat.					
15 Ich kann erklären, weshalb die industrielle Entwicklung als „Industrielle Revolution" bezeichnet wird.					SB Förderb. 18.6
16 Ich kann die „zweite" Industrielle Revolution charakterisieren.					SB Förderb. 18.7

Kompetenztraining Geschichte
9783060649396_GES_P_163.doc

Von der handwerklichen zur industriellen Produktion

Arbeitsauftrag:

Beschreibe mithilfe der drei Abbildungen, wie die Technik des Spinnens sich änderte.
Achte auch auf die Tätigkeiten und die Arbeitsbedingungen.

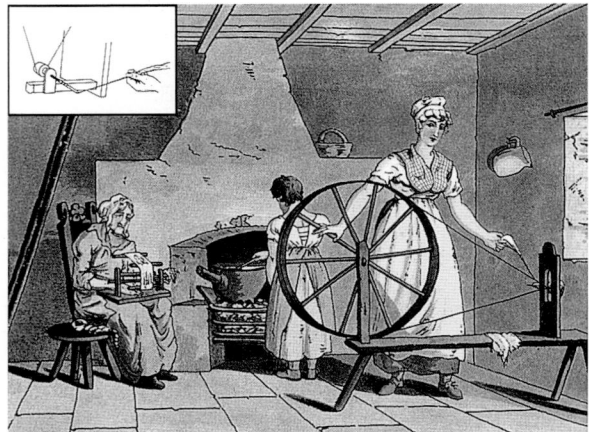

M1 Heimspinnen an einer Radspindel,
Darstellung, um 1810

M2 Spinning Jenny, Spinnmaschine mit 16
Fäden mit Handbetrieb, Kupferstich, um 1775

M3 Fabriksaal mit Wagen-Spinnmaschinen,
Stahlstich, England, um 1835

Kompetenztraining Geschichte
9783060649396_GES_P_164.doc

Folgen der Industrialisierung

M1 „Centennial Mirror", amerikanische Lithographie von 1876

M2 Die „dunkle Seite" der Industrialisierung

Aus einem Reisebericht des Juristen und Schriftstellers Chr. August Gottlieb Goede, 1806:

Schifffahrt, Fabriken und Manufakturwesen zerstören bei großer Ausdehnung furchtbarer und schneller als manche tödliche Epidemie erstaunlich viele Menschenleben. Es ist fast
5 unglaublich, wie sehr sich mit jedem Jahr in England die Zahl der Witwen und Waisen, armer Seeleute und Fabrikarbeiter vermehrt, die in ihrem Beruf einen frühen Tod gefunden haben.
10 Aus dieser Klasse hilfloser Armer besteht jederzeit die größte Anzahl derer, welche den englischen Kirchspielen zur Last fallen …
Die vermögenden Bürger werden durch die Vergrößerung ihrer Kapitalien in den Stand
15 gesetzt, alle Unternehmungen immer mehr ins Große zu treiben, aber begreiflicherweise wird eben dadurch der ärmere Bürger immer tiefer ins Elend hinabgestoßen, denn wer ein Gewerbe nur im Kleinen betreiben kann,
20 muss in demselben umso weiter zurückgesetzt werden, je beträchtlicher und je leichter andere bei demselben Erwerbszweig durch geschickte Anlegung großer Kapitalien die Hervorbringung und den Vertrieb der Waren
25 zu vermehren wissen.

Zit. nach Chr. A. G. Goede, England, Wales, Irland und Schottland. Erinnerungen an Natur und Kunst auf einer Reise, 5. Bd., Dresden, 1806, S. 78 ff.

Arbeitsaufträge:

1 Beschreibe mithilfe von M1 die Veränderungen infolge der Industrialisierung zwischen 1776 und 1886 in den USA.

2 Lies M2. Beschreibe die „dunkle Seite" der Industrialisierung.

Kompetenztraining Geschichte
9783060649396_GES_P_165.doc

Industrialisierung in Deutschland

Die Industrialisierung in Deutschland ist mit dem Bau der Eisenbahn verknüpft. Am 7. Dezember 1835 dampfte der erste Zug von Nürnberg nach Fürth. Rasch wurde das Streckennetz erweitert. 1850 hatte es bereits eine Länge von 600 Kilometern und 1873 von über 20 000 Kilometern. Die Transportkosten sanken in derselben Zeit auf unter 15 Prozent des ursprünglichen Preises.

M1 Grenzverlegenheit, Karikatur aus dem Jahr 1833

„Sie sehen, Herr Grenzwächter, dass ich nix zu verzolle hab', denn das was hinte auf'm Wagen ist, hat die Lippische Grenz' noch nicht überschritten, in der Mitt' is' nix, und was vorn drauf ist, ist schon wieder über die Lippische Grenze drüben."

Arbeitsaufträge:

1 Benenne den in der Karikatur M1 dargestellten wichtigen Grund, warum die Industrialisierung in Deutschland nur zögernd vorankam.

_____

_____

_____

2 Schrittmacher der Industrialisierung in Deutschland war die Eisenbahn. Beschreibe mithilfe des Schaubildes M2, wie der Eisenbahnbau die Industrialisierung in Deutschland vorangetrieben hat. Schreibe in dein Heft.

M2 Eisenbahn und Industrialisierung, Schaubild

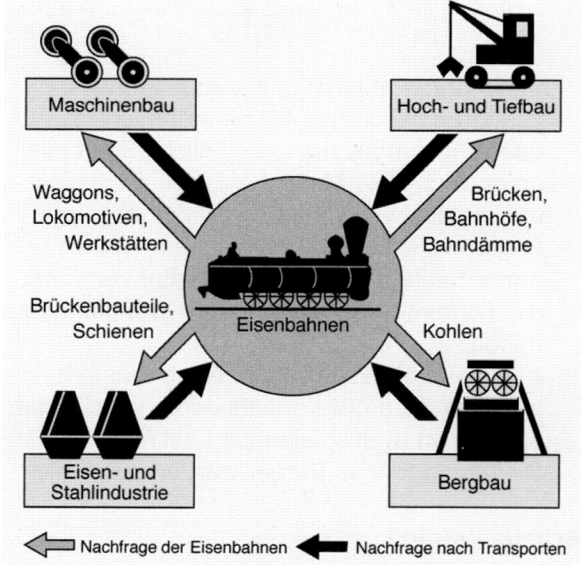

Frühindustrielle Arbeits- und Lebensbedingungen

M1 Die Arbeit im Kohlenrevier

In seinem 1885 veröffentlichtem Roman „Germinal" schilderte der französische Schriftsteller Émile Zola den Alltag in einer nordfranzösischen Bergarbeitersiedlung:

In diesem Stollen war ihr Bau. Gleich nach den ersten Schritten stieß Etienne überall mit dem Kopf und den Ellbogen an. Die abschüssige Decke senkte sich so tief hernieder, dass
5 er in einer Länge von zwanzig bis dreißig Metern auf den Knien fortrutschen musste. Das Wasser reichte ihm bis zu den Knöcheln ... Die vier Hauer lagen einer über dem andern, auf dem sanft ansteigenden Flöz hinge-
10 streckt. Durch den Bretterverschlag getrennt, der die abgeschlagene Kohle festhielt, nahm jeder etwa vier Meter Raum in dem Minengange ein. Die Ader war an dieser Stelle so dünn – kaum fünfzig Zentimeter –, dass sie
15 gleichsam zwischen Decke und Mauer eingezwängt lagen mittels der Knie und Ellbogen sich fortbewegend, bei der geringsten Bewegung mit den Schultern an die Mauer stoßend. Sie mussten, um die Kohle anzubre-
20 chen, auf der Seite liegen, mit zurückgebogenem Halse, und schräg die kurzstielige Spitzhacke schwingen.

Zit. nach Émile Zola, Germinal, Stuttgart (Reclam) 1991, S. 42 ff.

M2 Kinderarbeit in englischen Bergwerken

Bericht der Kommission über die Arbeit von Frauen und Kindern in Bergwerken, 1842:

Von allen Beweisen ... finden wir in Bezug auf die Kohlenzechen, ...
19. Dass in allen Kohlengebieten gefährliche Unfälle äußerst häufig sind; ...
5 20. Dass einer der häufigsten Gründe für Bergwerksunfälle der Mangel an Kontrolle durch Aufseher ist, ...
21. Dass diese Beschäftigung, wie sie gegenwärtig in allen Distrikten gehandhabt wird,
10 die physische Konstitution schädigt: teils durch die Härte der Arbeit und die lange Arbeitszeit und teils durch den gesundheitsschädigenden Zustand des Arbeitsplatzes. In den Bergwerken mit dünnen Flözen verkrüp-
15 peln die Gliedmaßen, und der Körper wird deformiert; im Allgemeinen schwindet die Muskelkraft, und die arbeitende Bevölkerung kann nicht länger ihrer Arbeit nachgehen, und zwar zu einem früheren Zeitpunkt, als es in
20 anderen Industriezweigen üblich ist.

Zit. nach Werner Grütter/Hartwig Brandt, Die soziale Frage im 19. Jahrhundert, Paderborn (Schöningh) 1981, S. 17.

M3 Unfälle in englischen Kohlenbergwerken 1860 bis 1884 (jährliche Durchschnittszahlen)

	Nicht tödliche Unfälle		Unfälle mit 1–4 Todesopfern		Unfälle mit 5 und mehr Todesopfern	
	Zahl	Rate pro 1000 Arbeiter	Zahl	Rate pro 1000 Arbeiter	Zahl	Rate pro 1000 Arbeiter
1860–64	57 400	280	574	2,8	112	0,5
1865–69	63 500	270	635	2,7	172	0,7
1870–74	62 200	200	622	2,0	86	0,3
1875–79	53 100	150	531	1,5	127	0,4
1880–84	52 100	150	521	1,5	124	0,4

Zusammengestellt nach Klaus Tenfelde (Hg.), Sozialgeschichte des Bergbaus im 19. und 20. Jahrhundert, München (C. H. Beck) 1992, S. 35.

Arbeitsaufträge:

1 Lies M1. Beschreibe die Arbeit in einem Kohlenbergwerk.

2 Untersuche, warum es laut dem Kommissionsbericht (M2) zu Unfällen in Bergwerken kam.

3 Erarbeite M3 mithilfe der Methode „Statistiken auswerten" und stelle die Daten graphisch dar.

4 Fasse zusammen: Welche Arbeitsbedingungen herrschten im 19. Jahrhundert in einem Bergwerk?

Kompetenztraining Geschichte
9783060649396_GES_P_167.doc

Kinder in der Zeit der Frühindustrialisierung

Kinderarbeit bedeutet nicht, im Haushalt zu helfen, auf jüngere Geschwister aufzupassen oder Kühe auf die Weide zu treiben. Kinderarbeit heißt, wie ein Erwachsener einer geregelten Beschäftigung nachzugehen.

Kinder waren in der Zeit der Industrialisierung als billige Arbeitskräfte begehrt. Viele arbeiteten für einen Hungerlohn im Bergwerk oder in der Textilindustrie.

M1 Kinderarbeit in einer englischen Baumwollspinnerei, Stahlstich von Th. Onwyn, 1840

> Ein Staatsbeamter

> Arbeitereltern

> Ein Fabrikherr

> Eine Erzieherin

> Ein Arzt

> Die Kinder müssen zu lange arbeiten. Dadurch lernen sie nicht richtig lesen, schreiben und rechnen. Für die Erziehung kann Fabrikarbeit aber nützlich sein.

> Ich bin stolz darauf, dass ich hungernde Kinder in tägliche Nahrung bringe. Außerdem lernen sie bei mir Fleiß, Ausdauer, Ordnung und Gewissenhaftigkeit.

> Manchmal haben unsere Kinder öfter Arbeit als wir, weil die Fabrikanten lieber billigere Arbeitskräfte einstellen. Aber wir sind froh, dass sie mitverdienen.

> Die Fabrikkinder sind blass und abgemagert. Oft leiden sie an Brust- und Lungenkrankheiten. Blutspeien und Schwindsucht gehören zu den „Berufskrankheiten" der 7- bis 9-Jährigen.

> Unser Kultusminister wird sich um die Schulpflicht für die Kinder kümmern. Dabei gibt es Schwierigkeiten mit den Fabrikherren. Vom Militär kommt die Nachricht, dass die jungen Rekruten fast nicht mehr wehrtauglich sind.

Arbeitsauftrag:

Betrachte M1. In den Textkästen stehen typische Stimmen zur Kinderarbeit. Ordne diesen Aussagen die richtigen Personen zu.

Vorindustrielle und industrielle Arbeit im Vergleich

Den Übergang vom Handwerk zur Fabrikarbeit nennt man Industrialisierung. Sie begann in England gegen Ende des 18. Jahrhunderts. Die Industrialisierung hat unser Leben so grundlegend verändert, dass man von einer „Industriellen Revolution" spricht.

M1 Handwerksbetrieb um 1850

M2 Montagesaal einer Maschinenbau-Anstalt, Stahlstich 1849

Arbeitsauftrag:

Schreibe in die rechte Spalte, was in der Fabrik alles anders geworden ist. Vielleicht fallen dir noch zusätzliche Beispiele ein.

Handwerksbetrieb um 1850	Fabrik um 1850
a) Familiäres Verhältnis zwischen Meister und Gesellen.	
b) Wohnung und Werkstatt befinden sich in einem Haus oder liegen dicht beieinander.	
c) Die Männer sind ausgebildet und verfügen über langjährige Berufserfahrung.	
d) Sie fertigen Einzelstücke an – in der Regel nach vorheriger Bestellung.	
e) Ihre Werkzeuge haben sich seit Jahrhunderten kaum verändert.	

Kompetenztraining Geschichte
9783060649396_GES_P_169.doc

Die „zweite" Industrielle Revolution um 1900

M1 Erfindungen 1900 bis 1905

Die Industrielle Revolution machte nach der Erfindung dampfbetriebener Maschinen keinen Halt. Um 1900 gab es eine ganze Reihe neuer Erfindungen, geprägt durch Fortschritte in der Elektrotechnik und der Chemieindustrie. Noch heute bestimmen sie unser Leben. Über diese neue Welle von lebensverändernden Erfindungen kannst du anhand der folgenden Zeittafel etwas erfahren.

1900 Metro in Paris eröffnet.

1900 Erstes Autotaxi in Berlin.

1900 Vademar Poulsen führt das Telegraphone vor, einen Anrufbeantworter mit Drahtaufzeichnung.

1900 Elektrisches Licht: Osmium-Glühlampe durch Auer von Welsbach.

1900 Erstes starres Luftschiff durch Graf Zeppelin.

1900 R. A. Fessenden: erste drahtlose Sprachübertragung.

1900 Rolltreppe von C. Seeberger.

1901 Drahtlose Nachrichtenübermittlung zwischen Europa und USA durch Marconi.

1901 Moderne Sicherheitsrasierklinge von King Camp Gillette.

1901 P. Cooper-Hewitt konstruiert die erste Leuchtstofflampe.

1901 Autogenes Schneiden von Stahl von Menne erfunden.

1902 J. W. Colburn entwickelt Verfahren zur Massenproduktion von Glasscheiben.

1902 Eröffnung der U-Bahn in Berlin.

1902 Erste Klimaanlage von Willis Carrier.

1902 Dr. Guglieminetti entwickelt eine vorbildliche Oberflächenteerung für die Makadamstraßen in Monaco.

1902 Phenolplast „Laccain" von Blumer patentiert.

1902 Hochspannungsmagnetzündung von Bosch.

1902 Spyker-Allradauto mit 6 Zylindern, Sportwagen.

1902 Drahtlose Telegraphie von Collins.

1902 Lügendetektor von James Mackenzie.

1902 Elektrische Schreibmaschine.

1903 Die 1898 begonnene Wuppertaler Schwebebahn wird eröffnet.

1903 Edward Binney und Harold Smith erfinden den modernen Bleistift.

1903 Werkzeug: Michael J. Owens baut eine Maschine zur Flaschenproduktion.

1903 Erster öffentlich beobachteter Motorflug durch die Gebrüder Wright.

1903 Willis Whitnew entwickelt die erste Glühbirne, die nicht schwarz anläuft.

1904 Teebeutel von Thomas Sullivan.

1904 Bildtelegraphengerät von A. Korn.

1904 Erster Motor mit Druckschmierung.

1904 Panzerwagen mit Allradantrieb, drehbarem Turm und schwerer Bewaffnung von Austro Daimler.

1904 Benjamin Holt baut einen Traktor.

1904 Serienmäßige Produktion von Kasein-Kunststoffen.

1904 Lichtelektrische Photozelle durch Elster und Geitel.

1904 Elektrisches Licht: Leuchtröhre von McFarlan Moore.

1904 John Ambrose Fleming erfindet die erste praktische Elektronenröhre.

1905 Elektrische Zündung von Bosch.

1905 Glühbirne mit Wolframdraht von Osram.

1905 Howarth erfindet die Gasturbine.

1905 Eureka in Kalifornien: Kettensäge mit wassergekühltem 2-Zylinder-Motor.

(Zusammengestellt vom Verfasser)

Arbeitsaufträge:

1 Sortiere die in M1 für die Jahre 1900–1905 genannten Erfindungen mithilfe der Tabelle.

Mobilität	Kommunikation	Elektronik/Energie	Verfahrenstechnik	Chemie	Alltagserfindungen

2 Ergänze die Tabelle M1 mit zehn weiteren Eintragungen aus den Jahren 1890 bis 1914, die deiner Meinung nach die „zweite" Industrielle Revolution um 1900 charakterisieren. Begründe deine Auswahl und schreibe in dein Heft.

3 Argumentiere, inwiefern die „zweite" Industrielle Revolution die große, zerstörerische Dimension des Ersten Weltkriegs (1914–1918) erst ermöglicht hat. Informiere dich über den Charakter des Ersten Weltkriegs in deinem Schulbuch.

Kompetenztraining Geschichte
9783060649396_GES_P_170.doc

18 Die Industrialisierung und ihre Folgen

1 Erkläre den Begriff „Industrialisierung".

2 Erkläre, weshalb die Industrialisierung in England ihren Anfang nahm. Nenne und erläutere hierzu vier Faktoren, welche die Industrialisierung in England begünstigen.

3 Betrachte die Graphik M1.

a) Nenne wesentliche Informationen, die der Graphik entnommen werden können.

M1 Eisenbahnkilometer, Säulendiagramm

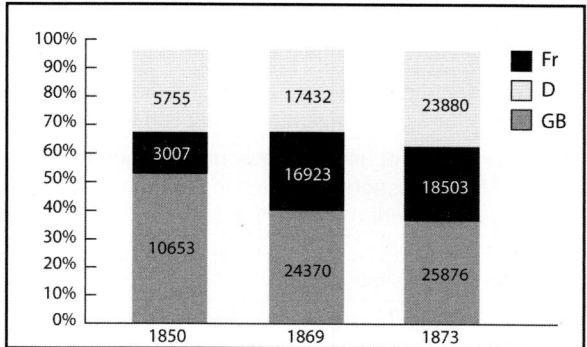

b) Stelle die Zunahme der Eisenbahnkilometer in den drei Ländern nicht (wie hier) relativ, sondern absolut in drei Säulendiagrammen dar.

4 Beziehe begründet Stellung zu der Behauptung, dass es den Menschen infolge der Industrialisierung besser gehe als vorher.

Kompetenztraining Geschichte
9783060649396_GES_P_171.doc

19 Imperialismus und Erster Weltkrieg

Ich kann, weiß, verstehe …	Sehr sicher	Sicher	Unsicher	Sehr unsicher	Hilfen finde ich hier (SB = Schülerbuch):
1 Ich kann einen Sachtext erfassen und ein Exzerpt anfertigen.					SB Förderb. 19.1
2 Ich kann die Begriffe „Imperialismus", „Kolonialismus" und „Sozialdarwinismus" mit eigenen Worten erklären.					SB
3 Ich kann den Nationalismus in Deutschland um 1900 charakterisieren und vom Nationalismus im frühen 19. Jh. abgrenzen.					SB Förderb. 19.3
4 Ich finde auf einer Weltkarte zu mindestens drei Staaten deren damalige wichtigste Kolonien und kann sie benennen.					SB
5 a) Ich kann allgemeine Triebkräfte für eine imperialistische Politik benennen und erläutern und					SB Förderb. 19.2
b) an mindestens zwei Beispielen länderspezifische Motive erläutern.					
6 a) Ich kann zu mindestens drei Ländern ihre Methoden zum Erwerb neuer Kolonien erläutern und					SB
b) die Methoden miteinander vergleichen.					
7 Ich kann die Frage diskutieren, ob die Kolonialzeit in Ruanda noch dreißig Jahre später ursächlich für den Völkermord war.					SB Förderb. 19.1
8 Ich kenne drei unterschiedliche Theorien zum Imperialismus. Die Kernaussagen kann ich in eigenen Worten wiedergeben und die Theorien vergleichen.					SB
9 Ich kenne das Bündnissystem der europäischen Staaten vor dem Ersten Weltkrieg.					SB Förderb. 19.4
10 Ich kann die Frage diskutieren, inwiefern einzelne europäische Staaten die Verantwortung für den Ausbruch des Ersten Weltkriegs tragen.					SB Förderb. 19.5
11 Ich kann die Kriegsziele des Deutschen Reiches sowie seiner Gegner von 1914 benennen.					SB
12 Ich kann die Lebensbedingungen der Frontsoldaten und der Menschen an der „Heimatfront" miteinander vergleichen.					SB
13 Ich kann die Frage diskutieren, ob und inwiefern der Erste Weltkrieg ein moderner Krieg war.					SB Förderb. 19.6
14 a) Ich kenne die Motive der Vereinigten Staaten für den Kriegseintritt 1917 und					SB
b) kann beurteilen, welche Rolle der Kriegseintritt für die Verkürzung des Weltkriegs spielte.					
15 Ich kann die Begriffe „Erster Weltkrieg" und „Völkerbund" mit eigenen Worten erklären.					SB
16 Ich kann Kriegsdenkmäler untersuchen.					SB

Kompetenztraining Geschichte
9783060649396_GES_P_172.doc

Sachtexte exzerpieren – Folgen des Kolonialismus

Arbeitsauftrag:

Fertige mithilfe der Methode „Sachtexte exzerpieren" ein Exzerpt an.

1. Schritt: Überblick gewinnen (bibliographische Angaben festhalten; Thema feststellen)

2. Schritt: Textstellen markieren (zentrale Begriffe, Gedanken; Widersprüche, Sprachstil)

3. Schritt: Exzerpieren (unterscheide wörtliche Zitate von knappen, sinngemäßen Auszügen)

M1 Zu den historischen Ursachen des Bürgerkriegs in Ruanda

Der ruandische Historiker Célestin Muyombano schrieb 1995:

Vor der Kolonisation gab es keine ethnischen Konflikte in Ruanda. Die drei Volksgruppen – Hutu, Tutsi, Twa (Pygmäen) – verwalteten das Land
5 gemeinsam, jede in dem wirtschaft-lich-sozialen Bereich, in dem sie vorwiegend tätig war: in der Landwirtschaft, der Viehzucht, der Metallverarbeitung oder der Töpferei.
10 Die Keime des ruandischen Konflikts sind schon lange vor der Unabhängigkeit gesät worden. Maßgebend war der Einfluss des belgischen Kolonialherrn auf die politische Entwicklung
15 des Landes. Die Deutschen hatten die vorgefundenen sozial-politischen Einrichtungen nicht angetastet. Um ihre Autorität zu behaupten, beeilten sich aber ihre Nachfolger, die Belgier, die
20 dreifache Verwaltung aufzulösen, indem sie die ethnischen Gruppen gegeneinander ausspielten. Die belgische Kolonialverwaltung betrachtete die Tutsi als Menschen mit großem
25 Organisationstalent. Sie wurden als Instrument der belgischen Machthaber verwendet und dienten als Treibriemen zwischen dem Volk und den Kolonialherren, indem sie deren Be-
30 fehle ausführten, Strafen verteilten etc. Später trennte sich der belgische Kolonialherr von seinem „befehlsausführenden" Organisationstalent – den Tutsi – und erhob das „ausgebeutete Kind" – die Hutu – auf den Thron.

Célestin Muyombano, Ruanda, Die historischen Ursachen des Bürgerkriegs, Stuttgart (S. Naglschmid) 1995, S. 75 ff.

Mein Exzerpt

Kompetenztraining Geschichte
9783060649396_GES_P_173.doc

Triebkräfte imperialistischer Politik

Es gab verschiedene Gründe, aus denen die Europäer „ihre" Kolonien erwarben. Verschiedene Gruppen hatten unterschiedliche Interessen an dem neuen Land und den Untertanen. In den folgenden Zitaten werden wichtige Gründe für den Erwerb von Kolonien genannt.

Arbeitsaufträge:

1 Verfasse für jedes Zitat eine Schlagzeile im Stil heutiger Tageszeitungen.

a) Der belgische König Leopold II. (1835–1909, Regierungszeit: 1865–1909) meinte im belgischen Parlament:
„Sie werden in den Kolonien wertvolle Absatzmärkte für Ihre Produkte finden."

b) Der englische Politiker Cecil Rhodes (1853–1902) erklärte bereits als Student (1877):
„Ich meine, dass wir die erste Rasse der Welt sind und dass es für die Menschheit umso besser ist, je größere Teile der Welt wir bewohnen."

c) Der französische Außenminister Hanotaux (1853–1944) meinte 1896:
„Bei der Ausdehnung Frankreichs handelt es sich nicht um Eroberungs- oder Machtpolitik, sondern darum, jenseits der Meere in Landstrichen, die gestern barbarisch waren, die Prinzipien der Zivilisation zu verbreiten."

d) Über die Missionsschwestern Hedwig, Charlotte und Christine hieß es 1883 in einer deutschen Zeitung:
„Es ist manchmal ein hartes Stück Arbeit für die Schwestern, die Kinder auf den rechten Weg zu bringen. Manche bösen Geister müssen erst ausgetrieben werden."

e) Der deutsche Marinestabschef Tirpitz meinte 1895:
„Die allgemeinen Seeinteressen müssen vorwärtsgetrieben werden …, weil in der neuen großen nationalen Aufgabe … ein starkes [Mittel] gegen gebildete und ungebildete Sozialdemokraten liegt."

f) Fünf Jahre später schrieb Marinestabschef Tirpitz in der „2. Flottenvorlage":
„Unter den gegebenen Umständen gibt es nur ein Mittel, um Deutschland, Handel und Kolonien zu schützen: Deutschland muss eine Flotte von solcher Stärke haben, dass selbst für die größte Flotte ein Krieg mit ihm ein solches Risiko in sich schließen würde, dass ihre eigene Überlegenheit gefährdet wäre."

2 Bewerte die Aussagen der Europäer und nimm eine Einschätzung ihrer Kolonialpolitik mithilfe deines Schulbuches vor.

Kompetenztraining Geschichte
9783060649396_GES_P_174.doc

Nationalismus in Deutschland um 1900

M1 Nationalismus um 1900

Der 1891 gegründete „Alldeutsche Verband" zählte bis 1914 zwar nur 18 000 Mitglieder, vor allem aus dem Adel, dem Besitz- und Bildungsbürgertum. Er nahm aber, z. B. durch Zeitschriften, großen Einfluss auf die öffentliche Meinung. Sein Vorsitzender, Heinrich Claß, veröffentlichte 1912 unter dem Pseudonym Daniel Frymann sein politisches Programm in der Schrift „Wenn ich der Kaiser wär".

Wir brauchen die freie Presse für unser nationales Leben, eine Presse von Deutschen für Deutsche in deutschem Geist geschrieben …
Die sog. nationale Presse … hat … mit ge-
5 sundem Instinkte die Ideale unseres Blutes vertreten …
Eine Gesundung unseres Volkslebens, und zwar aller seiner Gebiete, kulturell, moralisch, politisch, wirtschaftlich … ist nur möglich,
10 wenn der jüdische Einfluss entweder ganz ausgeschaltet oder auf das Maß des Erträglichen, Ungefährlichen zurückgeschraubt wird … [Es ist unbedingt geboten], dass jede weitere jüdische Einwanderung gesperrt [wird] …
15 dass die fremden Juden … schnellstens und rücksichtslos bis auf den letzten Mann ausgewiesen werden … [Juden] erhalten weder aktives noch passives Wahlrecht. Der Beruf der Anwälte und Lehrer ist ihnen versagt; die
20 Leitung von Theatern, desgleichen … Banken dürfen … keine jüdischen Leiter haben …
Die Losung lautet: Entschlossene Kampfpolitik gegen die Polen durch die Anwendung der Enteignung …
25 [Dänen]: wer sich nicht rückhaltlos zum preußischen Staate bekennt, muss über die Grenze …
[Bei der Behandlung volksfremder Nichtbürger] wird man unterscheiden müssen nach
30 der Rassenverwandtschaft sowie dem Werte oder Unwerte der Fremden …

[Errichtung einer Reichszentralbehörde, die] die deutschen Kolonisten aus Südrussland, Galizien, Russisch-Polen, Nordamerika zu-
35 rückholt und sie im Inland verteilt. Das Ziel heißt also: … die nicht germanischen Volksfremden so schnell wie möglich aus dem Reichsgebiet entfernen … Heer und Flotte sind auch Waffen des Angriffs, wenn die
40 Sicherung unseres Daseins es verlangt …
[Wenn wir bemerken], dass nicht nur im Inland der wirtschaftliche Kampf ums Dasein sich täglich verschärft … [müssen wir] Land erwerben … Jede Ausdehnung in Europa ist
45 von vornherein nur durch siegreiche Kriege herbeizuführen, da weder Frankreich noch Russland so freundlich sein werden, uns Teile ihres Gebietes abzutreten …
[Als Verteidigungskrieg gilt auch ein Angriffs-
50 krieg], um dem Gegner zuvorzukommen …
Das Bedürfnis lebt heute in den Besten unseres Volkes, einem starken Führer zu folgen; alle, die unverführt geblieben sind von den Lehren undeutscher Demokratie … sehnen
55 sich danach, [da sich] Großes nur durch die Unterordnung unter einen Führer erreichen lässt.

Daniel Frymann [Heinrich Claß], Wenn ich der Kaiser wär', 3. Aufl., Leipzig (Dieterich'sche Verlagsbuchhandlung) 1912, S. 72 f., 74 ff., 81, 89, 91 ff. 104, 140, 227.

Arbeitsaufträge:

1 a) Lies M1 aufmerksam durch.

   b) Schreibe heraus, was du in M1 über den deutschen Nationalismus in der Zeit um 1900 erfährst.

2 Vergleiche die nationalistischen Gedanken von Claß (M1) mit den nationalen Ideen, die sich in den „Grundsätzen und Beschlüssen des achtzehnten Oktobers [1817]" (siehe Förderbogen 17.4, M2) finden.

Kompetenztraining Geschichte
9783060649396_GES_P_175.doc

Die europäischen Bündnissysteme vor 1914

M1 „Deutschland im europäischen Gleichgewicht", Postkarte von 1914

Die Personen stehen jeweils für ein Land. Linke Waagschale: Österreich und Deutschland, rechte Waagschale: Frankreich, Großbritannien, Russland und Belgien, Japan und China (hängend). Auf dem Balken Serbien. In der Mitte: Türkei, USA und Italien.

Arbeitsaufträge:

1 Trage mithilfe einer Geschichtskarte „Das europäische Bündnissystem vor dem Ersten Weltkrieg" (siehe in deinem Schulbuch oder in einem historischen Atlas) in die Tabelle die Mitglieder der folgenden Bündnisse ein.

Bündnisse	Mitglieder
Dreibund (mit angeschlossenen Staaten)	
Entente Cordiale (1904) bzw. Tripelentente (1907)	
Zweibund (1894)	
Neutralitätsabkommen (1902)	
Interessensausgleich (1907)	

2 Beurteile die deutsche Einschätzung des „europäischen Gleichgewichts" anhand der Karikatur M1.

Kompetenztraining Geschichte
9783060649396_GES_P_176.doc

Ursachen des Ersten Weltkriegs

Arbeitsauftrag:

Stell dir vor, es hätte bereits zu Anfang des vergangenen Jahrhunderts einen internationalen Gerichtshof gegeben, der das Verhalten der europäischen Staaten im Sommer 1914 hätte untersuchen sollen. Du bist ein Völkerrechtsexperte und es liegen dir folgende vier Stellungnahmen vor. Verfasse ein Gutachten für den Gerichtshof, aus dem hervorgeht, ob und, wenn ja, inwiefern diese Staaten die Verantwortung für den Ausbruch des Ersten Weltkriegs tragen müssen. Schreibe (zu a und c mithilfe deines Schulbuches) in dein Heft.

a) Deutschland:

siehe im Schulbuch

c) Großbritannien:

siehe im Schulbuch

b) Österreich-Ungarn:

Der deutsche Botschafter in Wien schrieb an den Reichskanzler, 14. Juli 1914:
„Ich habe mich schwer entschlossen", meinte der [österreichische Außen-]Minister, „zum Kriege zu raten, bin aber jetzt fast von dessen Notwendigkeit
5 überzeugt, und ich werde mit aller Kraft für die Größe der Monarchie einstehen" ... Die Note [Ultimatum an Serbien] werde so abgefasst, dass deren Annahme so gut wie ausgeschlossen sei.

Imanuel Geiss (Hg.), Juli 1914. Die europäische Krise und der Ausbruch des Ersten Weltkriegs, München (dtv) 1988, S. 93 f.

d) Russland:

Der deutsche Botschafter schrieb an den Reichskanzler am 21. Juli 1914:
Der [russische Außen-]Minister fuhr erregt fort, auf jeden Fall dürfe Österreich ... nicht vergessen, dass ... es ... mit Europa zu rechnen habe. Russland würde
5 [Österreichs] Schritt in Belgrad, der auf eine Erniedrigung Serbiens absehe, nicht gleichgültig zusehen können ... auf jeden Fall dürfe von einem Ultimatum nicht die Rede sein ... Russland würde es nicht
10 dulden können, dass Österreich ... Serbien gegenüber eine drohende Sprache führe oder militärische Maßregeln treffe.

Imanuel Geiss (Hg.), Juli 1914. Die europäische Krise und der Ausbruch des Ersten Weltkriegs, München (dtv) 1988, S. 173.

Kompetenztraining Geschichte
9783060649396_GES_P_177.doc

Gesichter des modernen Krieges 1914–1918

M1 Ein Student schreibt einen Brief von der Front
Der Berliner Student Fritz Francke, geboren am 31. Dezember 1892, gefallen am 29. Mai 1915 in Litauen, schrieb am 5. November 1914:

Gestern noch wussten wir nicht, ob überhaupt jemand von uns durchkäme. Ihr könnt euch ja gar nicht ausmalen, wie so ein Schlachtfeld aussieht, man kann's nicht beschreiben und
5 schon heut', wo es erst einen Tag hinter uns liegt, schon heut' will ich's selbst kaum glauben, dass so viel viehische Barbarei und unsägliches Elend möglich ist. Schritt für Schritt muss erstritten werden, alle hundert Meter ein
10 neuer Schützengraben und überall Tote, reihenweise! Alle Bäume zerschossen, die ganze Erde metertief zerwühlt von schwersten Geschossen und dann wieder Tierleichen und zerschossene Häuser und Kirchen, nichts,
15 nichts auch nur annähernd noch brauchbar! Und jede Truppe, die zur Unterstützung vorgeht, muss kilometerweit durch dieses Chaos hindurch, durch Leichengestank und durch das riesige Massengrab.
20 So sind wir auch Dienstag um 3 Uhr im Mondschein dahingezogen in stummer Kolonne gegen die Front und dann in den Schützengraben als Reserve, 200 bis 300 Meter vor den Engländern, dicht hinter unserer Infanterie.

25 Da liegt man nun den ganzen Tag anderthalb bis zwei Meter unter der Erde, im engen Graben geduckt, auf dünner Strohschicht und ununterbrochen den Tag und große Teile der Nacht ein betäubender Lärm; die ganze Erde
30 zittert und bebt! Alle nur erdenklichen Töne, Pfeifen, Fauchen, Klingen, Krachen, Rollen ... dicht über einem schlagen die Dinger ein und zerbersten und surrend fahren die Sprengstücke umher und das einzige was man sich
35 fragt, ist: Warum trifft es dich eigentlich nicht? Handbreit oft schlagen die Dinger neben uns ein und man schaut zu. Bald wird man so abgestumpft, dass man höchstens noch eine Verbeugung macht, wenn so ein ganz großes
40 Schiffsgeschütz gar zu dicht herleuchtet und sein graugrüner Dampf gar zu arg stinkt. Aber sonst liegt man bald da und denkt an alles andere. Und dann zieht man wieder die Felddienstordnung hervor oder einen alten Brief
45 von daheim und auf einmal ist man eingeschlafen in all dem Lärm.

Zit. nach Philipp Witkop (Hg.), Kriegsbriefe gefallener Studenten, München (Georg Müller Verlag) 1929, S. 91.

M2 Verluste an Menschenleben im Ersten Weltkrieg
Die Gesamtzahl der im Ersten Weltkrieg Gefallenen – einschließlich der durch sonstige Kriegseinwirkungen Umgekommenen – betrug etwa 10 Millionen Menschen, die Zahl der Verwundeten 20 Millionen (die Gesamtverluste im Deutsch-Französischen Krieg 1870/1871: 215 000 Menschen).

M3 Soldaten im Ersten Weltkrieg, Foto, undatiert

Übersicht der Verluste in Millionen	Gefallene	Verwundete
Deutschland	1,9	4,25
Frankreich	1,4	3,0
Großbritannien	0,95	2,1
Italien	0,46	0,95
Österreich-Ungarn	1,2	3,6
Russland	2,0	5,0
Türkei	0,3	0,4
USA	0,12	0,2

Arbeitsaufträge:

1 Beschreibe die Eindrücke des Berliner Studenten Francke von den nordfranzösischen Schlachtfeldern. Ziehe auch Foto M3 hinzu.

2 Erkläre die hohe Zahl der Verwundeten und bestimme das Verhältnis von Gefallenen und Verwundeten.

Kompetenztraining Geschichte
9783060649396_GES_P_178.doc

19 Imperialismus und Erster Weltkrieg

1 Erkläre den Begriff „Epochenjahr 1917".

2 Was weißt du über imperialistische Politik im 19. Jahrhundert?

   a) Nenne Triebkräfte imperialistischer Politik im 19. Jahrhundert.

   b) Nenne Methoden imperialistischer Politik im 19. Jahrhundert.

3 Beschreibe den Kriegsalltag

   a) eines deutschen Gefreiten vor Verdun 1916,

   b) seiner Verlobten in Bochum 1917.

4 Beziehe begründet Stellung zu der Behauptung, dass es Anfang des 20. Jahrhunderts zwingend zu einem Krieg zwischen den europäischen Großmächten kommen musste.

20 Die Sowjetunion – neue Weltmacht im 20. Jh.

Ich kann, weiß, verstehe …	Sehr sicher	Sicher	Unsicher	Sehr unsicher	Hilfen finde ich hier (SB = Schülerbuch):
1 a) Ich kann beschreiben, wie sich das russische Imperium im 19. Jahrhundert territorial entwickelte,					SB Förderb. 20.1
b) und erörtern, welche Schwierigkeiten daraus erwuchsen.					
2 Ich kann zwei Hauptursachen der Krise Russlands erklären.					SB
3 Ich kann den Begriff „Zarismus" mit eigenen Worten wiedergeben.					SB
4 Ich kann die Gliederung der russischen Gesellschaft vor der Revolution in Grundzügen beschreiben.					SB Förderb. 20.2
5 Ich kann erklären, warum der Erste Weltkrieg die Krise des Zarenreichs verschärfte.					SB Förderb. 20.1
6 Ich kann begründen, warum das Deutsche Reich ein Interesse an der Rückkehr Lenins aus dem schweizerischen Exil hatte.					SB
7 Ich kann erklären, warum sich Lenin für die Ideen von Marx und Engels interessierte, um die Probleme Russlands zu lösen.					SB
8 Ich kann marxistische Gedanken aus den Reden Lenins herausfiltern und bewerten.					SB Förderb. 20.4
9 Ich kann beschreiben, wie das Rätesystem der Sowjetunion funktionierte.					SB Förderb. 20.3
10 Ich weiß, wofür „Weiße" und „Rote" im Bürgerkrieg kämpften.					SB
11 Ich kann erklären, mit welchen Mitteln Stalin seine Machtposition sicherte.					SB Förderb. 20.5
12 Ich kann die Begriffe **a)** „Menschewiki",					SB
b) „Kolchose" und					
c) „Fünfjahresplan" mit eigenen Worten erklären.					
13 Ich kann die Rolle der Wirtschaft für Erfolge und Misserfolge der stalinistischen Herrschaftspraxis bewerten.					SB Förderb. 20.4
14 Ich kann am Beispiel von Leo Trotzki erläutern, wie die Sowjetführung mit Oppositionellen umgegangen ist.					SB Förderb. 20.5
15 Ich kann bewerten, welches Geschichtsbild die Sowjetunion in der staatlich erlaubten Fotografie schaffen wollte.					SB Förderb. 20.5
16 Ich kann stalinistische Herrschaftsmethoden benennen, Beispiele aus der aktuellen Politik dafür aufzeigen und sie bewerten.					Förderb. 20.5

Russland vor der Revolution

Arbeitsaufträge:

1 Untersuche mithilfe deines Schulbuches und eines historischen Atlas die Expansion von Zarenreich und Sowjetunion.

   a) Nenne heutige Staaten, die im 19. und 20. Jahrhundert in den russischen Machtbereich integriert wurden:

   _____   _____

   _____   _____

   _____   _____

   _____   _____

   _____   _____

   b) Schreibe in dein Heft, welche Schwierigkeiten 1. die Erschließung, 2. die Beherrschung und 3. die Verwaltung eines flächenmäßig großen Staates bereiteten.

2 Untersuche anhand deines Schulbuches die Ursachen für Unzufriedenheit und Revolution: Erarbeite eine Mindmap, die die Ursachenbündel veranschaulicht.

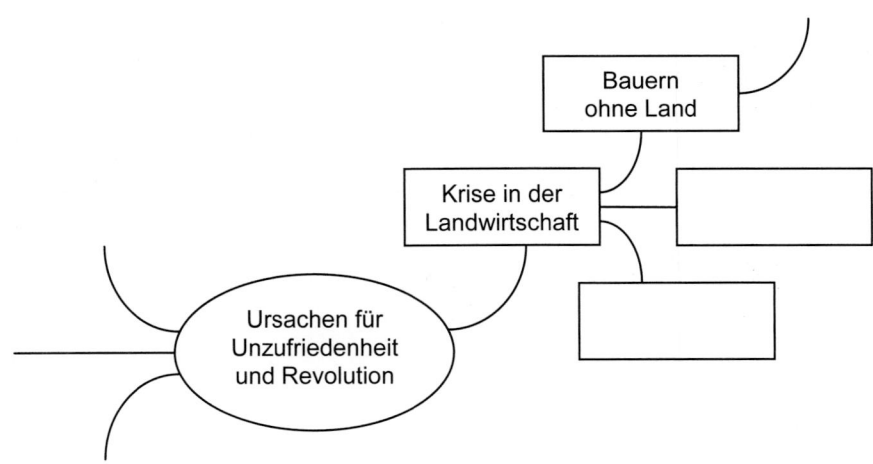

Kompetenztraining Geschichte
9783060649396_GES_P_181.doc

Die Gesellschaft Russlands um 1900

M1 Die russische Gesellschaft um 1900, Karikatur, erschienen in einem russischen Flugblatt, 1900

Arbeitsaufträge:

1 Die Karikatur zeigt die russische Gesellschaft um 1900. Trage links die Gruppen und Schichten ein.

2 Schreibe in die Sprechblasen rechts jeweils ein Statement von Personen aus dieser Gruppe zu der Frage, wie sie mit dem Zarenreich zufrieden sind.

Kompetenztraining Geschichte
9783060649396_GES_P_182.doc

Verlauf der Revolution 1917 und Rätesystem

Arbeitsaufträge:

1 Untersuche den Verlauf der Russischen Revolution. Nummeriere die Ereignisse in der richtigen Reihenfolge und trage die Ziffern in die linke obere Ecke ein.

In Scharen verlassen Soldaten ihre Truppen. Arbeiter gründen Sowjets (= Räte) und übernehmen teilweise die Fabriken.

Nachdem sich die Truppen geweigert haben, gegen die Aufständischen vorzugehen, dankt der Zar ab. Gemäßigte Politiker bilden eine Provisorische Regierung.

Nach dem Scheitern der Brussilo-Offensive häufen sich die Demonstrationen. Viele Menschen hungern. Sie fordern Frieden, Lebensmittel und politische Mitwirkung.

Die Revolutionäre stürmen das Winterpalais, den Sitz der Provisorischen Regierung. Der Rat der Volkskommissare übernimmt die Regierung.

Lenin kommt nach Petersburg. Er fordert Frieden, Land und Brot. Sein Ziel ist es, eine sozialistische Gesellschaft zu schaffen.

Nach dem Sturz der Provisorischen Regierung nehmen die Bolschewiki umgehend Friedensverhandlungen auf. Sie billigen die Enteignung des Großgrundbesitzes.

2 Vergleiche das sowjetische Rätesystem mit der parlamentarischen Demokratie. Nenne Unterschiede.

Sowjets: Bezeichnung für die gewählten Arbeiter- und Soldatenausschüsse, die sich 1917 im Zuge der Revolution bildeten. Sie sollten die Institutionen der revolutionären
5 Demokratie des Proletariats sein und waren basisdemokratisch organisiert, d. h., Entscheidungen trifft die Basis, das Volk. Vertreter sind nicht auf Zeit gewählt, sondern müssen jederzeit mit der Aberkennung ihres Mandats
10 rechnen. Die Delegierten müssen ihren Räten (= Sowjets) Bericht erstatten und sie in die

Entscheidungen einbinden. Die Loyalität der Repräsentanten gilt also nicht dem gesamtstaatlichen Interesse, sondern den von ihnen
15 vertretenen Arbeiterinnen und Arbeitern, Soldaten und Bauern.
Die Räte übten nicht nur gesetzgebende Gewalt aus, sondern führten Gesetze auch aus und wachten über die Einhaltung der kollektiv
20 beschlossenen Regeln.

(Vom Verfasser frei zitiert nach Wikipedia)

Parlamentarismus	Rätesystem

Kompetenztraining Geschichte
9783060649396_GES_P_183.doc

Ziele der russischen Revolutionäre

Arbeitsaufträge:

1 Nenne die Ziele, die die Bolschewiki und die Menschewiki im russischen Bürgerkrieg hatten.

Bolschewiki	Menschewiki

2 Analysiere die Auszüge aus der Lenin-Rede „Energie der Zukunft".

a) Erläutere in der rechten Spalte Lenins Aussagen zum Wirtschaftsaufbau Russlands.

Textausschnitt: Was Lenin sagt	Was Lenin meint, worauf er anspielt
Kommunismus – das ist Sowjetmacht plus Elektrifizierung des ganzen Landes.	
Sonst wird das Land ein kleinbäuerliches Land bleiben …	
Erst dann, wenn das Land elektrifiziert ist, wenn die Industrie, die Landwirtschaft und das Verkehrswesen eine moderne großindustrielle technische Grundlage erhalten, erst dann werden wir endgültig gesiegt haben …	
Wenn Russland sich mit einem dichten Netz von elektrischen Kraftwerken und mächtigen technischen Anlagen bedeckt haben wird, dann wird unser kommunistischer Wirtschaftsaufbau zum Vorbild für das kommende kommunistische Europa und Asien werden.	

Wladimir I. Lenin, „Energie der Zukunft", Rede gehalten am 22. Dezember 1920 vor dem VIII. Sowjetkongress in Moskau. Zit. nach Wladimir I. Lenin, Werke, Bd. 31, Berlin (Dietz) 1979, S. 513 ff.

b) Die „Turboindustrialisierung" Russlands führte zu einer rücksichtslosen Ausbeutung der Natur und einer starken Konzentration der Industrie an geeigneten Orten (Fabrikstädte). Beurteile das Wachstum der Sowjetwirtschaft vor dem Hintergrund der Umweltverschmutzung. Schreibe in dein Heft.

c) Schreibe in dein Heft, inwiefern Lenins Expansionsgedanken und Sendungsbewusstsein im letzten Ausschnitt der Rede bereits enthalten sind.

Herrschaftsmethoden Stalins

M1 Leo Trotzki (1879–1940) – Revolutionäre leben gefährlich

Der Journalist Jürgen Ast schrieb 2007 in der Ankündigung seiner TV-Dokumentation über Trotzki:
Der Bauernsohn Lew Bronstein, bekannt unter dem Namen Leo Trotzki, ist neben Lenin der eigentliche Motor der Russischen Revolution von 1917. Seit Stalin ihm seinen Ruhm

5 neidete und ihn und seine Anhänger gnadenlos verfolgte, gilt Trotzki in Russland als persona non grata …
Petrograd, 7. November 1917: Mit einem Geniestreich erobert Leo Trotzki die Macht für

10 die Bolschewiki in Russland. Der brillante Redner ist neben Lenin der eigentliche Manager der Oktoberrevolution. Bald darauf führt Trotzki als oberster Kriegsherr die von ihm gegründete Rote Armee in einen blutigen

15 Bürgerkrieg. Ihm gelingt das Unmögliche, die junge Sowjetrepublik überlebt. Und Trotzki wird als Held der Russischen Revolution wie ein Heiliger verehrt. Für ihn sind Oktoberrevolution und Bürgerkrieg nur Etappen zum ei-

20 gentlichen Ziel: der Weltrevolution.
Doch aus dem Gefeierten wird ein Gejagter. Sein erbitterter Gegenspieler Stalin, den er sein Leben lang unterschätzt hat, nimmt ihm Stück für Stück die Macht und verbannt ihn

25 aus der Geschichte der Revolution.

Trotzkis Rolle in der Geschichte ist bis heute umstritten. In Russland ist er nach wie vor die große Unperson. Von vielen Seiten schlägt ihm grenzenloser Hass entgegen. So gilt

30 Trotzki als „moralisches Monster, als Massenmörder, der die Welt mit einem Schlag und ein für allemal unterwerfen wollte". Zu Recht oder zu Unrecht?
Das Leben des Revolutionärs Trotzki – ver-

35 ehrt und verteufelt, geliebt, gehasst, gefürchtet – gleicht einer griechischen Tragödie. Auf den Tag genau 38 Jahre vor der Oktoberrevolution geboren, gelingt dem jüdischen Bauernkind Lew Bronstein unter dem Pseudonym

40 Trotzki ein kometenhafter Aufstieg. Es folgt der tiefe Fall in Verbannung und Exil in Mexiko. Fast seine gesamte Familie wird von Stalins Geheimdienst ermordet. Hunderttausende seiner Anhänger werden als „Trotzkisten"

45 gebrandmarkt, verbannt und erschossen. Am Ende wird der Held der Oktoberrevolution in Mexiko City selbst brutal mit einem Eispickel erschlagen.

Zit. nach Jürgen Ast, Trotzki. Eine Dokumentation.
In: ARTE Magazin, 31. Oktober 2007
(*www.arte.tv/de/geschichte-gesellschaft/geschichte-am-mittwoch/archiv/1732736.html* vom 26.5.2008).

Arbeitsaufträge:

1 Erkläre, warum Stalin ein Interesse daran hatte, seinen ehemaligen Mitkämpfer Trotzki zu beseitigen.

_____

_____

_____

2 Leo Trotzki wurde von sämtlichen offiziellen Fotos der Sowjetunion entfernt. Beurteile, inwiefern es dem Regime gelungen ist, durch diese Maßnahme die Erinnerung an Trotzki auszulöschen.

_____

_____

_____

3 Auch heute werden Medien von Regierungen dazu benutzt, um unliebsame Personen auszublenden. Finde zwei Beispiele dafür.

1. _____

2. _____

Kompetenztraining Geschichte
9783060649396_GES_P_185.doc

20 Die Sowjetunion – neue Weltmacht im 20. Jh.

1 Nenne stichwortartig fünf Krisenanzeichen des Zarenreiches um 1900.

a) _____

b) _____

c) _____

d) _____

e) _____

2 Erkläre, in welcher Situation die Revolution schließlich ausbrach und welche Maßnahme die Revolutionäre ergriffen.

3 a) Beschreibe das Demokratiemodell, das der Sowjetherrschaft zugrunde liegt.

b) Nenne dessen Vor- und Nachteile und bewerte sie.

4 Erkläre, warum die Sowjetregierung auf die mehr als 70 Jahre alten philosophischen Ideen und Analysen von Marx und Engels zurückgriff, um die Probleme ihres Landes zu lösen.

5 Vergleiche die Ziele des Rätesystems mit der späteren Ausbildung einer Diktatur unter Josef Stalin.

21 Die USA – Aufstieg zur Weltmacht im 19. und 20. Jh.

Ich kann, weiß, verstehe …	Sehr sicher	Sicher	Unsicher	Sehr unsicher	Hilfen finde ich hier (SB = Schülerbuch):
1 a) Ich kann den Begriff „Frontier" erklären und					SB Förderb. 21.1 und 21.2
b) weiß, wie er zum Gründungsmythos der USA beiträgt.					
2 Ich kann das Verhalten der amerikanischen Siedler den Eingeborenen gegenüber erklären und bewerten.					SB Förderb. 21.1
3 a) Ich kann in Stichworten ausführen, wie sich das amerikanische Nationalgefühl herausbildete, und					SB Förderb. 21.1 und 21.3
b) kenne die Werte der „Gründungsväter" der USA.					
4 Ich kann erklären, aus welchen Motiven Europäer in die USA auswanderten.					SB
5 a) Ich kann die Einwandererwellen grob beschreiben und					SB Förderb. 21.3
b) weiß, warum die Einwanderung aus Asien von 1930 bis 1960 sehr gering war.					
6 Ich kann das Konzept der USA als „Schmelztiegel" erklären.					SB
7 Ich kann verschiedene Voraussetzungen für den wirtschaftlichen Erfolg der USA benennen.					SB
8 Ich kann die Industrieproduktion Deutschlands und der USA um 1900 vergleichen.					SB
9 Ich kann die Begriffe **a)** „amerikanische Produktionsweise" und **b)** „Fordismus" erklären und unterscheiden.					SB
10 a) Ich kann Beispiele für Kolonialbesitz und Protektorate der USA nennen und					SB Förderb. 21.1 und 21.2
b) geopolitisch einordnen (strategische Bedeutung).					
11 Ich kann die amerikanische Expansion mit dem europäischen Kolonialismus vergleichen.					SB Förderb. 21.2
12 a) Ich kann das außenpolitische Konzept der „Open door Policy" anhand des Satzes „Zieh nie einen Colt, wenn du nicht schießen willst" erläutern,					SB
b) es vom Konzept des „Isolationismus" abgrenzen und					
c) erklären, warum es die Demokratisierung der Welt zum Ziel hatte.					
13 Ich kann den Zusammenhang von Absatzkrise und wirtschaftlichen Folgen des Ersten Weltkrieges herstellen.					SB
14 Ich kann beschreiben, was Präsident Roosevelt unter „New Deal" verstand.					SB Förderb. 21.4
15 Ich habe verstanden, warum diese Politik als unamerikanisch und antiliberal kritisiert worden ist.					SB Förderb. 21.4
16 Ich kann eine Rede auf ihre Wirkungsabsicht hin analysieren.					SB Förderb. 21.4
17 Ich kann die Entwicklung der USA und der Sowjetunion im ersten Drittel des 20. Jahrhunderts in politischer, wirtschaftlicher und kultureller Hinsicht vergleichen.					Förderb. 21.5
18 Ich habe eine eigene Meinung darüber, welche Chancen und Probleme der „american way of life" heute mit sich bringt.					selbstständig

Kompetenztraining Geschichte
9783060649396_GES_P_187.doc

Frontierbewegung und Indianer

M1 „Quer über den Kontinent. Nach Westen dehnt sich das Imperium aus",
Farblithographie von Nathaniel Currier und James Merritt Ives, 1868

Arbeitsaufträge:

1 Beschreibe in deinem Heft die Abbildung M1, indem du erklärst, was mit dem Begriff „frontier" gemeint ist.

_____

_____

_____

_____

_____

2 Analysiere die Rolle, die den Indianern in dieser Abbildung zugewiesen wird.

_____

_____

_____

_____

Kompetenztraining Geschichte
9783060649396_GES_P_188.doc

Amerikanische Expansion

M1 Die territoriale Entwicklung der Vereinigten Staaten

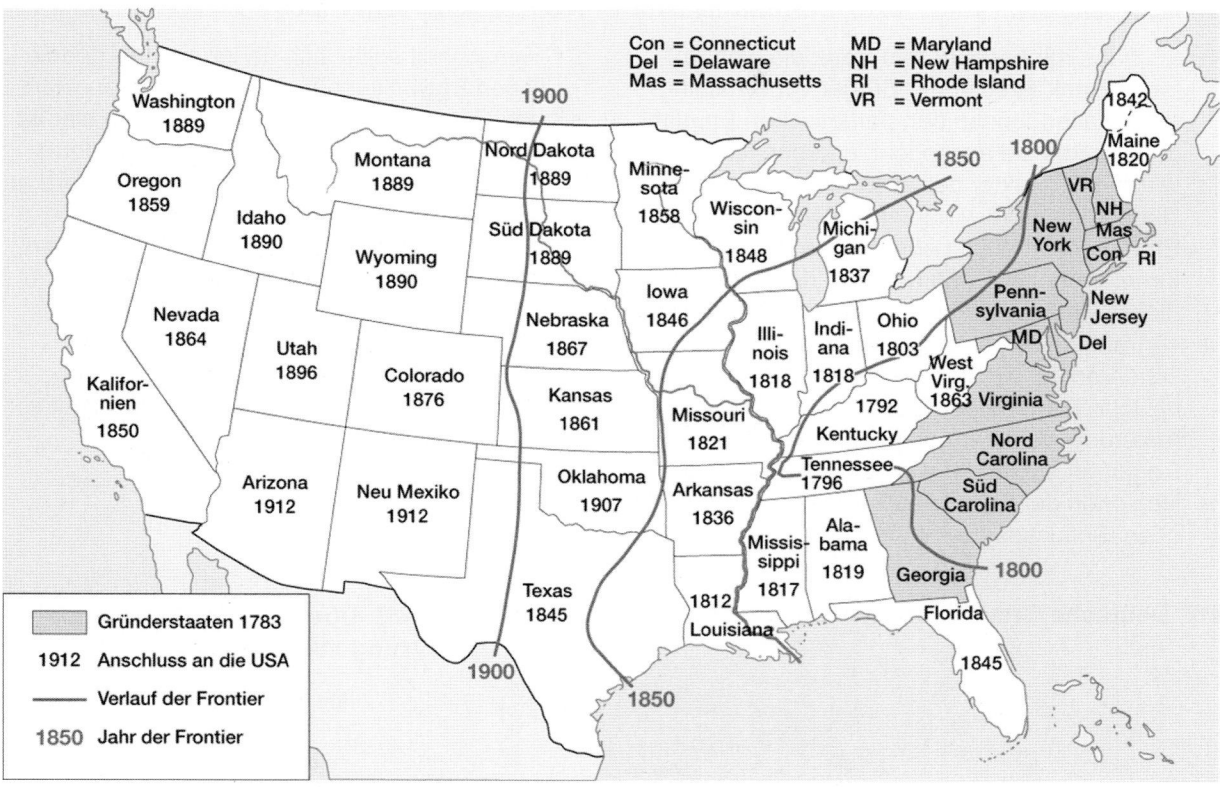

Arbeitsauftrag:

Setze die Informationen der Karte M1 in die Tabelle um, indem du darauf achtest, welche US-Staaten wann in die Föderation aufgenommen wurden. Fülle die Tabelle entsprechend aus.

	Zeit	Namen der Staaten / Gebiete
1	Bis 1783	
2	Bis 1800	
3	Bis 1821	
4	Bis 1861	
5	Bis 1880	
6	Bis 1900	
7	Nach 1900	

Kompetenztraining Geschichte
9783060649396_GES_P_189.doc

Amerikanisches Nationalgefühl und Einwanderung

M1 Das amerikanische Nationalgefühl: „Manifest Destiny"
Thomas Jefferson (1743–1826), US-Präsident 1801– 1809, sagte im Jahre 1809:

Ich habe mit besonderem Dank die wohlwollende Dankadresse der Bürger von Washington erhalten, und in den patriotischen Empfindungen, die sie ausspricht, erkenne ich den
5 wahren Charakter der nationalen Metropole. Die Stellung, die wir unter den Völkern der Erde einnehmen, ist ehrenvoll, aber auch furchterregend. Denn uns sind die Geschicke dieser einzigartigen Republik in der Welt an-
10 vertraut, dieses einzigen Mahnmals der Menschenrechte; wir sind die einzigen Hüter der heiligen Flamme der Freiheit und der Selbstregierung, von hier aus muss sie in anderen Regionen entzündet werden, wenn andere
15 Regionen der Erde jemals ihres segensreichen Einflusses gewahr werden. Die ganze Menschheit sollte sich daher an ihrer gedeihlichen Entwicklung freuen und an ihren widrigen Geschicken Anteil nehmen, denn hier ist
20 alles in Mitleidenschaft gezogen, was dem Menschen teuer ist. Und zu was für Opfern an Interessen oder Bequemlichkeit sollten diese Betrachtungen nicht erst uns selbst aufrufen? Zu wie viel Kompromissen zwischen unseren
25 Meinungen und Neigungen, geht es doch darum, Harmonie und Einigkeit unter uns selbst zu erhalten, um diese heilige Arche menschlicher Hoffnung und Glückseligkeit vor allen Gefahren zu bewahren.

Zit. nach Peter Alter (Hg.), Nationalismus, München (Piper) 1994, S.133.

M2 Deutsche Ortsgründungen im Mittleren Westen der USA

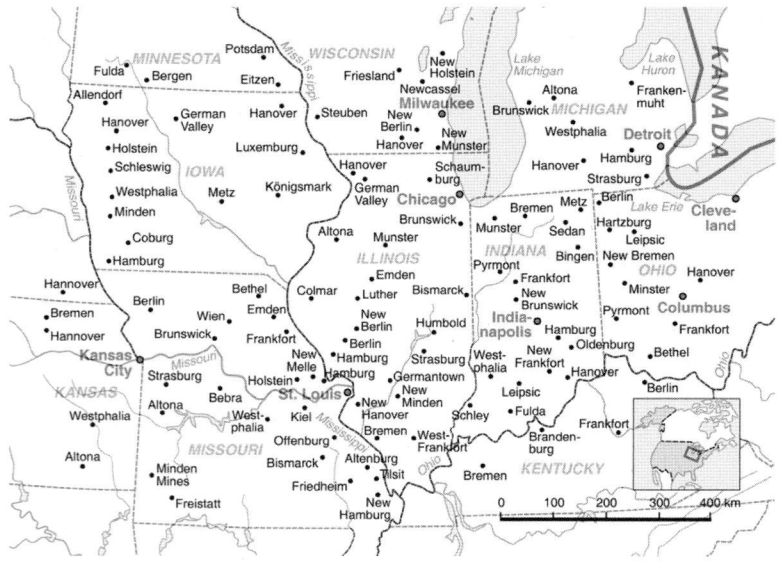

M3 Überseeische Auswanderung aus Deutschland

Zeiträume	Auswanderer in Tausend
1816–1844	303,2
1845–1858	1361,1
1859–1863	212,6
1864–1873	1 040,4
1874–1879	190,9
1880–1893	1 783,7
1894–1922	638,3
1923–1928	420,4
1929–1939	227,0
jährlicher Ø 1816–1922	
jährlicher Ø 1923–1939	

Nach Peter Marschalk, Bevölkerungsgeschichte Deutschlands im 19. und 20. Jh., Frankfurt a. M. (Suhrkamp) 1984, S. 177.

Arbeitsaufträge:

1 Lies die Rede des ehemaligen amerikanischen Präsidenten Jefferson (M1).

   a) Arbeite aus der Rede Jeffersons heraus, was die Besonderheit der USA ausmacht.

   b) Kritisiere das Selbstverständnis des Präsidenten vor dem Hintergrund deiner Einstellung zu Grundfragen der Weltpolitik heute.

2 Betrachte die Karte M2 und die Tabelle M3.

   a) Schreibe in dein Heft, aus welchen Städten die Einwanderer im Mittleren Westen der USA kamen.

   b) Welche deutsche Stadt diente als häufigstes Vorbild? _____

   c) Berechne die durchschnittliche Zahl der jährlichen Auswanderer für 1816–1922 und 1923–1939.

Kompetenztraining Geschichte
9783060649396_GES_P_190.doc

Die Politik des New Deal

M1 „We demand a New Deal",
Karikatur von John Miller Bear, USA 1931

Arbeitsaufträge:

1 Interpretiere die Karikatur M1 nach der erlernten Vorgehensweise.

2 Beschreibe in deinem Heft das Verhältnis vieler Amerikaner zur wirtschaftlichen Elite des Landes.

3 Informiere dich über die Politik der beiden US-Präsidenten Herbert Hoover (Reg. 1929–1933) und Franklin D. Roosevelt (Reg. 1933–1945). Werte deine Ergebnisse aus, indem du auf die unterschiedlichen Positionen achtest.

These	Herbert Hoover	Franklin D. Roosevelt	Meine Meinung
Ein Eingriff des Staates zerstört das Gleichgewicht.			
Der Staat muss für das Auskommen seiner Bürger sorgen.			
Jedermann hat ein Recht auf Eigentum.			
Gruppeninteresse muss hinter öffentlicher Wohlfahrt zurückstehen.			
Die Freiheit des Unternehmertums ist die Grundlage dieses Landes.			

USA und Sowjetunion im Vergleich

Arbeitsauftrag:

Vergleiche die Sowjetunion und die USA im ersten Drittel des 20. Jahrhunderts.
Trage deine Ergebnisse stichwortartig in die Tabelle ein und beachte das Jahr 1922 (Gründung der Sowjetunion).

	USA	Russland/Sowjetunion
Politisches System		
Regierungsform		
Wirtschaftliche Freiheit		
Weltpolitisches Engagement		
Art der Modernisierung		
Expansion		
Umgang mit Krisen		
Beteiligung am Ersten Weltkrieg und Folgen		
Gliederung der Gesellschaft		
Bedeutung des Lebensmodells für uns heute		

Kompetenztraining Geschichte
9783060649396_GES_P_192.doc

21 Die USA – Aufstieg zur Weltmacht im 19. und 20. Jh.

1 Was weißt du über die territoriale Entwicklung der USA?

   a) Schildere überblicksartig die Grenzverschiebung der USA im 19. Jahrhundert.

   b) Erkläre, welche Mentalität mit dem Begriff des „Frontier" verbunden wird.

2 Stelle die Verbindung zwischen der drastischen Abnahme der asiatischen Einwanderung von 1930 bis 1960 und dem außenpolitischen Engagement der USA im Pazifik her.

3 Analysiere, welches außenpolitische Konzept der USA hier karikiert wird. Erwähne auch, welche Meinung der Künstler wohl hat.

M1 „This League of Nations Bridge was designed by the President of the USA", britische Karikatur zum Völkerbund, 1920er-Jahre

4 Stelle die Vor- und Nachteile der „New-Deal"-Politik in einem Schaubild einander gegenüber, das auch die Pole „Freiheit" und „Eingriff des Staates" berücksichtigen sollte.

5 „Die Sowjetunion und die USA bildeten zu Beginn des 20. Jahrhunderts Extrempositionen heraus, wie ein Staat die Wirtschaft organisieren soll." Erläutere und bewerte diese These.

Kompetenztraining Geschichte
9783060649396_GES_P_193.doc

22 Die Weimarer Republik

Ich kann, weiß, verstehe …	Sehr sicher	Sicher	Unsicher	Sehr unsicher	Hilfen finde ich hier (SB = Schülerbuch):
1 Ich kann die Ereignisse zwischen Sommer 1918 und Januar 1933 in eine chronologische Reihenfolge bringen.					SB Förderb. 22.1
2 a) Ich kann den Begriff „Novemberrevolution" erklären und					SB
b) erläutern, was an den politischen Veränderungen 1918/19 revolutionär war.					
3 Ich kann politische Plakate methodisch untersuchen.					SB
4 a) Ich kann die Weimarer Verfassung von 1919 beschreiben,					SB Förderb. 22.2
b) sie mit der Reichsverfassung von 1871 vergleichen und					
c) ihre Stärken und strukturellen Schwächen bewerten.					
5 a) Ich kenne Kernpunkte der Parteiprogramme von SPD, USPD, KPD, Zentrum, DDP, DVP, DNVP und NSDAP,					SB
b) vor allem ihre Haltung zur parlamentarischen Demokratie.					
6 a) Ich kenne die Gebietsverluste und Sanktionen, die Deutschland durch den Versailler Vertrag hinnehmen musste,					SB Förderb. 22.3
b) kann mögliche Folgen für die Bevölkerung erläutern und					
c) die Reaktionen auf den Versailler Vertrag darstellen.					
7 Ich kann erklären, weshalb der Versailler Vertrag zur Belastung für die junge Republik wurde.					SB
8 Ich kann erklären, weshalb die Jahre 1920–1923 als „Krisenjahre der Weimarer Republik" bezeichnet werden.					SB
9 Ich kann die sozialen, wirtschaftlichen und politischen Folgen der Inflation der Jahre 1917–1923 nennen und beurteilen.					SB Förderb. 22.4
10 a) Ich kann drei politische Strömungen nennen, die die Parteiendemokratie der Weimarer Republik ablehnten, und					SB
b) kann ihre Argumente in eigenen Worten wiedergeben.					
11 Ich kann beschreiben, wie sich Antisemitismus vor 1933 in Deutschland zeigte.					SB
12 Ich kann erklären, wie die Kriegsniederlage 1918 die Verbreitung nationalistischer und völkischer Gedanken förderte.					SB
13 Ich kann den Begriff „Präsidialkabinett" erklären.					SB
14 Ich kann die Folgen beurteilen, welche die Verlagerung der Politik „auf die Straße" (in den Jahren 1930–1932) hatte.					SB Förderb. 22.5
15 a) Ich kann die Kräfteverschiebungen bei Reichstagswahlen in der Weimarer Republik beschreiben,					SB
b) besonders die Entwicklung der SPD, KPD, NSDAP, DVP.					
16 Ich kann die politischen und sozialen Folgen der Weltwirtschaftskrise grob skizzieren und beurteilen.					SB Förderb. 22.6
17 Ich kann die schrittweise Rückkehr Deutschlands in den Kreis der souveränen Großmächte 1920 bis 1926 darstellen.					SB
18 a) Ich kenne Ursachen, die zum Scheitern der ersten Demokratie in Deutschland führten, und					SB
b) kann die Handlungsmöglichkeiten der Menschen damals beurteilen.					

Kompetenztraining Geschichte
9783060649396_GES_P_194.doc

Zentrale Ereignisse 1918–1933

Arbeitsauftrag:

Lies die angegebenen Seiten im Buch und notiere wichtige Ereignisse und Daten. Bringe nun die genannten Ereignisse in die richtige Reihenfolge, trage sie in die Tabelle ein und erläutere sie kurz.

Hitlerputsch in München – Einführung der parlamentarischen Monarchie in Deutschland – Ruhrkampf – Vertrag von Rapallo – Abdankung des Kaisers und Ausrufung der Republik – Wahlen zur Nationalversammlung – Unterzeichnung des Versailler Vertrages – Konferenz von Locarno – Beginn der Weltwirtschaftskrise – Ernennung Hitlers zum Reichskanzler – Aufnahme Deutschlands in den Völkerbund – Ernennung Friedrich Eberts zum Reichskanzler – galoppierende Inflation

Datum	Ereignis	Erläuterung
28.10.18		
9.11.18		
9.11.18		
19.01.19		
28.06.19		
April 1922		
1923/24		
1923		
9.11.23		
Okt. 1925		
Sept. 1926		
Okt. 1929		
30.01.33		

Kompetenztraining Geschichte
9783060649396_GES_P_195.doc

Weimarer Verfassung und Reichsverfassung

Arbeitsaufträge:

1 Vergleiche die Reichsverfassung von 1871 mit der Verfassung der Weimarer Republik von 1919 nach den folgenden Kriterien:

	Reichsverfassung 1871–1918	**Weimarer Verfassung 1919–1933**
Staatsoberhaupt		
Ländervertretung		
Volksvertretung		
Wahlrecht		
Grundrechte		
Flagge	Schwarz-Weiß-Rot	
Hauptstadt	Berlin (Hauptstadt Preußens)	

2 Welche Institution hat nach den beiden Verfassungen jeweils die größte Macht? Erkläre.

_____

_____

_____

3 Erläutere, worin du die wesentlichste Veränderung zur Reichsverfassung von 1871 siehst.

_____

_____

_____

Kompetenztraining Geschichte
9783060649396_GES_P_196.doc

Folgen des Versailler Vertrages

Der Friedensvertrag von Versailles löste in der Bevölkerung Empörung aus. Viele Deutsche hatten offenbar vergessen, dass der Krieg im Westen in Frankreich und Belgien ungeheure Zerstörungen angerichtet hatte. Der Sowjetunion war der harte Frieden zu Brest-Litowsk (März 1918) diktiert worden.

M1 „Deutschlands Verstümmelung", Karte von 1928

Arbeitsaufträge:

1 Die Reichsregierung hat die Karte M1 1928 für den Gebrauch an Schulen herausgegeben. Was meinst du, in welcher Absicht?

_____

_____

_____

2 Überlege, wie ein Franzose oder ein Russe über die Karte gedacht haben könnte.

_____

_____

_____

3 Setze folgende Begriffe in den Text ein: Kolonien – Republik – das Selbstbestimmungsrecht der Völker – Friedensvertrag von Versailles – Kriege – Zahlung – Schmach – Verkleinerung – Völkerbund

Dem Friedensvertrag gingen zähe Verhandlungen voraus. Der amerikanische Präsident Wilson hatte

am 8. Januar 1918 dazu 14 Punkte formuliert. Dazu gehörten _____

und die Forderung, dass die Siegermächte nur mit demokratisch gewählten Regierungen verhandeln.

So wurde auch Österreich eine _____. Ebenfalls auf Anregung Wilsons wurde ein _____

_____ geschaffen, der die Aufgabe hatte, Streit unter den Mitgliedsländern zu schlichten und

_____ zu verhindern. In den Schlössern vor Paris wurden für die besiegten Länder Deutschland,

Österreich und die Türkei Friedensverträge ausgehandelt. Für Deutschland, das nicht zu den Verhand-

lungen zugelassen war, galt der _____. Unter Protest unterzeichnete es am

28. Juni 1919 das sogenannte Friedensdiktat. Es enthielt erhebliche Gebietsabtretungen, den Verlust

aller _____, die _____ des Heeres auf 100 000 Soldaten, die _____

von ungeheuer hohen Reparationen. Der Vertrag wurde in Deutschland als _____ empfunden.

Kompetenztraining Geschichte
9783060649396_GES_P_197.doc

Die Inflation

M1 Kohle als Kino-Eintrittsgeld, Foto, 1923

M2 Überleben in Zeiten der Inflation

Der Korrespondent der „Münchener Neuesten Nachrichten" und der „New York Times", Egon Larsen, berichtete im Sommer 1923 aus Berlin:

Der Tauschhandel griff mehr und mehr um sich. Nicht nur Studenten, sondern auch Ärzte, Anwälte und andere Angehörige akademischer Berufe zogen es vor, ihre Honorare in
5 Form von Lebensmitteln zu bekommen. Das galt auch für Handwerker. Einmal ließ ich mir für zwei Eier die Haare schneiden … An der Kasse des kleinen Kinos in meiner Straße wurde ich eines Abends gefragt, ob ich nicht
10 ein paar Briketts statt Bargeld für zwei Eintrittskarten bringen könnte … Die augenfälligsten Veränderungen der Berliner Szene waren die unzähligen Bettler in den Straßen, die langen Schlangen alter Leute vor den
15 Volksküchen … und die Straßenmärkte, die es überall in der Stadt gab. Die Märkte hatten keine Stände oder Buden: Männer und Frauen, zumeist respektabel, aber schäbig angezogen, boten Schmuckstücke, Nippsachen,
20 Uhren, Füllfedern und ähnliche Objekte an. Diese „Händler" waren sichtlich Leute aus dem Mittelstand, die keinen anderen Weg

wussten, um ihren Hunger zu stillen, als den Verkauf all der Dinge, die sie noch besaßen
25 … Den Kern der Straßenmärkte bildeten jedoch die Schwarzhändler. Sie boten alles an, was irgendwie transportabel war … Die Arbeiterfrauen hatten eine Methode entwickelt, die ihnen wenigstens genug zu essen für ihre
30 Familien garantierte. Man sah sie an den Zahltagen – nun mindestens zweimal in der Woche – in Haufen vor den Fabriktoren stehen und auf ihre Männer warten … Am Nachmittag eines Zahltags kamen Lastwagen
35 voller Papiergeld von den Banken, wo das Geld nicht mehr gezählt, sondern die Dicke der Bündel mit Linealen gemessen wurde. Sobald … die Arbeiter mit ihren Lohnpaketen … herausströmten, begann eine Art Stafet-
40 tenlauf: Die Frauen nahmen das Geld, liefen zu den nächsten Läden und kauften ein, ehe die Preise wieder erhöht wurden …

Egon Larsen, Die Weimarer Republik. Ein Augenzeuge berichtet, München (Heyne) 1980, S. 62 ff.

Arbeitsaufträge:

1 Beschreibe und erkläre die Szene auf dem Foto M1. Nenne den „Eintrittspreis" für das Kino.

2 Die „Kinokasse" enthält Presskohlen. Erkläre, wie das Kino damit bewirtschaftet werden konnte.

3 Lies den Bericht von Egon Larsen (M2). Stelle begründet Vermutungen an, welche Funktion Filmvorführungen in diesen Zeiten hatten, und erörtere, warum der Fotograf diese Szene fotografierte.

Politik in der Weltwirtschaftskrise

M1 Demonstrationen, Zeichnung von E. Schilling, Februar 1931

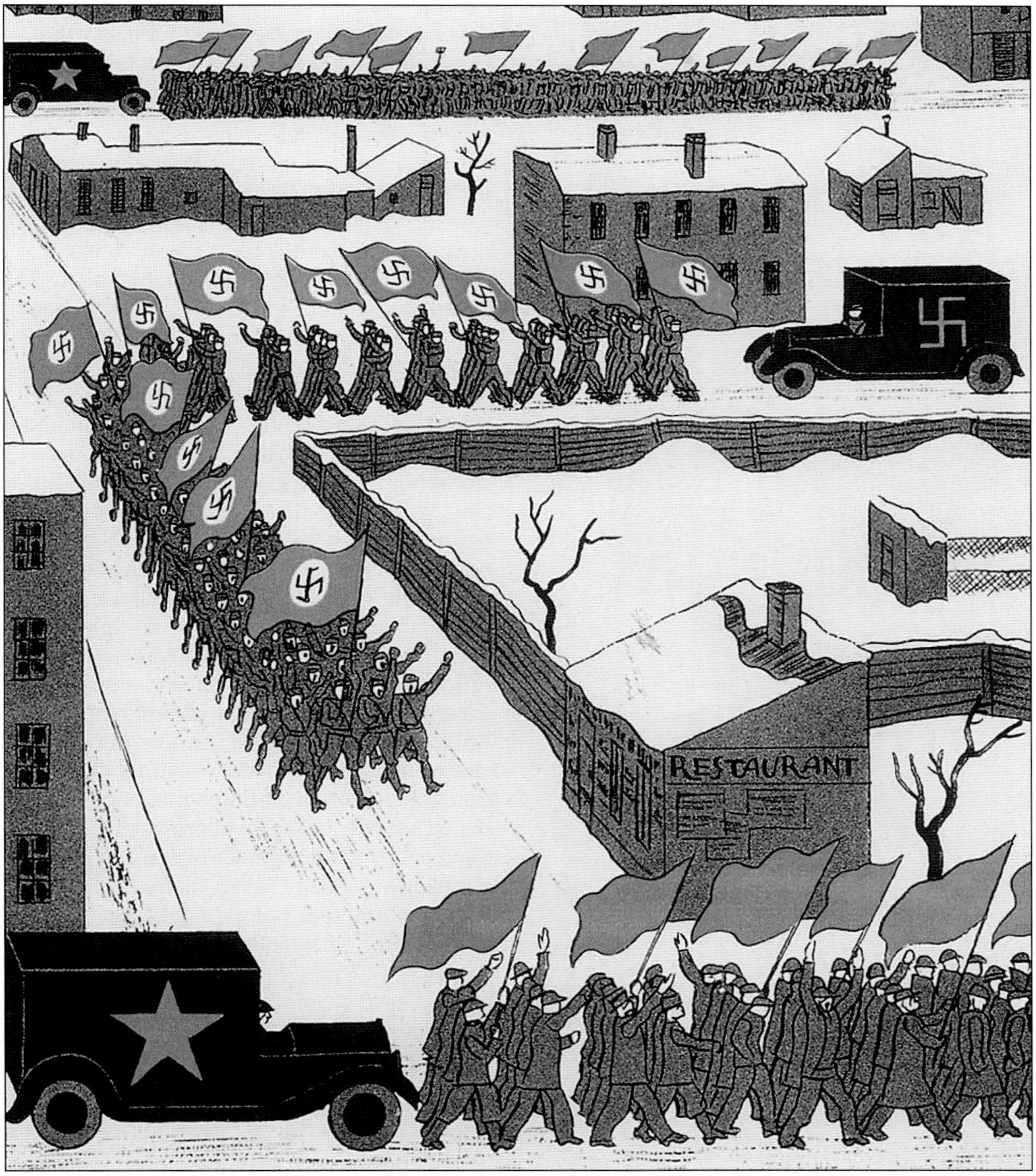

„Nach den Erfahrungen der letzten Wochen ist verfügt worden, dass jeder Demonstrationszug seinen eigenen Leichenwagen mitzuführen hat."

Arbeitsaufträge:

1 Beschreibe die Karikatur. Benenne hierzu die Tätigkeit der Personenkolonnen, charakterisiere die Darstellung der Personen und der Demonstrationszüge, untersuche die Karikatur hinsichtlich der Bildkomposition und kennzeichne die verschiedenen politischen Richtungen, deren Vertreter hier demonstrieren. Begründe.

2 Erläutere die Bildunterschrift.

3 Ziehe Rückschlüsse auf die politische Situation 1931.

Kompetenztraining Geschichte
9783060649396_GES_P_199.doc

Folgen der Weltwirtschaftskrise

M1 Arbeitsuchender, Foto, 1930

M2 Und plötzlich begreift er, dass er draußen ist ...

Aus dem 1932 erschienenen Roman von Hans Fallada, „Kleiner Mann – was nun?"

Da ist eine große Delikatessenhandlung, strahlend erleuchtet. Pinneberg drückt sich die Nase platt an der Scheibe ... Eine Stimme sagt halblaut neben ihm: „Gehen Sie
5 weiter!" Pinneberg fährt zusammen, er hat richtig einen Schreck bekommen, er sieht sich um. Ein Schupo steht neben ihm ... Alle Leute starren auf Pinneberg. Es sind schon mehr stehengeblieben, es ist ein richtiger
10 beginnender Auflauf. Die Leute sehen abwartend aus, sie nehmen weder für noch wider Partei, gestern sind hier in der Friedrich und in der Leipziger Schaufenster eingeworfen worden ... Und plötzlich begreift Pinneberg
15 alles, angesichts dieses Schupos, dieser ordentlichen Leute, dieser blanken Scheibe begreift er, dass er draußen ist, dass er hier nicht mehr hergehört, dass man ihn zu Recht wegjagt: ausgerutscht, versunken, erledigt.
20 Ordnung und Sauberkeit; es war einmal. Arbeit und sicheres Brot; es war einmal. Vorwärtskommen und Hoffen; es war einmal. Armut ist nicht nur Elend, Armut ist auch strafwürdig, Armut ist Makel, Armut heißt
25 Verdacht. „Soll ich dir Beine machen?", sagt der Schupo ... Und Pinneberg setzt sich in Bewegung, er trabt an der Kante des Bürgersteiges auf dem Fahrdamm entlang, er denkt an furchtbar viel, an Anzünden, an
30 Bomben, an Totschießen ...

Hans Fallada, Kleiner Mann – was nun?, Reinbek (Rowohlt) 1950, S. 238 f. Bearbeitet.

Arbeitsaufträge:

1 Beschreibe die Fotografie M1.

2 Charakterisiere die Körperhaltung und Mimik des Arbeitsuchenden.

3 Untersuche die Mimik und Haltung des Passanten und ziehe daraus Rückschlüsse auf seine Einstellung gegenüber dem Arbeitsuchenden.

4 Versetze dich in die Lage des Arbeitsuchenden, der auf der Straße mit diesem Plakat steht. Beschreibe deine Empfindungen.

5 Trotz hoher Arbeitslosigkeit sieht man heute solche Szenen nicht auf den Straßen. Erkläre, warum das so ist, und vergleiche die Situation von damals mit der heutigen Situation.

6 Lies den Romanauszug von Hans Fallada (M2) und vergleiche die Figur des Pinneberg mit dem Arbeitsuchenden auf dem Foto. Nenne Gemeinsamkeiten und Unterschiede.

22 Die Weimarer Republik

1 Erkläre, weshalb die Jahre 1920 bis 1923 als „Krisenjahre der Weimarer Republik" bezeichnet werden.

2 Nenne wesentliche Bestimmungen des Versailler Vertrages, die Deutschland betrafen. Erläutere die Bestimmungen jeweils.

3 Ordne die Fotografie M1 in den historischen Kontext ein.

M1 Hof des Arbeitsamtes Hannover, Foto, Frühjahr 1930

4 Beziehe begründet Stellung zu der Behauptung, dass die Weimarer Republik zwangsweise zum Scheitern verurteilt war.

23 Das nationalsozialistische Herrschaftssystem

Ich kann, weiß, verstehe …	Sehr sicher	Sicher	Unsicher	Sehr unsicher	Hilfen finde ich hier (SB = Schülerbuch):
1 Ich kann die Ereignisgeschichte zwischen der nationalsozialistischen „Machtergreifung" 1933 und der deutschen Kapitulation im Mai 1945 in eine chronologische Reihenfolge bringen.					SB Förderb. 23.1
2 a) Ich kenne die wesentlichen Stationen der Machterlangung der Nationalsozialisten in Deutschland,					SB Förderb. 23.2
b) kenne Methoden zur Machtsicherung und					
c) kann die Bedeutung dieser Stationen für die Zerstörung der Demokratie und der rechtsstaatlichen Prinzipien beurteilen.					
d) Infolgedessen kann ich erörtern, ob und wann es Möglichkeiten gab, die Entwicklung zur nationalsozialistischen Diktatur aufzuhalten.					
3 Ich kenne den strukturellen Aufbau des NS-Staates.					SB Förderb. 23.3
4 Ich kann die folgenden Begriffe mit eigenen Worten erklären: **a)** „Gleichschaltung"					SB
b) „Nationalsozialismus"					
c) „Drittes Reich"					
5 a) Ich kann die Machtübernahme der Nationalsozialisten an einem regionalen Beispiel darstellen und					SB
b) sie mit der Machtübernahme im Reich vergleichen.					
6 a) Ich kann die Weltanschauung der Nationalsozialisten beschreiben und					SB Förderb. 23.4
b) kann sie bewerten.					
7 Ich kann Adolf Hitlers Biographie wiedergeben.					SB
8 a) Ich kann die Ziele, die Methoden und die Wirkung der nationalsozialistischen Propaganda nennen und					SB Förderb. 23.5
b) kann diese bewerten.					
9 Ich kann Propaganda-Medien analysieren.					SB
10 Ich kann historische Urteile von Werturteilen unterscheiden.					SB

Kompetenztraining Geschichte
9783060649396_GES_P_202.doc

Zentrale Ereignisse aus der Zeit der NS-Diktatur

Wie bei vielen historischen Themen ist es auch zum Verständnis des Dritten Reiches notwendig, einen Überblick über die Chronologie der Ereignisse zu haben. Während du die drei Kapitel im Buch liest, solltest du dir die wichtigsten Ereignisse und Daten herausschreiben. Bearbeite nach jedem Kapitel den entsprechenden Teil der Tabelle. Am Ende hast du ein Gerüst mit den wichtigsten Daten vorliegen.

Arbeitsauftrag:

Bringe die folgenden Ereignisse in die richtige chronologische Reihenfolge und trage sie in die Tabelle ein.

Anschluss Österreichs an das Deutsche Reich
Attentat auf Hitler
Aufruf zum Boykott jüdischer Geschäfte
Bedingungslose Kapitulation Deutschlands
Beginn des „totalen Krieges"
Besetzung des entmilitarisierten Rheinlands
Einführung der allgemeinen Wehrpflicht
Einmarsch deutscher Truppen in die „Resttschechei"

Ermächtigungsgesetz
Ernennung Hitlers zum Reichskanzler
Gleichschaltung der Länder und der Gesellschaft
Hitler-Stalin-Pakt
Kriegserklärung Frankreichs und Großbritanniens an Deutschland
Münchner Abkommen
Nürnberger Gesetze
„Reichskristallnacht"
Reichstagsbrandverordnung
Selbstmord Hitlers
Überfall deutscher Truppen auf die Sowjetunion
Überfall deutscher Truppen auf Polen
Wannsee-Konferenz

Datum	Ereignis
1933	
30. Jan.	
28. Feb.	
23. März	
1. April	
Frühjahr	
1935	
16. März	
Sept.	
1936	
März	
1938	
13. März	
29. Sept.	
9./10. Nov.	

Datum	Ereignis
1939	
15./16. März	
23. Aug.	
1. Sept.	
3. Sept.	
1941	
22. Juni	
1942	
20. Jan.	
1943	
18. Feb.	
1944	
20. Juli	
1945	
30. Apr.	
8./9. Mai	

Kompetenztraining Geschichte
9783060649396_GES_P_203.doc

Stationen der Machterlangung 1933/34

Die Abkehr von der Weimarer Republik hin zum nationalsozialistischen Führerstaat war kein einzelnes Ereignis, sondern ein Prozess, der sich in mehreren Schritten vollzog. Über Monate hinweg wurde die Demokratie von innen ausgehöhlt; erst die Gesamtheit der einzelnen Schritte ermöglichte es, dass sich Deutschland in den Jahren 1933/34 von einer zwar nicht geliebten, aber funktionierenden Demokratie zu einer menschenverachtenden Diktatur wandelte.

Arbeitsauftrag:

In der folgenden Tabelle sind die Ereignisse und Maßnahmen der „Regierung der nationalen Konzentration" unter der Führung Adolf Hitlers in eine chronologische Reihenfolge gebracht. Erkläre, welche Bedeutung die Ereignisse und Maßnahmen für die Zerstörung der Demokratie und der rechtsstaatlichen Prinzipien hatten.

Datum	Ereignis bzw. Maßnahme	Bedeutung
30.1.33	Ernennung Hitlers zum Reichskanzler	
27./28.2.33	Reichstagsbrand	
28.2.33	Reichstagsbrandverordnung	
23.3.33	Ermächtigungsgesetz	
31.3./7.4.33	Gesetze zur Gleichschaltung der Länder	
2.5.33	Auflösung der Gewerkschaften	
22.6.33	Verbot der SPD	
14.7.33	Gesetz gegen die Neubildung von Parteien	
1.8.34	Vereinigung der Ämter des Reichspräsidenten und des Reichskanzlers; Vereidigung der Reichswehr auf Hitler	

Aufbau des NS-Staates

M1 Die Machtstruktur des NS-Staates

Arbeitsaufträge:

1 Beschreibe anhand der Graphik M1 die Machtstruktur des NS-Staates.

_____

_____

_____

_____

_____

2 Überlege, wie die Menschen in ihrem alltäglichen Leben davon betroffen sein konnten.
Finde Beispiele und erläutere sie in deinem Heft.

3 Wer profitierte von der Konkurrenz zwischen Staat und Partei?

_____

_____

_____

Nationalsozialistische Weltanschauung

M1 Elemente der nationalsozialistischen Weltanschauung

Die Missachtung von Bürger- und Menschenrechten prägte die nationalsozialistische Weltanschauung.

Die Juden wurden in Notzeiten in weiten Tei-
5 len der Bevölkerung oft als unliebsame Konkurrenten betrachtet. In der Wirtschaftskrise der Weimarer Republik machte sich die nationalsozialistische Propaganda diese Stimmung zunutze. Die Nationalsozialisten ordne-
10 ten die Juden in ihr System des Rassismus ein und stempelten sie zum Sündenbock für alles Übel. Die Juden seien der Hauptfeind, wollten die Welt erobern und die germanische Rasse vernichten. Sie seien verantwortlich für
15 die Niederlage Deutschlands im Ersten Weltkrieg, für das verhasste parlamentarische System der Weimarer Republik und verantwortlich auch für Sozialismus und Kommunismus. Seine historische Sendung sah Hitler
20 darin, die Juden als „kulturzerstörende, minderwertige Rasse" auszurotten.

Rassismus und der Glaube an die deutsche Überlegenheit bilden ein zweites Element der nationalsozialistischen Weltanschauung. Die
25 Nationalsozialisten setzten den Kampf der Staaten um die Vorherrschaft in der Welt (Imperialismus) mit dem von Charles Darwin beschriebenen Überlebenskampf im Tierreich („survival of the fittest") gleich (Sozialdarwi-
30 nismus). So wie die Tiere seien auch die Menschen in Rassen unterteilt, und zwar in höher- und minderwertige „Menschenrassen"[1]. Die besten Anlagen hatte nach dieser Theorie die germanische, auch „arisch" ge-
35 nannte Rasse, innerhalb derer die Deutschen

als „Herrenvolk" eine Führungsrolle übernehmen sollten. Die Slawen hingegen stufte Hitler als untergeordnete Rasse ein. Die von ihnen bewohnten Gebiete böten damit einen
40 „natürlichen Lebensraum" für die deutsche Bevölkerung. Mit diesem Rassismus versuchten die Nationalsozialisten, Eroberungskriege und die Unterwerfung anderer Völker zu rechtfertigen.

45 Das Führerprinzip war die nationalsozialistische Alternative zur Weimarer Republik mit ihrer Toleranz, Meinungsfreiheit und Demokratie. Adolf Hitler galt als der von der Vorsehung gesandte Führer des deutschen Volkes.
50 Der Führerkult verlangte absoluten Gehorsam und die bedingungslose Unterwerfung unter den Führerwillen. Die Verehrung Hitlers erreichte Formen eines religiösen Kultes und teilweise sogar einer Massenhysterie.

55 Auch der nationalsozialistische „Antibolschewismus" knüpfte an weit verbreitete Ängste in der Bevölkerung an. So konnte das Verbot von KPD, SPD und der Gewerkschaften als Teil des „Kampfes gegen Marxismus und
60 Bolschewismus" deklariert werden. Zudem war Hitler der Überzeugung, dass Deutschland überbevölkert sei. Die Ausrottung des Bolschewismus, die Ausdehnung des deutschen „Lebensraums" nach Osten und die
65 Unterwerfung der dortigen „minderwertigen Völker" erhob er zum Ziel deutscher Außenpolitik.

[1] Nach wissenschaftlicher Auffassung ist der Rassebegriff auf Menschen nicht anwendbar.

(Verfassertext)

Arbeitsaufträge:

1 Informiere dich über die Situation der Juden in Deutschland vor dem Nationalsozialismus.

2 Lies M1 aufmerksam durch. Übertrage die Tabelle in dein Heft und ergänze die Erläuterungen.

Die nationalsozialistische Weltanschauung			
Führerprinzip	**Rassismus und Überlegenheitswahn**	**Antisemitismus**	**„Antibolschewismus" und „Lebensraum"**

Kompetenztraining Geschichte
9783060649396_GES_P_206.doc

NS-Propaganda

M1 Rundfunkübertragung zur Bücherverbrennung
Auszug vom 10. Mai 1933 in Berlin:

Hier ist der Deutschlandsender … Wir befinden uns auf dem Opernplatz Unter den Linden Berlins. Die deutsche Studentenschaft verbrennt zur Stunde auf einem riesigen Scheiterhaufen anlässlich der Aktion des Kampfausschusses „Wider den undeutschen Geist" Schriften und Bücher der Unmoral und Zersetzung. Sie hören Feuersprüche der Studenten Berlins:

10 – Gegen Klassenkampf und Materialismus, für Volksgemeinschaft und idealistische Lebenshaltung! Ich übergebe dem Feuer die Schriften von Marx und Kautsky.

– Gegen Dekadenz und moralischen Verfall, für Zucht und Sitte in Familie und Staat! Ich übergebe dem Feuer die Schriften von Heinrich Mann, Ernst Glaeser, Erich Kästner.

– Gegen Gesinnungslumperei und politischen Verrat, für Hingabe an Volk und Staat! Ich übergebe dem Feuer die Schriften von Friedrich Wilhelm Foerster.

– Gegen seelenzersetzende Überschätzung des Trieblebens, für den Adel der menschlichen Seele! Ich übergebe dem Feuer die Schriften der Schule Sigmund Freud.

– Gegen Verfälschung unserer Geschichte und Herabwürdigung ihrer großen Gestalten, für Ehrfurcht vor unserer Vergangenheit. Ich übergebe dem Feuer die Schriften von Emil Ludwig Kohn.

– Gegen volksfremden Journalismus demokratisch-jüdischer Prägung, für verantwortungsvolle Mitarbeit am Werk des nationalen Aufbaus! Ich übergebe dem Feuer die Schriften von Theodor Wolff und Georg Bernhard.

– Gegen literarischen Verrat am Soldaten des Weltkriegs, für Erziehung des Volkes am Geist der Wehrhaftigkeit! Ich übergebe dem Feuer die Schriften des Erich Maria Remarque.

– Gegen dünkelhafte Verhunzung der deutschen Sprache, für Pflege des kostbarsten Gutes unseres Volkes! Ich übergebe dem Feuer die Schriften von Alfred Kerr.

– Gegen Frechheit und Anmaßung, für Achtung und Ehrfurcht vor dem unsterblichen deutschen Volksgeist! Verschlinge, Flamme, auch die Schriften der Tucholsky und Ossietzky!

Zit. nach Der Nationalsozialismus, Bd. I, 1933–35, Tondokumente, München (Bayerische Landeszentrale für politische Bildungsarbeit) o. J., Dokument 1/2, Nr. 15.

Arbeitsaufträge:

1 Lies den Auszug aus der Rundfunkübertragung (M1) und beschreibe die Bildquelle (M2).

2 Analysiere die Rundfunkübertragung nach den folgenden Arbeitsschritten:

1. Schritt: Historischen Kontext klären
2. Schritt: Gattung festlegen und Funktion klären
3. Schritt: Propagandistische Mittel untersuchen
4. Schritt: Folgen von Propaganda bewerten

M2 Bücherverbrennung auf dem Berliner Opernplatz, 10. Mai 1933

Kompetenztraining Geschichte
9783060649396_GES_P_207.doc

23 Das nationalsozialistische Herrschaftssystem

1 Zeige die etappenweise Entstehung der nationalsozialistischen Diktatur auf.

    a) Stelle den Niedergang der Demokratie vom 30. Januar 1933 bis Anfang August 1934 stichpunktartig dar.

    b) Erkläre jeweils die Bedeutung der einzelnen Ereignisse und Maßnahmen der NS-Regierung. Tipp: Lege eine Tabelle an.

Datum	Ereignis/Maßname	Bedeutung

2 Nenne wesentliche Kennzeichen der nationalsozialistischen Weltanschauung und erläutere diese stichpunktartig.

3 Beziehe begründet Stellung zu der Behauptung, dass die nationalsozialistische Diktatur hätte verhindert werden können, wenn der Reichstag am 23. März 1933 seine Zustimmung zum Ermächtigungsgesetz verweigert hätte.

Kompetenztraining Geschichte
9783060649396_GES_P_208.doc

24 Leben in der nationalsozialistischen Diktatur

Ich kann, weiß, verstehe …	Sehr sicher	Sicher	Unsicher	Sehr unsicher	Hilfen finde ich hier (SB = Schülerbuch):
1 Ich kann zentrale Schritte der Ausgrenzung, Entrechtung und Vernichtung von Menschen in der NS-Zeit in eine chronologische Reihenfolge bringen.					SB Förderb. 24.1
2 a) Ich kann erklären, was die Nationalsozialisten unter dem Begriff „Volksgemeinschaft" verstanden, und					SB Förderb. 24.2
b) kann dieses Ideal mit der Realität vergleichen, indem ich für beide Seiten Beispiele anführe.					
3 a) Ich kann die ideologisch und politisch bedingte Rollenverteilung zwischen Männern, Frauen und Jugendlichen erklären					SB
b) und kann diese Rollenverteilung bewerten.					
4 Ich kenne die ideologischen und (wirtschafts-)politischen Ziele der „Deutschen Arbeitsfront".					SB
5 Ich kann die staatlich organisierte Freizeit und Erholung in ihrer Funktion und Bedeutung bewerten.					SB
6 a) Ich kenne die Erziehungsziele der Nationalsozialisten und					SB Förderb. 24.3
b) kann diese Ziele bewerten.					
7 Ich kann den Begriff „Hitler-Jugend" (HJ) mit eigenen Worten erklären.					SB
8 a) Ich kenne Beispiele für nichtkonformes und widerständiges Verhalten von Jugendlichen im Dritten Reich und					SB
b) ich weiß, dass der NS-Staat unangepasste Jugendliche verfolgte und bestrafte.					
9 Ich kann den Begriff „Antisemitismus" mit eigenen Worten erklären.					SB
10 a) Ich kann Beispiele für die systematische Ausgrenzung und Entrechtung von Juden im Dritten Reich nennen und					SB Förderb. 24.4
b) die Bezüge zur nationalsozialistischen Ideologie herstellen.					
11 a) Ich kann die Ereignisse um den Novemberpogrom 1938 sowie dessen Folgen darstellen und					SB
b) kann die Bedeutung des Pogroms beurteilen.					
12 Ich kann die Begriffe „Eugenik" und „Euthanasie" mit eigenen Worten erklären.					SB
13 a) Ich weiß, dass Euthanasie-Maßnahmen Teil der NS-Ideologie waren,					SB Förderb. 24.5
b) kann Aussagen über Motive, Ziele und Methoden der Euthanasie machen und					
c) kann auf dieser Grundlage darlegen, dass die Euthanasiepolitik gegen Grund- und Menschenrechte verstieß.					
14 Ich erkenne in zeitgenössischen Texten die Sprache der Verschleierung und Aggression der Nationalsozialisten.					SB

Kompetenztraining Geschichte
9783060649396_GES_P_209.doc

Ausgrenzung von Menschen in der NS-Diktatur

Das Leben in der nationalsozialistischen Diktatur konnte sehr unterschiedlich aussehen: Während sich die „Volksgenossen" trotz der schrittweisen Abschaffung der Demokratie meist der sozialen Errungenschaften erfreuten, wurden Menschen, die nach Ansicht der nationalsozialistischen Ideologie nicht zur „Volksgemeinschaft" gehören sollten, immer weiter ausgegrenzt, bis schließlich ihre systematische Ermordung befohlen wurde.

Arbeitsauftrag:

In der folgenden Tabelle sind die Ereignisse und Maßnahmen gegenüber „Volksgenossen" und jüdischen, „nicht-arischen" sowie körperlich oder geistig behinderten Menschen bereits in eine chronologische Reihenfolge gebracht. Erkläre, welche Bedeutung die Ereignisse und Maßnahmen für den jeweils betroffenen Personenkreis hatten.

Datum	Ereignis bzw. Maßnahme	Bedeutung
30.1.33	Ernennung Hitlers zum Reichskanzler	
1.4.33	Aufruf zum Boykott jüdischer Geschäfte	
2.5.33	Auflösung der Gewerkschaften	
14.11.33	Gründung der Organisation „Kraft durch Freude" (KdF)	
15.9.35	Nürnberger Gesetze	
1.12.36	Gesetz über die Hitler-Jugend	
9./10.11.38	„Reichskristallnacht"	
Januar 1940	Beginn der „Euthanasie"-Maßnahmen	
1941	Offizielles Ende der „Euthanasie"-Maßnahmen im Deutschen Reich	

Kompetenztraining Geschichte
9783060649396_GES_P_210.doc

Die Ideologie der „Volksgemeinschaft"

Im Zentrum der NS-Ideologie stand der Gedanke der „Volksgemeinschaft", in der alle gesellschaftlichen Gruppen verschmelzen sollten. Anspruch und Wirklichkeit gingen dabei auseinander.

M1 Plakat, 1938

M2 Abzeichen des Winterhilfswerks, 1934

M3 Wer gehörte nicht zur Volksgemein-schaft?

Der Historiker Hans-Ulrich Wehler schrieb 2003:

Unermüdlich beschwor die NS-Propaganda das Ideal der Gleichheit aller arischen Volksgenossen … Tatsächlich bestanden aber krasse Unterschiede weiter fort … So spielte
5 etwa der Besitz eines Partei- oder gar SS-Rangs … eine privilegierende[1] Rolle … Auf der anderen Seite gab es die neuartige Diskriminierung von jüdischen Deutschen oder Deutschen mit jüdischen Vorfahren … Farbi-
10 ge Deutsche aus der Zeit der alliierten Besatzung im Rheinland und Zigeuner verfielen ebenso einer rigiden[2] Exklusionspraxis[3]. Darüber hinaus schuf die nationalsozialistische Rassenlehre im Verein mit der Eugenik und
15 Erbgesundheitspflege eine buntgemischte Unterschicht von diskriminierten Deutschen, die … aus der „Volksgemeinschaft" ausgestoßen wurden. Am ehesten erfasst sie der systematisch aufgeblähte Regimebegriff der
20 „Asozialen". Zu ihnen wurden pauschal alle Landstreicher, Obdachlosen, Bettler und Vagabunden … gerechnet, dazu Langzeitarbeitslose, Arbeitsunwillige, Alkoholiker, Behinderte und Hilfsschüler, aber auch Homo-
25 sexuelle, Prostituierte und ihre Zuhälter, Kriminelle und insbesondere Erbkranke …
Das dramatische Ausmaß … [der] Zwangsarbeiterschaft, die sich aus Millionen von deportierten[4] Männern und Frauen sowie Kriegsge-
30 fangenen rekrutierte, … verdeutlichen wenige Größenangaben … [Dazu] zählten zu diesem Zeitpunkt [1944] mindestens 7,7 Millionen Menschen, die damit 20 Prozent der gesamten deutschen Arbeitskräfte und ein Zehntel
35 der Wohnbevölkerung stellten.

[1] bevorrechtigt; [2] strikt, streng; [3] Ausschluss; [4] zwangsweise verschleppt

Hans-Ulrich Wehler, Deutsche Gesellschaftsgeschichte, Bd. 4, München (C.H. Beck) 2003, S. 767–769.

Arbeitsaufträge:

1 Beschreibe das Plakat M1 und das Abzeichen M2.

2 Erarbeite, welche Botschaften die beiden Graphiken vermitteln sollten. Anregung: Formuliere einen möglichen Auftrag der Propagandaleitung an das Werbebüro, das die Graphiken entworfen hat.

3 Lege dar, welche Gruppen von der „Volksgemeinschaft" ausgeschlossen waren (M3).

Nationalsozialistische Erziehungsziele

M1 Lebenslauf des idealen „Volksgenossen", Schaubild

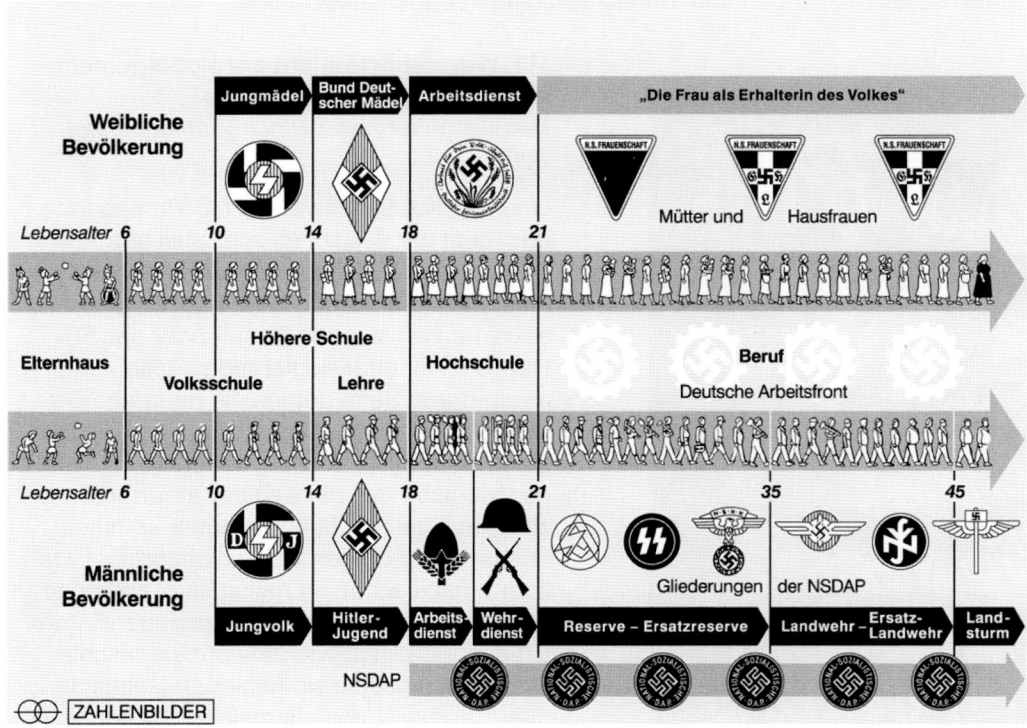

M2 „Und sie werden nicht mehr frei ihr ganzes Leben …"

Adolf Hitler sprach am 2.12.1938 auf einer Wahlkundgebung der NSDAP in Reichenberg (Böhmen). Im von Deutschland annektierten Sudetenland fanden Wahlen für den „Großdeutschen Reichstag" statt:

Diese Jugend, die lernt ja nichts anderes als deutsch denken, deutsch handeln! Und wenn nun dieser Knabe und dieses Mädchen mit ihren zehn Jahren in unsere Organisationen
5 hineinkommen und dort nun oft zum ersten Mal überhaupt eine frische Luft bekommen und fühlen, dann kommen sie vier Jahre später vom Jungvolk in die Hitler-Jugend und dort behalten wir sie wieder vier Jahre.
10 Und dann geben wir sie erst recht nicht zurück in die Hände unserer alten Klassen- und Standeserzeuger, sondern dann nehmen wir sie sofort in die Partei und in die Arbeitsfront, in die SA oder in die SS, in das NSKK[1] und so
15 weiter.
Und wenn sie dort zwei Jahre oder anderthalb Jahre sind und noch nicht ganze Nationalsozialisten geworden sein sollten, dann kommen

sie in den Arbeitsdienst und werden dort wie-
20 der sechs und sieben Monate geschliffen, alle mit einem Symbol, dem deutschen Spaten. Und was dann nach sechs oder sieben Monaten noch an Klassenbewusstsein oder Standesdünkel da oder da noch vorhanden sein
25 sollte, das übernimmt dann die Wehrmacht zur weiteren Behandlung auf zwei Jahre, und wenn sie dann nach zwei oder drei oder vier Jahren zurückkehren, dann nehmen wir sie, damit sie auf keinen Fall rückfällig werden,
30 sofort wieder in SA, SS und so weiter, und sie werden nicht mehr frei ihr ganzes Leben. Und sie sind glücklich dabei …

[1] NS-Kraftfahrkorps

Mitschrift des Tondokuments (DRA).

Arbeitsaufträge:

1 Lies die Hitler-Rede M2: Nenne Eigenschaften eines idealen Mädchens und eines idealen Jungen gemäß der NS-Ideologie.

2 Benenne anhand der Graphik M1 die wichtigsten Institutionen, die der „gleichgeschaltete" Staatsbürger durchlaufen sollte, und beurteile diesen Werdegang vor dem Hintergrund der Hitler-Rede M2.

Ausgrenzung und Entrechtung der Juden

In Kinderbüchern des Dritten Reiches erfuhren bereits die Kleinen, dass die Juden böse Menschen seien, vor denen sie sich in Acht nehmen sollten. Besonders berüchtigt war der „Giftpilz" (1938) des ehemaligen Lehrers Ernst Hiemer, der bereits im ersten Jahr 60 000-mal verkauft wurde.

M1 Illustration aus dem Kinderbuch „Der Giftpilz", 1938

„Hier, Kleiner, hast du etwas ganz Süßes! Aber dafür müsst ihr beide mit mir gehen …"

M2 Textauszug aus dem Kinderbuch „Der Giftpilz", 1938

Else kommt an mit einem Haufen Zuckerln. Hans fragt, woher sie die hat. „Ich hab sie von einem fremden Mann bekommen. Aber sag's Mutter nicht! Der Mann hat mir das strengs-
5 tens verboten."
Hans ist belustigt. Sie machen aus, dass sie zusammen hingehen. Der Mann will, dass beide mit ihm kommen.
Hans zögert – er überlegt: „Was will der Mann
10 von uns? Wieso sollen wir mit ihm mitgehen?" Plötzlich überkam ihn eine große Angst.
„Du bist ein Jud", schreit er und packt seine Schwester, sie rennen, so schnell sie ihre Beine tragen. Schnell erzählt Hans seine
15 Geschichte.
Der Polizist springt auf sein Motorrad und schnell hat er den fremden Mann eingeholt. Er legt ihm Handschellen an und bringt ihn ins Gefängnis.
20 Daheim herrscht hinterher große Freude. Die Polizei lobt Hans, dass er ein mutiger Bur-sche ist.
Seine Mutter gibt ihm ein großes Stück Scho-kolade, dabei lehrt sie ihn folgenden Spruch:
25 Ein Teufel geht durch unser Land,
Der Jude ist's, uns allen bekannt.
Alle Menschenmörder und Rassenschänder,
Ein Kinderschreck in aller Länder.
Er will unsere Jugend verderben,
30 Er will unseres Volkes Sterben.
Habe nichts zu tun mit den dreckigen Jud,
Dann geht es dir dein Leben lang gut.

Ernst Hiemer, Der Giftpilz, Nürnberg (Stürmer-Verlag) 1938.

Arbeitsaufträge:

1 Lies die Geschichte M2 und betrachte die dazugehörende Illustration M1.

  a) Formuliere deinen ersten Eindruck.

  b) Untersuche, wie der jüdische Fremde und der Junge dargestellt sind. Achte dabei besonders auf die Eigenschaften, die den beiden Personen zugeschrieben werden.

  c) Lege dar, mit welchen Mitteln das negative Bild des Juden erzeugt wird.

2 Was sollten Kinder aus dieser Geschichte lernen?

3 Nenne mögliche Folgen, die es haben kann, wenn Kinder mit solchen Geschichten aufwachsen.

Kompetenztraining Geschichte
9783060649396_GES_P_213.doc

Die Ideologie der „Eugenik" und „Euthanasie"

In wissenschaftlichen Aufsätzen und auf Plakaten, aber ebenso in Schulbüchern wurde versucht, „rassenhygienisches" Bewusstsein zu vermitteln.

M1 Aus einem Mathematikbuch, ca. 1935:

Der jährliche Aufwand des Staates für einen Geisteskranken beträgt im Durchschnitt 766 RM, ein Tauber oder Blinder kostet 615 RM, ein Krüppel 600 RM. In geschlossenen An-
5 stalten werden auf Staatskosten versorgt: 167 000 Geisteskranke, 8300 Taube und Blinde, 20 600 Krüppel.
Wie viele Millionen RM kosten diese Gebrechlichen jährlich? Wie viele erbgesunde
10 Familien könnten bei 60 RM durchschnittlicher Monatsmiete für diese Summe untergebracht werden?

Zit. nach Kurt-Ingo Flessau, Schule der Diktatur. Lehrpläne und Schulbücher des Nationalsozialismus, Frankfurt/ M., 1984, S. 201.

M2 Aus einem Biologiebuch, 1933:

Zu der fortschreitenden Verdummung kommt noch die Belastung des Volkskörpers mit unbrauchbaren, verbrecherischen Elementen, mit körperlich Kranken, denen das Leben zur
5 Qual wird, mit Epileptikern, Irrsinnigen, Säufern usw. Der jährliche Gesamtaufwand für die erblich Minderwertigen beträgt in Deutschland zurzeit etwa 350 Millionen Reichsmark. Eigentlich sollte man annehmen, dass diese

10 erblich Belasteten durch die Stimme des Gewissens davon abgehalten werden sollten, ihre Krankheiten in ungezählten Generationen fortleben zu lassen. Wenn sie eine Empfindung dafür hätten, wie viel Elend und Not, wie
15 viel Schmerz und Jammer sie über ihre Kinder und Kindeskinder bringen können, müssten sie aus freiem Entschluss auf Nachkommenschaft verzichten … Es ist sehr erfreulich, dass hier durch eine entschlossene Änderung
20 der Gesetze Wandel geschaffen wird. Die deutsche Jugend hat wahrlich kein Interesse daran, ihren knappen Lebensraum auch noch mit Schwachsinnigen, Irren, Säufern und Halunken zu teilen. Es ist eine nationale Pflicht
25 von größtem Ausmaß, Deutschland von der überhandnehmenden Minderwertigkeit, von Erbkrankheit und unabsehbarem Elend zu befreien. Diese Aufgabe geht alle Deutschen an, den Arbeiter, den Bauern, den Bürger –
30 alle Volksgenossen, die ernstlich gewillt sind, das Elend zu mindern und die Hemmnisse zu beseitigen, die sich dem Aufschwung unseres deutschen Volkes entgegenstellen.

Hermann Römpp, Lebenserscheinungen. Eine allgemeine Biologie für die Oberstufe höherer Lehranstalten und zum Selbstunterricht, Stuttgart, 1933, S. 150.

M3 NS-Plakat aus der Diaserie „Blut und Boden", um 1935

Arbeitsaufträge:

1 Untersuche die Texte M1 und M2. Wie wird über Menschen mit Behinderungen gesprochen?

2 Betrachte das Plakat M3. Wie wird eine Alkoholikerin dargestellt? Welches Ziel hat die Darstellung?

3 Erkläre, welche Ideologie diesen Texten und dem Plakat zugrunde liegt.

4 Erkläre, warum gerade Schulbücher derartige Texte (M1, M2) enthielten.

5 Was möchtest du dem Autor von M2 erwidern? Entwickle eine Gegenargumentation zu M2.

Kompetenztraining Geschichte
9783060649396_GES_P_214.doc

24 Leben in der nationalsozialistischen Diktatur

1 Erkläre den Begriff „Euthanasie".

2 Erörtere das nationalsozialistische Frauenbild.

3 Beschreibe die folgenden Fotos sowie das Plakat und diskutiere auf ihrer Grundlage den Begriff „Volksgemeinschaft".

M1 Gedenken an den Hitlerputsch 1923 auf dem Reichsparteitag in Nürnberg, Foto

M3 Aufruf zum Boykott jüdischer Geschäfte in Essen, Foto, 1.4.1933

M2 Konzentrationslager, Foto um 1934

M4 Plakat der NSDAP, ca. 1936

4 Beziehe begründet Stellung zu der Behauptung, dass der Novemberpogrom 1938 ein Wendepunkt in der Politik der Nationalsozialisten gegenüber den deutschen Juden war.

Kompetenztraining Geschichte
9783060649396_GES_P_215.doc

25 Zweiter Weltkrieg und Völkermord

Ich kann, weiß, verstehe …	Sehr sicher	Sicher	Unsicher	Sehr unsicher	Hilfen finde ich hier (SB = Schülerbuch):
1 Ich kann die politischen Ereignisse zur Außenpolitik und zum Vernichtungskrieg zwischen Januar 1933 und Mai 1945 in eine chronologische Reihenfolge bringen.					SB Förderb. 25.1
2 a) Ich kenne die Merkmale der NS-Wirtschaftspolitik und					SB
b) weiß, dass sie auf den geplanten Krieg ausgerichtet war.					
3 a) Ich kenne Ziele und Methoden der NS-Außenpolitik und					SB Förderb. 25.2
b) kann sie mit der Außenpolitik der 20er-Jahre vergleichen.					
c) Ich kann die nationalsozialistische Außenpolitik beurteilen.					
4 Ich kann den Begriff „Münchner Abkommen" erklären.					SB
5 Ich kann Ursachen, Verlauf (in Phasen) und Ergebnis des Zweiten Weltkriegs in Europa darstellen.					SB
6 Ich kann erklären, wodurch sich der Krieg gegen die Sowjetunion von den Kriegen der Jahre 1939–1941 unterschied.					SB
7 a) Ich kenne Methoden der deutschen Besatzungs- und Vernichtungspolitik im Osten und					SB
b) kann die Methoden sowie ihre Folgen bewerten.					
8 Ich kenne Gründe für die deutsche Niederlage im Zweiten Weltkrieg.					SB
9 Ich kann die Verschärfung der Politik gegenüber den Juden von der Ausgrenzung über ihre Entrechtung und Verfolgung bis hin zur planmäßigen Vernichtung darstellen.					SB Förderb. 25.3
10 Ich kann die Verfolgung und Vernichtung der Juden sowie anderer Minderheiten in Europa beschreiben und beurteilen.					SB
11 a) Ich kann die Begriffe „Holocaust", „Shoa" und „Genozid" mit eigenen Worten erklären und					SB Förderb. 25.4
b) kenne das Ausmaß des Holocaust.					
12 a) Ich kenne Beispiele für nichtkonformes und widerständiges Verhalten im Dritten Reich und					SB Förderb. 25.5
b) kann verschiedene Widerstandsgruppen mit ihren jeweiligen Motiven, Zielen und Schicksalen darstellen.					
13 a) Ich kann das Scheitern des Widerstandes erklären und					SB
b) begründen, weshalb er dennoch nicht vergeblich war.					
14 Ich kenne die Auswirkungen des „totalen Krieges" auf die deutsche Zivilbevölkerung.					SB Förderb. 25.6
15 Ich kenne Probleme der Integration von Flüchtlingen in Deutschland und von Zwangsarbeitern in der Sowjetunion.					SB
16 Ich kann Ursachen, Verlauf und Folgen von Flucht, Vertreibung und Umsiedlung in Mitteleuropa erläutern.					SB
17 a) Ich kenne Merkmale und Ausprägungen rechtsextremen Denkens in der Bundesrepublik Deutschland und					SB
b) kann Bezüge zur NS-Ideologie herstellen.					
18 Ich kann erklären, wie Gedankengut des Nationalsozialismus nach 1945 in Teilen der deutschen Bevölkerung fortbestand.					SB
19 Ich kann beurteilen, ob die NS-Herrschaft stärker auf Verführung, auf Gewalt oder auf beidem zugleich beruhte.					SB

Kompetenztraining Geschichte
9783060649396_GES_P_216.doc

Zeittafel: NS-Außenpolitik und Vernichtungskrieg

Hitler bereitete seit seiner Machtübernahme Schritt für Schritt den Zweiten Weltkrieg vor. Im Schatten des Krieges begannen die Nationalsozialisten mit dem planmäßigen Völkermord an den Juden.

Arbeitsauftrag:

In der folgenden Tabelle sind sowohl außenpolitische Ereignisse als auch Maßnahmen gegenüber den europäischen Juden bereits in eine chronologische Reihenfolge gebracht. Erkläre ihre Bedeutung.

Datum	Ereignis bzw. Maßnahme	Bedeutung
14.10.33	Austritt Deutschlands aus dem Völkerbund	
16.3.35	Einführung der allgemeinen Wehrpflicht	
13.3.38	Anschluss Österreichs an das Deutsche Reich	
29.9.38	Münchner Abkommen	
23.8.39	Hitler-Stalin-Pakt	
1.9.39	Überfall deutscher Truppen auf Polen	
1939	Beginn der Ghettoisierung der Juden in Deutschland	
22.6.41	Überfall deutscher Truppen auf die Sowjetunion	
1.9.41	Juden müssen in der Öffentlichkeit einen gelben Stern tragen	
20.1.42	Wannsee-Konferenz	
8./9.5.45	Bedingungslose Kapitulation Deutschlands	

Kompetenztraining Geschichte
9783060649396_GES_P_217.doc

Ziele der nationalsozialistischen Außenpolitik

Die nationalsozialistische Außenpolitik nach 1933 hatte zwei Gesichter.

M1 Aufruf der Reichsregierung, 16.3.1936

Zur Wiedereinführung der allgemeinen Wehr-
pflicht:

In dieser Stunde erneuert die deutsche Regierung vor dem deutschen Volke und vor der
ganzen Welt die Versicherung ihrer Ent-
schlossenheit, über die Wahrung der deut-

5 schen Ehre und der Freiheit des Reiches nie
hinauszugehen, und insbesondere in der
nationalen deutschen Rüstung kein Instrument kriegerischen Angriffs als vielmehr ausschließlich der Verteidigung und damit der

10 Erhaltung des Friedens bilden zu wollen.
Völkischer Beobachter, 16. März 1935

M2 Reichstagsrede Hitlers, 7.3.1936

Nach der Kündigung des Locarno-Vertrages,
der Besetzung des Rheinlandes und dem
Einspruch des Völkerbundes:

Wir haben in Europa keine territorialen Forderungen zu stellen. Wir wissen vor allem, dass
alle die Spannungen, die sich entweder aus
falschen territorialen Bestimmungen oder aus

5 den Missverhältnissen der Völkerzahlen mit
ihren Lebensräumen ergeben, in Europa
durch Kriege nicht gelöst werden können …
(Rundfunkübertragung)

M3 Besprechung Hitlers mit den Spitzen der Wehrmacht, 5.11.1937 ("Hoßbach-Protokoll"):

Das Ziel der deutschen Politik sei die Sicherung und Erhaltung der Volksmasse und deren Vermehrung. Somit handele es sich um
das Problem des Raumes … Gewinnung

5 eines größeren Lebensraumes … in Europa
… Zur Lösung der deutschen Frage könne es
nur den Weg der Gewalt geben …
Fall 1: Zeitpunkt 1943–1945. Nach dieser Zeit
sei nur noch eine Veränderung zu unseren

10 Ungunsten zu erwarten. Die Aufrüstung der
Armee, Kriegsmarine, Luftwaffe sowie die
Bildung des Offizierskorps seien annähernd
beendet … Wenn wir bis 1943/45 nicht han-
delten, könne infolge des Fehlens von Reser-

15 ven jedes Jahr die Ernährungskrise bringen
… Zudem erwarte die Welt unseren Schlag
und treffe ihre Gegenmaßnahmen …

Fall 2: Wenn die sozialen Spannungen in
Frankreich sich zu einer … Krise auswachsen

20 sollten, dass … die französische Armee für
eine Kriegsverwendung gegen Deutschland
ausgeschaltet würde, sei der Zeitpunkt zum
Handeln gegen die Tschechei gekommen.
Fall 3: Wenn Frankreich durch einen Krieg

25 mit einem anderen Staat so gefesselt ist,
dass es gegen Deutschland nicht vorgehen
kann. Zur Verbesserung unserer militärpoliti-
schen Lage müsse in jedem Fall einer kriegerischen Verwicklung unser erstes Ziel sein,

30 die Tschechei und gleichzeitig Österreich
niederzuwerfen …
Die Schwierigkeiten des Empire … seien
bestimmend für eine Nichtbeteiligung Englands an einem Krieg gegen Deutschland …

35 Ein Vorgehen Frankreichs ohne die englische
Unterstützung … sei wenig wahrscheinlich.

M4 Wahlplakat 1938

Zug um Zug zerriß **Adolf Hitler** das **Diktat v. Versailles!**

1933 Deutschland verläßt den Völkerbund von Versailles!

1934 Der Wiederaufbau der Wehrmacht, der Kriegsmarine und der Luftwaffe wird eingeleitet!

1935 Saargebiet heimgeholt! Wehrhoheit des Reiches wiedergewonnen!

1936 Rheinland vollständig befreit!

1937 Kriegsschuldlüge feierlich ausgelöscht!

1938 Deutsch-Österreich dem Reiche angeschlossen! Großdeutschland verwirklicht!

Darum bekennt sich ganz Deutschland am 10. April zu seinem Befreier **Adolf Hitler** Alle sagen: **Ja!**

Arbeitsaufträge:

1 Lies M1–M4 aufmerksam durch. Nach welchen zwei Kategorien würdest du die Quellen ordnen?

2 Erkläre, warum Hitler so unterschiedliche Ziele seiner Außenpolitik nennt.

3 Beurteile die offiziellen und die tatsächlichen Ziele von Hitlers Außenpolitik.

Kompetenztraining Geschichte
9783060649396_GES_P_218.doc

Von der Ausgrenzung zum Völkermord

M1 Von der Ausgrenzung zum Völkermord: das Schicksal der Juden im Dritten Reich

In der nationalsozialistischen Ideologie bildete der völkisch-rassische Antisemitismus ein zentrales Element, das systematisch bis zur „Endlösung", der Ermordung der Juden, um-
5 gesetzt wurde: Es begann mit der Ausschaltung der Juden aus dem politischen, wirtschaftlichen und kulturellen Leben.

Bereits im April 1933 zogen vor jüdischen Geschäften SA-Männer auf und forderten
10 deren Boykott. Willkürliche Gewaltakte gegen Juden nahmen zu. Am 7. April wurde das erste antijüdische Gesetz verabschiedet, das „Gesetz zur Wiederherstellung des Berufsbeamtentums". In den folgenden zwei Jahren
15 wurde der Ariernachweis Voraussetzung für den Wehrdienst, für Adoptionen, für die Mitgliedschaft in Sportvereinen. Von zahlreichen Berufen wurden Juden ausgeschlossen. Einen Schritt weiterer Entrechtung stellten die
20 „Nürnberger Gesetze" vom September 1935 dar, bestehend aus dem „Reichsbürgergesetz" und dem „Gesetz zum Schutz des deutschen Blutes und der deutschen Ehre". Das „Reichsbürgergesetz" machte die Juden in
25 Deutschland zu Bürgern zweiter Klasse: Die vollen politischen Rechte standen nur noch Menschen „deutschen und artverwandten Blutes" zu. Das „Blutschutzgesetz" verbot u. a. die Ehe zwischen Juden und Ariern.
30 Das Jahr 1938 begann mit verstärktem Druck auf jüdische Wirtschaftsbetriebe aller Art. Jetzt wurden die Juden systematisch ihrer Kaufhäuser, Werkstätten, Banken, Kanzleien usw. beraubt. Durch Druck und Drohungen
35 vonseiten der NSDAP und der Behörden wurden die jüdischen Besitzer gezwungen, ihre Unternehmen für einen Spottpreis zu verkaufen.

In der sogenannten „Reichskristallnacht" kam
40 es im November 1938 zu einem antijüdischen Pogrom: Geplante und angeordnete Zerstörungsaktionen der SA verbanden sich mit spontanen, blindwütigen Taten aus der Bevölkerung zu einer Orgie des Terrors. 191 Syn-
45 agogen wurden angezündet, 7500 Geschäfte verwüstet, ebenso unzählige Friedhöfe, Gemeindehäuser, Wohnungen. Über 26 000 Juden wurden in Konzentrationslager verschleppt, etwa 100 Menschen kamen ums
50 Leben.

Seit 1938 durften jüdische Kinder nur noch Vornamen erhalten, die vom Reichsministerium als typisch jüdisch in einem Verzeichnis festgelegt waren; Juden, die davon abwei-
55 chende Vornamen hatten, mussten als Männer den Namen Israel, als Frauen den Namen Sara hinzufügen. Ab September 1941 wurden alle noch in Deutschland lebenden Juden verpflichtet, deutlich sichtbar auf der linken
60 Brustseite einen gelben Stern zu tragen. 1942 stimmten hohe Regierungsbeamte und SS-Führer auf der Wannsee-Konferenz die sogenannte „Endlösung der Judenfrage" organisatorisch ab. Sie sah die systematische
65 Ermordung nicht nur der deutschen, sondern aller europäischen Juden vor. Mit dem Gesetz vom 23. Oktober wurde die Auswanderung verboten. Stattdessen begann die nationalsozialistische Regierung damit, die jüdische
70 Bevölkerung in Deutschland, später auch in den besetzten Ländern, in Arbeits- und Vernichtungslager im Osten Europas (z. B. Auschwitz und Treblinka) zu deportieren. Dort wurden zwischen 1933 und 1945 etwa 6 Milli-
75 onen Juden ermordet. Auch Sinti und Roma sowie geistig behinderte Menschen wurden Opfer dieses Rassenwahns und systematisch ermordet.

(Verfassertext)

Arbeitsauftrag:

Lies M1 aufmerksam durch und entwirf ein Schaubild „Von der Ausgrenzung zum Völkermord".

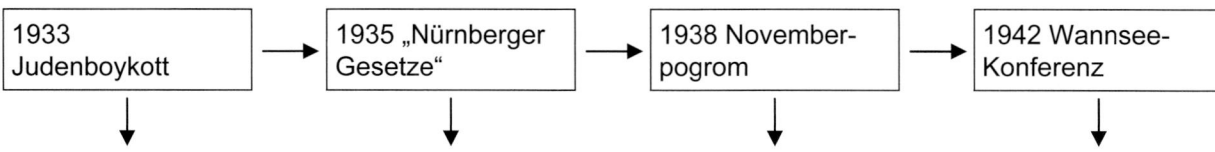

1933 Judenboykott	→	1935 „Nürnberger Gesetze"	→	1938 Novemberpogrom	→	1942 Wannsee-Konferenz
↓		↓		↓		↓

Kompetenztraining Geschichte
9783060649396 Inhalt S219

Der Holocaust

In allen Ländern, die von den Deutschen überfallen oder besetzt worden waren oder die mit Deutschland verbündet waren, wurden Juden planmäßig ermordet. Nur ein Land blieb davon ausgenommen.

Arbeitsaufträge:

1 Trage die Namen der Länder zu den Ziffern in die Tabelle ein. Sie sind alphabetisch geordnet.

2 Suche die folgenden nationalsozialistischen Konzentrations- und Vernichtungslager auf der Karte und kreise sie ein: Bergen-Belsen, Buchenwald, Dachau, Theresienstadt, Mauthausen, Chelmno, Treblinka, Sobibor, Belzec, Lemberg, Auschwitz.

3 Bulgarien war mit Deutschland verbündet. Die Regierung weigerte sich mit Erfolg, bulgarische Juden in den Tod zu schicken.

   a) Suche das Land auf der Karte und male es blau.

   b) Kannst du erklären, warum es in den meisten anderen Ländern nicht gelang, die Juden vor den Nationalsozialisten zu schützen?

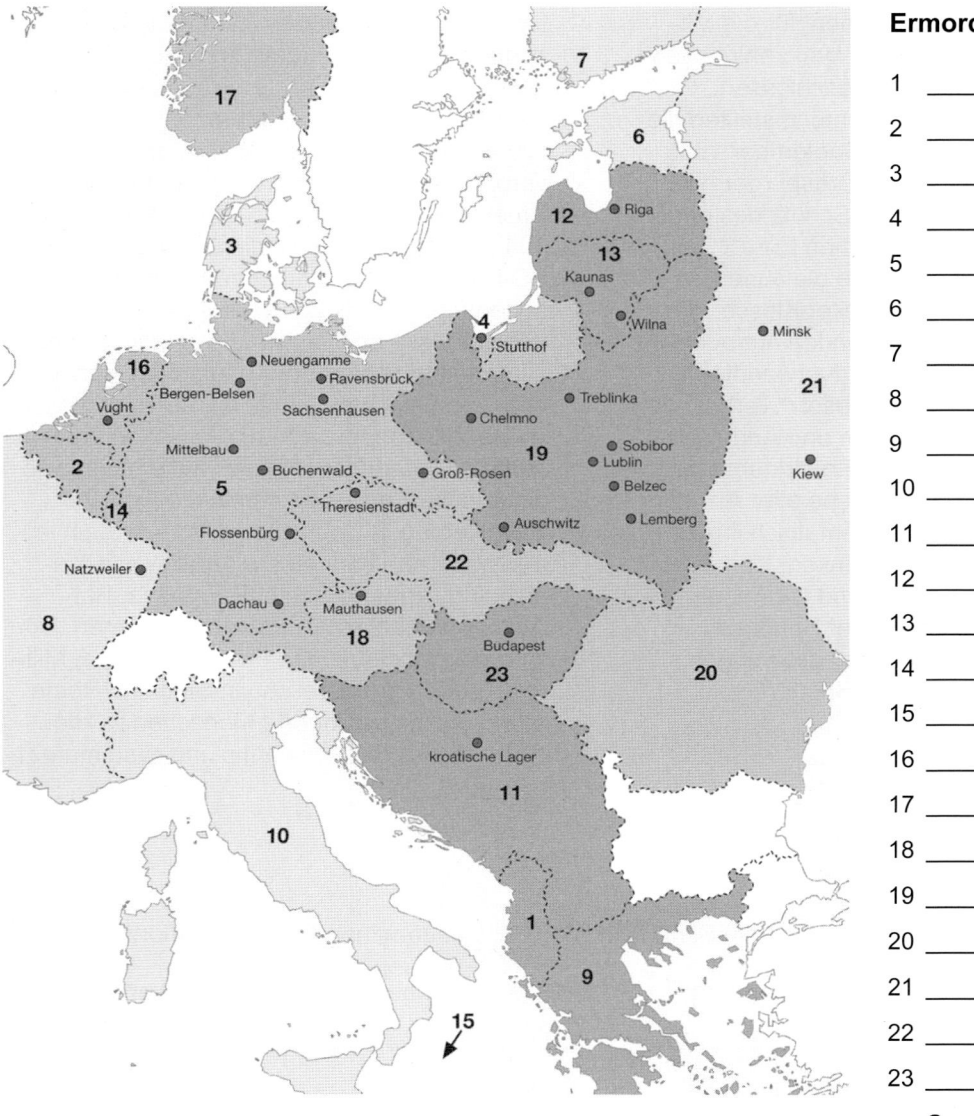

Ermordete Juden

Nr.		Anzahl
1	_____	200
2	_____	24 387
3	_____	77
4	_____	1 000
5	_____	160 000
6	_____	1 000
7	_____	11
8	_____	83 000
9	_____	69 481
10	_____	9 820
11	_____	67 122
12	_____	80 000
13	_____	143 000
14	_____	700
15	_____	562
16	_____	106 000
17	_____	728
18	_____	65 000
19	_____	3 000 000
20	_____	469 632
21	_____	1 000 000
22	_____	277 000
23	_____	200 000
Gesamt		**5 758 720**

Widerstand in der NS-Zeit: die „Weiße Rose"

Das letzte Flugblatt der „Weißen Rose" wurde von Sophie und Hans Scholl am 18. Februar 1943, dem Tag ihrer Verhaftung, in der Münchner Universität verteilt.

M1 Das letzte Flugblatt der „Weißen Rose", 18. Februar 1943

Kommilitoninnen! Kommilitonen!

Erschüttert steht unser Volk vor dem Untergang der Männer von Stalingrad. Dreihundertdreissigtausend deutsche Männer hat die geniale Strategie des Weltkriegsgefreiten sinn- und verantwortungslos in Tod und Verderben gehetzt. Führer, wir danken dir!

5 Es gärt im deutschen Volk: Wollen wir weiter einem Dilettanten das Schicksal unserer Armeen anvertrauen? Wollen wir den niedrigen Machtinstinkten einer Parteiclique den Rest der deutschen Jugend opfern? Nimmermehr! Der Tag der Abrechnung ist gekommen, der Abrechnung unserer deutschen Jugend mit der verabscheuungswürdigsten Tyrannis, die unser Volk je erduldet

10 hat. Im Namen der ganzen deutschen Jugend fordern wir von dem Staat Adolf Hitlers die persönliche Freiheit, das kostbarste Gut des Deutschen zurück, um das er uns in der erbärmlichsten Weise betrogen hat. In einem Staat rücksichtsloser Knebelung jeder freien Meinungsäusserung sind wir aufgewachsen. HJ, SA, SS haben uns in den fruchtbarsten Bildungs-

15 jahren unseres Lebens zu uniformieren, zu revolutionieren, zu narkotisieren versucht. „Weltanschauliche Schulung" hiess die verächtliche Methode, das ...keimende Selbstdenken und Selbstwerten in einem Nebel leerer Phrasen zu ersticken. Eine Führerauslese, wie sie teuflischer und borniert zugleich nicht gedacht werden kann, zieht ihre künftigen Parteibonzen auf Ordensburgen

20 zu gottlosen, schamlosen und gewissenlosen Ausbeutern und Mordbuben heran, zur blinden, stupiden Führergefolgschaft. Wir „Arbeiter des Geistes" wären gerade recht, dieser neuen Herrenschicht den Knüppel zu machen. Frontkämpfer werden von Studentenführern und Gauleiteraspiranten wie Schuljungen gemassregelt, Gauleiter greifen mit geilen Spässen den St... entinnen an die

25 Ehre. Deutsche Studentinnen haben an der Münchner Hochschule auf die Besudelung ihrer Ehre eine würdige Antwort gegeben, deutsche Studenten haben sich für ihre Kameradinnen eingesetzt und standgehalten. Das ist ein Anfang zur Erkämpfung unserer freien Selbstbestimmung, ohne die geistige Werte nicht geschaffen werden können. Unser Dank gilt den tapferen Kameradinnen und

30 Kameraden, die mit leuchtendem Beispiel vorangegangen sind! Es gibt für uns nur eine Parole: Kampf gegen die Partei! Heraus aus den Parteigliederungen, in denen man uns politisch weiter mundtot halten will! Heraus aus den Hörsälen der SS- Unter- oder Oberführer und Parteikriecher! Es geht uns um wahre Wissenschaft und echte Geistesfreiheit! Kein Drohmittel

35 kann uns schrecken, auch nicht die Schliessung unserer Hochschulen. Es gilt ...e Kampf jedes einzelnen von uns um unsere Zukunft, unsere Freiheit und Ehre in einem seiner sittlichen Verantwortung bewussten Staatswesen. Freiheit und Ehre! Zehn lange Jahre haben Hitler und seine Genossen die beiden herrlichen deutschen Worte bis zum Ekel ausgequetscht, abgedroschen,

40 verdreht, wie es nur Dilettanten vermögen, die die höchsten Werte einer Nation vor die Säue werfen. Was ihnen Freiheit und Ehre gilt, haben sie in zehn Jahren der Zerstörung aller materiellen und geistigen Freiheit, aller sittlichen Substanz im deutschen Volk genugsam gezeigt. Auch dem dümmsten Deutschen hat das furchtbare Blutbad die Augen geöffnet, das sie in Namen

45 von Freiheit und Ehre der deutschen Nation in ganz Europa angerichtet haben und täglich neu anrichten. Der deutsche Name bleibt für immer geschändet, wenn nicht die deutsche Jugend endlich aufsteht, rächt und sühnt zugleich, seine Peiniger zerschmettert und ein neues, geistiges Europa aufrichtet. Studentinnen! Studenten! Auf uns sieht das sieht das deutsche Volk! Von

50 uns erwartet es, wie 1813 die Brechung des Napoleonischen, so 1943 die Brechung des nationalsozialistischen Terrors aus der Macht des Geistes. Beresina und Stalingrad flammen im Osten auf, die Toten von Stalingrad beschwören uns! „Frisch auf, mein Volk, die Flammenzeichen rauchen!"

55 Unser Volk steht im Aufbruch gegen die Verknechtung Europas durch den Nationalsozialismus, im neuen gläubigen Durchbruch von Freiheit und Ehre!

Arbeitsaufträge:

1 Nenne die Argumente, mit welchen die Geschwister Scholl zum Widerstand aufriefen.

2 Arbeite die Ziele der „Weißen Rose" aus dem Flugblatt heraus.

3 Überlege, was Sophie und Hans Scholl dazu bewegte, im Kampf gegen Hitlers Herrschaft ihr Leben zu riskieren. Informiere dich über das Leben der Geschwister.

Kompetenztraining Geschichte
9783060649396_GES_P_221.doc

Der „totale Krieg"

M1 „Panzerjagdkommando", Foto, Februar 1945

Arbeitsaufträge:

1   Beschreibe die Straßenszene auf der Fotografie M1.

2   Nenne die einzelnen Ausrüstungselemente der Fahrradfahrer.

3   Schätze das Alter der Fahrer.

4   Erläutere die Funktion der Fahrradfahrer und ihrer Ausrüstung.
    Nimm den Titel der Fotografie zu Hilfe.

5   Beurteile die Wehrhaftigkeit dieses „Panzerjagdkommandos" im Vergleich zu den Gegnern.

6   Diese Kommandos sollten die Panzer der Russen aufhalten. Zieht daraus Rückschlüsse auf die
    militärische Situation zur damaligen Zeit. Beachte auch die Tarnnetze über der Straße.

7   Erörtere, weshalb der Fotograf dieses Motiv gewählt haben könnte.

Cornelsen   Kompetenztraining Geschichte
9783060649396_GES_P_222.doc

25 Zweiter Weltkrieg und Völkermord

1 Erkläre den Begriff „Holocaust".

2 Beschreibe die Bündniskonstellationen im Zweiten Weltkrieg.
a) Nenne die Verbündeten des Deutschen Reiches.

b) Nenne die Gegner des Deutschen Reiches.

3 Was weißt du über die nationalsozialistische Außenpolitik?

  a) Erkläre, wodurch die nationalsozialistische Außenpolitik zwischen 1933 und 1938 charakterisiert ist.

  b) Erkläre, worin sie sich von der Außenpolitik der Weimarer Republik unterschied.

  c) Interpretiere die französische Karikatur M1.

M1 Französische Karikatur, 1933

4 Ordne das Verhalten der „Weißen Rose" einer Stufe im Modell M2 zu. Begründe.

M2 Stufen abweichenden Verhaltens 1933 bis 1945 (entwickelt von dem Historiker Detlev Peukert)

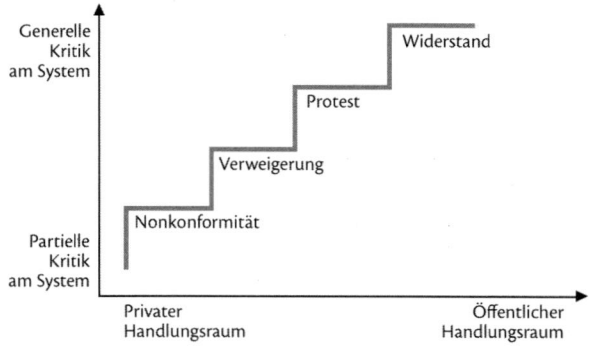

Kompetenztraining Geschichte
9783060649396_GES_P_223.doc

26 Internationale Politik seit 1945

Ich kann, weiß, verstehe …	Sehr sicher	Sicher	Unsicher	Sehr unsicher	Hilfen finde ich hier (SB = Schülerbuch):
1 Ich kann erklären, wo der Gegensatz der Systeme in Ost und West herrührt.					SB Förderb. 26.1
2 Ich kann die amerikanische Containment-Strategie zeitlich einordnen und erläutern.					SB Förderb. 26.1
3 Ich weiß, warum es 1948 zur Berlin-Blockade kam.					SB
4 Ich kann verschiedene Erklärungsansätze für den Kalten Krieg anführen und erläutern.					SB Förderb. 26.2
5 Ich kann die Staaten Europas in die Blöcke einordnen.					SB Förderb. 26.2
6 Ich weiß, warum Historiker diese Zeitspanne nach Öffnung der sowjetischen Archive 1990 anders beurteilen als vorher.					SB
7 a) Ich kann den Freiheitsbegriff in Ost und West erläutern und **b)** erklären, warum er zum Kampf- und Propagandabegriff wurde.					SB Förderb. 26.3
8 a) Ich kann den Entstehungsprozess von NATO und Warschauer Pakt grob skizzieren und **b)** kann wichtige strategische Ziele der Bündnisse erläutern.					SB Förderb. 26.3
9 Ich kann aufzeigen, welche Folgen der Koreakrieg für die Bundesrepublik Deutschland hatte.					SB
10 a) Ich kann erklären, warum die Feindbilder in Ost und West dem Prinzip der „Spiegelbildlichkeit der Argumente" folgten, und **b)** die Darstellungsweisen auf Plakaten vergleichen.					SB Förderb. 26.4
11 Ich kann den Zusammenhang zwischen Konflikt, Rüstung und Feindbild darstellen.					SB Förderb. 26.5
12 Ich kann erläutern, warum die Bewegung blockfreier Staaten entstand und welche Ziele sie verfolgte.					SB Förderb. 26.5
13 a) Ich kann acht blockfreie Staaten aufzählen und **b)** einen der Anführer der Bewegung vorstellen.					SB Förderb. 26.5
14 Ich kann bewerten, welche Bedeutung den blockfreien Staaten bei der Überwindung des Ost-West-Konflikts zukam.					Förderb. 26.5
15 Ich kann mit eigenen Worten das Prinzip des „Selbstbestimmungsrechts der Völker" erklären.					SB
16 Ich kann erläutern, warum das Ende des Zweiten Weltkriegs den Beginn der Entkolonisation einläutete.					SB
17 Ich kenne zentrale Problemfelder des „Nord-Süd-Konflikts".					SB Förderb. 26.6
18 Ich kann zentrale Stationen und Problemfelder des Nahostkonflikts grob skizzieren.					SB Förderb. 26.7
19 Ich kenne die Ursachen für den Zusammenbruch der UdSSR.					SB, Förderb. 26.6 und 26.8
20 Ich kann die Begriffe „Glasnost" und „Perestroika" mit eigenen Worten erklären.					SB Förderb. 26.8
21 a) Ich kann die Entwicklung des internationalen politischen Systems nach 1990 beschreiben und **b)** kann die Frage erörtern, ob die bipolare Konfliktsituation mehr oder weniger gefährlich war als die heutige multipolare.					SB Förderb. 26.8

Kompetenztraining Geschichte
9783060649396_GES_P_224.doc

Ost-West-Gegensatz und Außenpolitik der USA

Arbeitsaufträge:

1 Wiederhole die Grundlagen des Systemgegensatzes zwischen Ost und West.
Trage deine Ergebnisse stichwortartig in die Tabelle ein.

	USA	Sowjetunion
Politisches System		
Regierungsform		
Wirtschaftliche Freiheit		
Weltpolitisches Engagement		
Gliederung der Gesellschaft		

2 Entwirf ein Schema, das die Außenpolitik der USA charakterisiert. Beachte dabei die beiden Pole Isolation und Engagement. Versuche die zeitliche Abfolge zu veranschaulichen und schreibe als Stichwort dazu, welche Hauptursachen für die politischen Doktrinen verantwortlich waren.

Roll Back – Containment – Open Door Policy – Monroe-Doktrin – Isolationismus

Ursachen des Kalten Krieges und Blockbildung

Arbeitsaufträge:

1 Für die Ursachen des Kalten Krieges gibt es verschiedene Erklärungsansätze. Erläutere sie.

Erklärungsansatz	Hintergrund, in eigenen Worten
(1) Aggressive Sowjet-ideologie	
(2) Amerikanischer Wirt-schaftsimperialismus	
(3) Fehlinterpretations-these	

2 Europa in der Zeit des Kalten Krieges zwischen Warschauer Pakt und NATO: Trage die Blockzuge-hörigkeit der einzelnen Staaten in die Tabelle ein und berücksichtige auch Veränderungen.

Staat	Blockstatus		Staat	Blockstatus
Albanien			Niederlande	
Belgien			Norwegen	
Bulgarien			Österreich	
Deutschland			Polen	
Finnland			Portugal	
Griechenland			Rumänien	
Großbritan-nien			Schweden	
Irland			Schweiz	
Italien			Spanien	
Jugoslawien			Tschecho-slowakei	

Kompetenztraining Geschichte
9783060649396_GES_P_226.doc

Stationen der Bündnisbildung im Kalten Krieg

Arbeitsaufträge:

1 Zwei zentrale Propagandabegriffe des Kalten Krieges waren „Freiheit" und „Frieden", die beide Supermächte für sich beanspruchten und sehr unterschiedlich füllten. Untersuche die Quellen in deinem Schulbuch zu diesem Thema und trage Unterschiede in die Tabelle ein.

	USA	UdSSR
Politische Freiheit		
Wirtschaftliche Freiheit		
Individuelle Freiheit		
Freiheitsrechte der Staaten		
Friedensordnung		
Mittel zur Sicherung des Weltfriedens		
Frieden durch Stärke		

2 Bündnisbildung: ein Automatismus des Kalten Krieges? Bringe die in deinem Schulbuch zum Thema „Bündnisbildung" zu findenden Daten in eine Reihenfolge. Trage auch ein, welches Ereignis jeweils als Reaktion zu interpretieren ist.

1948	

Kompetenztraining Geschichte
9783060649396_GES_P_227.doc

Feindbilder in Ost und West

M1 „United Nations Club",
Karikatur von David Low,
Großbritannien, Juni 1945

Arbeitsaufträge:

1 Betrachte M1.

a) Finde heraus, welche
   Persönlichkeiten für
   die verschiedenen
   Staaten stehen.

UdSSR:

_____

GB:

_____

USA:

_____

Frankreich:

_____

"A FINE TEAM — BUT COULD DO WITH A DASH OF UNITY...."

b) Vor welche Probleme sah der Karikaturist die wichtigsten UN-Staaten gestellt?
   Schreibe in dein Heft.

**M2 Östliche Friedenstau-
be mit rotem Hintergrund
(o) und westliche Friedens-
taube mit blauem Hinter-
grund (u)**

2 These: „Die Feindbilder und Argumente in Ost und West folgten
dem ‚Prinzip der Spiegelbildlichkeit'."

a) Erläutere diese These am Gebrauch des Friedenssymbols auf
   beiden Seiten des Eisernen Vorhangs (M2).

_____

_____

_____

_____

b) Begründe, warum die internationale Abrüstungs- und Friedens-
   bewegung („Peace, no war!") das Taubensymbol für sich bean-
   sprucht.

_____

_____

c) These: „Im Zentrum des Kalten Krieges standen weniger inhalt-
   lich-politische Gegensätze, sondern psychische Beeinflus-
   sungsstrategien."
   Finde Argumente für diese These und schreibe sie in dein Heft.

Kompetenztraining Geschichte
9783060649396_GES_P_228.doc

Die blockfreien Staaten

Arbeitsaufträge:

1 Stelle den Zusammenhang von Konflikt, Rüstung und Feindbild im Kalten Krieg als Spirale dar. Versuche auch, die „zusätzlichen Gründe" im Zusammenhang des Ost-West-Konflikts genauer zu benennen und einzuarbeiten.

2 Jenseits von Ost und West entstand die Bewegung der blockfreien Staaten.
Recherchiere im Buch und im Internet nach den politischen Konzepten der folgenden Staatschefs und den biographischen Hintergründen ihres Handelns.

Spirale der Feindschaft

Gamal Abdel Nasser

Jawaharlal Nehru

Josip Broz Tito

Léopold S. Senghor

Cornelsen

Kompetenztraining Geschichte
9783060649396_GES_P_229.doc

Dritte Welt und Wandel in Osteuropa

Arbeitsaufträge:

1 In deinem Schulbuch sind mehrere Ursachen für die ungerechte Verteilung des Wohlstands und die Schwierigkeiten vieler Staaten genannt. Entwirf in deinem Heft ein Schaubild, das den Konflikt verdeutlicht.

2 Recherchiere im Internet die zehn Staaten der Erde mit dem niedrigsten Pro-Kopf-Einkommen (Hilfe: Suchworte: ärmste Länder, Statistik, Pro-Kopf-Einkommen). Rekonstruiere ihre Kolonialvergangenheit und trage deine Ergebnisse in die Tabelle ein.

	Staat	Ehemalige Kolonialmacht	Unabhängig seit
1			
2			
3			
4			
5			

	Staat	Ehemalige Kolonialmacht	Unabhängig seit
6			
7			
8			
9			
10			

3 Tauwetter in Osteuropa: Vergleiche den Wandel in Polen und der UdSSR.

a) Trage Stichworte in die Tabelle ein.

	Polen	UdSSR
Initiative für Wandel		
Beginn der Veränderungen		
Träger der neuen Ideen		
Wodurch wurde Wandel nötig?		
Rolle innerhalb des Ostblocks		
Bedeutung von einzelnen Personen		

b) Formuliere in deinem Heft mit einem Satz, worin der wichtigste Unterschied zwischen der Öffnung in Polen und der UdSSR bestand.

Kompetenztraining Geschichte
9783060649396_GES_P_230.doc

Der Nahostkonflikt

M1 Zionismus

Der Zionismus bezeichnet eine politisch-religiöse Bewegung mit dem Ziel, einen jüdischen Nationalstaat in Palästina zu errichten. Die Bewegung entstand bereits im 19. Jahrhundert
5 und war zunächst vor allem eine Reaktion auf die Bedrohung durch den Antisemitismus aus Osteuropa. Zur politischen Kraft wurde der Zionismus durch die Gründung der Zionistischen Organisation (1. Zionistischer Weltkon-
10 gress 1897) mit seiner Forderung nach einer „öffentlich-rechtlich gesicherten Heimstätte in Palästina". Anfang des 20. Jahrhunderts kam es zu größeren Auswanderungen, 1917 erfolgte die Zusage Großbritanniens, die Grün-
15 dung eines jüdischen Gemeinwesens zu unterstützen, und in den 1920er-Jahren begann die Phase eines verstärkten Ausbaus jüdischer Siedlungen durch die Zionisten. Der arabisch-palästinensische Widerstand (Auf-
20 stand 1936–1939) führte 1947 zu einer Zweiteilung Palästinas. Das Ziel des Zionismus mit der Gründung des Staates Israel konnte 1948 erreicht werden.

(Verfassertext)

Arbeitsaufträge:

1 Leite her, inwiefern der Nahostkonflikt seine Wurzeln in der Auffassung von Nationalstaatlichkeit in Europa hatte.

2 Vervollständige die Tabelle mithilfe einer Internetrecherche.

Datum	Ereignis	Bedeutung
	Konferenz von San Remo	
14. Mai 1948		
	Suezkrise	
	Gründung der PLO (=)	
	Sechstagekrieg	
Okt. 1973		
		Die Zweistaatenlösung wird von allen arabischen Staaten akzeptiert.
14. März 1978		
	Camp-David-Abkommen	
	Beginn der (1.) „Intifada"	
		Anerkennung der Existenz Israels sichert weitere Verhandlungen.
	Friedensnobelpreis für Arafat, Peres und Rabin	
16. Okt. 2000		
	Bau des Baus einer Mauer durch Israel an der Grenze zum Westjordanland	

3 Diskutiere Vor- und Nachteile des Plans von zwei Staaten auf einem Territorium. Schreibe in dein Heft.

Das Ende des Kalten Krieges

Arbeitsaufträge:

1 Untersuche die Begriffe „Glasnost" und „Perestroika" – Leitbegriffe in der Sowjetunion seit etwa 1985.

Glasnost (russ.: Transparenz, Offenheit). Unter dieser Losung wurden die politisch-ideologisch begründeten Beschränkungen der Pressefreiheit in der Sowjetunion gelockert und schließlich aufgehoben. Damit sollte eine höhere Transparenz der Entscheidungen im Partei- und Staatsapparat bewirkt und eine öffentliche Kontrolle etabliert werden, um die angestrebten politischen Reformen abzusichern.	*Perestroika* (russ.: Umbau). Mitte der 1980er-Jahre von Michail Gorbatschow geprägter politischer Leitbegriff für die Umstrukturierung von Politik und Gesellschaft in der Sowjetunion. Es ging insbesondere um eine Reform des zentralistischen Führungssystems und um die Einführung marktwirtschaftlicher Elemente in der Wirtschaft, um eine größere Effizienz zu erreichen.

a) Beschreibe, welche demokratischen Elemente diese beiden Reformansätze enthalten.

_____

_____

b) Arbeite heraus, inwiefern beide Programme auf die wirtschaftliche Leistungsfähigkeit zielten.

2 Zeige den Wandel in der Struktur der Weltordnung nach dem Ende des Kalten Krieges auf.

	Bipolare Welt (Kalter Krieg 1945–1989)	**Monopolare Welt** (Dominanz einer Weltmacht?)	**Multipolare Welt** (Konkurrenz mehrerer Machtzentren)
Entwicklung von Feindbildern			
Persönliche Bedrohung			
Konfliktklärungs- möglichkeiten			
Art kriegerischer Auseinandersetzung			
Verhalten kleiner Staaten			
Rolle der Vereinten Nationen (UNO)			
Kooperations- chancen			
Rolle von Friedens- organisationen			

Kompetenztraining Geschichte
9783060649396_GES_P_232.doc

26 Internationale Politik seit 1945

1 Was weißt du über den „Kalten Krieg"?

a) Erläutere verschiedene Erklärungsansätze für die Entstehung des „Kalten Krieges".

b) Analysiere den Begriff „Kalter Krieg".

2 Lies und untersuche die Quelle M1.

M1 Frieden ist unteilbar
Aus der Stuttgarter Rede des amerikanischen
Außenministers James F. Byrnes vom
6.9.1946:

Wir haben wohl oder übel lernen müssen,
dass wir alle in einer Welt leben, von der wir
uns nicht isolieren können: Wir haben gelernt, dass Frieden und Wohlergehen unteil-
5 bar sind und dass Frieden und Wohlergehen
in unserem Land nicht auf Kosten des Friedens und Wohlergehens eines anderen Volkes erkauft werden können.
Ich hoffe, dass das deutsche Volk nie wieder
10 den Fehler machen wird, zu glauben, dass

das amerikanische Volk, gerade weil es den
Frieden liebt, in der Hoffnung auf Frieden
abseits stehen wird, wenn irgendeine Nation
Gewalt anwendet oder mit Gewalt droht, um
15 die Herrschaft über andere Völker oder Regierungen zu erlangen.
Das amerikanische Volk will den Frieden. Es
hat schon seit langem nicht mehr von einem
strengen oder milden Frieden für Deutschland
20 gesprochen.

Zit. nach *http://www.lehrerfreund.de/in/schule/1s/byrnes-*
stuttgarter-rede-der-hoffnung (Stand: 7.7.2008).

---

a) Zeige anhand der Quelle die Verwendung des Begriffs „Frieden" im Kalten Krieg.

b) Zeige das Prinzip der „Spiegelbildlichkeit der Argumente" auf.

3 Lege deine Kenntnisse über die Bewegung der Blockfreien Staaten dar.

a) Nenne Faktoren, die einer Führungsrolle der blockfreien Staaten entgegenstanden.

b) Kritisiere die Position eines Staatschefs der blockfreien unter dem Aspekt der Realisierungsmög-
lichkeiten seiner Ideen.

4 Nimm Stellung zum Wandel in der Sowjetunion seit Mitte der 1980er-Jahre.

a) Untersuche die Gemeinsamkeiten der Begriffe „Glasnost" und „Perestroika".

b) Begründe, inwiefern es sich hierbei um eine „Revolution von oben" gehandelt hat und welche
Folgen dies für den Demokratisierungsprozess in Russland bis heute hat.

Kompetenztraining Geschichte
9783060649396_GES_P_233.doc

27 Deutschland nach 1945

Ich kann, weiß, verstehe …	Sehr sicher	Sicher	Unsicher	Sehr unsicher	Hilfen finde ich hier (SB = Schülerbuch):
1 Ich kann anhand von Zahlen und Fakten die Lebensbedingungen der Menschen bei Kriegsende beschreiben.					SB Förderb. 27.1
2 a) Ich weiß, welche Konzepte sich hinter den vier „D"-Maßnahmen der alliierten Besatzungsmächte verbergen, und					SB Förderb. 27.1
b) kann ihre Umsetzung in den Besatzungszonen vergleichen.					
3 a) Ich kann die unterschiedlichen politischen und ökonomischen Schritte in den Zonen erläutern und					SB Förderb. 27.2
b) im Hinblick auf einen deutschen Einheitsstaat bewerten.					
4 Ich kann die Ziele des Marshallplans nennen.					SB
5 Ich kann einen englischsprachigen Quellentext so bearbeiten, dass ich seine Botschaft historisch einordnen kann.					SB Förderb. 27.5
6 a) Ich kann die Wendungen „Don't fraternize",					SB
b) „Off limits!" und					
c) „Make the world safe for democracy!" treffend übersetzen.					
7 a) Ich kann Intentionen und Erfolg der „Reeducation"-Politik in den Westzonen und der sowjetischen Zone bewerten und					SB Förderb. 27.4
b) weiß, wie viele Personen überprüft und verurteilt wurden.					
8 Ich kann typische Selbstentlastungsargumente ehemaliger Nationalsozialisten nennen und bewerten.					SB Förderb. 27.4
9 Ich kann die deutschlandpolitische Strategie eines Spitzenpolitikers aus **a)** Ostdeutschland und					SB Förderb. 27.6
b) aus Westdeutschland kommentieren und bewerten.					
10 Ich weiß, warum das Grundgesetz nicht den Namen „Verfassung" trägt.					SB Förderb. 27.7
11 Ich kann erläutern, in welchen Bereichen das Grundgesetz ein Gegenmodell zum NS-Staat liefern sollte.					SB Förderb. 27.7
12 Ich weiß, warum die SED zur Einheitspartei der DDR wurde.					SB
13 Ich kann **a)** Aufgabenbereiche der „Stasi" erläutern und					SB Förderb. 27.8
b) die Rolle der Stasi in der DDR beurteilen.					
14 a) Ich kann die Funktionsweisen von Marktwirtschaft und Planwirtschaft erklären,					SB Förderb. 27.3
b) die Folgen für Konsum und Lebensstandard darlegen und					
c) erörtern, inwiefern dies zum Scheitern der DDR beitrug.					
15 Ich kann den Bau der „Berliner Mauer" 1961 in Beziehung setzen zum Bild von der „Mauer in den Köpfen".					SB Förderb. 27.5
16 a) Ich kann die globale Dimension von „1968" erläutern und					SB
b) die Folgen dieser Bewegung für die Gegenwart bewerten.					
17 a) Ich kann den Begriff „Entspannungspolitik" erklären und					SB Förderb. 27.9
b) weiß, welche Bedürfnisse sich mit ihm verbanden.					
18 a) Ich kann „die Wende" als friedliche Revolution beschreiben und **b)** sie mit dem folgenden Vertragsprozess vergleichen.					SB Förderb. 27.10
19 Ich kann zu Urteilen und Wertungen über die DDR-Vergangenheit kritisch Stellung beziehen.					SB Förderb. 27.11

Kompetenztraining Geschichte
9783060649396_GES_P_234.doc

Kriegsende und Besatzungspolitik

Arbeitsaufträge:

1 Informiere dich über die Situation in Deutschland nach Kriegsende.

a) Markiere diejenigen Zahlen, die du auch in deinem Schulbuch findest.

Deutsche Kriegstote	1,5 Mio.	4,3 Mio.	6,8 Mio.	14 Mio.
Obdachlose	300 000	3,2 Mio.	4,6 Mio.	7,5 Mio.
Flüchtlinge und Vertriebene	8 Mio.	12 Mio.	16 Mio.	22 Mio.
Zerstörungsrate der Großstädte	unter 10 %	bis 50 %	50–90 %	90 %
Zerstörter Wohnraum	25 %	30 %	50 %	60 %
Ehemalige NSDAP-Anhänger in Westzonen	1,5 Mio.	4 Mio.	8 Mio.	12 Mio.
Deutsche Kriegsgefangene nach 1945	400 000	700 000	900 000	über 1 Mio.
Durchschnittliche Kalorienversorgung pro Tag	1000 kcal	1200 kcal	1400 kcal	3000 kcal

b) Recherchiere im Internet, wie viele Kilokalorien pro Tag als „gesund" angegeben werden.

2 Untersuche die Umsetzung der alliierten Besatzungsziele, der sogenannten vier D, in Deutschland.

a) Fülle den Kasten aus. Beziehe dabei dein Schulbuch mit ein.

D-Begriff	Inhalt	Umsetzung Ost	Umsetzung West

3 Informiere dich über Vorgeschichte und Ziele des Potsdamer Abkommens.

a) Recherchiere, was auf den alliierten Kriegskonferenzen vor Potsdam zu Deutschland gesagt wurde.

b) Fasse die Beschlüsse der Potsdamer Konferenz in fünf Schlagwörtern zusammen.

1. _____

2. _____

3. _____

4. _____

5. _____

Kompetenztraining Geschichte
9783060649396_GES_P_235.doc

Der Weg zur Teilung Deutschlands

Arbeitsauftrag:

Verschiedene wirtschaftliche und politische Schritte verstärkten die Tendenz zur Teilung Deutschlands.
Trage die folgenden Stichworte rechts und links der Zeittafel zum jeweils richtigen Jahr ein.
Achte darauf, ob die Handlung vom westlichen oder vom östlichen Lager oder von beiden ausging
(falls von beiden: Eintrag rechts *und* links).

Nürnberger Prozesse – Berlin-Blockade – Währungsreform – Potsdamer Konferenz – Gründung der
Bundeswehr – Demontage von Fabrikgebäuden – Vertreibung deutschsprachiger Bevölkerung – Bonn
als Hauptstadt – Londoner Schuldenabkommen – Vereinigung von KPD und SPD – Tagungen des
„Deutschen Volksrates" – Gemeinsame Wirtschaftsverwaltung – Potsdamer Beschlüsse – Parlamentarischer Rat – Gründung von Bezirken – Marshallplan-Programm – Etablierung der Bizone – Verab-
schiedung des Grundgesetzes – Gründung der FDJ – Beginn einer Bodenreform – Pariser Verträge

Westliches Lager	Jahr	Östliches Lager
	1945	
	1945	
	1945/1946	
	1946	
	1946	
	1946	
	1947	
	1947	
	1948	
	1948	
	1948	
	1948	
	1948	
	1949	
	1949	
	1949	
	1952	
	1953	
	1954	
	1955	

Kompetenztraining Geschichte
9783060649396_GES_P_236.doc

Marktwirtschaft und Planwirtschaft

M1 Die Wirtschaft wächst weiter
Aus einem Radiobericht des Westdeutschen Rundfunks vom 3. Oktober 1956:

Baden-Baden, 3. Oktober 1956. (rst) Die westdeutsche Automobilindustrie brummt. Für 1956 wird ein Produktionsergebnis von über einer Million Fahrzeugen erwartet …
5 Der Hauptgeschäftsführer des Verbandes der Automobilindustrie, Vorwig, kann zufrieden sein. In Baden-Baden gab er aktuelle Zahlen … bekannt. Demnach ist die Produktion in den ersten acht Monaten des Jahres 1956
10 um 25 Prozent auf 706 300 Fahrzeugeinheiten angewachsen. Waren es 1950 noch im Schnitt 3,9 Kraftfahrzeuge, die ein Arbeiter im Jahr erzeugte, so sind es heute bereits sieben. Und davon geht fast jeder zweite Wagen
15 ins Ausland, die Exportquote liegt bei 45 Prozent. Keine Frage: Produkte mit dem Etikett „Made in Germany" verkaufen sich gut, im Ausland wie auch in Westdeutschland … Wirtschaftlichen Erfolg können aber auch
20 andere Industriezweige vermelden: So ist mit einer Produktion von 200 000 Tonbandgeräten Max Grundig mittlerweile der größte Tonbandhersteller der Welt. Die Radioindustrie ist noch jung, doch Grundigs Radioapparatefab-
25 rik ist bereits die größte Fabrik ihrer Art in Europa …
Die Qualität deutscher Produkte hat sich mittlerweile sogar bis nach Amerika herumgesprochen. „Kein amerikanisches Radio
30 kommt dem Grundig-Apparat in Klang und Sauberkeit auch nur nahe", erklärte Mr. Ashbach, Präsident der Majestic-International-Corporation. Im vergangenen Jahr konnte Grundig bereits einen Exportauftrag über 90
35 Millionen Mark mit Amerika abschließen. Aber auch hierzulande kommen einheimische Produkte immer besser an den Mann oder auch die Frau …So verdankt beispielsweise der Kaufmann Herbert Eklöh seinen Erfolg
40 nicht zuletzt dem Konzept der Selbstbedienung, das er in seinen Lebensmittelläden als einer der Ersten umgesetzt hat …

M2 Westdeutsche Familie in den 1950er-Jahren

Man kann schauen, wohin man will, und kann feststellen: Den Unternehmern geht es gut.
45 Mit ihnen profitieren auch die Arbeiter und Familien von dem stetig steigenden Bruttosozialprodukt. Im vergangenen Jahr betrug die Steigerung sogar 11,5 Prozent. Dies verdanken wir nicht zuletzt der Währungs- und Wirt-
50 schaftsreform und einer Industrie, die sich – wie man nun wohl zugeben muss – in richtiger Weise auf den Warenexport spezialisiert hat. Bundeswirtschaftsminister Erhard scheint mit seinem Wirtschaftsprogramm die richtigen
55 Weichen für ein Erstarken unserer Wirtschaft gestellt zu haben. Doch man darf bei aller Freude über das bisher Erreichte auch die Schattenseiten nicht außer Acht lassen: Im vergangenen Jahr 1955 waren 20 Prozent
60 der Westdeutschen von Sozialleistungen abhängig, etwa eine Million Haushalte lebten unter der Armutsgrenze von 130 Mark Monatseinkommen.

Zit. nach
http://www.wdr.de/themen/kultur/rundfunk/wdr/textrundfunk/wirtschaft/wachstum_text.html (Stand: 10.6.2008; gekürzt).

Arbeitsaufträge:

1 Erkläre, inwiefern das „Wirtschaftswunder" in Westdeutschland Folge von alliierter Politik war.

2 Stelle den Wirtschaftskreislauf der Marktwirtschaft vereinfacht in einem Schema dar.

3 Schreibe in dein Heft, was ein ostdeutscher Radiohörer seiner Ehefrau über den Bericht M1 erzählt.

4 Erkläre das Prinzip der Planwirtschaft.

5 Bewerte das in der Abbildung M2 dargestellte Wirtschafts- und Familienbild aus heutiger Sicht.

Entnazifizierung und „Reeducation"

Arbeitsaufträge:

1 Untersuche die Verleugnungsstrategien eines Angeklagten, der unmittelbar an NS-Verbrechen beteiligt war. Fülle die rechte Spalte der Tabelle aus.

Aussagen in M2 (Buch S. 321)	Dein Kommentar: Was meint er? Was will er eigentlich sagen? Sprachliche Besonderheiten?
Wir hatten eine Portion Tote, aber mich ging es nichts an. Ich war nicht Dienstältester.	
Ich meine, das geht ja nicht, dass jeder über einen Zug bestimmen kann, wie er will. Es ist doch so, dass der Zugführer seinen bestimmten Plan hatte, nach dem er fahren musste.	
Die Gefangenen hatten es auf dem Transport ganz gemütlich. Je Hundert Stück Häftlinge auf einem Waggon.	
Diese Bahnhöfe, dieses Wasser ... es gibt da Bestimmungen, das ist nur für die Lokomotiven da. Auch hatte ich ja nicht das Kommando.	

Zit. nach Eike Geisel (Hg.), Vielleicht war das alles erst der Anfang. Tagebuch aus dem KZ Bergen-Belsen 1944–1945, Berlin (Rotbuch) 1982.

2 Informiere dich über Ziele und Erfolge der Reeducation-Politik.
Lies dir die Texte in deinem Schulbuch nochmals durch und erkläre die Stichworte mit eigenen Formulierungen.

Reeducation: _____

Spruchkammer: _____

Nürnberger Prozesse: _____

Mitläufer: _____

Schlussgesetze: _____

Mitläuferfabrik: _____

3 In der Bundesrepublik und in der DDR gelangten einige Nationalsozialisten wieder in wichtige Ämter („Elitenkontinuität"). Dies wurde folgendermaßen begründet:

„Das Auswärtige Amt war gezwungen, mehr als die Hälfte seines Personals aus ehemaligen Parteigenossen zu rekrutieren. Schließlich waren dies die Fachleute, die man brauchte."

a) Erörtere diese Aussage des Staatssekretärs Sattler nach dem Pro-und-Kontra-Schema.

b) Beurteile die Kontinuität in Hinblick auf das politische System der Bundesrepublik.

Kompetenztraining Geschichte
9783060649396_GES_P_238.doc

Kennedys „Berliner Rede" (1963) – in Englisch

M1 „Ich bin ein Berliner!"
Rede des amerikanischen Präsidenten John F. Kennedy in Westberlin am 26.6.1963:

I am proud to come to this city as the guest of your distinguished Mayor, who has symbolized throughout the world the fighting spirit of West Berlin. And I am proud to visit the Fed-
5 eral Republic with your distinguished Chancellor[1] who for so many years has committed Germany to democracy and freedom and progress, and to come here in the company of my fellow American, General Clay[2], who has
10 been in this city during its great moments of crisis and will come again if ever needed. Two thousand years ago the proudest boast was "civis Romanus sum"[3]. Today, in the world of freedom, the proudest boast is "Ich
15 bin ein Berliner". There are many people in the world who really don't understand, or say they don't, what is the great issue between the free world and the Communist world. Let them come to Ber-
20 lin. There are some who say that communism is the wave of the future. Let them come to Berlin. And there are some who say in Europe and elsewhere we can work with the Communists. Let them come to Berlin. And there are
25 even a few who say that it is true that communism is an evil system, but it permits us to make economic progress. Lass' sie nach Berlin kommen. Let them come to Berlin. Freedom has many difficulties and democracy
30 is not perfect, but we have never had to put a wall up to keep our people in, to prevent them from leaving us.[4] I want to say, on behalf of my countrymen, who live many miles away on the other side of the Atlantic, who are far dis-
35 tant from you, that they take the greatest pride that they have been able to share with you, even from a distance, the story of the last 18 years. I know of no town, no city, that has been besieged for 18 years that still lives
40 with the vitality and the force, and the hope and the determination of the city of West Berlin. While the wall is the most obvious and vivid demonstration of the failures of the

Communist system, for all the world to see,
45 we take no satisfaction in it, for it is, as your Mayor has said, an offense not only against history but an offense against humanity, separating families, dividing husbands and wives and brothers and sisters, and dividing a
50 people who wish to be joined together. What is true of this city is true of Germany – real, lasting peace in Europe can never be assured as long as one German out of four is denied the elementary right of free men, and
55 that is to make a free choice. In 18 years of peace and good faith, this generation of Germans has earned the right to be free, including the right to unite their families and their nation in lasting peace, with good will to all
60 people. You live in a defended island of freedom, but your life is part of the main. So let me ask you as I close, to lift your eyes beyond the dangers of today, to the hopes of tomorrow, beyond the freedom merely of this
65 city of Berlin, or your country of Germany, to the advance of freedom everywhere, beyond the wall to the day of peace with justice, beyond yourselves and our-selves to all mankind.
70 Freedom is indivisible, and when one man is enslaved, all are not free. When all are free, then we can look forward to that day when this city will be joined as one and this country and this great Continent of Europe in a
75 peaceful and hopeful globe. When that day finally comes, as it will, the people of West Berlin can take sober satisfaction in the fact that they were in the front lines for almost two decades.
80 All free men, wherever they may live, are citizens of Berlin, and, therefore, as a free man, I take pride in the words "Ich bin ein Berliner".

Zit. nach *http://www.berlin.de/rubrik/hauptstadt/geschich te/kennedyrede.html* (Stand: 7.7.2008).

Arbeitsaufträge:

1 Lies Kennedys Rede laut vor. Schlage Begriffe nach, die in M1 mit Hochzahlen markiert sind.

2 Unterstreiche zentrale Aussagen. Formuliere den Kern von Kennedys Botschaft mit eigenen Worten.

3 Erläutere den historischen Kontext von Kennedys Rede und erkläre ihre Bedeutung.

Deutschlandpolitische Vorstellungen

Arbeitsauftrag:

Recherchiere die politische Vita dieser Politiker im Buch und im Internet:

Konrad Adenauer – Willy Brandt – Ludwig Erhard – Erich Honecker – Kurt Schumacher –
Walter Ulbricht

a) Schreibe neben die Porträtbilder die Namen, Lebensdaten und das jeweils wichtigste Amt.

b) Recherchiere, welche Vorstellungen diese Politiker von Deutschland hatten, und schreibe deine
Ergebnisse in Stichworten dazu.

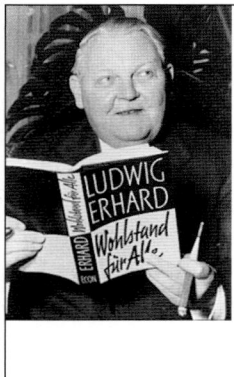

Das Grundgesetz im Vergleich

Arbeitsaufträge:

1 Aus den Fehlern der Vergangenheit zu lernen, war das Ziel der Verfasser, der so genannten Mütter und Väter des Grundgesetzes. Versuche, ihre Entscheidungen nachzuvollziehen.
Fülle die Tabelle aus. Recherchiere dazu im Schulbuch und im Internet.

	Weimarer Verfassung	Herrschaftspraxis in der NS-Zeit	Grundgesetz
Gewaltenteilung			
Prozenthürden für Parteien			
Befugnisse des Präsidenten			
Befugnisse des Kanzlers			
Garantie der Grundrechte			
Notstandsgesetz-gebung			
Beteiligung der Länder			
Rolle des obersten Gerichts			
Gültigkeit für Staatsgebiet			

2 Vergleiche die politischen Systeme der Deutschen Demokratischen Republik und der Bundesrepublik Deutschland. Zeichne jeweils eine vereinfachte Form des Staatsaufbaus der Bundesrepublik und der DDR in dein Heft.

Kompetenztraining Geschichte
9783060649396_GES_P_241.doc

Die „Staatssicherheit" in der DDR

Am 8. Dezember 1979 wurde der 10-Klässler Olaf Egner bei der „Republikflucht" erschossen. In einer Stasi-Akte ist der „Vorfall" dokumentiert. Anhand dieses Dokuments, das die konkreten Maßnahmen nach der Erschießung beinhaltet, kannst du wichtige Prinzipien der Stasi-Arbeit erkennen und ableiten, welche Stellung ihre Arbeit in der DDR einnehmen sollte.

Abteilung IX   107   1- 88 -

                                             Halle, den 1o.12.1979

                                                            BStU
                                      Bestätigt: 000115

                                      Generalmajor

              M a ß n a h m e p l a n

     Es wird die Durchführung folgender Maßnahmen im Zusammenhang mit
     dem Tode des Straftäters Egner, Olaf vorgeschlagen:

  ✓ 1. Benachrichtigung der Mutter und der Schwester des Egner durch
        den zuständigen Staatsanwalt des Kreises Halle-Neustadt im
        Beisein des Leiters der Abteilung I A beim Bezirksstaatsanwalt
        Halle.

        - zunächst erst Mitteilung an die Mutter und in Abstimmung mit
          dieser Hinzuziehung der Schwester des Toten

  ✓ 2. Einbehaltung der Kleidungsstücke des Toten als Beweismittel.

     3. Ermittlungen der OD Buna zu der Person Egner, Lani u. Tom. Rübner

     4. Abstimmung mit der OD Buna bezüglich des Einsatzes eines Be-
        treuers (möglichst IM) für die Mutter des Toten.

     5. Führen von Ermittlungen über den Vater des Toten.

     6. Benachrichtigung seitens des Kreisstaatsanwaltes in entspre-
        chender Form über den Tod des Egner an den Direktor, den Par-
        teisekretär und den Klassenlehrer der ▮ POS in Halle-Neu-
        stadt.

        - schriftliche Belehrung, daß Stillschweigen bewahrt wird

        - es wird angegeben, daß Egner bei der Durchführung einer Straf-
          tat tödlich verunglückt ist

     7. Erzielung einer Übereinkunft mit der Mutter des Toten, daß
        über Todesfall keine Anzeige in der Tagespresse veröffentlicht
        wird.

     8. Schnellste Durchführung der Bestattung des Toten

        - organisatorische Abstimmung mit der Lani Egner durch Staats-
          anwalt des Kreises

        - Ziel: Kreis der Trauernden so klein wie möglich halten,
          Ausschließung der Teilnahme durch Mitschüler

Aus: BStU für Schulen (Hg.), Quellen für die Schulen 2: Flucht aus der DDR am Beispiel „Versuchter Grenzdurchbruch zweier Schüler", 2. Aufl., Berlin (BStU) 2008, o. S.

Arbeitsaufträge:

1 Stelle zusammen, welche der acht Punkte dir besonders unmenschlich vorkommen.

2 Äußere Vermutungen, warum a) ein „IM" der Staatssicherheit als Betreuer der Mutter eingesetzt werden soll und b) warum sie schriftlich Stillschweigen versichern muss.

3 Bewerte die Erklärung, Olaf sei „bei der Durchführung einer Straftat tödlich verunglückt".

4 In einem weiteren Aktenstück sind Fotos der Teilnehmer der Beerdigung mit ermittelten Namen zusammengestellt. Bewerte diese Art des Vorgehens seitens des Staates.

Die Zeit der Entspannungspolitik

Arbeitsaufträge:

1 Skizziere die Grundzüge der Entspannungspolitik.

   a) Erkläre mit eigenen Worten die folgenden historischen Begriffe:

Berlin-Abkommen: _____

_____

Grundlagenvertrag: _____

_____

Ostverträge: _____

_____

   b) Recherchiere im Internet darüber hinaus: „KSZE-Prozess" und „Helsinki-Akte". Schreibe die Ergebnisse in dein Heft.

2 Untersuche die Unzufriedenheit in der DDR.

   a) Liste Gründe für die Flucht aus der DDR auf. Stelle diesen Gründen die gesellschaftliche Alternative der Bundesrepublik gegenüber.

	Gründe für die Flucht	Gesellschaftliche Alternative BRD
1		
2		
3		
4		
5		
6		
7		
8		

   b) Erörtere in deinem Heft, warum auch der Westen daran interessiert war, das Wettrüsten zu begrenzen und eine Entspannungspolitik einzuleiten.

Kompetenztraining Geschichte
9783060649396_GES_P_243.doc

Friedliche Revolution und Deutsche Einheit

Arbeitsaufträge:

1 Wiederhole die Stationen auf dem Weg zur deutschen Einheit. Weise jedem Datum ein Stichwort zu:

1989   30. September: _____

           6./7. Oktober: _____

           18. Oktober: _____

           7./8. November: _____

           9. November: _____

           13. November: _____

           7. Dezember: _____

1990   1. Juli: _____

           31. August: _____

           12. September: _____

2 Die Wiedervereinigung: eine Revolution? Wäge das Pro und Kontra ab und beziehe Stellung.

Revolution nennt man die meist unter Anwendung von Gewalt erzwungene tiefgreifende Änderung der staatlichen Ordnung. Sie ist fast immer auf die Einführung eines neuen
5 politischen Systems und den personalen Wechsel der Inhaber der Staatsgewalt ausgerichtet. Entscheidend ist, dass sich der Wandel außerhalb der vorgesehenen Rechtsformen des alten Systems, d. h. nach dessen
10 Definition illegal vollzieht und stattdessen auf politischen und militärischen Kräfteverhältnissen beruht. Eine Revolution kann von zahlenmäßig kleinen Gruppen ausgehen, jedoch hängt ihr Gelingen von der Zustimmung der
15 Bevölkerung ab; Zustimmung kann durch Volksabstimmungen, Volksentscheide, durch die Entscheidung von parlamentarischen Institutionen (Nationalversammlung), Massendemonstrationen, Massenstreiks, aber
20 auch durch das Ausbleiben politischen Widerstands gegen die Revolutionäre erfolgen. Möglich ist, dass die Träger der alten Ordnung bereits aufgegeben haben und die Revolution ein politisches Machtvakuum füllt;
25 das Ende der Revolution kommt mit der Beendigung des Angriffs oder der Stabilisierung der Macht.

(Vom Verfasser frei zitiert nach Wikipedia)

Indikator	Pro Revolutionsbegriff	Kontra Revolutionsbegriff
Gewaltanwendung		

Umgang mit der DDR-Vergangenheit

Die Bewertung der DDR als Unrechtsregime, gerade auch im Vergleich zum Nationalsozialismus, ist umstritten. Während die einen die Idealisierung des DDR-Alltags für gefährlich halten und Parallelen zum NS-Überwachungsstaat ziehen, verweisen andere auf die Unterschiede und positiven Seiten des Lebens in der DDR. Mit dem Begriff „Ostalgie" versucht man diese DDR-Nostalgie zu beschreiben.

M1 Die DDR – ein „Unrechtsstaat"?
Auszug aus einer Meldung der Nachrichtenagentur ddp (Deutscher Depeschendienst), 2009:

Berlin (ddp). Bundespräsident Horst Köhler sieht die DDR als Unrechtsstaat. „Es war ein Unrechtsstaat, und das scheue ich mich auch nicht auszusprechen", sagte Köhler am Sonn-
5 tag im Sommerinterview der ZDF-Sendung „Berlin direkt". Das bedeute aber nicht, „dass die Lebensbiographien der Menschen in der DDR unnütz oder schlecht waren". Die Menschen hätten viel geleistet und dafür allen
10 Respekt verdient. Köhler fügte hinzu: „Aber jetzt müssen wir daran arbeiten, dass auch diese Enttäuschung über manche Großkotzigkeit von Westdeutschen ihre Diskussion findet." Auch müssten noch immer vorhandene

15 Probleme gelöst werden. Hier sei er aber zuversichtlich. Der Bundespräsident beklagte zugleich Versäumnisse in der Bildung in Ost und West über die DDR. Köhlers Herausforderin bei der Bundespräsidentenwahl am
20 23. Mai, Gesine Schwan, hatte eine Woche vor der Wahl die Debatte um die DDR-Vergangenheit mit der Weigerung angefacht, die DDR als Unrechtsstaat zu bezeichnen. Dieser Begriff sei diffus. „Er impliziert, dass alles
25 unrecht war, was in diesem Staat geschehen ist. So weit würde ich im Hinblick auf die DDR nicht gehen", sagte Schwan damals.

ddp, Berlin, 2009.

Arbeitsaufträge:

1 Stelle die beiden Haltungen in M1 mit eigenen Worten gegenüber.

2 Vergleiche die DDR mit dem Nationalsozialismus mithilfe der folgenden Tabelle:

Aspekt	g	u	Meine Begründung
Rechtswesen, Prozesse			
Außenpolitik, Einstellung zum Krieg			
Rassenideologie			
Manipulation der Massen			
Rolle der Partei im Staat			
Umgang mit Regimegegnern			
Wirtschaftspolitik			
Sozialpolitik (z. B. Wohnungsbau)			

g = war in beiden Regimen gleich; u = war in beiden Regimen unterschiedlich

3 Mein abschließendes historisches Urteil zur DDR:

_____

_____

_____

4 In den neuen Bundesländern gibt es mehrere Museen zur DDR-Geschichte. Setze dich mit den „Ostalgie"-Anhängern anhand folgender Webseite auseinander: *http://www.ddr-museum-dresden.de*

Kompetenztraining Geschichte
9783060649396_GES_P_245.doc

27 Deutschland nach 1945

1 Skizziere die Grundzüge der Besatzungspolitik der Alliierten.

   a) Nenne die besatzungspolitischen Grundsätze, die alle Alliierten vertraten.

   b) Zeige an drei ausgewählten Beispielen, wie unterschiedlich diese Grundsätze in Ost- und West-deutschland gehandhabt wurden.

2 Erörtere die Problematik der Berliner Mauer.

   a) Erläutere anhand der Karikatur M1 den Begriff „Mauer in den Köpfen". (Die Karikatur entstand bereits 1949 und zeigt, wie der Zeichner sich die weitere Entwicklung vorstellte.)

   b) Bewerte den Ausspruch, die Berliner Mauer sei nur das äußere Zeichen einer inneren Entwicklung der Entfremdung zwischen Ost und West gewesen.

M1 Karikatur von Hanns Erich Köhler, 1949

1945: „BRUDER!!"

1955: „Mein lieber Vetter!"

1965: „Ach, ja — wir haben irgendeinen entfernten Verwandten im Ausland . . ."

3 Stelle eine Person der deutschen Geschichte zur Zeit des Kalten Krieges vor, indem du ihr deutschlandpolitisches Konzept und ihre Vorstellung vom politischen System eines künftigen einheitlichen Deutschlands beschreibst.

4 Erörtere, inwiefern wirtschaftliche Faktoren den ausschlaggebenden Anteil am Untergang der DDR hatten. (Denke hierbei auch an die Sehnsucht nach geistiger Freiheit.)

Kompetenztraining Geschichte
9783060649396_GES_P_246.doc

28 Transnationale Kooperationen seit 1945 – UNO und EU

Ich kann, weiß, verstehe …	Sehr sicher	Sicher	Unsicher	Sehr unsicher	Hilfen finde ich hier (SB = Schülerbuch):
1 Ich kann erklären, warum der Völkerbund scheiterte.					SB
2 a) Ich kann die Vetomächte der UNO aufzählen.					SB
b) Ich kann den Begriff „Veto-Politik" anhand des Kalten Krieges erklären.					Förderb. 28.1
3 a) Ich weiß, mit welchen Zielen die UNO 1945 gegründet wurde, und					SB Förderb. 28.1
b) kann diese Ziele mit der heutigen weltpolitischen Situation vergleichen und bewerten.					
4 Ich kann erläutern, welche Rolle die Finanzierung der UNO für ihre Autorität und Handlungsfähigkeit spielt.					SB
5 Ich kann Kofi Annans Satz erläutern: „Die Souveränität der Staaten darf nicht länger als Schutzschild für schwere Menschenrechtsverletzungen missbraucht werden."					SB Förderb. 28.2 und 28.3
6 Ich kann meine Meinung zu Blauhelmeinsätzen der Bundeswehr vor dem Hintergrund der deutschen Geschichte begründen.					SB Förderb. 28.2
7 Ich kann beurteilen, ob Informationsmaterial aus dem Internet den Kriterien der Nachprüfbarkeit und Seriosität entspricht.					SB Förderb. 28.3
8 Ich kann die institutionelle Entwicklung der Europäischen Union skizzieren.					SB Förderb. 28.4 und 28.5
9 Ich kann die europäische Wirtschaftsunion mit der Idee des deutschen Zollvereins von 1834 vergleichen.					SB Förderb. 28.4
10 Ich kann jenseits wirtschaftlicher Aspekte formulieren, was die Zeitgenossen als „europäische Idee" bezeichneten.					SB
11 Ich weiß, welche Konsequenzen das Schengener Abkommen hatte.					SB Förderb. 28.5
12 Ich kann die Kernpunkte des Vertrags von Maastricht aufführen.					SB Förderb. 28.5
13 a) Ich kenne die wichtigsten Institutionen der Europäischen Union und					SB
b) weiß, in welcher Beziehung sie zueinander stehen.					
14 Ich kann erörtern, ob es einen europäischen Außenminister geben soll.					SB Förderb. 28.5
15 Ich kenne alle Gründungsmitglieder und heutigen EU-Länder.					SB Förderb. 28.4 und 28.5
16 Ich habe eine eigene begründete Meinung zum EU-Beitritt der Türkei oder Marokkos.					SB Förderb. 28.5
17 Ich kann erklären, wie wichtig mir meine Identität als Europäer bzw. Europäerin ist.					selbstständig

Kompetenztraining Geschichte
9783060649396_GES_P_247.doc

Entstehung und Arbeit der UNO

Arbeitsaufträge:

1 Nenne diejenigen Staaten, die bei der UNO ein Veto einlegen und somit Sicherheitsratsbeschlüsse außer Kraft setzen können:

_____

_____

2 Informiere dich über die Gründungscharta der UNO. Leite jeweils ab, welche Lehren aus den Erfahrungen des Zweiten Weltkriegs gezogen wurden:

Stichwort der Charta	Historische Erfahrung	Relevanz für heute
Weltfrieden wahren	Gefährdung des Weltfriedens durch totalitäre Staaten wie Japan und das Deutsche Reich	Ja, durch Iran, Korea
Freundschaftliche Gleichberechtigung		
…		

3 Untersuche eine UN-Resolution im Hinblick auf Geschichte, Bedeutung und Wirkung. Recherchiere im Internet eine UN-Resolution, mit der die Weltgemeinschaft auf ein problematisches Verhalten eines Staates reagiert (z. B. Nahostkonflikt), und fülle den folgenden Fragebogen aus:

Kennziffer der Resolution: _____   Datum: _____

Betroffene Staaten: _____

Abstimmungsergebnis in der UNO: _____

Wirkungsabsicht der Resolution: _____

_____

_____

Wurde die Resolution umgesetzt?_____

_____

Folgeresolutionen: _____

Kompetenztraining Geschichte
9783060649396_GES_P_248.doc

UN-Blauhelmeinsätze

Arbeitsaufträge:

1 Neulich wurde zum 250 000. Mal ein deutscher Soldat ins Ausland zu einem UN-Einsatz geschickt.

    a) Sammle Argumente, die dafür bzw. dagegen sprechen, diesen Anlass zu feiern.

Für eine Feierstunde sprechen diese Argumente: _____

_____

_____

_____

_____

Gegen eine Feierstunde sprechen diese Argumente: _____

_____

_____

_____

_____

    b) Recherchiere sechs UN-Missionen (*www.uno.org*; *www.uno.de*). Finde heraus, ob auch deutsche Blauhelmsoldaten im Einsatz sind.

Nr.	Einsatz wo	Einsatz seit wann und warum
1.		
2.		
3.		
4.		
5.		
6.		

2 Blauhelmeinsätze führen gelegentlich zu Konflikten mit Staaten, die ihre Souveränitätsrechte berührt sehen.

    a) Definiere, was „Souveränität" im völkerrechtlichen Sinne bedeutet:

_____

_____

    b) Begründe in deinem Heft, warum sich der ehemalige UN-Generalsekretär Kofi Annan gegen ein unbeschränktes Selbstbestimmungsrecht wendet.

Kompetenztraining Geschichte
9783060649396_GES_P_249.doc

Debatte über einen UN-Einsatz

In Birma/Myanmar wurden durch einen Zyklon im Mai 2008 mehr als 22 000 Menschen getötet und ca. eine Million obdachlos. Die Militärregierung ist von dieser Katastrophe überfordert, weigert sich jedoch, westliche Helfer ins Land zu lassen. Im Internetforum „Computerbase" wird darüber diskutiert, ob die UNO nach der Katastrophe hätte einschreiten sollen. Die Stellungnahmen M1 und M2 findest du unter: *http://www.computerbase.de/forum/showthread.php?p=4221830* vom 16.6.2008 (gekürzt).

M1 Stellungnahme von Keskau

Die Frage ist tatsächlich, wem man mehr verpflichtet ist: der leidenden Bevölkerung oder der Militärregierung, die auf die Souve-ränität des Landes pocht. Ich meine, was hilft
5　einem die Souveränität, wenn man dafür ver-dursten muss.
Aus rein humanitären Gründen müsste man eigentlich sagen: „Drauf geschissen! Wir flie-gen jetzt da hin. Und wer uns daran hindert,
10　den räumen wir aus dem Weg." Doch das liefe auf einen Krieg hinaus, den niemand will. Es dürfte außerdem ein Problem sein, das Militär aus seiner Position zu verdrängen. Denn dann würde womöglich die Verwaltung
15　und vielleicht sogar die Infrastruktur zusam-menbrechen.
Drohen kann man den Machthabern wohl auch nicht wirklich. Es bestehen seitens der EU bereits zahlreiche Sanktionen. Da ist
20　kaum noch Luft. Man könnte höchstens zu verstehen geben, dass man den Militärs per-sönlich ans Leder gehen würde, wenn sie jetzt nicht einlenken …

M2 Stellungnahme von Odium

Zuerst einmal steht jedem Staat der Welt eine Souveränität zu. Diese Souveränität zu ver-letzen, bedeutet praktisch einen Konflikt he-raufzubeschwören, der u. U. auch mit Krieg
5　enden könnte, das will keiner.
Ich denke, man muss das Ganze auf zwei Ebenen sehen: die politische Denkweise und die mediale Präsentation. Katastrophen wie jetzt in Myanmar sind immer gut für die Me-
10　dien. Es bietet auch für die Politiker exzellen-te Aufhänger, um etwas Präsenz zu zeigen. Und das ist das Wesentliche hierbei, nämlich die Selbstpräsentation. In deinem Link von jungewelt.de sagt nur der stellvertr. Frakti-
15　onsvorsitzende der Linken, dass ein Militär-einsatz gerechtfertigt ist. Das ist natürlich absoluter Schwachsinn, damit will er nur die Leute erreichen, die mit dem Bauch und nicht mit dem Kopf denken.
20　Politisch gesehen tun wir schon etwas gegen den Hunger. Ein paar Prozent unseres BIP geht in die Entwicklungshilfe, solche Katas-trophen … rechtfertigen auch mal eine Extra-Million. Aber letztendlich haben wir damit
25　nichts zu tun …

a) Fülle das Untersuchungsraster stichwortartig aus.

Autorenschaft	Material	User
Die Autoren des Materials:	Entspricht es fachlichen An-sprüchen?	Wird die Zielgruppe genannt?
Stehen Einrichtungen dahinter?	Ist die Information schlüssig?	Ist die stetige Erreichbarkeit des Servers gewährleistet?
Verhältnis zum Sachverhalt:	Werden Quellen genannt?	
Position der Autoren:	Gibt es Literatur?	

b) Schreibe in dein Heft, welche Vor- und Nachteile solche Foren für die Wissensgewinnung haben können.

Kompetenztraining Geschichte
9783060649396_GES_P_250.doc

Die Entstehung der Europäischen Union (EU)

Arbeitsaufträge:

1 Bringe die folgenden Begriffe in die richtige Reihenfolge, datiere und löse die Abkürzungen auf.

Nr.	Abkürzung	Besteht seit	Auflösung der Abkürzung
	OECD		
	EG		
	EGKS		
	EURATOM		
	EU		
	WEU		
	EWG		

2 EU-Quiz. Kreuze an, welche Länder zu den Gründungsstaaten der EU gehören:

	Spanien	Italien	Liechten-stein	Deutsch-land	Frank-reich	Belgien	BRD	Däne-mark
Ja								
Nein								

3 Informiere dich über die Präambel des EGKS-Vertrags von 1957. Welche Ziele werden für die europäische Zusammenarbeit genannt?

Wirtschaftliche Ziele: _____

Politische Ziele: _____

Ideelle Ziele: _____

4 Der Zollverein der deutschen Einzelstaaten von 1834 und die Kooperation der EWG weisen einige Gemeinsamkeiten auf. Lies dazu im Schulbuch nach und vergleiche.

Abbau von Zöllen: _____

_____

Zusammenschluss: _____

_____

Entstehen eines Wirtschaftsraumes: _____

_____

Zusammenwachsen der Einzelstaaten: _____

_____

Förderung eines Gemeinschaftsgefühls: _____

_____

Kompetenztraining Geschichte
9783060649396_GES_P_251.doc

Die Fortentwicklung der EU

M1 Der erste „Außenminister" der EU

Der Spanier Javier Solana erhielt 1999 das neu geschaffene Amt des „Hohen Vertreters für die Gemeinsame Außen- und Sicherheitspolitik der EU" (kurz: „Außenbeauftragter"). Anlässlich der Verleihung des Karlspreises zu Aachen ehrte ihn der luxemburgische Premierminister Juncker in einer Rede:

Wer hätte vor zehn Jahren sich eigentlich vorstellen können, dass ein europäischer Außenminister, und der hohe Vertreter der Europäischen Union, eigentlich Sprachrohr
5 und Prozessgestalter dieser weltweit wichtigen, weil uns alle betreffenden Gesamtvorgänge werden könnte? So ist Solana zu einem in der Welt hochgeachteten Akteur internationaler Dinge geworden. Nach Solana wird
10 nichts mehr in der Welt ohne Europa gehen, wenn es um wichtige Dinge geht, und darum gebührt ihm die allergrößte Anerkennung all derer, die Wert darauf legen, dass Europa vom Rest der Welt wahrgenommen wird.
15 Neben der Methode der vernetzten Sicherheit bringt Javier Solana auch seine eigene Methode zum Einsatz, und die ist nicht so, wie Methoden normalerweise sind. Er kann

zuhören. Das können nicht alle Politiker, so-
20 gar nicht alle Außenminister. Er kann schweigen auch. Er ist bedächtig. Er ist umsichtig. Und er hat den Charme, von Natur aus, und er braucht ihn, weil er ihn einsetzen kann, um das rüberzubringen, was ihm wichtig er-
25 scheint.
Er ist ein Klugfragender, weil er nur dann eine Frage stellt, wenn er sicher ist, dass er genau die Antwort erhält, die er gerne hören würde. Er ist jemand, der die Menschen mag, der sie
30 auch umarmt, der küsst. Er wird in Brüssel der große Umarmer genannt. Wer die Welt, meine Damen und Herren, verbessern möchte, muss sie umarmen, herzen und drücken können. Er kann das, er muss das, und wir
35 brauchen das.

Zit. nach *www.karlspreis.de* (Stand: 22.6.2008).

Arbeitsaufträge:

1 Nenne die Kernpunkte des Schengener Abkommens (1985) und des Vertrags von Maastricht (1992). Schreibe in dein Heft.

2 Informiere dich, welche Staaten Mitglied in der Europäischen Union sind.

a) Finde zu den unten genannten EU-Staaten das Jahr ihres Beitritts:

Staat	Bulgarien	Estland	Kroatien	Rumänien	Polen	Slowenien	Slowakei
Jahr							

b) Nenne mindestens 10 europäische Staaten, die nicht Mitglied in der EU sind. Schreibe in dein Heft.

3 Lies M1 und informiere dich über die Biographie des ersten EU-Außenbeauftragten, Javier Solana. Schreibe die Antworten auf die folgenden Fragen in dein Heft:

a) Welche (historischen) Erfahrungen prädestinieren Solana zu diesem Amt?

b) Beschreibe, welche Bedeutung Juncker dem Amt des europäischen Außenbeauftragten zumisst und welche Qualitäten Solana hierfür mitbringt.

4 Die Türkei ist Beitrittskandidat der EU. Ihr EU-Beitritt wird seither in Europa kontrovers diskutiert. Anfang Juni 2007 äußerte der französische Ministerpräsident:

„Die Türkei hat keinen Platz in Europa."

Recherchiere im Internet, welche Gruppen (Parteien, Verbände, Behörden) sich zu diesem Statement äußerten, und halte die Ergebnisse in deinem Heft fest.

Kompetenztraining Geschichte
9783060649396 Inhalt S252

28 Transnationale Kooperationen seit 1945 – UNO und EU

1 Im Juni 1945 wurden die Vereinten Nationen (UNO) gegründet.

   a) Erkläre, mit welchen Intentionen die UNO gegründet wurde.

   b) Nenne die ständigen Mitglieder im UN-Sicherheitsrat.

2 Ein junger Bundeswehrsoldat steht vor der Frage, ob er sich für einen Blauhelmeinsatz melden soll.

   a) Erkläre, was man unter „Blauhelmeinsatz" versteht.

   b) Nenne Gewissensgründe, die dafür, und solche, die dagegen sprechen, an einem solchen Einsatz teilzunehmen.

3 Führe auf, welche Veränderungen für den Alltag der Europäer folgende Verträge brachten:

   a) das Schengen-Abkommen

   b) die Maastricht-Verträge

4 Der ehemalige deutsche Außenminister Joschka Fischer ist einer der bekanntesten Außenpolitiker der Welt.

   a) Nenne Gründe, die dafür sprechen würden, ihn zum europäischen Außenbeauftragten zu machen. (Überlege, welche Erfahrungen und Eigenschaften diese Persönlichkeit braucht.)

   b) An welcher Stelle des Machtgefüges der EU ist dieser Beauftragte angesiedelt?

5 Nimm Stellung: Fühlst du dich eher als Deutsche/-r, als EU-Bürger/-in oder als Weltbürger/-in?

Kompetenztraining Geschichte
9783060649396_GES_P_253.doc

29 Leben in der Zeit der Globalisierung

Ich kann, weiß, verstehe …	Sehr sicher	Sicher	Unsicher	Sehr unsicher	Hilfen finde ich hier (SB = Schülerbuch):
1 Ich kann Entwicklungen benennen, die zusammengenommen die Globalisierung ausmachen.					SB Förderb. 29.1
2 Ich kann zwei verschiedene Erklärungsansätze für die Globalisierung unterscheiden.					SB Förderb. 29.1
3 Ich kann Kritikpunkte von Globalisierungsgegnern nennen und erläutern.					SB Förderb. 29.1
4 Ich kann **a)** aufgrund meines historischen Wissens Entwicklungen nennen, die als Vorläufer von Globalisierungsprozessen angesehen werden können, und					SB Förderb. 29.4
b) bewerten, welche Grenzen diese Vergleichbarkeit hat.					
5 Ich kann in eigenen Worten beschreiben, wofür **a)** die WTO,					SB Förderb. 29.1
b) der Internationale Währungsfonds und					
c) die Weltbank zuständig sind.					
6 Ich kann drei konkrete Beispiele für die Unterschiedlichkeit der Lebensbedingungen in entwickelten und unterentwickelten Ländern nennen.					SB Förderb. 29.2
7 Ich kann die Verbindung von wirtschaftlicher und kultureller Globalisierung aufzeigen.					SB Förderb. 29.2
8 Ich habe eine begründete Meinung zu der Frage, ob eine weltweite Einheitskultur **a)** überhaupt entstehen kann und					SB Förderb. 29.2
b) wünschenswert ist.					
9 Ich kann Samuel Huntingtons These vom „Kampf der Kulturen" **a)** erklären und					SB Förderb. 29.3
b) kommentieren, ob sie plausibel ist.					
10 Ich kann erläutern, warum der „11. September 2001" die Theorie Huntingtons berühmt machte.					SB Förderb. 29.3
11 Ich kann **a)** erklären, woher der Gedanke von Menschenrechten historisch stammt, und					SB
b) die Herausbildung globaler Menschenrechte als Erfolg der Globalisierung bewerten.					
12 Ich kann die Begriffe „Islam" und „Islamismus" unterscheiden.					SB
13 Ich kann **a)** aufgrund meines historischen Wissens Beispiele für Migration in der Geschichte nennen und					SB Förderb. 29.4
b) kenne Auswandererregionen und Einwandererländer heute.					
14 Ich kann mich kritisch mit der Frage auseinandersetzen, ob der Nahostkonflikt mit Huntington als „Kampf der Kulturen" bezeichnet werden kann.					SB Förderb. 29.3

Kompetenztraining Geschichte
9783060649396_GES_P_254.doc

Erklärungsansätze zur Globalisierung

Arbeitsaufträge:

1 Stelle die beiden unten genannten Erklärungsansätze zur Globalisierung einander gegenüber. Schreibe Erläuterungen in dein Heft.

Exogener Prozess   **Durch Staaten gewollter Prozess**

–   –

–   –

2 Ordne die sieben Aspekte der Globalisierung in das folgende Schema ein und berücksichtige Überschneidungen: 1. Finanzen; 2. Märkte; 3. Technologie und Wissen; 4. Kulturformen; 5. Politische Steuerung; 6. Politische Einigung; 7. Wahrnehmungen und Bewusstsein.

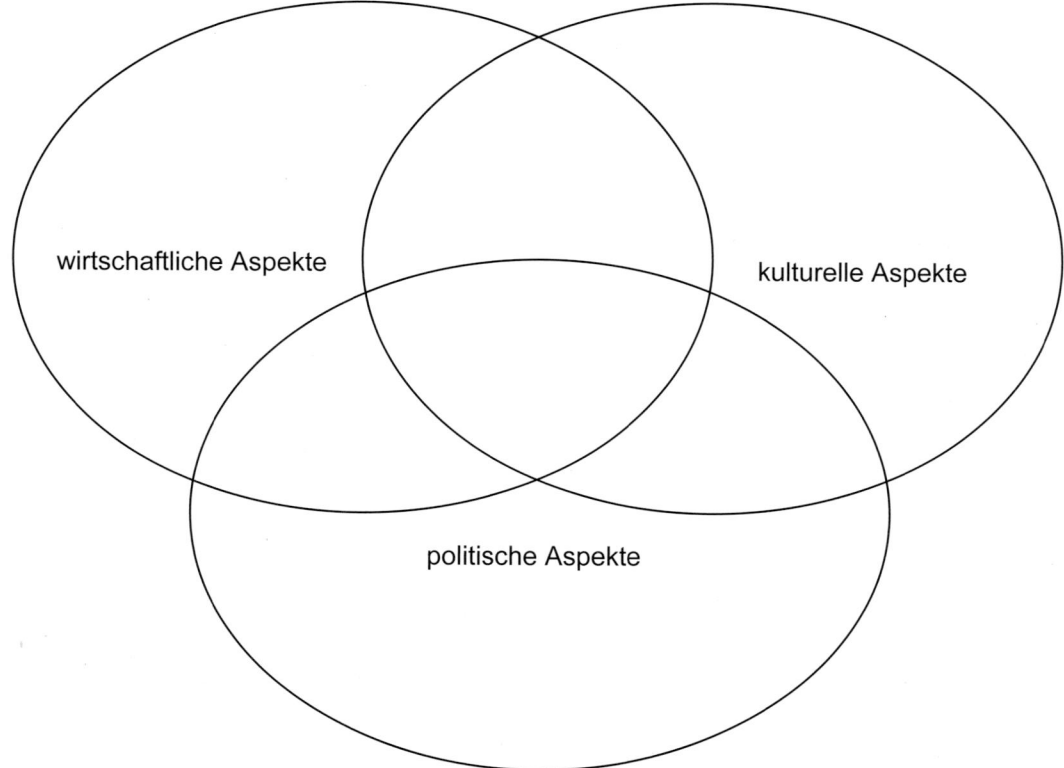

3 Stell dir vor, ein Börsenhändler aus Singapur trifft im Flugzeug einen Globalisierungsgegner aus Frankreich. Entwickle einen Dialog, in dem beide ihre Argumente zur Globalisierung austauschen.

4 Richtig oder falsch? Informiere dich über die WTO, den IWF und die Weltbank.

Behauptungen	wahr	falsch
Die Welthandelsorganisation setzt die Zölle zwischen Ländern fest.		
WTO greift ein, wenn ein Land finanzpolitische Probleme bekommt.		
USA, EU und Japan dominieren die Kreditvergabe an Reformländer.		
Die Weltbank gewährt kurzfristige Kredite im Katastrophenfall.		
Der Stimmanteil der WTO folgt den Kapitaleinlagen der Mitgliedsländer.		
Die WTO wurde 1944 zur Verhinderung neuer Kriege gegründet.		
Der IWF berät Staaten, wenn sie mit Geldentwertung kämpfen.		

Kompetenztraining Geschichte
9783060649396_GES_P_255.doc

Kulturelle Globalisierung

Arbeitsaufträge:

1 Suche im Schulbuch oder im Internet Statistiken, die über die Lebensbedingungen (Kindersterblichkeit, staatliche Gesundheitsausgaben, Zugang zu sanitären Einrichtungen, Analphabetenrate unter Frauen, Zahl der Internetnutzer) in verschiedenen Regionen der Erde Auskunft geben.
Fülle den Lückentext unter Zuhilfenahme der Stichworte aus.

54 von 1000 Kindern – südliches Afrika – rd. 67-fache – in Südasien und in Ostasien/Pazifik – Südasien – 270 Millionen im Jahr 2000 – 13 Prozent – 5,6 Millionen

Die Lebensbedingungen und somit auch die Lebenschancen sind auf der Erde ungleich verteilt. Dies beginnt schon mit der Wahrscheinlichkeit, die Geburt und die Kindheit unbeschadet zu überstehen. Die höchste Kindersterblichkeit herrscht im _____. Während in Japan nur sieben von 1000 Kindern sterben, sind es selbst im Nahen Osten _____. Parallel hierzu stellen sich die Ausgaben für die Gesundheitsfürsorge dar: Mit fast 2800 Dollar liegen sie in den USA um das ____-fache höher als in Staaten im Süden Afrikas. Selbst der Zugang zu Toiletten ist nicht selbstverständlich. Während in Mitteleuropa alle Einwohner Zugang zu sanitären Anlagen haben, sind es in _____ und _____ weniger als die Hälfte.

Neben der Gesundheit sind auch die Bildungschancen höchst ungleich verteilt. Betroffen sind vor allem die Frauen. In _____ können weniger als die Hälfte der Frauen lesen und schreiben, in Lateinamerika sind es immerhin _____ Prozent. Von besonderer Bedeutung ist der Zugang und die Nutzung der modernen Kommunikationsmedien. Während in den westlichen Industriestaaten _____ Millionen Menschen im Jahr _____ Internetanschluss hatten, waren es in ganz Afrika und dem Nahen Osten nur _____ Millionen. Das Internet bietet jedoch die Chance, die Verteilungsungerechtigkeit zu überwinden. So haben Staaten wie China oder Indien umfangreiche Programme aufgelegt, um ihre Bevölkerung an der Kommunikationsrevolution des Internets teilhaben zu lassen. Wenn Probleme in der Versorgung mit Elektrizität und die mangelnde Infrastruktur beseitigt sind, können auch Schwellen- und Entwicklungsländer daran teilhaben.

2 Untersuche die Globalisierung auf dem Gebiet der Kultur.

   a) Nenne für die verschiedenen Bereiche Beispiele für Globalisierung aus dem Alltag:

Technik (z. B. Autoverkehr): _____

Konsum und Marken (z. B. Ikea): _____

Medien und TV-Produktionen (z. B. „Sex and the City"): _____

   b) Im Jahr 2000 erschien das Buch „No Logo!" der Globalisierungskritikerin Naomi Klein und stand monatelang auf den Bestsellerlisten. Recherchiere im Internet, welche Thesen Naomi Klein vertritt.

   c) Infolge der Globalisierung werden westliche Lebensstile und Konsumprodukte in traditionellen Gesellschaften übernommen, z. B. westliche Popmusik. Findet weitere Beispiele (aus Zeitung, Fernsehen) und diskutiert, ob die Gefahr einer weltweiten Einheitskultur besteht.

Kompetenztraining Geschichte
9783060649396_GES_P_256.doc

„Kampf der Kulturen"?

Arbeitsaufträge:

1 Informiere dich über die These „clash of civilizations" (Kampf der Kulturen) von Samuel Huntington und fasse sie in eigenen Worten zusammen:

    a) Die Weltpolitik wird zukünftig bestimmt durch: _____

    _____

    b) Eine Zivilisation ist: _____

    _____

    c) Folgende acht Zivilisationskreise sind zu unterscheiden: _____

    _____

    d) Konflikte sind an den Bruchstellen zwischen folgenden Regionen zu erwarten: _____

    _____

2 Kampf der Kulturen – ein schlüssiges Deutungsschema? Populär wurde Huntingtons These im Jahr 2001 nach den Terroranschlägen vom 11. September in den USA.

    a) Sammle Argumente, warum diese Theorie in dieser Zeit besonders diskutiert wurde:

    _____

    _____

    _____

    b) Huntingtons Erklärungsansatz wird von vielen Seiten kritisiert. Nenne auf der Grundlage deines historischen Wissens Belege, die zeigen, dass unterschiedliche Kulturen friedlich koexistieren und sich durch Austausch befruchten können.

    _____

    _____

    _____

    _____

3 Lässt sich der Nahostkonflikt als „Kampf der Kulturen" deuten? Beziehe begründet Stellung.

_____

_____

_____

Kompetenztraining Geschichte
9783060649396_GES_P_257.doc

Globalisierung – gestern und heute

Arbeitsaufträge:

1 Ist die Globalisierung eine völlig neue Erscheinung unserer Zeit oder gab es in der Geschichte bereits Phasen globalen Austauschs? Untersuche die folgenden Beispiele.

 a) Bringe die historischen Entwicklungen in die richtige Reihenfolge und ordne die Seiten in deinem Schulbuch zu. Erwähne stichwortartig, in welchem Handlungsfeld (z. B. Wirtschaft, Kultur, Herrschaft, Religion) der Austausch stattfand.

Nr.	Historisches Phänomen	Datierung (Jh.)	Buch S. ?	Handlungsfeld
	Fordismus, Fließband			
	Handelshaus der Medici			
	Entdeckung Amerikas			
	Auswanderer in die USA			
	Humanismus			
	Kolonialismus			
	Commonwealth			
	Kreuzzüge			
	Fugger-Konzern			
	Ausbreitung des Buchdrucks			
	Emigration der Hugenotten			
	McDonald's Restaurants			
	Seidenstraße			
	Reisen von James Cook			
	Internationaler Flugverkehr			

 b) Welche der genannten Phänomene stellen in deinen Augen lediglich Tendenzen eines überregionalen Austauschs dar, sind also nicht im Sinne der Definition global?

_____

_____

2 Migration weltweit: Welche Wanderungsbewegungen hast du kennengelernt? Notiere für die Regionen Nordamerika, Südamerika, Westeuropa und Osteuropa Ein- und Auswanderungsbewegungen in Geschichte und Gegenwart in dein Heft und datiere sie.

Kompetenztraining Geschichte
9783060649396_GES_P_258.doc

Digitale Revolution

Arbeitsaufträge:

1 Welche Auswirkungen hat die digitale Revolution auf das Medium Buch? Bearbeite folgende Fragen:

    a) Erkläre in deinem Heft, warum Marshall McLuhan 1969 das Ende des Buchzeitalters vorhersagte.

    b) Befürworter eines „e-books", also eines Speichermediums für beliebig viele Buchinhalte (vergleichbar mit dem „iPod"), sprechen heute ebenso vom Ende des papierenen Buches. Nimm im Heft Stellung zu dieser Prognose.

    c) Große Internetkonzerne wie Google arbeiten an einer virtuellen Bibliothek von Büchern, die im Internet digital abrufbar sind. Führe Vor- und Nachteile dieser Idee auf:

Vorteile	Nachteile

    d) McLuhan prägte den Ausspruch „the medium is the message" – das Medium selbst stellt bereits eine Botschaft dar. Beispielsweise erreicht man bestimmte Zielgruppen durch ein bestimmtes Medium. Finde konkrete Beispiele dafür.

_____

_____

_____

_____

2 In den letzten Jahren wurde der Begriff „Internet 2.0" (bzw. „Web 2.0") entwickelt. Informiere dich im Internet, was er aussagt. Liste die Funktionen der Internetnutzung bis etwa 2005 auf und stelle ihnen die Möglichkeiten des „Internet 2.0" gegenüber. Übertrage die Tabelle in dein Heft und setze sie fort.

Internet vor 2005	Internet 2.0
Firmen und Institutionen informieren ihre Kunden über Angebote.	
	User geben in „blogs" persönliche Informationen preis und suchen Austausch.

Kompetenztraining Geschichte
9783060649396_GES_P_259.doc

29 Leben in der Zeit der Globalisierung

1 Globalisierung ist ein Sammelbegriff für die jüngste weltweite Entwicklung. Nenne verschiedene Aspekte, die den Begriff genauer bestimmen, und erläutere sie.

2 Auf dem sogenannten G8-Gipfel treffen sich die Regierungschefs der acht führenden Wirtschaftsnationen, um über globale wirtschaftliche Probleme zu beraten.

   a) Erläutere mithilfe der Graphik M1 die drei Hauptthemen des G8-Gipfels und lege dar, inwieweit diese Probleme auch Folgen der Globalisierung sind.

   b) Erörtere, wie man diese Probleme in einer globalisierten Welt lösen kann.

M1 Globale Probleme, Graphik 2008

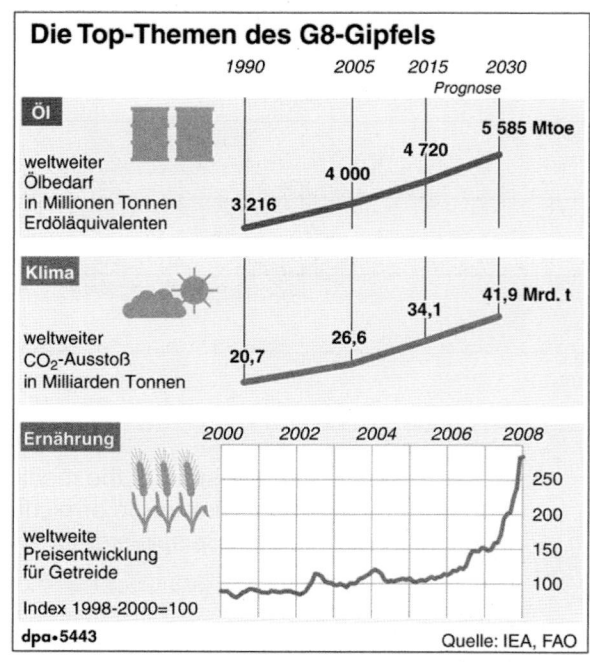

3 Ordne folgende Migrationsphänomene kurz historisch ein:

   a) Auswanderung der Hugenotten aus Frankreich

   b) Deutsche Ostsiedlung

   c) Auswanderung von Deutschen in die USA Mitte des 19. Jahrhunderts

   d) Einwanderung von Schlesiern und Ostpreußen in die Bundesrepublik Deutschland

   e) Auswanderung von Juden und Muslimen aus Spanien

4 Der Nahostkonflikt – ein Beispiel für den „Kampf der Kulturen"?

   a) Skizziere den Entstehungsprozess des Staates Israel anhand einiger Daten und Begriffe.

   b) Erörtere, ob der Nahostkonflikt mit Huntingtons These vom „Kampf der Kulturen" hinreichend beschrieben werden kann. (Definiere zuerst dieses Konzept, suche dann Pro- und Kontra-Argumente und ziehe ein Fazit.)

Kompetenztraining Geschichte
9783060649396_GES_P_260.doc

Methode: Einen Lehrbuchtext erschließen

Arbeitsschritte zur Erschließung eines Lehrbuchtextes

Tipp: Du kannst das folgende Arbeitsblatt immer neben dein Geschichtsbuch legen, wenn du einen Lehrbuchtext lesen und erschließen sollst.

1. Schritt: Thema des Textes

a) Worüber berichtet der Text?

b) Wie lässt sich das Thema kurz formulieren (Überschrift)?

2. Schritt: Aufbau des Textes

c) Wie ist der Text gegliedert?

d) Welche Überschriften lassen sich für die Abschnitte finden?

3. Schritt: Inhalt des Textes

e) Welche unbekannten Wörter muss ich klären?

f) Welche Schlüsselwörter enthält der Text?

g) Wie lautet die Kernaussage?

h) Welche Einzelinformationen liefert der Text?

i) Wie kann der Inhalt knapp und treffend zusammengefasst werden?

Kompetenztraining Geschichte
9783060649396_GES_P_261.doc

Methode: Eine Textquelle analysieren

Arbeitsaufträge:

Wenn du eine Textquelle untersuchst, kannst du das folgende Schema immer als Hilfe benutzen.

1 Trage zunächst Stichworte zu den einzelnen Arbeitsschritten in die Graphik ein.

> **Autor**

> **Geschichtlicher Hintergrund**

> **Textquelle**

> **Adressat**

> **Fragestellung aus heutiger Sicht**

2 Fasse die wichtigsten Ergebnisse deiner Textquellenanalyse zusammen.

_____

_____

_____

_____

_____

_____

_____

Kompetenztraining Geschichte
9783060649396_GES_P_262.doc

Methode: Ein historisches Urteil bilden

Arbeitsauftrag:

Bilde dir in Geschichte dein eigenes Urteil.

Ich untersuche folgende Frage: _____

Arbeitsschritt 1: Ich nenne Daten und Fakten in chronologischer Reihenfolge.

_____

_____

_____

_____

Arbeitsschritt 2: Ich stelle auf der Grundlage der Daten und Fakten eine These (Behauptung) auf.

_____

_____

_____

_____

Arbeitsschritt 3a: Ich diskutiere die These kontrovers, d. h., ich führe Argumente für und wider die These an.

Pro	**Kontra**
☐ _____	☐ _____
☐ _____	☐ _____
☐ _____	☐ _____
☐ _____	☐ _____
☐	☐

Arbeitsschritt 3b: Ich gewichte die Argumente in der obigen Tabelle, d. h., ich lege eine Art „Rangfolge" vom Hauptargument zu unwichtigeren Argumenten fest.

Arbeitsschritt 4: Auf der Grundlage meiner Gewichtung bilde ich mir nun ein eigenes begründetes Urteil.

_____

_____

Methode: Stationenlernen

Das Stationenlernen kann eine sehr effektive Unterrichtsmethode sein, weil man sich in aller Ruhe mit verschiedenen bereitgestellten Medien und Texten beschäftigen kann – eine Abwechslung vom hektischen Unterrichtsgespräch. Das funktioniert aber nur, wenn man sich ernsthaft um die Informationen kümmert, sie verarbeitet und in Beziehung zueinander setzt. Keine Station steht nur für sich.

Arbeitsaufträge:

1 Überprüfe deinen Umgang und den der Klasse mit dem Stationenlernen. Kreuze entsprechend an.

a) Zur Vorbereitung und Planung:	sehr	gut	mittel	wenig
Ich habe gewusst, welches Thema bzw. welche Frage genau an meiner/ unserer Station erarbeitet werden sollte.				
Mir war klar, warum dieses Thema wichtig und interessant ist.				
Ich war an der Findung und Ausgestaltung des Themas beteiligt.				
Ich finde, die Arbeitsverteilung in den Gruppen bzw. in der Klasse war gerecht.				
Meine/unsere Station wurde durch viele Zusatzmaterialien angereichert.				
Die Hinweise aus dem Lehrbuch waren hilfreich.				
Die Station war interessant, ansprechend und verständlich gestaltet (abwechslungsreiches Material).				

b) Zur Durchführung:	sehr	gut	mittel	wenig
Ich habe den Laufzettel mit erarbeitet bzw. aus dem Buch ergänzt.				
Das Vorankommen an den Stationen funktionierte …				
Mir gefällt die Vorgabe einer festen Zeiteinteilung …				
Ich konnte die Fragen des Laufzettels durch die Informationen beantworten.				
Das Sprechen über Zwischenergebnisse war nötig.				

c) Zur Auswertung:	sehr	gut	mittel	wenig
Ich habe meine Ergebnisse mit anderen vergleichen können.				
Mir gefällt das Stationenlernen im Vergleich zu „normalem" Unterricht …				
Ich hatte viel Zeit zur Auswertung meines Laufzettels.				
Aus dem Stationenlernen haben sich neue Fragen für die weitere Arbeit im Thema ergeben.				
Die Lehrkraft kannte sich mit dieser Unterrichtsmethode gut aus.				
Ich würde mir das Stationenlernen auch für andere Themen und Fächer wünschen.				

2 Schreibe Vorschläge zur Verbesserung des Stationenlernens in dein Heft:

    a) zum Material und zur Anleitung durch die Lehrerin bzw. den Lehrer,
    b) zur Organisation,
    c) zu nötigen Regeln für die Klassengemeinschaft,
    d) zum Einsatz von Medien an den Stationen.

Kompetenztraining Geschichte
9783060649396_GES_P_264.doc

Lösungen zu Kapitel 1

Förderbogen 1.1

1 Wasseruhr – Sonnenuhr – Sanduhr – Kerzenuhr – Pendeluhr – Weltzeituhr – Analoge Stoppuhr – Atomuhr. Vermutlich werden die Menschen zuerst mithilfe einer Wasseruhr die Zeit gemessen haben.

2 Mit den Wasseruhren, Sanduhren und Kerzenuhren kann im Prinzip nur eine Zeitdauer gemessen, nicht aber die Uhrzeit angegeben werden. Das ist zwar auch bei der Stoppuhr der Fall, doch zeigt diese sogar Bruchteile von Sekunden an. Auch Sonnenuhren sind relativ ungenau – und funktionieren auch nur bei einigermaßen schönem Wetter.

Förderbogen 1.2

1 Die Zeitung erscheint – wie ihr Name schon zeigt – in Jerusalem. In dieser Stadt bzw. im Einzugsgebiet leben Christen, Juden und Muslime. Dass die Zeitung alle drei Datumsangaben parallel verwendet, deutet darauf hin, dass sie die Angehörigen aller drei Religionen erreichen möchte.

2 Achtung: Die abgebildete Musterlösung ist aus Platzgründen mit einem kleineren Maßstab gezeichnet.
Für den Maßstab 1 mm = 10 Jahre nimm ein kariertes Blatt Papier quer und plane für 100 Jahre 1 cm ein (= 2 Kästchen).

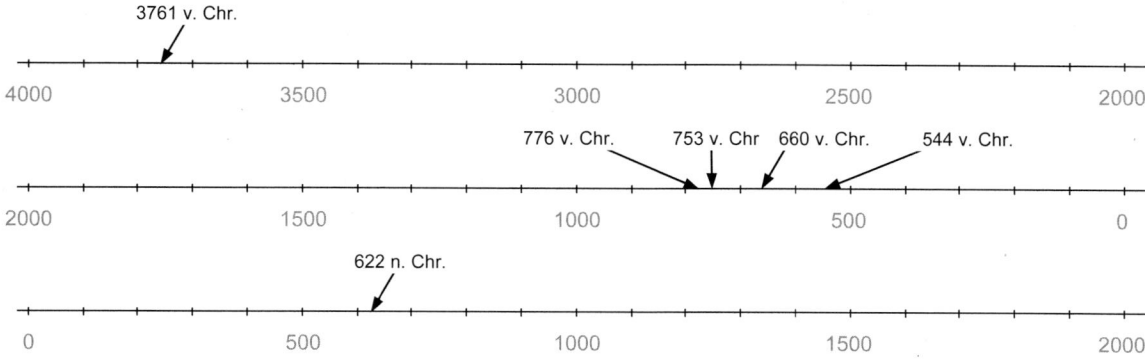

3

	Jüdischer Kalender	Griechischer Kalender	Römischer Kalender	Japanischer Kalender	Buddhistischer Kalender	Muslimischer Kalender
2008	5768/5769	2784	2761	2668	2552	1428–1430
2009	5769/5770	2785	2762	2669	2553	1430/1431
2010	5770/5771	2786	2763	2670	2554	1431/1432

Förderbogen 1.3

Textquellen	Bildquellen	Mündliche Quellen	Traditionen	Überreste	Sachtexte
Brief	Fotos	Märchen	Volksfest	Altar	Darstellungstext
Grabstein	Briefmarken		Volkslied	Baseballschläger	Internettexte
Bibel	Comic			Becher	Schülerzeitung
Geburtsurkunde	Gemälde			Bilderbuch	Lehrbuchtext
Inschriften	Höhlenmalereien			Briefmarken	Zeitung
Internettexte	Jugendzeitungen			Fernseher	
Jugendzeitungen	Plakat			Fußball	
Koran	Schülerzeitung			Glas	
Lexikon	Videokassetten			Grabstein	
Märchen	Werbeprospekte			Kleidung	
Plakat	Zeichnungen			Mäppchen	
Schülerausweis	Zeitung			Mumien	
Schülerzeitung				Pyramiden	
Schulhefte				Schminke	
Tagebucheintrag				Schuhe	
Thora				Spielzeug	
Verträge				Videorecorder	
Zeitung				Waffen	
Zeugnis					

Kompetenztraining Geschichte
9783060649396_GES_P_265-281.doc

Förderbogen 1.4

1. Schritt: Thema des Textes

    a) Der Text berichtet über Entdeckungen der Archäologen aus den 1980er-Jahren.

    b) „Out-of-Africa"-Hypothese scheint bewiesen zu sein.

2. Schritt: Aufbau des Textes

    c) Nach einleitenden Bemerkungen über die Arbeit von Archäologen (Z. 2–12) werden zwei Funde genannt (Z. 12–19). Abschließend wird ein Fazit gezogen (Z. 20–24).

    d) Z. 2–12: Archäologie ist manchmal „Knochenarbeit".

        Z. 12–19: Zwei spektakuläre Funde: Urmensch und Jetztzeitmensch

        Z. 20–24: Folgerung aus den Funden

3. Schritt: Inhalt des Textes

    f) Schlüsselwörter: vollständige(s) Skelett, Richard und Meave Leakey, Kenia, Junge vom Turkanasee (1984), in Ostafrika weibliche Knochenreste (1987), „Out-of-Africa"-Hypothese

    g) Nicht nur der Urmensch, sondern auch der Homo sapiens sapiens stammt aus dem warmen Klima Afrikas.

    h) Einzelinformationen zur Arbeit von Archäologen, Datum und Fundorte der Skelette

4. Schritt: Inhalt zusammenfassen

    i) Aufgrund zweier Funde in Afrika, 1984 und 1987, gehen Archäologen davon aus, dass nicht nur der Urmensch, sondern auch der Homo sapiens sapiens aus dem warmen Klima Afrikas stammt.

Lernerfolg Kapitel 1

1 Siehe Auflistung auf Förderbogen 1.2

2

	Begriff	Quellenart
a)	Tagebucheintrag	Textquelle
b)	Legende	Tradition
c)	Fußballschuh	Überrest
d)	Gedenktafel	Textquelle, Überrest
e)	Klassenbuch	Textquelle
f)	Digitalfoto	Bildquelle
g)	Radiointerview	Mündliche Quelle
h)	Klassenarbeit	Textquelle
i)	Weihnachtsfeier	Tradition

3 Vormensch (Australopithecus): vor 4,5 bis 1 Million Jahre in Afrika

    Frühmensch (Homo habilis): vor 2,5 bis 1,5 Millionen Jahren in Afrika

    Urmensch (Homo erectus): vor 2 Millionen bis 40 000 Jahren in Afrika

    Neandertaler (Homo sapiens neanderthalensis): vor 130 000 bis 30 000 Jahren in Europa

    Jetztzeitmensch (Homo sapiens sapiens): seit etwa vor 150 000 bis 100 000 Jahren in Afrika; in Europa seit 40 000 Jahren

4 Individuelle Lösung, die aber folgende Fakten berücksichtigen sollte:

    • Mit Ausnahme des Neandertalers entwickelten sich alle Menschenarten (zuerst) in Afrika.

    • Alle anderen Menschenarten in anderen Erdteilen stammten von den Vorformen der Afrikaner ab, die auf dem Land- und Wasserweg aus Afrika auswanderten.

Lösungen zu Kapitel 2

Förderbogen 2.1

1 a) Die Menschen der Steinzeit nutzten ihre Jagdbeute nicht nur als Nahrung, sondern verwerteten zahlreiche Körperteile beispielsweise als Werkzeug, Kleidung, Waffe bzw. Jagdgeräte.

    b) Teile des Rentiers wurden verwendet als …

Wohnung	Fell
Kleidung	Fell, Sehnen und Nerven
Ernährung	Körper und Eingeweide
Werkzeuge	Geweih, Schulterblatt, Langknochen, Magen und Darm, Rippen, Sehnen und Nerven
Jagdgeräte	Geweih, Schulterblatt, Wadenbein, Langknochen
Körperpflege	Schulterblatt

2 Sie mussten miteinander kommunizieren, d. h. reden können, um sich abzusprechen und Strategien zu vereinbaren.

Kompetenztraining Geschichte
9783060649396_GES_P_265-281.doc

Förderbogen 2.2

1 und **2**

Nr.	Name	Verwendung	Modernes Werkzeug
1	Hammerkopf	Herstellung von Werkzeugen beim Bau der Unterkünfte etc.	Metallhammer
2	Faustkeil	Universalwerkzeug zum Schneiden, Schaben, Schlagen; Werkzeugherstellung, Nahrungsmittelzubereitung	Messer, Hammer, Schaber
3	Messerklinge	Schneiden von Fellen, Sehnen, Pflanzen, Fleisch	Messer
4	Speerspitze	Jagd	Gewehr
5	Sägeblatt oder Harpunenspitze	Sägen von Holz, Werkzeugherstellung, Bau von Unterkünften	Motorsäge
6	Ahle	Durchstechen von Fellen/Leder, Kleidungsherstellung	Lochzange, Nadel
7	Steinbeil	Zerhacken und Spalten von Holz	Axt, Hammer

3 Die anderen Werkzeuge z. B. aus Teilresten waren nicht haltbar genug und nach mehreren tausend Jahren verwest oder verrottet.

Förderbogen 2.3

1 a) Mammut: lange, zottelige Haare
b) Wildpferd: stehende Mähne, verhältnismäßig kleiner Kopf
c) Nashorn: Fell
d) Steinbock: Hufe
e) Bison: Hufe

2 Auf diese Frage gibt es keine eindeutige Antwort. Es ist möglich, dass die Bilder Glück bei der Jagd bringen oder dass Schutzgeister angerufen werden sollten. Hierfür spricht, dass die Höhlenmalereien oft an Stellen angebracht wurden, die eine gute Akustik besitzen oder sich als Versammlungsstätte eignen.

Förderbogen 2.4

1 Die Wörter müssen in folgender Reihenfolge eingesetzt werden: Eiszeit – wärmer – Wildgetreide – Vorräte – Erdgruben – Sammlerinnen – Jäger – Pflanzen – Samen – Körner – sesshaft – Nomaden – züchten – zähmen – Jagd – Bauern – Hirten.

2 a) große Glasfenster zum Öffnen und Schließen; b) isolierter Beton- oder Holzboden, der mit Teppich/Fliesen o. Ä. belegt ist; c) sehr viele verschiedene Möbel; d) Elektro- oder Gasherd mit Kochplatten und Ofen; e) Heizung; f) elektrische Lampen; g) warme, weiche Betten; h) Wassertoiletten mit Spülung im Haus

Förderbogen 2.5

1 Webstuhl, Holzpflug, Holzkarren, Steinbohrer, Axt, Hammer, Körbe, Krug.

2 Durch den Bogen mit dem Seil wird der senkrecht stehende Bohrer sehr schnell gedreht. Seine Reibung bohrt schließlich ein Loch in den unten fixierten Stein. Für den notwendigen Druck sorgt das Steingewicht auf dem oberen Querbalken.

3 Ähnlich wie heute konnte man damit schwere und große Lasten mithilfe von Zugvieh transportieren.

4 Für die damalige Zeit konnte man Lebensmittel in Tontöpfen vor Ungeziefer und Tieren sicher verschließen und sie ließen sich verhältnismäßig gut reinigen. Bei wärmeren Temperaturen kühlt ein angefeuchtetes Tongefäß außerdem, sodass sich Lebensmittel insgesamt länger halten.

5 Am Beispiel des Webstuhls lässt sich gut nachvollziehen, dass diese komplizierte Technik nicht mehr von allen Menschen einer Gemeinschaft beherrscht wurde. Es hat sich als sinnvoll erwiesen, dass sich einzelne Personen, die über besondere Fertigkeiten verfügten, auf bestimmte Bereiche spezialisierten. Dafür mussten wieder andere sich beispielsweise auf die Nahrungsbeschaffung oder das Anfertigen von Werkzeug spezialisieren, damit die Gemeinschaft überlebte.

6 Die Menschen waren nicht mehr wie früher auf das Jagdglück angewiesen und mussten ihrer Beute hinterherziehen, sondern konnten an einem Ort sesshaft werden. Der Ackerbau bedingte aber, dass die Menschen vorausschauend planten, d. h., sie mussten säen und das Land bearbeiten, um später ernten zu können. Durch die feste Siedlungsform konnten sich die Menschen einfache Haustiere zur Nahrungsergänzung halten.

Kompetenztraining Geschichte
9783060649396_GES_P_265-281.doc

Förderbogen 2.6

1

	Altsteinzeit	Jungsteinzeit
Wie wohnten die Menschen?	In kleinen Horden in Zelten und Hütten aus Stangen, Ästen und Fellen bzw. in Höhlen und Felsvorsprüngen.	In Dorfgemeinschaften in Häusern, die aus Holz, Lehm u. Ä. errichtet waren.
Womit und wie kleideten sich die Menschen?	Kleidung und Schuhe aus Fellen und Leder, genäht mit Sehnen.	Sicherlich auch noch mit Fellen und Leder, aber sie kannten auch schon gewebte Stoffe.
Was aßen die Menschen und wie beschafften sie ihre Nahrung?	Alles, was sie jagen und sammeln konnten: Pflanzen, Früchte, Samen, Wurzeln, Pilze, Honig, Eier, Fleisch, Fisch und Weichtiere.	Jagdbeute und Gesammeltes ergänzte den Speiseplan, der aus den Produkten bestand, die durch Ackerbau und Viehzucht zur Verfügung standen.
Welche Werkzeuge und Waffen kannten und benutzten die Menschen?	Faustkeile zu verschiedener Verwendung, Speere und Lanzen, kleine Messer als Feuerstein, Bohrer, Pfeil und Bogen, Harpunen.	Webstuhl, Holzpflug, Holzkarren, Steinbohrer, Axt, Hammer, Körbe, Krüge, Hacken, Spaten, Sicheln, …
Wie bewahrten sie Lebensmittel auf?	Wenn überhaupt, dann in Lederbeuteln, was aber nur für kurze Zeit möglich war.	In Tonkrügen.
Wie griffen die Menschen in die Natur ein?	Kaum. Sie passten sich größtenteils den Gegebenheiten der Natur an bzw. waren auf der Suche nach günstigen Jagdrevieren.	Durch ihre Dörfer und den Ackerbau sowie die Viehzucht rodeten die Menschen Wälder. Sie waren zwar noch immer von der Natur abhängig, veränderten sie aber zunehmend.

2 Der Hauptunterschied bestand in der Siedlungsform: Aus Jägern und Sammlern waren Hirten und Bauern geworden. Gemeinsam war den Menschen, dass sie nach wie vor von der Natur abhängig waren, auch wenn die Menschen der Jungsteinzeit durch ihre Vorratshaltung und Viehzucht besser vorsorgen konnten.

Lernerfolg Kapitel 2

1 Im Winter sieht es eher schlecht aus: Unter der Schneedecke können Kräuter und Wurzeln gefunden werden, und mit Glück erlegt man ein Rentier, das sich wegen der kalten Temperaturen wenigstens ein wenig länger als im Sommer hält.
In den wärmeren Jahreszeiten stehen außer den Kräutern und Wurzeln Beeren, Nüsse, Pilze und Kleintiere auf dem Speiseplan. Ein Rentier zu erwischen, ist noch immer ein Glücksfall, und man muss es schnell verzehren, bevor das Fleisch verdirbt.

2

Altsteinzeit	Jungsteinzeit
Bestattung, Faustkeil, Feuersteinmesser, Holzwerkzeug, Knochenwerkzeug, Mammut, Schilfhütten	Bestattung, Brunnen, Faustkeil, Feuersteinmesser, Getreideanbau, gewebte Kleidung, Hacke, Haustier, Holzkarren, Holzpflug, Holzwerkzeug, Knochenwerkzeug, Spaten, Speer, Steinbohrer, Steinwerkzeug, Tonkrug, Viehzucht, Wohnhaus

3

Kompetenztraining Geschichte
9783060649396_GES_P_265-281.doc

a) und **b)**

1 Hochspannungsleitung	5 Antenne	9 Briefkasten	13 Armbanduhr
2 Hochhaus	6 Fahrrad	10 Nähmaschine	14 Außenbordmotor
3 Traktor	7 T-Shirt	11 Radio	15 Kettensäge
4 Gewehr	8 Klingelschild	12 Schraubschlüsse	

Die Menschen der Jungsteinzeit verfügten weder über die hierzu notwendig Technik noch über das Material, aus denen die Gegenstände gefertigt sind.

4 Individuelle Lösung, die aber folgende Fakten berücksichtigen sollte:

- Durch den Ackerbau und die Vorratshaltung waren die Menschen nicht mehr allein wie früher auf das Jagdglück oder das Finden von Nahrung angewiesen.
- Trotzdem spielten das Wetter und das Klima eine sehr große Rolle im Alltag der Menschen.

Lösungen zu Kapitel 3

Förderbogen 3.1

1

Orte und Bauwerke, die ich kenne	Orte und Bauwerke aus Reiseführern
Pyramiden (Gizeh)	Abu Simbel
Kairo	Karnak-Tempel
Assuan(stausee)	Hatschepsut-Palast
Tal der Könige	

2 **a)** Auf dem Bild sind Ländereien dargestellt, die bewirtschaftet werden. Man sieht Menschen meist zu zweit Ackerbau betreiben: mit Ochse und Pflug, bei der Saat, in verschiedenen Stadien der Ernte. Durch die Kanäle fließt Wasser aus dem Nil in verschiedene Bereiche des Landes, das durch Landwirtschaft genutzt werden kann.

   b) Der Reisebericht sollte geographische Angaben beinhalten wie Abfahrt aus Napata oder die Stadt Theben. Der Eindruck des Nilstroms als grünes Band inmitten der Wüste ist wichtig, auch die Jahreszeit und ihre Auswirkungen auf den Fluss. Beschrieben werden sollte auch, welchen Tätigkeiten die Menschen nachgehen, die man am Fluss und seinen Kanälen arbeiten sieht.

3 Die meisten Menschen in Deutschland nehmen Hochwasser wie das der Schneeschmelze aus den Alpen oder ein Sommerhochwasser wie an der Oder als eine bedrohliche Naturkatastrophe wahr, als unberechenbare Ausnahme. Der Schlamm, der nach Ablaufen des Hochwassers alles bedeckte, wurde als großes Ärgernis gesehen. In Ägypten hingegen sehnen alle das Hochwasser herbei. Das Land entlang des Nils ist so besiedelt, dass die Dörfer höhergelegen und geschützt sind. Überflutet werden vor allem die Ackerflächen, die den Schlamm als Düngung gut gebrauchen können. So sorgt das Nilwasser jährlich für eine gute Ernte. Die Ägypter sehen das Hochwasser so positiv, dass sie ihren Kalender und auch ihre Götter darauf beziehen.

Förderbogen 3.2

An einem Beispiel soll erläutert werden, wie das Spiel funktioniert: Nachdem alle ihre Karten haben, zieht der „Pharao" die Aktionskarte „Ein großer Vorratsspeicher soll auf dem Gelände eines Marktes angelegt werden.". Der Pharao weist seinen Wesir an, dass er in der Stadt, z. B. Theben, Erkundigungen einholen soll, wo innerhalb der Mauern Platz für einen Speicher ist, den die Stadt zur Lagerung von Vorräten für schlechte Zeiten braucht. Der Wesir gibt sich zu erkennen und weist einen Beamten an, er solle vor Ort ein Gelände innerhalb der Stadt auswählen, das groß genug und unbebaut ist. Der Beamte wendet sich nun an den Schreiber, der protokolliert, was in Theben herausgefunden wurde. Der Schreiber macht eine Zeichnung, aus der die Größe und Bedarf deutlich werden. Der Schreiber fordert die Kaufleute Thebens auf, ihren Markt zu verlegen, weil dieser als Speicher gebraucht wird. Ein Kaufmann fordert Bauern aus der Umgebung dazu auf, ihre Waren an einer anderen Stelle anzuliefern und nur noch Getreide für den neuen Speicher an den alten Marktplatz zu bringen.

Bei Umkehrung der Hierarchie könnten die Bauern mitteilen, dass ihnen der alte Marktort ungeeignet für einen Speicher erscheint, weil er z. B. eine Brandgefahr darstellt oder sie Mühe haben werden, auf einem neuen Markt Fuß zu fassen. Auch die Handwerker finden einen Umzug nicht gut, obwohl sie einen Speicher prinzipiell gut finden. Der Beamte nimmt die Argumente auf, die die Gruppen in Theben vorzubringen haben, und informiert den Wesir. Der wiederum fasst die Lage zusammen und bittet den Pharao um eine Entscheidung. Er entscheidet sich für die Notwendigkeit des Speichers, der allen Menschen in und um Theben nützt, und bietet Händlern, Handwerkern und Bauern eine größere Fläche an, die durch eine Stadtmauer mit einem schönen Tor geschützt werden soll. Hier könnte man mit der Aktionskarte „Stadttor" weiterspielen.

Förderbogen 3.3

1 **a)** Der Tisch ist reich gedeckt, Wohlstand, Reichtum der Gastgeber, großes Angebot an Speisen, Fruchtbarkeit.

   b) Eine Sklavin des Hauses bietet eine Schale mit Wein an.

   c) Pärchen 1 nimmt den Wein entgegen.

   d) Pärchen 2 fächelt sich Luft zu.

   e) Pärchen 3 hält sich vertraut an den Armen.

   f) Pärchen 4 füttert sich mit Speisen.

2 Die Frauen hatten offenbar das Recht, sich in derartigen Festgesellschaften zu treffen, Alkohol zu trinken und ihre Nähe und Zuneigung zu demonstrieren. Frauen hatten im alten Ägypten sehr viele Rechte, waren in Berufen tätig. Die Frau galt als „Herrin des Hauses".

Kompetenztraining Geschichte
9783060649396_GES_P_265-281.doc

3 Damengesellschaft in einer Villa in Theben, 1300 v. Chr. Die Gäste tragen Kegel mit duftenden Salben auf dem Kopf und haben z. T. Fächer und Trinkschalen in der Hand.

4 Die Person am Bildrand trägt eine Hose und wird von einem männlichen Sklaven bedient. Der Mann sitzt auf einem Sessel und bekommt eine Spuckschale hingehalten. Auch ist ein Dolch zu sehen. Es ist die Frage, ob der Hausherr das Fest kontrolliert, er scheint zumindest nicht Teil zu sein und die Damenrunde nicht zu stören.

Förderbogen 3.4

1

Die Pyramiden wurden von Sklaven gebaut, die die Ägypter aus dem Krieg mitbrachten.	Die Ägypter selbst empfanden den Dienst beim Pyramidenbau als religiöse Ehre.
Die Pyramiden wurden von Außerirdischen gebaut und haben für sie eine Funktion.	Nachweislich lassen sich keine Spuren von Außerirdischen finden. Die Pyramiden sind kein „Stargate", sondern von Menschenhand erbaut als Herrschaftsdemonstration.
In den Pyramiden wurden Fallen wie Feuerwerfer oder rollende Kugeln gegen Plünderer installiert.	Mechanische Fallen, wie man sie aus Spielfilmen kennt, überdauern nicht Jahrtausende, auch Tiere nisten sich eher zufällig in Pyramiden ein. Ob die Entwicklung von Pilzsporen in den Kammern Absicht war, ist umstritten.
Die Pyramiden wurden mithilfe einer wundersamen Technik aus der Zukunft erbaut.	Man kann rational erklären, wie Menschen mit den damaligen Techniken die Pyramiden bauen konnten. Wer sich das nicht erklären kann, muss auf die Zukunft als „Ausrede" zurückgreifen.
Die Pyramiden in Gizeh wurden in Jahrhunderten Bauzeit errichtet.	Schon ihr Zweck legt nahe, dass die Grabkammern rasch fertiggestellt wurden, zum Teil weit vor dem Tod der Pharaonen.
Der Entdecker des Grabes von Tutanchamun, Carter, und einige seiner Mitarbeiter wurden durch einen Fluch getötet.	Die Luft in der Grabkammer war durch die verrotteten Grabbeigaben und die Bakterien, die sich entwickelten, stark gesundheitsgefährdend. Bis heute ist umstritten, ob dies Absicht der Baumeister war.

2 a) Die Baumeister der Pyramiden hätten sicherlich viel darum gegeben, fliegen zu können, um den Fortschritt von oben zu begutachten. Man hätte den Arbeitseinsatz und die geometrische Ausrichtung viel besser kontrollieren oder den Fortschritt an der Baustelle verfolgen können.

b) Das Umsetzen einer derart großen Bauleistung ist nur durch genaue Kenntnisse der Astronomie möglich. Mittels der Gestirne fand man Orientierungspunkte. Auch vom Boden aus kann man mit den Gesetzen der Geometrie einen solchen Bau bewerkstelligen. Dies zeigt, wie hochentwickelt und genau die architektonischen Kenntnisse der Ägypter waren und wie präzise die Arbeiten koordiniert wurden. Dies ist nur durch ein strikt hierarchisches System von Planung und Kontrolle möglich.

Förderbogen 3.5

1 Hier kann man keine eindeutigen Lösungen angeben. Versetze dich in die Lage der Personen und formuliere ihre möglichen Gefühle und Gedanken. Diese Gedanken sollen sich auf die Situation des Totengerichtes beziehen, beispielsweise Beobachtungen zum Abwägevorgang oder zu anderen beteiligten Figuren. Wenn dir der Platz in den Blasen nicht ausreicht, kannst du auch Nummern einfügen und in dein Heft schreiben.

2 Gottheit 1: Horus; Gottheit 2: Anubis; Gottheit 3: Osiris; Gottheit 4: Isis

Förderbogen 3.6

1

Festgehalten wurde durch Beamte:	Dies war verantwortungsvoll, weil …
Steuern und Abgaben	dies genau und gerecht sein muss, kein Betrug möglich.
Vorräte und Speicherstand	es um das Überleben in Notzeiten ging.
Planung von Gebäuden	hier Genauigkeit gefragt war.
Organisation von Staatsaufgaben (Einteilung von Arbeitskräften, Materialbeschaffung)	Der Schreiber anhand der Aufzeichnungen den Überblick behalten konnte.

Wichtig waren also Präzision, Zuverlässigkeit, Archivierung von Daten und das Organisieren von Arbeitsprozessen.

2 a) Deine Lösung sollte aus sechs Zeichen bestehen: Turm-bau-in-ba-by-lon (sechs Silben).

b) http://de.wikipedia.org (Stichworte: Sumerer und Ur)
http://www.blinde-kuh.de (Stichworte: Sumerer und Keilschrift)

c) ein Staat mit zentraler Verwaltung und Regierung, Religion, Arbeitsteilung, Zeitrechnung, Kunst, Architektur, Anfänge von Wissenschaft und Technik

Lernerfolg Kapitel 3

1 a) Der Kaufmann wird zunächst, je nach Jahreszeit, sehen, dass der Fluss breit und tief ist und er die Wüste wie ein grünes Band durchzieht. Auf dem Fluss sind zahlreiche Schiffe mit Personen und Waren unterwegs. Gesäumt ist der Nil von einem Grünstreifen mit Palmen und beispielsweise Papyrusstauden. In seinem breiten Tal ist die Natur begrünt, Kanäle ermöglichen die Bewässerung auch größerer Flächen, es wachsen zahlreiche Nutzpflanzen, am wichtigsten das Getreide,

Kompetenztraining Geschichte
9783060649396_GES_P_265-281.doc

aber auch Obst und Gemüse – Dattelhaine zum Beispiel. Die Menschen sind stark mit dem Fluss verbunden, er spendet ihnen Leben. Viele Menschen arbeiten am Fluss und mit den Segnungen des Flusses. Auch die Pyramiden, die man vom Nil aus sehen kann, sind mithilfe des Flusses erbaut worden, da er auch ein Transportweg ist. Kein Wunder, dass die alten Ägypter ihren Nil verehrten und ihren Jahreslauf auf ihn ausrichteten, da er auch zwei Ernten ermöglichte und die Menschen in diesem Tal verwöhnte.

b) „Mein Lieber, jetzt stehst du die ganze Zeit schon an der Reling und kommst aus dem Staunen nicht heraus. Du kennst doch eure großen Flüsse, Euphrat und Tigris. Aber du hast recht, der Nil ist für uns Ägypter etwas Besonderes. Ohne diesen Fluss wären wir Nomaden, die in der Wüste leben. Nicht weit von hier ist das ja auch der Fall. Aber überall, wo sein Wasser hingelangt, da ist Leben. Der Nil wird in zahlreichen Liedern gepriesen, für uns ist er wie ein Vater: Er gibt uns alles, ist großzügig, man kann sich auf ihn verlassen, er bestimmt, aber er ist auch streng. Wenn sein Hochwasser das Tal überflutet, fragt der Fluss niemanden um Erlaubnis. Aber wir erwarten ja auch seine Geschenke, den fruchtbaren Schlamm, den er vom äthiopischen Hochland bis hierher mit sich führt. Für uns ist er ein Lebensspender, gerade weil er das Land immer erneut fruchtbar macht, denn schnell ist der Boden trotz Wasser und Sonne ausgelaugt. Der Nil liefert die Erneuerung immer wieder mit, er ist das Leben. Niemand hat vor diesem Fluss Angst, das sollte man auch vor seinem Vater nicht haben. Man verdankt ihm viel, soll ihn verehren und nicht erzürnen. So bringen unsere Priester ihm auch Opfer. Nun sehe ich aber Müdigkeit in deinen Augen. Du hast dich wohl sattgesehen. Nun lege dich hin, morgen sind wir in Assuan."

2 Obwohl der Nil die Ägypter reich beschenkt, mussten sie doch auch für magere Jahre Vorräte anlegen, schon die Bibel berichtet davon. Hierzu hat der Pharao Sorge getragen, um sein Volk vor Hunger zu schützen. Das zeichnet einen guten vorausschauenden Herrscher aus. Der Speicher wurde durch die Beamten des Pharao geplant: Er ist ein mächtiges Gebäude, das das Getreide gut konservieren soll und sich nicht aufheizt. Kluge Baumeister haben es errichtet. Die Bauern liefern einen Teil ihrer Steuern für den Speicher ab. Das wird durch Schreiber genau verzeichnet, damit es keine Ungerechtigkeiten gibt, jeder nach seinem Anteil! Wenn es tatsächlich Missernten gibt, durch Heuschreckenschwärme oder Niedrigwasser, sind alle Bewohner froh, ob Handwerker oder Bauern, dass es den Speicher gibt. Dann wird das Getreide nach einem Plan an die Bevölkerung verteilt, auch hier sind Beamte als Schreiber tätig. Priester überwachen das Geschehen und bitten die Gottheiten um eine gute Ernte im nächsten Jahr. Die Ägypter von Assuan müssen jedenfalls keine Angst haben. Ihr Staat funktioniert so gut, dass er sie schützt.

3 Auf dem Bild sind drei Personen zu sehen, zwei stehen im Vordergrund, die dritte (ganz links) schaut aus dem Bild heraus. Die beiden mittleren sind Männer. Die linke Person ist in weiß gekleidet und hat einen herrschaftlichen weißen Hut auf, die rechte Person ist mit einem Leopardenfell bekleidet und hält ein Instrument in der Hand. Auf dem Tisch zwischen den beiden liegen Gegenstände, die auch wie Werkzeug aussehen. Oberhalb der beiden Personen sind Kartuschen mit Namen in Hieroglyphenschrift abgebildet.

Bezieht man die Informationen aus der Bildunterschrift mit ein, versteht man, dass es sich um ein Ritual mit einem Toten handelt. Der weißgekleidete, herrschaftlich wirkende Mann ist der berühmte Pharao Tutanchamun, dessen Totenmaske man kennt. Ihm soll nach dem Tod der Mund geöffnet werden. Diese Ehre hat ein Nachfolger, der mit dem Instrument auf den ehemaligen Pharao zugeht.

Diese Wandmalerei zeigt einen weiteren Gesichtspunkt der Jenseitsvorstellung der Ägypter. Sie statteten ihre Toten nicht nur mit Lebensmitteln und Möbeln für das Jenseits aus und balsamierten ihre Körper ein, um sie für das Leben nach dem Tod zu erhalten. Was den Toten neben diesen Annehmlichkeiten fehlt, ist ihre Sprachfähigkeit, weil sie ihre Zunge nicht bewegen können. Durch die auf dem Bild dargestellte rituelle Handlung mit einem heiligen Instrument sollte die Sprechfähigkeit des Toten wiederhergestellt werden.

4 „Schon viele Reisende haben gezweifelt, wie wir Ägypter die Pyramiden gebaut haben: Teufelszeug aus der Zukunft, ihr könnt fliegen wie die Vögel, habt Kräfte wie Bären. Alles Unfug. Keine übernatürliche Macht hilft uns dabei. Da ist Köpfchen gefragt und Erfahrung. Unsere Beamten und Ingenieure sind wahre Genies in Mathe. Hinzu kommen Astronomen, die durch den Standort der Gestirne genau berechnen können, in welchem Winkel die Steine aufgeschichtet werden müssen. Die spannendste Frage hast du selbst eben gestellt: Wie bloß die vielen Steine in einer solchen Ordnung aufeinanderkommen! Da braucht es auch ein ausgeklügeltes System von Rampen, man muss genau wissen, wo man anfängt und wo man die Hilfskonstruktionen wieder wegschaffen kann. Jeder Baumeister hat sein eigenes Vorgehen; allen gemeinsam ist, dass die Blöcke, alle fast gleich groß, auf Stämmen gerollt werden und jede Menge Sand als Rampe aufgeschichtet wird. Beim Abtragen hilft dann sogar auch der Wind. Ach was, Jahrhunderte dauert das nicht, der Pharao will ja schon zu Lebzeiten seine letzte Ruhestätte planen, sie sogar begehen. Dazu helfen viele aus dem einfachen Volk mit, besonders Bauern. Ob sie das ganz freiwillig tun? Nun ja, es ist eine Ehre und zeugt von dem Respekt den Göttern und Pharaonen gegenüber, da hat man keine Wahl. Nein, Sklaven, gefangene Soldaten setzen wir nicht ein, damit sie das Grabmal nicht entweihen. Außerdem arbeiten die weniger gut als solche Landsleute, die an die Bedeutung ihrer Arbeit glauben. Man kann Teil eines göttlichen Plans sein – oder hast du jemals in der Natur etwas gesehen, das dreieckig ist? Siehst du, das ist göttlich. Dafür opfern die einen ihr Gehirnschmalz, die anderen ihre Arbeitskraft. Noch in Jahrtausenden kann man stolz auf diese Leistungen sein."

5 a) Merkwürdig, diese Schrift. Sie ist nicht wie bei uns eine Silbenschrift, sie ist eine Bilder- und Lautschrift. Manche der Buchstaben sind ja Dingen nachempfunden. Für die Ägypter ist die Schrift heilig, sie ist mit der Religion verbunden, taucht in Tempeln auf, aber ich habe auch ganz viele Menschen schreiben sehen auf meiner Handelsreise: Kaufleute, Schreiber und Beamte des Pharao. Die Schrift ist praktisch, aber unsere Keilschrift ist fortschrittlicher, irgendwie weniger kindisch. Nun ja, schön sind die in Ton eingeritzten Keile nicht, aber auch nicht so aufdringlich bunt wie die der Ägypter.

b) Ein Kaufmann muss gut handeln können, etwas von seinen Waren und den Kunden verstehen, muss die Wünsche der Kunden kennen. Dazu muss er nicht schreiben. Wahrscheinlich kommt es ganz darauf an, ob es sich um einen Kaufmann handelt, der ein großes Geschäft hat und der seine Außenstände und Bestände nicht im Kopf behalten kann – seine Steuern auch nicht. Ein guter Kaufmann muss planen, einen Überblick über sein Geschäft haben. Er braucht jemanden, der die Bücher führt.

Kompetenztraining Geschichte
9783060649396_GES_P_265-281.doc

Lösungen zu Kapitel 4

Förderbogen 4.1

1 Das Thema der Karte ist die Halbinsel Attika. Die Karte stellt das Vorkommen wichtiger Handels- und Wirtschaftsgüter sowie die Anbaugebiete verschiedener landwirtschaftlicher Produkte und Fischfangregionen im 5. Jahrhundert v. Chr. dar. Man kann mithilfe der Karte verschiedene Fragen beantworten, z. B.:

- Wovon lebten die Athener?
- Wo wurden diese Produkte gewonnen bzw. erzeugt?
- Wo befanden sich Heiligtümer der Athener?
- Wie ist die Landschaft Attika beschaffen?
- Wie sah die Infrastruktur (Straßen und Wege) in Attika aus?

Die Kartenlegende gibt Auskunft über die Bedeutung der Symbole für die Wirtschaftsgüter und landwirtschaftlichen Produkte. Mithilfe der Legende erkennt man, dass es in Attika zwar nur die beiden Städte Athen und Piräus gab, aber sowohl im Landesinneren als auch an der Küste zahlreiche Dörfer lagen.

Vom Poseidon-Tempel bis nach Oropos waren es entlang der Straße ungefähr 100 km, Luftlinie waren es ungefähr 80 km. Die Karte zeigt, dass das Gebiet Polis Athen bei weitem nicht nur die Stadt, sondern die gesamte Halbinsel Attika umfasste. Die Lebensbedingungen der Menschen war folglich recht unterschiedlich: Sie lebten entweder entlang der Küste, in der Ebene oder im Gebirge in Dörfern oder in den Städten Athen bzw. Piräus. In der Karte kann man ferner erkennen, dass praktisch alle Straßen auf das Zentrum Athen zulaufen, was die Bedeutung der Stadt zeigt. Auf der Karte ist jeweils nur ein Gebiet für Wein, Olivenöl, Honig und Fischfang bezeichnet. Ein Grund ist sicherlich der kleine Maßstab der Karte.

Förderbogen 4.2

1 griechische Sprache (und Schrift) – panhellenische Olympische Spiele – religiöse Feste – einheitliche Tempelarchitektur

2 **M2** Tonscherbe mit dem Namen eines Politikers, Überrest einer Volksversammlung; **M3** Diskuswerfer, Ausschnitt aus einem Vasenbild; **M4** Poseidon, Vasenbild; **M5** Tempel auf der Akropolis in Athen

3 Eine gemeinsame Sprache kann zu einem Gemeinschaftsgefühl beitragen, weil so zwischen den verschiedenen Mitgliedern der gleichen Sprachgruppe eine Verständigung möglich ist. Man entdeckt auch mit jemandem außerhalb der eigenen Familie oder des eigenen Dorfes eine Gemeinsamkeit. Diejenigen, welche die Sprache nicht beherrschen, können als fremd und andersartig empfunden werden.

Förderbogen 4.3

1

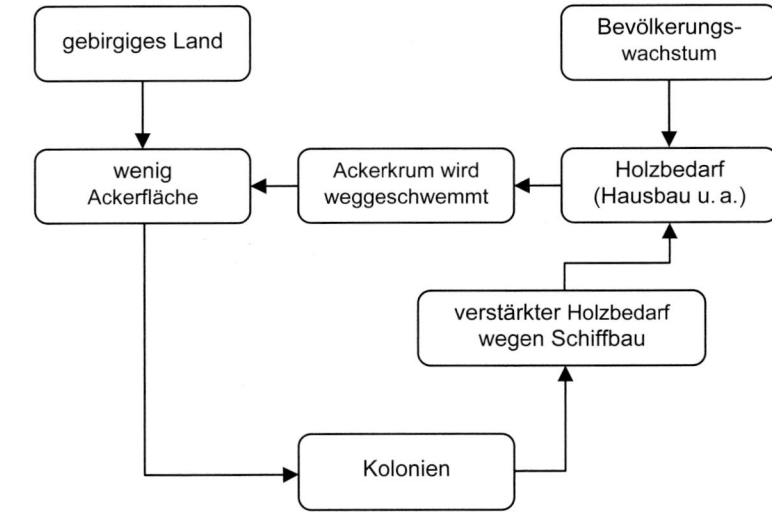

2 **M2** Missernten aufgrund klimatischer Bedingungen → Ernährung der Bevölkerung ist gefährdet

M3 Zwang zum Verlassen der Mutterstadt wegen drohender Überbevölkerung

M4 Soziale Spannungen innerhalb einer Polis, weil sich viele Menschen verschuldet hatten und teilweise als Sklaven arbeiten mussten

Förderbogen 4.4

1 Wagenrennen – Schnelllauf – Weitsprung – Faustkampf

Kompetenztraining Geschichte
9783060649396_GES_P_265-281.doc

2

	Antike Spiele	Heutige Spiele
Seit wann finden die Spiele statt?	Seit 776 v. Chr.	Seit 1896 – bzw. die Winterspiele seit 1924
Wann finden die Spiele statt?	Alle vier Jahre	Alle vier Jahre – bzw. alle zwei Jahre, wenn man die Winterspiele berücksichtigt
Warum finden die Spiele statt?	Zu Ehren des Göttervaters Zeus	Zur Unterhaltung, als sportlicher Wettkampf
Wo finden die Spiele statt?	Im Heiligtum Olympia	Immer an einem anderen Ort, der sich lange vorher darum bewerben muss
Warum nehmen Sportler teil?	Aus Ehre – persönlich und für die Heimatstadt	Aus sportlichem Ehrgeiz – und wegen der wertvollen Werbeverträge
Welche Belohnung gibt es für einen Sieg?	Siegeskranz aus Olivenzweigen sowie ein Stirnband	Offiziell nur eine Goldmedaille, unter Umständen aber anschließend Sponsoren- und Werbeverträge
Wer darf an den Spielen teilnehmen?	Nur freie griechische Männer	Alle Sportler, die sich dafür qualifiziert haben
Wer darf zuschauen?	Nur freie griechische Männer	Jeder, der sich dafür interessiert – in den Stadien oder vor dem Fernseher
Wie lange dauern die Spiele?	Fünf Tage	Über zwei Wochen
Welchen Stellenwert haben die Spiele für die Menschen?	Aufgrund des religiösen Charakters einen sehr hohen	Hängt davon ab, ob sie sich für Sport interessieren oder nicht

Förderbogen 4.5

1 Die griechischen Götter sind nachtragend, neidisch und brutal – verhalten sich also im Grunde sehr „menschlich" und nach unserem Verständnis wenig „göttlich".

2

Griechische Götter	Christentum/Islam
Es gibt viele Götter, die jeweils für einen eigenen Bereich zuständig waren.	Monotheistische Religionen, d. h., man glaubt nur an einen Gott.
Die Götter waren zwar unsterblich, blieben ewig jung und schön, aber wie man aus dem Text oben erkennen kann, waren sie streitsüchtig, keineswegs allmächtig und mit vielen menschlichen Fehlern behaftet.	Gott ist allmächtig und unfehlbar.
Die Götter haben menschliche Gestalt; es gibt daher männliche und weibliche Götter.	Gott hat keine menschliche Gestalt.
Gotteslästerung stellt eine Sünde dar.	Gotteslästerung stellt eine Sünde dar.

Förderbogen 4.6

1 wahr: 1, 2, 4, 5, 6; falsch: 3, 7

2 Es durften in Athen nur die männlichen Bürger über 18 Jahre wählen, d. h., Frauen, Metöken und Sklaven waren von der Volksversammlung ausgeschlossen.
Wenn ein Athener ein politisches Amt übernahm, wurde er aus der Staatskasse bezahlt. Dies ermöglichte es auch den ärmeren Bürgern, ein Amt zu übernehmen.

3

Athenische Demokratie	Heutige Demokratie
Nur in Athen geborene Männer über 18 Jahre waren Bürger.	Staatsbürger ist, wer die deutsche Staatsangehörigkeit besitzt. (Art. 116 GG)
Frauen, Metöken und Sklaven waren generell von politischen Entscheidungen ausgeschlossen.	Randgruppen werden nicht diskriminiert, d. h. von politischen Entscheidungen ausgeschlossen.
In Athen gab es eine direkte Demokratie, d. h., die Bürgerschaft versammelte sich und entschied in der Volksversammlung selbst über politische Fragen.	Wir haben eine repräsentative Demokratie, d. h., es werden Vertreter des Volkes in ein Parlament gewählt, welche die Interessen der Wähler wahrnehmen sollen.
Die Aufgabenbereiche des Rates der 500, der Volksversammlung und des Volksgerichtes waren nicht klar voneinander getrennt. Die letzte Entscheidungs- und Kontrollbefugnis hatte in allen Bereichen die Volksversammlung.	Es herrscht Gewaltenteilung, d. h., die Staatsorgane, welche Gesetze beschließen, und diejenigen, welche die Gesetze ausführen, sind voneinander getrennt und werden von unabhängigen Gerichten überwacht.
In Athen sorgten die Demagogen für die Meinungsbildung der Bevölkerung.	Parteien und Medien sorgen für die Meinungsbildung der Bevölkerung.
Bürger, die an der Volksversammlung teilnahmen, am Volksgericht oder im Rat der 500 tätig waren, erhielten Tagegelder (Diäten).	Abgeordnete im Bundestag erhalten für ihre Tätigkeit Gehälter (Diäten) und Spesen.

Kompetenztraining Geschichte
9783060649396_GES_P_265-281.doc

Förderbogen 4.7

1

	Monarchie	Aristokratie	Demokratie
Übersetzt heißt das:	Alleinherrschaft	Herrschaft der Besten	Volksherrschaft
Die Herrschaft erfolgt durch?	eine (oft göttlich ausgewählte) Einzelperson	Adel bzw. die „Besten"	das Volk
Anzahl der Herrscher/Staats-oberhäupter?	1	mehrere	1
Wer ist das Staatsoberhaupt?	König/Pharao/Kaiser	eine adlige Oberschicht	Präsident
Wie lange ist die Amtszeit des Staatsoberhaupts?	auf Lebenszeit	jeweils auf Lebenszeit	zeitlich begrenzt
Nenne ein Beispiel für ein Land, in dem diese Staatsform in der Antike existierte.	Ägypten	frühes Griechenland	Athen

2 Demokratische Länder in Europa heute, die einen Monarchen/eine Monarchin an der Spitze haben (Stand: 2009): z. B. Groß-britannien (Königin Elisabeth II.), Spanien (Juan Carlos I.), Norwegen (Harald V.), Schweden (König Carl XVI. Gustaf), Däne-mark (Königin Margrete II.), Niederlande (Königin Beatrix), Belgien (König Albert II. Philipp), Luxemburg (Großherzog Henri).

Förderbogen 4.8

1 Männer: Männliche Spartiaten über 30 Jahre waren Mitglied der Volksversammlung, die über Krieg und Frieden sowie die Verleihung des Bürgerrechts entschied, Gesetze beschloss und die Ephoren sowie die Gerusia wählte. Alle Ämter waren männlichen Bürgern vorbehalten. Männliche Perioken leisteten ebenfalls Dienst im Heer, besaßen aber ebenso wenig wie die männlichen Heloten politische Mitbestimmungsrechte.
Frauen: Gesellschaftlich waren die Frauen der Spartiaten zwar bessergestellt als die Frauen der Perioken und Heloten, nicht aber politisch: Sie besaßen ebenfalls keinerlei Mitbestimmungsrechte.

2

	Athen	Sparta
Wer besitzt politische Rechte?	Männliche Bürger über 18 Jahre	Männliche Bürger (Spartiaten) über 40 Jahre
Wer besitzt die größte politische Macht?	Die Volksversammlung	Die Gerusia und die Ephoren
Wer ist das Staatsoberhaupt und wie lange ist seine Amtszeit?	Jeden Tag ein anderes Mitglied des Rates der 500	Die fünf Ephoren, die auf ein Jahr ge-wählt wurden
Wie wird die Regierung gebildet?	Durch Los	Durch Wahl
Wo und wie werden politische Entschei-dungen getroffen?	In der Volksversammlung durch Mehr-heitsentscheidungen nach vorhergehen-der Diskussion	In der Volksversammlung, die über die Vorschläge der Gerusia ohne Diskussion abstimmt
Wer ist für die Rechtsprechung zuständig?	Das Volksgericht und bei Mordprozessen der Areopag	Die fünf Ephoren
Wer schlägt Gesetze vor und wer be-schließt die Gesetze?	Vorgeschlagen werden die Gesetze in der Volksversammlung durch den Rat der 500; die Volksversammlung ent-scheidet über die Gesetze.	Die Gesetzesvorschläge stammen von der Gerusia. Die Volksversammlung stimmt lediglich über die Vorschläge ohne vorherige Diskussion ab.

Förderbogen 4.9

1 Bei dieser Legende geht es nicht nur um den Knoten, sondern dieser steht in den Augen der Zeitgenossen für Macht. Alexan-der wollte Persien und Teile von Asien erobern. Er wollte den Erfolg. Wäre er am Gordischen Knoten gescheitert, hätten viele abergläubische Menschen ihm seinen Erfolg nicht zugetraut. Er musste diese Prüfung bestehen, auch wenn er persönlich nicht an eine besondere Bedeutung des Knotens geglaubt haben mag.

2 Die Legende verrät etwas darüber, wie die Menschen damals über Alexander dachten. Alexander löste den Knoten nicht umständlich oder mit Geschick, sondern schnell und effektiv mit Gewalt. Dies spiegelt seinen Charakter wider, wie er von den Zeitgenossen eingeschätzt wurde: Er lässt sich nichts entgehen, kann schnell entscheiden, sucht den schnellsten Weg und scheut vor Gewalt nicht zurück.

3 Makedonien, Griechenland, Bulgarien, Türkei, Zypern, Libanon, Syrien, Israel, Ägypten, Jordanien, Armenien, Irak, Kuwait, Iran, Pakistan, Indien, Afghanistan, Turkmenistan, Tadschikistan, Kirgistan.

4 a) Alexander brachte nicht nur Soldaten mit, die Griechisch sprachen, sondern auch Verwaltungsbeamte, Händler, Gelehrte. Er brachte seine Verwaltung, Maße und Währung mit sich und schuf einen Wirtschaftsraum. Griechisch war hier die Ver-kehrssprache.

b) Die englische Sprache hat sich auf der Welt zum Teil durch britische Kolonien (die von den Briten eroberten und abhängi-gen Länder in Übersee einschließlich Nordamerikas) verbreitet. Das ähnelt den Eroberungen Alexanders. Schon seit mehr als 100 Jahren ist der Siegeszug der Sprache jedoch friedlich, sie wird in fast allen Ländern der Welt als Verkehrs- und Wirtschaftssprache verstanden, derer sich auch Touristen bedienen können. Auch wenn Großbritannien heute nicht mehr ein so mächtiges Land ist, wirkt die Sprache dennoch weiter. So war es auch im Alexanderreich nach Alexanders Tod nach dem Ende der Diadochen. Die Menschen hatten sich an eine Sprache gewöhnt, die ihnen einst aufgezwungen wurde, die nun aber große Vorteile mit sich brachte.

Kompetenztraining Geschichte
9783060649396_GES_P_265-281.doc

Förderbogen 4.10

1 Bei vielen PC-Programmen lässt sich ein solches Format einstellen, sodass du den Leporello sogar mit dem Computer gestalten kannst. Denke an ein ansprechendes Deckblatt, die Abfolge der Informationen und Kapitel.

2 a) Die hängenden Gärten der Semiramis zu Babylon, der Koloss von Rhodos, das Grab des Königs Mausolos II. zu Halikarnassos, die Stadtmauern von Babylon, die Pyramiden von Gizeh in Ägypten, der Tempel der Artemis in Ephesos, die Zeusstatue des Phidias von Olympia, der Turm zu Babylon.

b) Die Weltwunder bezeichnen nicht entfernte Punkte der damaligen Welt, sondern die bedeutendsten Sehenswürdigkeiten der kulturellen Zentren. Vertreten sind die ägyptische, griechische und die Kultur des Zweistromlandes. Der alexandrinische Leuchtturm kam erst auf der Liste des Antipatros von Sidon hinzu, die dieser im 2. Jahrhundert v. Chr. anfertigte. Die sieben Weltwunder stehen für die menschlichen Höchstleistungen in der Kunst und Baukunst.

Lernerfolg Kapitel 4

1 Um ähnlich wie in Ägypten einen zusammenhängenden Staat zu gründen, müssen die Menschen auch die Möglichkeit haben, miteinander in Kontakt zu kommen. Griechenlands Landschaft ist aber geprägt von zahlreichen hohen Gebirgen und einer sehr langen Küstenlinie. Daher entstanden die zahlreichen, voneinander unabhängigen Stadtstaaten.

2 Siehe Förderbogen 4.3 sowie die zugehörigen Lösungen.

3

Aussagen	wahr	falsch
1. Griechenlands Landschaft ist geprägt von weitläufigen Ebenen.		X
2. Die Griechen gründeten an der nordafrikanischen Küste und in Südspanien Kolonien.	X	
3. Die Olympischen Spiele fanden zu Ehren des Göttervaters Zeus statt.	X	
4. Während der Olympischen Spiele musste in ganz Griechenland Frieden gehalten werden.	X	
5. Die modernen Olympischen Spiele gibt es seit 1952; sie finden alle vier Jahre in einer anderen Stadt statt.		X
6. Die griechischen Götter waren ihrem Wesen nach den Menschen sehr ähnlich.	X	
7. „Polis" ist das griechische Wort für „Polizei".		X
8. Alle Athener Bürger durften wählen, sofern sie alt genug dafür waren.	X	
9. Frauen und Männer besaßen in Athen die gleichen Rechte.		X
10. Nur reiche Athener Bürger konnten es sich leisten, in ein Amt gewählt oder gelost zu werden.		X
11. Athens wirtschaftliche Macht beruhte auch auf seiner militärischen Führungsrolle im östlichen Mittelmeer.	X	
12. Sparta gründete wie viele andere griechische Städte zahlreiche Kolonien.		X

4 Individuelle Lösung, die aber folgende Fakten berücksichtigen sollte:
Theoretisch scheint es bei der direkten Demokratie einfacher zu sein, die eigene politische Meinung durchzusetzen, als bei einer modernen repräsentativen Demokratie mit mehreren Millionen wahlberechtigten Bürgern.
In der Praxis setzten sich auf den Volksversammlungen damals jedoch auch nur die Demagogen und einige wenige, redegewandte Persönlichkeiten durch. Der „einfache" Bürger Athens beschränkte sich darauf, seine Stimme bei Entscheidungen oder Wahlen abzugeben, meldete sich aber kaum selbst zu Wort.

Kompetenztraining Geschichte
9783060649396_GES_P_265-281.doc

Lösungen zu Kapitel 5

Förderbogen 5.1

Datum	Ereignis	Erläuterung
um 1000 v. Chr.	Beginn der Besiedlung der Gegend um Rom	Die Grundlagen der späteren Millionenstadt Rom werden gelegt.
753 v. Chr.	sagenhaftes Gründungsdatum Roms	Dieses Datum wurde erst Jahrhunderte später nachträglich „erfunden", um die vornehme Abstammung der Römer zu belegen.
510 v. Chr.	Beginn der Römischen Republik	Rom wird nun nicht mehr von Königen regiert, sondern Senat, Magistrate und Volksversammlung lenken die Geschicke der Stadt.
490–287 v. Chr.	Ständekämpfe in Rom	Die Plebejer ertrotzen sich von den Patriziern politische Rechte, bis sie z. B. auch Konsul werden können.
387 v. Chr.	Plünderung Roms durch die Kelten	Rom steht kurz vor dem Untergang, übersteht aber auch diese schwere Krise.
272 v. Chr.	Die ganze italienische Halbinsel steht unter der Kontrolle Roms.	Innerhalb Italiens gibt es nun keine feindlichen Völker und Stämme mehr.
264–241 v. Chr.	1. Punischer Krieg	Rom und Karthago messen erstmalig militärisch ihre Kräfte. Infolge des römischen Sieges wird u. a. Sizilien römische Provinz.
218–202 v. Chr.	2. Punischer Krieg	Hannibal fügt Rom schmerzliche Niederlagen bei, wird aber letztendlich doch von Scipio Africanus besiegt.
149–146 v. Chr.	3. Punischer Krieg	Unter einem Vorwand erklärt Rom erneut Karthago den Krieg und vernichtet die Stadt endgültig. Damit ist der letzte große Widersacher im Mittelmeerraum ausgeschaltet.
133–121 v. Chr.	Reformversuche der Gracchen	Die beiden Brüder versuchten Agrarreformen, scheiterten aber am Widerstand vieler Senatoren und Ritter. Die Agrarkrise bleibt weiterhin bestehen.
133–31 v. Chr.	Zeitalter der Bürgerkriege in Rom	Über 100 Jahre bekämpfen sich nun Gruppierungen innerhalb des römischen Staates. Diese Auseinandersetzungen gehen so weit, dass römische Generäle mit Legionen auf Rom marschieren. Ein Ende ist erst mit dem Sieg des Augustus über seine innenpolitischen Gegner in Sicht.
44 v. Chr.	Ermordung Caesars	Der gnadenlose Feldherr sammelte für seine innenpolitischen Gegner zu viel persönliche Macht, sodass er praktisch die Rolle eines Königs innehatte – ein Bruch mit der republikanischen Ordnung, den Caesar mit dem Tod bezahlte.
27 v. Chr.	Ende der Römischen Republik	Augustus stellt nach außen hin die Republik wieder her. Tatsächlich beginnt mit seiner Herrschaft nun die Zeit des Prinzipats.

Förderbogen 5.2
Das Lösungswort lautet: P a t e r   f a m i l i a s.

Förderbogen 5.3
1

	Polis Athen	Römische Republik
Wer besitzt politische Rechte?	Männliche Bürger über 18 Jahre	Männliche Bürger über 16 Jahre
Wer besitzt die größte politische Macht?	Die Volksversammlung	Der Senat und die von ihm beeinflussten Magistrate
Wer ist das Staatsoberhaupt und wie lange ist seine Amtszeit?	Jeden Tag ein anderes Mitglied des Rates der 500	Zwei Konsuln, die gemeinsam ein Jahr lang regieren
Wie wird die Regierung gebildet?	Durch Los	Durch Wahl in der Volksversammlung
Wo und wie werden politische Entscheidungen getroffen?	In der Volksversammlung durch Mehrheitsentscheidungen mit vorhergehender Diskussion	Theoretisch in der Volksversammlung durch Mehrheitsentscheidungen ohne vorhergehende Diskussion. Praktisch bestimmt der Senat die Richtlinien der Politik.
Wer schlägt Gesetze vor und wer beschließt die Gesetze?	In der Volksversammlung werden Anträge gestellt, der Rat der 500 formuliert die Beschlussvorlagen; die Volksversammlung entscheidet über die Gesetze.	Vorgeschlagen werden die Gesetze in der Volksversammlung meist durch Magistrate; die Volksversammlung entscheidet über die Gesetze.

Kompetenztraining Geschichte
9783060649396_GES_P_265-281.doc

2 wahr: 2, 3, 5, 6, 7; falsch: 1, 4

3 Die Senatoren wurden auf Lebenszeit von den Zensoren aus dem Kreis der ehemaligen Magistrate ausgewählt.
Die Amtsdauer der Magistrate betrug immer nur ein Jahr; der Diktator amtierte sogar nur ein halbes Jahr.

Förderbogen 5.4

1 Für die Lösung können die Karten im Schülerbuch zu Hilfe genommen werden.

2 Siehe Aufgabe 1.

3

Eroberung	Damaliger Name der Provinz	Sie liegt heute in ...
bis 200 v. Chr.	Sicilia	Italien
	Corsica	Frankreich
	Sardinia	Italien
bis 133 v. Chr.	Hispania Citerior / Hispania Ulterior	Spanien
	Gallia Cisalpina	Italien
	Africa	Tunesien
	Macedonia	Mazedonien, Griechenland
	Achaia	Griechenland
	Hispania	Spanien & Portugal
bis 44 v. Chr.	Asia	Türkei
	Narbonensis	Frankreich
	Phrygia	Türkei
	Cyrenaica	Libyen
	Cilicia	Türkei
	Creta	Griechenland
	Bithynia et Pontus	Türkei
	Syria	Syrien
	Cyprus	Zypern
	Gallia	Frankreich, Deutschland, Schweiz
	Numidia	Tunesien, Algerien
	Illyricum	Nachfolgestaaten Jugoslawiens
bis 14 n. Chr.	Aegyptus	Ägypten
	Moesia	Serbien, Bulgarien, Rumänien
	Galatia	Türkei
	Raetia	Schweiz, Deutschland, Österreich
	Noricum und Pannonia	Österreich, Deutschland, Ungarn, Slowenien
	Judäa	Israel

Kompetenztraining Geschichte
9783060649396_GES_P_265-281.doc

Förderbogen 5.5

Kriterien	1. Punischer Krieg (264–241 v. Chr.)	2. Punischer Krieg (218–202 v. Chr.)	3. Punischer Krieg (149–146 v. Chr.)
Ursachen	Konkurrenz in Süditalien und Sizilien	Karthago breitet sich in Spanien aus und sichert sich dort wertvolle Silbergruben.	Siehe Folgen des 2. Punischen Krieges
Anlässe	Streit zwischen Messena und Syrakus. Messena bittet Rom und Karthago um Hilfe.	Karthago zerstört die (angeblich mit Rom verbündete) Stadt Sagunt.	Karthago verteidigt sich gegen einen Angriff <u>ohne</u> die Erlaubnis Roms.
Ziele der Römer	Rom wollte ganz Unteritalien und Sizilien kontrollieren.	Zurückdrängen des karthagischen Einflusses in Spanien	Endgültige Vernichtung Karthagos
Ziele der Karthager	Karthago betrachtete Sizilien als eigenes Einflussgebiet und wollte die Kontrolle behalten.	Behauptung der eigenen Machtstellung in Spanien und Schwächung Roms	Verteidigung ihrer Stadt
Ergebnisse	Sieg Roms	Sieg Roms trotz mehrerer Niederlagen	Sieg Roms
Folgen	Karthago muss Sizilien Rom überlassen (→ erste römische Provinz) und 80 Tonnen Silber zahlen.	Karthago muss hohe Entschädigungen an Rom zahlen und darf nur noch mit Genehmigung Roms Kriege führen. Spanische Gebiete Karthagos fallen an Rom.	Völlige Zerstörung Karthagos. Karthagische Gebiete in Nordafrika wurden römische Provinz. Überlebende Karthager wurden Sklaven.

Förderbogen 5.6

1 Es sei die Bestimmung der Römer, die Welt hart, aber gerecht zu regieren. Kriege seien notwendig, um den Widerstand gegen diese Vorherrschaft zu brechen.

2 Aristides zeichnet ein äußerst wohlwollendes Bild der römischen Herrschaft: Die Römer verhielten sich trotz aller militärischen und politischen Stärke menschlich, sodass kein Hass gegen sie aufkommen könne. Allen sozialen Schichtungen, egal ob arm oder reich, ginge es unter Roms Herrschaft besser. Rom ermögliche den besiegten Gegnern sogar, an der Herrschaft teilzunehmen. Was Aristides hingegen verschweigt, sind die Grundlagen der römischen Herrschaft: unzählige Kriege, unter denen sowohl die eigenen Soldaten wie auch die meisten Römer und insbesondere die gegnerische Zivilbevölkerung zu leiden hatten.

3 Der namentlich nicht genannte und eventuell von Tacitus erfundene Häuptling weist den Römern äußerst negative Charaktereigenschaften zu: Sie seien noch „feindlicher als die Natur", besäßen einen „überheblichen Machtanspruch" und seien „habgierig", was sie zu „Räuber(n) des Erdkreises" mache. Und ähnlich wie Verbrecher bestehe ihre Herrschaft aus „Stehlen, Töten, Rauben". Ihre Gier mache weder vor Arm noch Reich Halt, selbst blinder Gehorsam und Unterwerfung schütze die anderen Völker nicht. Die Römer pressten eroberte Länder aus, sodass unter ihrem „Frieden" lediglich eine „Wüste" zurückbleibe.

Förderbogen 5.7

1 Zerstörungen und Plünderungen infolge Sklavenaufstandes des Spartacus (73–71 v. Chr.) – eigene Fehler beim Wiederaufbau – Preisdumping durch die Großgrundbesitzer in Italien und vor allem in den Provinzen, die massenhaft billige Sklaven einsetzen können.

2 Die Großgrundbesitzer in Italien und insbesondere in den „Kornkammern" des Römischen Reiches (Sizilien, Nordafrika, Kleinasien) konnten auf ihren riesigen Ländereien erheblich günstiger als die kleinen Bauern in Italien wirtschaften, zumal sie die Arbeiten von teilweise hochqualifizierten Sklaven verrichten ließen, die nur geringe Kosten verursachten. Durch die massenhafte Landflucht im ersten Jahrhundert v. Chr. vergrößerten sich die Probleme noch, weil die Großgrundbesitzer sehr günstig das Land der verarmten Bauern kaufen konnten.

3 a) individuelle Lösungen

b) Wie die Reformversuche der Gracchen zeigten, hatten die Senatoren und Ritter in Rom nur wenig Interesse an einer Änderung der Verhältnisse: Als Großgrundbesitzer profitieren sie selbst am meisten von der Krise, weswegen sie sich jeder Veränderung der Eigentumsverhältnisse widersetzten.

Förderbogen 5.8

Richtige Reihenfolge: Quästur – Ädil – Marcus Licinius Crassus – Spanien – Konsul – Gnaeus Pompeius Magnus – Triumvirat – Gallien – Staatsstreich – Rubikon – Sonnenkalender – Diktator – Iden – Kaiser.

Förderbogen 5.9

1

Politik	Wirtschaft	Gesellschaft
• Es gibt politische Parteien und Cliquen. • Innen- und Außenpolitik ist nur noch die Sache von wenigen, nicht mehr die des Volkes und des Senates.	• Beute aus Kriegszügen fällt nicht mehr an den Staat, sondern an Feldherren und deren Freunde. • Vertreibung von verarmten Bauern	• Wettstreit um Ruhm und Herrschaft über andere • Zügellosigkeit, Übermut, „Habsucht ohne Maß und Grenzen" • Missbrauch von Befugnissen und Rechten • Ende der Einheit und Spaltung in gegensätzliche Gruppierungen

Kompetenztraining Geschichte
9783060649396_GES_P_265-281.doc

2 Den Beginn dieser Fehlentwicklung datiert Sallust auf das Ende des 3. Punischen Krieges (146 v. Chr.), als mit der endgültigen Vernichtung Karthagos der letzte ernstzunehmende außenpolitische Gegner ausgeschaltet war.

3 Die Nobilität fühlte sich nicht mehr wie früher für das Gemeinwesen, die res publica, zuständig, sondern war nur noch an persönlichen Vorteilen, Macht, Ämtern, Ruhmestiteln und Triumphen interessiert. Zwei neu entstehende politische Lager, die Optimaten und die Popularen, hätten die Republik zwischen sich zerrieben oder, wie Sallust es ausdrückt, auseinandergerissen. Aber nicht nur die verantwortlichen Politiker, sondern auch das gesamte Volk sei dekadent und habgierig geworden.

Lernerfolg Kapitel 5

1 Ein Mythos ist eine Erzählung, in der wahre und erfundene Ereignisse verknüpft sind. Zum Gründungsmythos Roms siehe im Schülerbuch.

2 wahr: 2, 4, 7, 8, 10, 11, 12, 13; falsch: 1, 3, 5, 6, 9

3 Die erste Meinung, die Polybios wiedergibt, stellt die Römer als vernünftige Herrscher dar, die sich lediglich gegen den Aggressor Karthago gewehrt haben. Die zweite Meinung sieht die Römer als Aggressoren, die „erbarmungslos" ihre Gegner bekämpfen. Die dritte Meinung schreibt den Römern ein geschicktes Taktieren in Verhandlungen zu, durch die sie die Karthager besiegen konnten.

4 Individuelle Lösung, die aber folgende Fakten berücksichtigen sollte:
  – Die Struktur der Römischen Republik, die ursprünglich für einen Stadtstaat konzipiert war, war für ein Weltreich nur bedingt übertragbar.
  – Zwangsläufig ist die Republik aber nicht untergegangen, sondern sie ist von machtbesessenen und ehrgeizigen Männern zugrunde gerichtet worden, die mehr auf ihren persönlichen Vorteil, ihren Ruhm und ihre Ehre achteten, als wie in früheren Zeiten an der „res publica", dem Gemeinwohl, interessiert zu sein.

Lösungen zu Kapitel 6

Förderbogen 6.1

1 Römischer Feldherr: Panzer, Feldherrenmantel, Helm, Stiefel, Schwert; er wird auch als der römische Schutzgott Mars mit Wolfshund gedeutet.
  „Barbar": krauses Haar, Bart, lange Hosen und kurzer Leibrock.
  Caelus: Der Himmelsgott spannt das Himmelsgewölbe wie ein Segel über sich aus.
  Sol: Der Sonnengott sitzt im Sonnenwagen und treibt die vier Pferde an.
  Erdmutter: Füllhorn, Ähre und Kranz, Mohnkapsel und zwei Kinder an ihrer Brust.
  Apollo: Leier.
  Diana: Köcher, Hirsch (Göttin der Jagd).

2 Die Rückgabe der Feldzeichen sollte dem Betrachter direkt ins Auge fallen; nicht nur, um Augustus' militärische Überlegenheit gegenüber den Parthern zu demonstrieren, sondern vor allem, um zu zeigen, dass Augustus in der Lage war, zurückliegende Schmähungen Roms auszutilgen und so die alte Ordnung wiederherzustellen. Augustus ließ sich natürlich gerne so darstellen, weil er wusste, wie sehr sich die Römer seit Jahrzehnten nach Ruhe und Ordnung sehnten.

Förderbogen 6.2

1 Merkmale: Kämpfe besonders ausgebildeter Männer, die mit verschiedenen Waffen auf Leben und Tod gegeneinander kämpften.

2 Für die Recherche können z. B. folgende Internetseiten genutzt werden: Wikipedia, http://lexikon.meyers.de.

3 Ursprünglich besaßen die Spiele noch religiösen Charakter, aber insbesondere zur Kaiserzeit sollten sie politische und soziale Konflikte überdecken, indem sie die Bevölkerung unterhielten. Da während der Spiele auch oft Geschenke an das Publikum verteilt wurden, konnten sich die Ausrichter der Spiele – beispielsweise die Kaiser – der Bevölkerung als Wohltäter präsentieren.

4 Die Unterhaltung der Bevölkerung sollte diese von ihren alltäglichen Sorgen ablenken. Die Tage, an denen Spiele ausgerichtet wurden, waren Feiertage, an denen die Menschen nicht zu arbeiten brauchten. Zugleich dienten die Spiele auch als „Stimmungsbarometer", wie sich die Besucher der Kampfarenen beim Erscheinen des Ausrichters verhielten.

Förderbogen 6.3

1 Wohn- und Arbeitsstätten sind räumlich oft nicht getrennt. Man bewegt sich zu Fuß durch die Stadt oder reitet auf einem Pferd. Tiere dienen als Transportmittel für Waren. Neben den „normalen" Gebäuden befinden sich dort auch Repräsentativ- und Sakralbauten (vgl. Tor und Tempel im Hintergrund).

2 Vitruvius: Die Bevölkerung Roms, die rasant angewachsen war, lebt hervorragend in den mehrstöckigen Mietskasernen.
  Juvenal: Die von Vitruvius so gelobten mehrstöckigen Häuser drohen jederzeit einzustürzen, wogegen allerdings nichts unternommen werde.
  Martial: Der Lärm in der Stadt Rom ist unerträglich: Zu jeder Tageszeit sorge jemand anderes dafür, dass diejenigen, die es sich leisten können, Ruhe und Erholung auf ihren Landhäusern außerhalb der Stadt suchen.
  Ihre Berichte unterscheiden sich, weil die Autoren unterschiedliche Interessen vertreten: Als Architekt muss Vitruvius natürlich die positiven Seiten seiner eigenen Arbeit hervorheben. Juvenal und zum Teil auch Martial haben es sich als Dichter zum Ziel gemacht, durch Übertreibungen und Ironie auf Missstände hinzuweisen.

3 Die Wahrheit dürfte in allen drei Aussagen stecken: Ohne die Mietskasernen hätten die Menschenmassen nicht in Rom leben können, was natürlich dafür sorgte, dass die Häuser oftmals zu schnell gebaut wurden und daher schlecht konstruiert und gepflegt waren. Und Erholung findet man heutzutage schließlich auch kaum an der Hauptverkehrsstraße einer Großstadt, sondern eher außerhalb der Metropolen.

Kompetenztraining Geschichte
9783060649396_GES_P_265-281.doc

Förderbogen 6.4

1 1: Schankwirt mit Krügen und Bechern; 2: Arzt mit Büchern und Medizinschrank; 3: Schuhmacher mit Leisten für Schuhe und Schusterhammer; 4: Textilhändler mit Tuchrollen; 5: Maurer mit Mörtel, Steinen und Mörtelkelle; 6: Schmied mit Feuerstelle und Blasebalg, Zange und Hammer.

2 Siehe Aufgabe 1.

Förderbogen 6.5

1 Der Zeichner der Asterix-Comics hat sich bei der Ausrüstung römischer Legionäre weitgehend an historische Tatsachen gehalten. „Echte" römische Legionäre trugen allerdings keine derartigen Hosen wie zum Beispiel Freiwillige aus den gallischen oder germanischen Provinzen.

2 Außen waren die Lager von einer Holzpalisade umgeben, die auf einem Wall errichtet wurde. Als zusätzliches Hindernis befand sich davor ein Graben. Die Lager selbst waren rechteckig angeordnet, besaßen Eingänge an allen vier Seiten und erhöhte Wachposten bzw. -türme. Die Anordnung in den Lagern war nahezu identisch: Die militärische Führung befand sich im Zentrum und um sie herum waren wie auf einem Schachbrett die anderen Zelte errichtet.

3 Diese „Sonderlösung" ist gänzlich abwegig: Die römischen Soldaten mussten im Feldlager so ziemlich auf jeden Komfort und Sonderwünsche verzichten.

Förderbogen 6.6

1 S-H: Schleswig-Holstein; M-V: Mecklenburg-Vorpommern; HH: Hansestadt Hamburg; HB: Hansestadt Bremen; BR: Brandenburg; B: Berlin; NS: Niedersachsen; NRW: Nordrhein-Westfalen; S-A: Sachsen-Anhalt; HS: Hessen; TH: Thüringen; S: Sachsen; SL: Saarland; RH-P: Rheinland-Pfalz; BY: Bayern; B-W: Baden-Württemberg

2 Nordrhein-Westfalen, Hessen, Saarland, Rheinland-Pfalz, Bayern, Baden-Württemberg

3 Zur Lösung dieser Aufgabe kann zusätzlich eine größere Deutschlandkarte hinzugezogen werden.

4 In den von den Römern besetzten Gebieten gab es Städte und ein gut ausgebautes Straßennetz.

Förderbogen 6.7

1 Zentrale Plätze und öffentliche Gebäude wie Tempel, Kolosseum und Theater; Mietskasernen, die allerdings im Zentrum Roms nicht so geordnet wie in der „Trabantenstadt" waren.

2 Sidonius orientiert sich am Lebensstil eines wohlhabenden Römers. Dies zeigt sowohl die Architektur seines Hauses, sein Tagesablauf als auch seine mit lateinischen Begriffen durchsetzte Sprache.

Förderbogen 6.8

1 a) Die Distanz auf der Karte des Buches beträgt ca. 5 cm. Betrachte nun den Maßstab der Karte:
800 km in der Natur entsprechen 2,4 cm auf der Karte.
100 km in der Natur entsprechen dann 0,3 cm auf der Karte. Rechnung: 2,4 cm : 8 = 0,3 cm
Insgesamt beträgt der Seeweg ca. 1660 km. Rechnung: (5 : 0,3) x 100 km = 1666,66 km
Bei 15 km/h Reisegeschwindigkeit brauchte Cäsar insgesamt 111 Stunden (aber nur, wenn der Wind gleichbleibend gut war und es keine Flaute und keinen Sturm gab). Caesar war also bei optimalen Wetterbedingungen vier bis fünf Tage unterwegs, wenn er Tag und Nacht durchfuhr.

b) Die Distanz beträgt auf der Karte des Buches ca. 6,5 cm (wenn man die Wegführung berücksichtigt).
Auch hier entsprechen 100 km in der Natur 0,3 cm auf der Karte.
Die Strecke misst also 2167 km. Rechnung: (6,5 : 0,3) x 100 km = 2166,66 km
Wenn die Truppe mit einem Wagen unterwegs war (S. 152), schaffte sie bestenfalls 30 km pro Tag. Es dauerte also mehr als 72 Tage – ohne Pause (Rechnung: 2167 : 30 = 72,23 Tage).

2 a) Die Meilensteine dienen zunächst der Orientierung: Sie markieren einen Weg, sie stehen in regelmäßigen Abständen, geben Entfernungen an. Sie liefern Informationen über die Provinz, den Verwaltungsbezirk, z. T. über die Herrscher und Gouverneure. Die Steine sind ein Herrschaftszeichen und legen nahe, dass die Wege bekannte, sichere Wege sind, die auch von Römern benutzt werden, sie werden gewartet, vielleicht sogar gesichert, da sie die Lebensadern des Römerreiches sind.

b) Natürlich musste man lesen können, die Buchstaben, aber auch die Zahlen. Der Reisende musste etwas über den Aufbau des Reiches, Zuständigkeiten und Amtspersonen wissen. Auch wenn man nicht lesen und schreiben konnte, reichten die Kenntnisse vielleicht aus, einige Passagen des Meilensteins auswerten zu können.

Förderbogen 6.9

2 Für alle gesellschaftlichen Gruppen gilt, dass das Christentum attraktiv war, weil es im diesseitigen Leben Trost spendete und zugleich die Möglichkeit auf ein angenehmes Leben nach dem Tod eröffnete. Diesem einen Gott mussten auch keine Opfer mehr gebracht werden.

a) Bauern und Handwerker: können ohne Angst ihrer Arbeit nachgehen, da es wegen des Gebots der Nächstenliebe keiner Kriege mehr bedurfte.

b) Kaiser: Das Christentum hält an der bestehenden Ordnung fest und stellt seine Herrschaft als Kaiser nicht infrage.

c) Frauen: können den Gott ebenso verehren wie Männer und sind nicht von den Opferhandlungen ausgeschlossen.

d) Sklaven: Möglichkeit, den Gott schon zu Lebzeiten zu verehren, und Aussicht auf ein besseres Schicksal nach dem Tod. Außerdem müsste die Sklaverei aufgrund der Gebote von Brüderlichkeit und Nächstenliebe abgeschafft werden.

e) Soldaten: Wenn alle Menschen nach dem Gebot der Nächstenliebe leben würden, gäbe es keine Kriege mehr.

f) Bettler: Möglichkeit, den Gott schon zu Lebzeiten zu verehren, und Aussicht auf ein besseres Schicksal nach dem Tod.

Kompetenztraining Geschichte
9783060649396_GES_P_265-281.doc

Lernerfolg Kapitel 6

1 Es gab in Pompeji ebenso wie in Rom ein Forum sowie zahlreiche Thermen, Theater und Tempel. Die römischen Magistrate und später die Kaiser förderten die römische Lebensart, damit die Menschen in eroberten Gebieten den Römern immer ähnlicher wurden, bis sie deren neue Regierung nicht mehr als etwas Fremdes empfanden. Jemanden, mit dem man viele Gemeinsamkeiten besitzt, akzeptiert man leichter.

2 wahr: 1, 2, 5, 6, 7, 8, 10; falsch: 3, 4, 9

3 Die Spiele, zu denen in der Kaiserzeit meist auch Geschenke verteilt wurden, sollten die allgemeine Unzufriedenheit der Bevölkerung abmildern bzw. diese von ihrem harten Alltag ablenken. Indem die Kaiser dafür sorgten, dass die einfache Bevölkerung Roms durch enorme Getreideeinfuhr in die Stadt genügend zu essen hatte und mit den Spielen unterhalten wurde, reduzierten sie die Gefahr von Unruhen und Aufständen.

4 Individuelle Lösung, die aber folgende Fakten berücksichtigen sollte:

- Die persönliche Freiheit büßten die eroberten germanischen Stämme sicherlich ein. Sie waren nun von Rom und seinen Statthaltern abhängig.
- Die Romanisierung brachte aber auch positive Aspekte: Die Römer verbesserten beispielsweise die Infrastruktur, indem sie Straßen bauten, zur Bildung beitrugen oder bisher nicht nutzbares Land trockenlegten.

Lösungen zu Kapitel 7

Förderbogen 7.1

1 a) *1. Schritt:* Saudi Arabien, Golfstaaten, Jemen, Oman.

2. Schritt: Ägypten, Nordlibyen, Israel, Libanon, Syrien, Jordanien, Iran, Irak, Aserbeidschan, Afghanistan.

3. Schritt: Pakistan, Tadschikistan, Turkmenistan, Kirgisien, Tunesien, Marokko, Spanien, Portugal, Südfrankreich.

b)

	Gebiet	Konflikt mit ...
1	Nordspanien	Franken
2	Frankreich	Franken
3	Sardinien, Italien	Langobarden
4	Kreta, griechische Inseln	Byzantinisches Reich
5	Südtürkei	Byzantinisches Reich

2 1. Kultur und Wissenschaft: Die islamische Kultur war bis zum Beginn des Hochmittelalters in vielen Bereichen der abendländischen Kultur überlegen (z. B. in der Medizin sowie in anderen Wissenschaften wie Philosophie, Mathematik und Astronomie).

2. Attraktivität der Lebensweise: In Andalusien machten die muslimischen Herrscher z. B. Bodenprodukte wie Zuckerrohr, Baumwolle, Pfirsichbaum und Dattelpalme heimisch; in vielen muslimischen Städten gab es zahlreiche öffentliche Bäder, Hospitäler, Schulen, Bibliotheken und Hochschulen, in manchen Städten sogar Straßenbeleuchtung und Straßenpflasterung.

3. Religiöse Toleranz: Juden und Christen wurden unter muslimischer Herrschaft nicht verfolgt, sondern mussten als „Nichtgläubige" lediglich eine Kopfsteuer zahlen, teilweise mussten Nichtgläubige in besonderen Stadtvierteln leben.

4. Neuartige Erfindungen: In Andalusien führten die Muslime z. B. neue ausgeklügelte Bewässerungssysteme ein, in Europa z. B. das Astrolabium, das zur Bestimmung der geographischen Breite diente und bis zur Einführung des Fernrohrs in Gebrauch blieb.

Förderbogen 7.2

1 Wichtig ist, dass die Rollen den Themenkarten richtig zugeordnet werden: Die Seeleute aus Alexandria kommen aus dem Islamischen Reich (Paläste des Harun ar-Raschid; Idee des Dschihad; Lebensgeschichte des Mohammed). Die Schiffsbesatzung aus Marseille stammt aus dem Frankenreich (Chlodwigs Taufe; Einigung der Stämme). Kreta liegt im Machtbereich des Oströmischen Reiches (Hauptstadt Konstantinopel; König ist Gott; Eroberung der Grenzstadt Adana).

Am meisten Spaß macht das Rollenspiel, wenn nicht nur die einzelnen Seeleute ihre Geschichten erzählen, sondern sich ein Dialog entwickelt, aus dem deutlich wird, in welchen Fragen man nicht einer Meinung ist bzw. was die Menschen voneinander denken.

2 Korsika ist eine arme Insel, die dennoch von allen drei Mächten des Mittelmeeres aufgrund ihrer Lage begehrt wird. Die Korsen werden die Fremden einerseits nicht gemocht haben, weil sie von ihnen häufig überfallen und erobert wurden, andererseits brachten die Fremden den Handel und waren interessante Geschäfts- und Bündnispartner. Damit sind Vorteile schon genannt: Hilfe von auswärtigen Mächten, Handel, Sprachen und Einflüsse. Man konnte mit allen drei Kulturen in Berührung kommen und sich „das Beste heraussuchen". Der Nachteil war sicherlich die Angst vor Eroberung, die Insel wurde zum Spielball der drei großen Mächte.

3 Der Dialog der Männer könnte folgendermaßen aussehen: „Merkwürdig, dass du immer zu einer festen Uhrzeit beten musst. Ich kann jederzeit meine Gebete an Gott und Jesus Christus richten." Der arabische Seemann antwortet: „Wir beten beide, aber wir haben dafür strengere Regeln als ihr, was Himmelsrichtung und Uhrzeit angeht." „Wie viele Götter rufst du denn nun an, wenn du dich nach Mekka richtest, denn so heißt ja eure heilige Stadt, wie du mir vorhin in der Taverne erzählt hast?" „Nur den einen natürlich, Allah. Ihr habt doch auch nur einen Gott, und auch ihr opfert ihm nichts, erst recht nicht Blut." „Da hast du recht, selbst in Rom oder Jerusalem finden keine Opfer statt." „Das Opfern ist bei uns durch den Koran verboten." „Was bedeutet Koran?" „Unsere Heilige Schrift mit ihren Suren und Richtlinien, ihr habt eure Bibel, wir den Koran." „Ach so, stimmt es nicht sogar, dass eure Heilige Schrift von unserer abgeschrieben ist?" „Moment mal, da gibt es Gemeinsamkeiten. So kennen beide Religionen den Urvater Abraham." „Na, dann frage ich mich, warum es so viel Krieg zwischen uns geben muss. Ich habe eben um besseres Wetter gebetet, damit wir Aleria verlassen können." „Das ist eine gute Idee: Möge uns Gott von dieser Insel weglassen!" „Recht hast du!"

Förderbogen 7.3

1 Pyrenäen – Grenzmarken – Mauren – muslimischen – 661 – 715 – Cordoba – Tours – Portiers – Hausmeier – Karolinger – König – Pamplona – Markgrafen – Barcelona

Förderbogen 7.4

1 Die Eroberer setzten die Verbreitung ihrer Religion nicht an erste Stelle. Wichtiger waren ihnen ihre Beute, der Gehorsam und die Gefolgschaft der Bevölkerung. Jeder Einwohner sollte eine Kopfsteuer zahlen. Wenn diese brav entrichtet wurde, reichte dies den Eroberern. Ihre wichtigsten Antriebe waren also politischer (Herrschaft) und wirtschaftlicher (Steuern) Natur.

2 Das Leben im maurischen Spanien war für Christen nicht mit vielen Nachteilen oder gar Verfolgung verbunden. Sie konnten weiterhin sicher in ihren Heimatorten leben, wenn sie die Steuer bezahlten, die in gleicher Höhe auch von Juden zu entrichten war. Christen konnten sogar gesellschaftlich aufsteigen und mussten keine Benachteiligung fürchten. In die Mark wanderten in der Regel nur solche Christen aus, die die anderen Religionen in ihrer Nachbarschaft nicht erdulden wollten, oder Christen, die die höheren Steuern nicht bezahlen konnten oder sich der Autorität der Mauren entziehen wollten – beispielsweise bei Kriminalität.

Kompetenztraining Geschichte
9783060649396_GES_P_282-295.doc

Förderbogen 7.5

1 bekannte Zusammenhänge (A): 1, 2, 3, 11; neu erworbenes Wissen (B): 4, 5, 6, 7, 9, 10, 12, 15; unwahrscheinliche oder falsche Behauptung (C): 8, 13, 14. Vgl. zu Hersfeld auch Förderbogen 6 (Karte).

2 Die Donar-Eiche galt als heiliger Baum des germanischen Stammes der Chatten. Sie stand im Dorf Geismar in der Nähe der Domstadt Fritzlar. Bonifatius kam auf seiner Missionsreise in dieses Gebiet. Die Chatten verehrten noch immer ihre germanischen Götter, besonders Donar, auch Thor genannt. Bonifatius griff zu einem eindrucksvollem Mittel, um die Ohnmacht der Götter zu beweisen: Er ließ die Donar-Eiche in Geismar fällen. Die heidnischen Chatten erwarteten nun einen Racheakt ihrer Götter, aber es passierte nichts! Daran sollten die Chatten erkennen, dass ihre alten Götzen keine Macht mehr besaßen und dass sie sich Jesus zuwenden sollten. Bonifatius ließ aus dem Holz des mächtigen Baumes eine Kapelle errichten, die er dem Apostel Petrus weihte und aus der sich ein Kloster entwickelte.
Am besten, ihr verfasst die Geschichte aus der Perspektive des Bonifatius und berichtet auch von seinen Gedanken. Möglich wäre es auch, dass ihr von einem Germanen berichtet und was in ihm vorgeht.

Förderbogen 7.6

1 a) Warum wird Bonifatius mit einem Schwert dargestellt, das ein Buch durchbohrt, obwohl er ja ein friedlicher Missionar war? Hat er selbst das Schwert hineingesteckt oder war es jemand anderes? Meine Fragestellung lautet daher: „Welche Aussage steckt hinter der Darstellung des Bonifatius mit dem vom Schwert durchbohrten Buch?"

b) und **c)** Material suche ich zunächst über eine Internetsuchmaschine mit den Begriffen „Bonifatius Buch Schwert". Folgende Seiten konnte ich finden (Stand: 26.1.09):
http://www.uni-giessen.de/~g41007/bonifaz.html (liefert eine weitere Abbildung und Erklärung)
http://www.erzbistum-muenchen.de/EMF101/EMF010003.asp (Legende über den Tod des Bonifatius wird erzählt)
http://hsozkult.geschichte.hu-berlin.de/termine/id=2822 (Ankündigung einer Konferenz, sagt nichts über die Bonifatiusdarstellung)
http://downloads.kirchenserver.net/1/39/1/11153797415600270.pdf (Predigt über Bonifatius, sein Leben wird erzählt)
http://www.kirche-im-swr.de/mprint.php?id=4757 (interessant, da kurz die Bedeutung des Schwertes erwähnt wird)
Weiterhin kann man in der Bibliothek folgende aktuelle Bücher befragen, die alle auch die Darstellung mit dem Schwert erklären:
Lutz E. von Padberg, Bonifatius – Missionar und Reformer, München (C. H. Beck) 2003.
Joseph Bernhart, Bonifatius – Apostel der Deutschen, Weißenhorn (Anton H. Konrad Verlag) 2005.
Hubertus Lutterbach, Bonifatius – mit Axt und Evangelium. Eine Biographie in Briefen, 2. Aufl., Freiburg (Herder) 2005.

d) Bonifatius wurde von heidnischen Friesen überfallen. Er versuchte sich mit der Bibel vor dem Angriff zu schützen. Das Buch wurde dabei durchbohrt. Bonifatius starb als Märtyrer.

e) Die Bibel steht für die Missionierung, Bonifatius' Versuch, durch die Religion, durch das Wort, zu überzeugen. Das Schwert steht für den barbarischen Angriff der heidnischen Friesen, die mit Gewalt antworteten. Als Heiliger trägt Bonifatius dieses durchbohrte Buch vor sich her, mit dem er sich geschützt hat.

Förderbogen 7.7

1 a) und **b)** Kriegsregion Sachsen–Quierzy: 7,5 cm; Quierzy–Diedenhofen: 3,2 cm; Diedenhofen–Quierzy: 3,2 cm; Quierzy–Düren: 3,4 cm; Düren–Hohensyburg: 1,1 cm; Hohensyburg–Eresburg: 1,4 cm; Eresburg–Brunsburg: 0,6 cm; Brunsburg–Okerfluss: 1,2 cm; Oker–Kloster Hersfeld: 2,2 cm; Hersfeld–Düren: 2,8 cm; Düren–Diedenhofen: 2,0 cm; Diedenhofen–Schlettstadt: 1,8 cm.
Maßstab: 2,5 cm auf der Karte entsprechen 200 km in der Natur; 1 cm auf der Karte entspricht 200 : 2,5 = 80 km in der Natur. Karls Wegstrecke auf der Karte beträgt 30 bis 31 cm, das entspricht ca. 2500 km (Rechnung: 80 km x 31 = 2480 km).

2 a) 13 Tage; **b)** 14 Tage; **c)** 15 Tage (über Diedenhofen). (Die Ergebnisse sind auf volle Tage aufgerundet.)

3 Der Aufenthalt des Kaisers war eine organisatorische Meisterleistung, für die hochrangige Fürsten wie der Mundschenk, Truchsess oder Marschall mitverantwortlich waren. Auch der Aachener Pfalzgraf hatte alle Hände voll zu tun. Insbesondere musste Nahrung und ein Vorrat an Wein vor Ort sein. Wochen vorher mussten die Vorräte beschafft werden. Auch für die zahlreichen Gottesdienste musste man sich vorbereiten. Neue Pferde waren genauso gefragt wie Handwerker, Tuchhändler, Schneider. Wenn Karls Hof nach Aachen kam, blühte der Handel in der Pfalz. Deine Geschichte sollte also sowohl die Sicht der Organisatoren als auch der Aachener beinhalten, die ihre Stadt vorbereiten mussten.

Förderbogen 7.8

1. Schritt: Wie ist es möglich, dass ein und dasselbe Ereignis so unterschiedlich beschrieben wird?

2. Schritt: Zu Einhard: http://de.wikipedia.org/wiki/Einhard; http://www.bautz.de/bbkl/e/einhard.shtml; http://www.heiligenlexikon.de/BiographienE/Einhard.htm; http://www.dibb.de/einhard-karl-der-grosse.php (Stand: 26.1.09) oder in allen größeren Lexika oder Nachschlagewerken zum Mittelalter.
Zum Kloster Lorsch: http://www.kloster-lorsch.de; http://de.wikipedia.org/wiki/Kloster_Lorsch; http://www.unesco.de/304.html?&L=0; am besten neben der Klosterhomepage sicherlich: http://www.sino.uni-heidelberg.de/students/tjuelch/Andere%20Staedte/Lorsch/Kloster.htm (Stand: 26.1.09)

3. Schritt: Siehe Auswahl von guten Seiten in Schritt 2.

4. Schritt: Einhard war ein Vertrauter Karls, der den Kaiser in gutem Licht darstellen und jeden Verdacht, Karl habe die Kaiserkrone angestrebt, zerstreuen will. Er will mit seiner Erzählung zeigen, dass die Initiative nicht von Karl ausging, sondern vom Papst. Einhard behauptet sogar, dass Karl nie den Dom betreten hätte, hätte er gewusst, was folgte. Dagegen sprechen die Annalen des großen Klosters Lorsch, das zum Papst in Rom in einer engen Beziehung stand, eine andere Sprache: Hier ist von langer Vorbereitung und einer Konferenz, Synode, die Rede, auf der nicht nur der Papst, sondern auch alle anderen Anwesenden sich für Karl ausgesprochen hätten. Merkwürdig ist auch, dass Karl zu Weihnachten nach Rom reiste, obwohl er sonst in seinen Pfalzorten das hohe Fest feierte. Die Darstellung des Klosters ist glaubwürdiger als der Bericht Einhards. Zu sehr hat Einhard das Image seines Kaisers im Blick und ignoriert, dass Karl auch ein Machtpolitiker war.

Kompetenztraining Geschichte
9783060649396_GES_P_282-295.doc

Lernerfolg Kapitel 7

1 Zur Zeit Karls des Großen hatte sich die Landkarte in Europa verändert: Aus vielen kleinen Reichen, die gegeneinander kämpften, hatten die Karolinger ein fränkisches Reich geschaffen, das große Teile West- und Mitteleuropas umfasste. Die zweite Großmacht war das Oströmische Reich mit Konstantinopel als Hauptstadt. Konstantinopel und Rom konkurrierten darum, wichtigstes Zentrum der Christenheit zu sein. Sowohl das Frankenreich als auch das Oströmische Reich hatten unter der Expansion (Ausbreitung) des Islamischen Reiches, der dritten Großmacht, zu leiden. Binnen weniger Jahrhunderte hat sich die islamische Herrschaft bis an die Grenzen des Oströmischen Reiches und nach Spanien ausgebreitet. Dementsprechend gab es drei Religionen, die im Mittelmeerraum und Europa vorherrschten: die christliche Religion, das Judentum und den Islam. Die Kriege zwischen den Reichen waren jedoch keine Glaubenskriege, sondern solche um Territorien und Macht.

2 Warum sollte sich Harun ar-Raschid als mächtiger Herrscher mit den vielen kleinen Fürsten und Königen abgeben, die in Mitteleuropa herrschten? Erst mit Karl hatte er einen ebenbürtigen Gegenspieler. Außerdem hatte die Ausbreitung des Islamischen Reiches im Mittelmeerraum bis nach Spanien zu Konflikten geführt, es war Gesprächs- und Verhandlungsbedarf entstanden. Beide Reiche begegneten sich nun als Großmächte auf Augenhöhe.

3 Aachen war zwar nicht die Hauptstadt des Frankenreiches, aber der Kaiser war dort gekrönt worden und hielt sich dort sehr häufig auf. Aachen lag zwischen den wichtigsten Landesteilen, besaß die größte Pfalz und war also das bedeutendste Quartier Karls. Für die Gesandten des Kalifen Harun konnte nur Aachen der erste Anlaufpunkt sein.

4 Karl hatte keinen festen Regierungssitz, sondern reiste mit seinem Hofstaat von Pfalz zu Pfalz, um persönlich vor Ort zu regieren. Mit dem Elefanten konnte er Fürsten und Volk in Erstaunen versetzen, er konnte das Tier als Zeichen seiner Macht und seiner weiten politischen Verbindungen präsentieren und zeigen, welche Wertschätzung er bei Harun ar-Raschid, einem fernen mächtigen Herrscher, genoss. Dies festigte seine Stellung bei Fürsten und Untertanen.

5 Der Kalif schenkte Karl einen Elefanten, um ihn zu beeindrucken und ihm seine Macht, aber auch Wertschätzung zu zeigen. Karl sollte sehen, dass er weder Kosten noch Mühen gescheut hatte, um dieses exotische Tier nach Aachen zu bringen. Heute wie vor hunderten Jahren haben Staatsgeschenke den Zweck, die gegenseitige Wertschätzung zu demonstrieren und den Aufbau guter Beziehungen zwischen zwei Ländern zu unterstützen. Wichtig ist die Auswahl des Geschenks. Es sollte etwas sein, das typisch für das eigene Land ist, für seine Natur, Kultur, Kunst oder Technik, aber das zugleich auch selten und kostbar ist. Harun konnte mit dem Elefanten zeigen: Schau mal, Karl, in meinem Land gibt es derart große Tiere. Staatsgeschenke gehören heute nicht den Politikern persönlich, sondern dem Land. Oft werden sie als seltene Kunstwerke in Museen aufbewahrt.

Lösungen zu Kapitel 8

Förderbogen 8.1

1 *1. Schritt*: Es handelt sich um eine Windmühle aus Holz, die auf einem Gerüst steht. Sie besteht aus Flügeln, Gestänge, Haus, Mahlwerk, Abfüllung und einem Eingang.
2. Schritt: Die Mühle dient dem Mahlen von Getreide, indem die Kraft des Windes auf einen Mühlstein übertragen wird. Dieser soll aus Korn Mehl mahlen. Das gesamte auf einen Sockel montierte Mühlenhaus kann in die Windrichtung gedreht werden.
3. Schritt: Die frühesten Nachrichten über Windmühlen stammen aus dem 10. Jahrhundert aus Persien. In Europa wurden die ersten Windmühlen um 1200 gebaut. Sie waren neben den Wassermühlen wichtige Maschinen, die die menschliche Kraft ersetzen konnten. Hätte die Windkraft diese anstrengende Arbeit nicht übernommen, so hätten die Menschen mit Muskelkraft oder mithilfe von Tieren das Mühlrad bewegen müssen. Die Nutzung des Windes war eine große Erleichterung. Wer eine Mühle hatte, war klar im Vorteil.

2 Leibeigene: gehören zum Besitz des Grundherrn, müssen sein Getreide mahlen. Die hörigen Bauern leben im Rechtsbereich des Grundherrn, der ihnen als Gegenleistung für seinen Schutz Arbeitsleistungen an der Mühle abverlangen darf. Sie dürfen auch ihr eigenes Getreide in der Mühle mahlen, müssen aber einen Teil davon als „Gebühr" an den Grundherrn abgeben. Der freie Bauer hat keine Rechte oder Pflichten an der Mühle.

3 a) „Mein lieber Hans, wie war die Ernte in Hörigenhausen?" „Wie Ihr seht, prächtig, mein Herr." „Du weißt, fünf Tage müsst ihr Hörigenhäuser Bauern mir hier zur Hand gehen, das ist schon seit Zeiten meines Vaters so." „Ja gewiss, und jeder zehnte Sack des Getreides geht auch an Euch, Herr." „Bei anderen Dörfern ist das auch noch mehr, aber ich kann ja sicher sein, dass ihr kein Mehl vor mir versteckt, denn selbst werdet ihr es bei euch kaum mahlen können. Ihr müsst ja sofort wieder aufs Feld, wenn ihr euren Dienst geleistet habt." „Ja, Herr, ehrlich währt am längsten! Und zum Schwarzmahlen hat wirklich keiner Eurer Holden Zeit."
   b) Der Grundherr wird sich einen Preis für die Nutzung seiner Mühle überlegt haben und weist dem freien Bauern einen Termin zu. Der liegt wahrscheinlich dann, wenn die Arbeit schon wieder anderweitig gemacht werden muss. In jedem Fall ist der freie Bauer auf den Grundherrn angewiesen. Wenn er den verlangten Preis nicht entrichten kann, so muss der Bauer Schulden machen, aus denen er vielleicht auch im nächsten Jahr mit schlechter Ernte nicht herauskommt.

Förderbogen 8.2

1 In aufsteigender Folge: Ritter, Freiherr, Baron, Graf, Landgraf, Fürst, Herzog, Kurfürst, Erzherzog, König, Kaiser.

2 *Werners Bruder* sagt: „In unserer Familie hat es ein solches Verhalten noch nicht gegeben. Du bringst die Obrigkeit und Gott gegen uns auf! Höre auf zu kämpfen, sonst helfe ich dir nicht mehr und bin gezwungen, mich deinen Gegnern anzuschließen."
Der *Erzbischof von Mainz* sagt: „Es ist gegen die Kirche und die Religion, Unschuldige zu überfallen und nur auf den eigenen Vorteil zu zielen. Lass die Männer Gottes, unsere Klöster und Pfarreien in Ruhe und sorge für Frieden im Land!"
Der *Rat der Stadt Worms* sagt: „Du wolltest uns helfen, hast aber nun auch unsere Bürger überfallen. So haben wir nicht gewettet. Wenn das nicht aufhört, werden verschiedene Städte sich zusammenschließen und dein Räubernest ausräuchern."
König Wenzel sagt: „Du hast kein Recht, selbst Richter über Gut und Böse zu spielen. Wir werden zusammen mit den Ständen Unseres Reiches dir das Handwerk legen und dich ächten. Denke doch an deine Ehre als Adliger und als Unser Vasall, da du Uns solche Schande machst."

Kompetenztraining Geschichte
9783060649396_GES_P_282-295.doc

3 … wir alle zusammengekommen sind, um Frieden für Land und Städte herzustellen. Niemand soll mehr in den Krieg gegen den anderen ziehen oder andere zum Krieg anstiften. Die Rechte der Bürger sollen geachtet werden. Niemand darf einen anderen überfallen und sein Hab und Gut nehmen. Alle von uns sollen unbehelligt leben. Wir wollen die Kirche achten, den Frieden innerhalb der Familie, die Freiheit der Städte und den Kaiser. Werner von Kalb soll nichts geschehen, wenn er sich in Zukunft friedlich verhält."

4 a) Eigentlich sollten die Lehnsbindungen dafür sorgen, den Frieden zu erhalten. Der König gewährte einem Vasallen Schutz und Land oder ein Amt, der Vasall war ihm dafür zu Diensten und Treue verpflichtet (= Lehnsverhältnis). Der Vasall konnte wiederum Untervasallen an sich binden. Dieses System funktionierte im Spätmittelalter nicht mehr. Die Lehen wurden erblich, die Adligen versuchten, möglichst viel Macht an sich zu ziehen, und fühlten sich nicht mehr zur Treue und zu Diensten gegenüber dem König verpflichtet. Die Könige und Kaiser waren immer weniger imstande, Schutz zu gewähren und den Frieden im Land zu sichern. So kam es, dass die Kurfürsten den von ihnen gewählten König Wenzel absetzten, weil er seine königlichen Pflichten nicht erfüllte.

   b) Die alte Ordnung funktionierte nicht mehr, weil sich die persönlichen Lehnsbeziehungen auflösten. Rechtsordnung, Friede und Sicherheit im Reich waren dadurch erschüttert. Mächtige Fürsten begannen in ihren Territorien selbstständig Macht auszuüben, um die Ordnung aufrechtzuerhalten; so entstanden Territorien, die vom König oder Kaiser unabhängig waren. Die Städte griffen zur Selbsthilfe, indem sie zu ihrer Verteidigung Städtebünde gründeten.

Förderbogen 8.3

1 a) *Burgherren und Gesinde:* Pferde reiten, Tafelrunde, Schlafgemach, Kapelle (Herrschaft)
     Stall, Keller, Küche, Bedienung, Zofen, Kammerdiener, Wäschekammer (Gesinde)

   b) *Adlige Männer und Frauen:* Handarbeit, Kleiderprobe (Frauen); Festgelage, Empfang von Besuchern (Männer)

2 Auf *http://www.burgenwelt.de/nrw.htm* (Stand: 10.2.09) findest du die Namen der Burgen nach Regierungsbezirken sortiert und kannst sie dir auf Fotos ansehen.

3

Aspekte	Minne im mittelalterlichen Sinn	Liebe zwischen Mann und Frau
Verehrung	Auszeichnung der Frau, fördert ihr Ansehen, übliches und normales Verhalten Frauen gegenüber	deutlich und direkt gezeigt, Ziel einer Beziehungsaufnahme
Aktive Werbung um Beziehung	war eigentlich nicht erlaubt („Frau gibt den Korb")	eindeutige Zeichen zur Beziehungsaufnahme
Sexualität	nein	ja

Förderbogen 8.4

1 wahr: 2, 4, 10 und 11; falsch: 1, 3, 5, 6, 7, 8, 9 und 12

2 a) Die beiden Begriffe werden oft verwechselt, weil ein gegenseitiges Verhältnis zwischen Untergebenen und Höherrangigen besteht. Der Grundherr schützt seine Hörigen, auch der Lehnsherr ist zum Beistand verpflichtet.

   b) Bekommt ein Vasall ein Land zum Lehen, sind die auf diesem wohnenden Menschen ihm auch rechtlich verbunden bzw. unterstellt. Der Grundherr herrscht darüber hinaus auch über ein Land, z. B. das Hufenland. Die Hörigen auf diesem Land sind ihm wechselseitig verbunden, die freien Bauern jedoch nicht. Ähnlich können auch Menschen auf einem Lehen anderen Rechtskreisen zugeordnet werden; es kommt also nicht auf das Territorium (Land) an sich an, sondern auf die rechtlichen Bindungen zwischen Personen, die traditionell oder über die Belehnung bestehen.

   c) Die Schlüssel zum Verständnis der Zuordnung von Menschen in der mittelalterlichen Gesellschaft sind nicht eine Nationalität oder die Staatsbürgerschaft, nicht der Wohnort oder der Beruf, sondern die Bindungen der Menschen an einen Herren. Wie in der Antike schart ein Herr eine an ihn gebundene „Rechtsfamilie" mit unterschiedlichen Bindungsarten um sich (z. B. Leibeigener, Höriger oder Meier).

   d) Ein mittelalterlicher König herrschte zumeist nicht direkt, sondern er band Vasallen an sich, die Herrschaft für ihn ausübten. Auch ein Grundherr hatte seine „Ansprechpartner": die Meier, die den Fronhöfen vorstanden und dem Grundherrn Rechenschaft schuldig waren. Was nach außen ähnlich aussieht, birgt aber auch Unterschiede: Der Meier (als Teil der Grundherrschaft) konnte nicht eigenständig Recht sprechen, der Vasall (als Teil der Lehnsherrschaft) durfte es.

Förderbogen 8.5

Hier gibt es keine einheitliche Lösung. Viel Spaß beim Recherchieren!

Förderbogen 8.6

1 falsch, falsch, wahr, wahr, falsch

2 a) Viele Patrizier waren Großhändler, und die Wirtschaft der Stadt lag ihnen am Herzen. Hat eine mittelalterliche Stadt ein Kaufhaus, so ist sie im Vorteil, weil verschiedene Waren geschützt vor der Witterung ständig angeboten werden können. Die Patrizier wollten die Stadt wirtschaftlich entwickeln, um so Gewinne zu machen, die sie dann auch in politische Macht ummünzen konnten.

   b) Nachdem sie die Stadtherren entmachtet hatten, übernahmen die Patrizier die Herrschaft über die Stadt. Die Zünfte erlangten im späten Mittelalter zunehmend Einfluss und bekämpften diesen „Stadtadel": Die Kontrolle über das Kaufhaus war ein wichtiger Schritt der Zünfte auf dem Weg zur Beteiligung am Rat und an der Stadtregierung.

3 Gelungen ist deine Marktordnung, wenn sie die verschiedenen Interessen regelt. Versuche, dich in die Zeit mit ihren Vorstellungen hineinzuversetzen, ohne an ein heutiges Kaufhaus zu denken.

Kompetenztraining Geschichte
9783060649396_GES_P_282-295.doc

Förderbogen 8.7

1 *Medizin:* Der Körper des Menschen wurde erforscht, in Klöstern gab es Hospitäler und Ärzte. Das Wissen sollte im Einklang mit der Bibel stehen.

Landwirtschaft: Die Mönche ließen große Flächen bewirtschaften und wollten den Ertrag ihrer Ländereien optimieren.

Heilmittelkunde: Jedes Kloster hatte einen Klostergarten, in dem Heilkräuter angebaut wurden.

Religionswissenschaft: In den Klosterschulen wurde die christliche Lehre vertieft, die Bibel gedeutet. In der Ausbildung der Mönche wurde Wissen über die Bibel weitergegeben und neu interpretiert.

Tiermedizin: Auch Wissen über Tiere ergab sich aus der großen Landwirtschaft. Tiere mussten geboren, geheilt und gezüchtet werden, um den Bedarf der Klöster zu decken.

Pflanzenkunde: Die Wissenschaft der Pflanzen ist nicht nur für die Arzneimittelkunde wichtig, sondern auch für den Anbau von Obst, Gemüse oder anderen Nutzpflanzen.

Philosophie: In den Klöstern wurden nicht nur Texte des Christentums diskutiert, sondern auch antike Autoren und deren Philosophie.

Sprachwissenschaften: Klöster waren der Ort des Erlernens und Praktizierens der lateinischen, griechischen und hebräischen Sprache. Übersetzungen, Wörterbücher und eine Deutung einzelner Worte für die Theologie waren für das geistliche Leben wichtig. Die Orden waren international, und die Klöster beherbergten Gäste aus ganz Europa, die dadurch viele Sprachen lernten.

Erziehungswissenschaften: Wie soll man junge Novizen zu Priestern ausbilden, wie unterweist ein Pfarrer seine Schäfchen? Diese Fragen zeigen, dass die Frage nach der Vermittlung von Wissen auch eine wichtige Frage für Klöster war, nicht zuletzt in den Klosterschulen.

Wirtschaftswissenschaften: Das Führen eines Klosters war kompliziert, weil viele Menschen, Mönche, Laien, Bedienstete und Gäste, versorgt werden mussten. Das Kloster musste wirtschaftlich überleben, noch besser: Gewinn erwirtschaften, um Geld für Armenfürsorge, Bauvorhaben oder Kunstwerke zur Verfügung zu haben.

2 Die Klöster und ihre Orden pendeln im Mittelalter zwischen zwei Zielen: Soll man als einzelner Mönch in einer Gemeinschaft mit anderen Menschen leben, die dem Armutsideal verpflichtet sind – oder sollen die Klöster möglichst große Macht haben und mit ihrem Reichtum, mit Herrschaft und Prunk für die Herrlichkeit Gottes und die Gottgewolltheit kirchlicher Herrschaft auf dieser Erde werben? Die Klosterreform von Cluny in Frankreich warb für eine neue Gemeinschaft der Mönche: Während die Benediktiner auf hervorgehobenen Stellungen residierten, wollten die Anhänger der Reform sich in die Einsiedelei der Wälder zurückziehen. Die Franziskaner folgten dem Heiligen Franziskus nach, der kirchlichen Prunk, Reichtum und Macht ablehnte, genauso wie der Barfüßerorden. So gab es im Mittelalter immer wieder Versuche einzelner Ordensgründer, das mönchische Leben zu erneuern, gegen die Weltlichkeit abzugrenzen und auf eine einfache Lebensweise festzulegen.

Lernerfolg Kapitel 8

1 a) Das Leben auf dem Land war geprägt von harter Arbeit und der Großfamilie mit ihren strengen Spielregeln. Alle lebten auf engem Raum. Die Ernährung war einfach und stammte aus der eigenen Landwirtschaft, sie musste aber auch kräftigend sein. Fleisch gab es nur selten. Der sonntägliche Kirchgang war Pflicht, eine Schulbildung gab es auf dem Dorf nicht, man musste auf dem Feld mitarbeiten. Das Leben wurde von Familienoberhäuptern und den Ältesten des Dorfes geregelt, dann aber auch vom Grundherrn.

b) Da Gerald nicht auf dem Hof des Grundherrn lebt, ist er ein Höriger oder Grundhold, was bedeutet, dass er dazu verpflichtet war, Abgaben zu leisten und Dienste zu verrichten. Dafür musste der Baron die Hörigen schützen und für Recht sorgen, sie durften das Land bebauen, das dem Grundherrn zugeordnet war.

2 a) Aus heutiger Sicht denken wir, dass das Leben auf dem Land unbequem und hart war. Aber nicht allein deshalb wollten Menschen weg. Vielmehr lagen auch andere Ursachen vor, als nur die Aussicht auf ein schöneres Leben in der Stadt mit der Möglichkeit aufzusteigen, zu Wohlstand zu kommen. Typische Motive waren, dass es gerade unter Brüdern Streit um die Aufteilung des Hofes gab, meist kam nur der älteste zum Zuge. Oder Gerald ist mit dem Baron in Streit geraten. Solche handfesten Motive sind wichtiger als die Bequemlichkeit und die Hoffnung auf ein besseres Leben – schließlich herrschte damals in den Köpfen der meisten Menschen die Meinung vor, ein jeder müsse an dem von Gott zugeteilten Platze bleiben.

b) Die Stadt lockt mit Freiheit und der Chance, ohne die engen Bindungen auf dem Land aufzusteigen und zu Reichtum zu kommen. Andererseits musste sich Gerald auch in eine Gemeinschaft einfügen. Das Bürgerrecht und der Handel, die Berufe und die verlockenden Möglichkeiten einer Stadt übten auf die Menschen eine große Anziehungskraft aus.

c) Als Höriger darf Gerald den Bauernhof der Familie nicht einfach verlassen; er muss den Grundherrn um Erlaubnis fragen, und dieser wird die Arbeitskraft nicht gerne gehen lassen. Ein Jahr und einen Tag nach Ankunft in der Stadt musste Gerald noch damit rechnen, vom Grundherrn zurückgeholt zu werden, danach erst war er frei.

3 a) Eine Stadt im Mittelalter ist erkennbar an einer Mauer, die sie schützt und den Rechtsbereich sichtbar abgrenzt. Durch Tore führen Straßen aus allen Richtungen nach Köln. Innerhalb der Mauern gab es Handwerkergassen, bessere und schlechtere Wohngegenden (die besten am Markt, die schlechtesten an der Mauer). Fast jede Stadt hatte ein Rathaus, einen Marktplatz, mehrere Kirchen, vielleicht einen Dom oder eine große Stadtkirche, sowie Klöster und Hospitäler. In manchen Städten haben Fürsten oder Bischöfe ihren Sitz, beispielsweise in einer Burg, Adlige leben in Steinhäusern oder großen Adelshöfen. Köln hat mehrere Viertel und mehrere Märkte für verschiedene Produkte. Die Märkte hatten auch die Funktion überregionaler Handelsmessen. Insgesamt waren die Städte eng, auch schmutzig und verwinkelt.

b) Wenn Gerald seinem Grundherrn entkommen ist und nach einem Jahr noch immer unbehelligt in der Stadt lebt, kann er sich Arbeit suchen. Gerald könnte als Geselle in einem Handwerk untergekommen sein. Wenn er Bürger werden will, muss er Grundbesitz innerhalb der Stadtgrenzen vorweisen können und etwas zur städtischen Gemeinschaft beitragen. Als Handwerksmeister oder Händler mit eigenem Geschäft, mit Einkünften und Verantwortung könnte er das. Wenn ihm ein Haus gehört und er in der Lage ist, Steuern zu zahlen, kann er sich um das Bürgerrecht bewerben. Er schwor dann den Bürgereid (Treue und Gehorsam gegenüber der Stadt). Fortan war er verpflichtet, die Mauern der Stadt mitzuverteidigen und Steuern zu bezahlen.

Kompetenztraining Geschichte
9783060649396_GES_P_282-295.doc

4 Der Kölner Erzbischof war seit der Antike das Stadtoberhaupt und bestimmte über Köln; er erhob Steuern, entschied über Krieg und Frieden. Tüchtige Männer wie Gerald hatten nichts zu bestimmen, sie zahlten Steuern. Das kannte Gerald schon von den Verhältnissen auf dem Lande. Er mag wie viele gedacht haben, dass diejenigen, die die Steuern zahlen, auch mitbestimmen sollen. Nun hatte Köln einen gewählten Bürgermeister, aber die Patrizier machten alles unter sich aus. Kein Wunder, dass die Handwerker eine Mitbestimmung forderten und in Köln dann auch 1396 erlangten, lange nach Geralds Lebenszeit.

5 a) Der Dienst an Kranken war für die Ordensbrüder eine Selbstverständlichkeit. Sie lebten auf diese Weise die christliche Nächstenliebe.

b) Ein Hospital, also eine Art Krankenhaus, ist auch heute noch ein Ort, wo medizinische Forschung betrieben wird. Die Ärzte erforschten z. B., welche Arznei hilft oder welche Therapien anschlagen. In Hospitälern wurde also nicht nur für die Gesundheit der Kranken gebetet. Ein Wirtschaftsunternehmen musste ein Hospital schon deshalb sein, weil man die Nahrungsmittel für die Kranken heranschaffen musste, zum Teil nahm man sie aus eigenem Anbau. So gehörte zu jedem Hospital auch ein Wirtschaftshof dazu. Ein Hospital besaß Felder und Weinberge, sogar Brauereien, um seine Insassen zu versorgen. Das alles musste gut geplant werden.

6 Normal war die Erfolgsgeschichte Geralds sicherlich nicht, aber möglich. Wir stellen uns heute das Mittelalter gerne als eine Zeit vor, in der Menschen nicht ihrem Schicksal, vor allem nicht ihren rechtlichen Fesseln entkamen. Wer in die Stadt ging, hatte aber eine Chance, sein eigener Herr zu werden. Nicht viele werden wirklich so viel Erfolg gehabt haben wie Gerald, viele scheiterten auch in den Städten und blieben arm. Es gab aber Menschen, die durch Talent und Können zu Beamten aufstiegen, oder Kinder aus einfachen Verhältnissen, die man in die Lateinschule schickte und die Priester wurden, obwohl sie als Bauernkinder geboren waren. Solche Erfolgsgeschichten sind jedoch die Ausnahme. Die meisten Menschen blieben im Dorf und arbeiteten für den Grundherrn, schließlich war es schon immer so gewesen, und Gott schien es gewollt zu haben.

Lösungen zu Kapitel 9

Förderbogen 9.1

1 An ihrer Kleidung kann man erkennen, dass die Personen adliger Herkunft sind. Die Person, die die Krone anbietet, und seine Begleiter sind gut gekleidet. Es könnte sich um eine Abordnung oder Gesandtschaft deutscher Fürsten handeln.

2 Es ist merkwürdig, dass Heinrich als überrascht dargestellt wird, schließlich war er einer der aussichtsreichsten Kandidaten für die Königswürde. Seine Überraschung und die ungewöhnlichen Umstände sollen für seine Bescheidenheit sprechen, weil er keine Intrigen gesponnen hat, um die Königswürde zu erlangen.

3 Es überrascht schon, dass ein Sachse nun dem Franken Konrad nachfolgen soll. Die Stämme hatten ihre eigenen Interessen und arbeiteten nicht immer miteinander. Die Sachsen und Heinrich an ihrer Spitze waren mächtig, mächtiger sogar als die Familie von Konrad. Deshalb war es aussichtsreich, einem befreundeten Stamm die Königswürde anzutragen, um von der Macht selbst profitieren zu können.

4 Während die Karolinger relativ unangefochten ihre Macht weitergeben konnten, musste bei der Königswahl durch die Stämme eine Mehrheit gefunden werden. Das Weitergeben der Macht war alles andere als eine Selbstverständlichkeit, sondern Aushandlungssache. Da war es hilfreich und notwendig, dass wichtige Männer der Stämme, die auch für Kampfeskraft standen, vor Ort waren und die Wahl durch ihren Beifall akzeptierten. Auf sie konnte sich Heinrich verlassen, aber er war auch auf deren Zustimmung angewiesen, wollte er später seinen Sohn zum König machen.

5 Die entschlossene Gründung einer Reichstradition sieht anders aus als das Hin und Her der Stammesherzöge bei der Wahl eines ihrer stärksten Mitglieder. Die Königstradition verfestigte sich tatsächlich erst in der Zeit, als die sächsische Ottonen-Familie herrschte, war aber auch seither nie unumstritten. Insofern ist dem Zitat eher zuzustimmen. Außerdem ist es historisch nicht möglich, einen eindeutigen Anfangspunkt zu benennen, auch wenn europäische Staaten im 19. Jahrhundert im Zuge von Nationalismus und Nationalstaatsbildung zur Bildung solcher Gründungsmythen neigten.

Förderbogen 9.2

a) Die Königswürde wurde nicht mehr unter den Söhnen aufgeteilt, sondern nur ein Sohn erbte: Otto.

b) Sachsen, Franken, Schwaben, Lothringer, Baiern

c) Otto setzte sich gegen seine beiden Brüder durch, die leer ausgingen und ihm bei der Krönung zunächst die Gefolgschaft verweigerten.

d) Die Darstellung hält sich sehr genau an Widukinds Schilderung des Ablaufs.

e) Er bezieht sich auf die großen Belastungen, die sich für einen Ort ergaben, wenn der Kaiser zu Gast war und versorgt werden musste.

f) Quedlinburg und das durch ihn gegründete Magdeburg

g) Otto I. bevorzugte seinen zweitgeborenen Sohn und verweigerte dem erstgeborenen, Liudolf, die Herrschaft.

h) Liudolf kam schutzlos und fiel vor dem Vater auf die Knie.

i) Der Sieg gegen die Ungarn (Magyaren) auf dem Lechfeld bei Augsburg im Jahr 955.

j) Otto wäre als Tributpflichtiger in die Abhängigkeit der Ungarn geraten, ein starkes Reich hätte es in Mitteleuropa dann vorerst nicht gegeben.

k) Dargestellt wird in der Szene, wie der Papst dem Kaiser die Krone aufs Haupt setzt.

l) „Durch mich regieren die Könige". Anspielung auf das Gottesgnadentum.

m) Widukind war von Otto begeistert, er stellt dessen Handeln fast immer positiv dar.

n) Ja, sie mussten sich jedoch Mühe geben, die anderen deutschen Dialekte zu verstehen.

o) Sie übernahm die Regentschaft für ihren Sohn und war für einige Jahre eine geachtete und mächtige Kaiserin.

p) Sie soll mit dem Blut Jesu getränkt sein, ein Reiter stieß dem am Kreuz Hängenden eine Lanze in die Seite.

q) Sie wurde als Krone der deutschen Könige und Kaiser im ganzen Mittelalter benutzt, gilt als heilig und wird heute in Wien aufbewahrt.

r) Die Krönung Ottos zum König unter Zustimmung von Volk und Fürsten sowie der Sieg auf dem Lechfeld gegen die Ungarn.

Kompetenztraining Geschichte
9783060649396_GES_P_282-295.doc

s) Auch wenn die Dialoge dramatisiert sind, so sind die Spielszenen doch wahrscheinlich und entsprechen den Schilderungen des Zeitgenossen Widukind.

Förderbogen 9.3

1 Im Zentrum stehen ein Reiter und eine Person, die das Pferd, einen edlen und reich geschmückten Schimmel, am Geschirr führt. Der Reiter wird durch einen Schirm geschützt, er trägt einen auffälligen Hut. Hinter ihm sind weitere berittene Männer zu sehen. Der Pferdeführer trägt Krone und Mantel und wird seinerseits von einer Person begleitet.

2 Unzweifelhaft sind der reitende Papst und der Kaiser zu Fuß als „Stallbursche" dargestellt. Der Papst bestand auf dieser Unterordnung des Königs bzw. Kaisers, der den Dienst des Marschalls erfüllen musste. In diesem Ritual zeigt sich das Verhältnis zwischen Papsttum und Königtum als ungleiches. Natürlich sah sich der Papst gerne in der Rolle des Überlegenen und den König als seinen Diener.

3 Diese Aussage stimmt auf der einen Seite, wie man an der Abbildung erkennen kann. Stellt sie jedoch die historische Wahrheit dar? Es gefiel den Päpsten, die Könige und Kaiser des Römischen Reiches so dargestellt zu sehen, es war Propaganda, die zeigen sollte, wer die Oberhoheit hat. Tatsächlich gab es solche Situationen, wenn die Könige den Papst zum Beispiel für eine spätere Krönung brauchten. Oft sahen die Machtverhältnisse im Mittelalter nicht so aus, aber die Kaiser leisteten diesen traditionellen Stratorendienst dennoch, gerade weil sie wussten, dass diese Vorführung keine konkrete Auswirkung hatte. Man kann also sagen, diese Spielregeln (Rituale) demonstrieren Machtverhältnisse, aber sie müssen sie nicht immer real wiederspiegeln, da die Realität komplizierter war, als dies der Marschalldienst nahelegt.

Förderbogen 9.4

1 und 2

König	Papst
Königliche bzw. kaiserliche Praxis seit ca. 1000: Bischofsstühle werden auf königlichen bzw. kaiserlichen Vorschlag neu besetzt	Besetzung wird geduldet, wenn nützlich, aber: offiziell kirchenrechtlich nicht zulässig, Streitpunkt, der nun zur Eskalation führt
▼	▼
Position zur Kirchenreform: eher Ablehnung, da Beschneidung königlicher bzw. kaiserlicher Vorschlags- und Investiturrechte	Forderung der Reformer: Bischöfe und Priester unverheiratet, kein Ämterkauf, keine Investitur durch Laien
▼	▼
Politischer Vertrauensverlust: Ausschluss aus Kirche führte zu Konflikten mit geistlichen Fürsten, König wird nicht mehr akzeptiert	Maßnahmen gegen den König: Kirchenbann, Treue- und Hilfsversprechen ungültig, Ausschluss aus Kirche
verfahrene Situation: Buße?	**verfahrene Situation: Vergebung?**
König Heinrich ergreift die Initiative, begibt sich in die Position des Büßers, unterwirft sich dem Papst, um die Handlungsfähigkeit wiederzugewinnen.	Als Christ ist es die Pflicht des Papstes zu vergeben, er konnte den barfüßigen Heinrich nicht „im Regen stehen" lassen.

Der Kompromiss des Wormser Konkordats:
Regelung der Investitur: Die Bischöfe und Reichsäbte wurden von der Kirche ausgewählt, sie bekamen die geistlichen Aufgaben durch die Kirche übertragen und die weltlichen Herrschaftsrechte vom König bzw. Kaiser. So sollte der Kompromiss funktionieren.

3 a) Hätte Gregor Heinrich abgewiesen, wäre das die ideale Gelegenheit für den König gewesen, den Papst als nicht zur Nächstenliebe fähig darzustellen. Der Schachzug der Unterwerfung war deshalb von Heinrich klug gewählt, der Papst musste den religiösen Normen von Vergebung und Milde folgen.

b) Auch an diesem Beispiel sieht man, dass Gesten auf die Menschen eine ungeheure Wirkung hatten und handfeste politische Auswirkungen zeitigten. Man stelle sich vor: Der König im Büßerhemd – das signalisierte den Menschen, dass er um Vergebung bat. Im Verständnis der Zeit konnte sich der Papst dieser Erwartungshaltung nicht entziehen, er musste die Geste ernst nehmen und seinerseits mit einer Geste der Vergebung reagieren. Diese Gesten hatten also fast einen Automatismus, auf den sich der König verlassen konnte.

c) Hinter den Kulissen wirkte eine mächtige Vermittlerin, die dafür sorgte, dass die Gespräche fortgesetzt wurden: Mathilde von Tuszien. Mathilde war eine Anhängerin des Papstes und Heinrichs Tante. In deinem Tagebucheintrag sollte deutlich werden, dass sie beiden verpflichtet ist. Sie sollte als Vermittlerin dargestellt werden, die mit beiden Seiten reden kann.

Kompetenztraining Geschichte
9783060649396_GES_P_282-295.doc

Förderbogen 9.5

1

Aspekt	Wikinger	England	Frankreich	Kiewer Russreich	Heiliges Römisches Reich
Hauptstadt	Keine Hauptstadt	London	Paris	Kiew	Keine Hauptstadt
Führung des Staates	Keine zentrale Führung	König, der sich jedoch nicht immer durchsetzen konnte	König, der zunehmend mehr Macht gewann	Fürsten, später Großfürsten an der Spitze	Könige bzw. Kaiser
Beteiligung Adliger an der Macht	Häuptlingsfamilien herrschen weitgehend allein	Bindung an König durch Lehnssystem, aber auch Sitz im Parlament	Zunehmende Kontrolle des Adels und Zentralisierung der Macht; Einbindung der Herzogtümer und Grafschaften in Lehnsoberhoheit; Krise des Lehnswesens	Adlige bilden die Gefolgschaft des Fürsten, aber kein Lehnssystem, kein Dienst- und Treueverhältnis; im Reichsrat beraten sie mit dem Fürsten über wichtige Staatsangelegenheiten	Die Reichsfürsten, später die Kurfürsten wählen den König, der von ihrer Unterstützung abhängt; es gab auch Gegenkönige. Adlige beraten den König im Hofrat, bestimmen später im Reichstag mit; zunehmende Unabhängigkeit durch Ausbau der Landesherrschaft
Beziehung zu anderen Ländern	Häufig von Gier und Eroberung geprägt, Überfälle, aber auch Handel	Konflikt mit Frankreich und dem Papsttum	Konkurrenz zu England, zum Heiligen Römischen Reich	Verträge mit dem Byzantinischen Reich, Tributzahlungen anderer Völker und Stämme	Kampf um italienische Reichsteile, teilweise Konflikt mit Papsttum
Rolle der Kirche	Erst langsam setzt sich das Christentum durch, spielt geringe Rolle	Christianisiert, mächtige Bischöfe und Erzbischöfe, setzen sich auch gegen König durch	Mächtige Kirche, berühmte Klöster wie Cluny, stören aber die Herrschaft der Könige nicht	Orthodoxe Kirche wird nach Taufe des Fürsten durch Patriarchen ausgebaut, Staatsreligion	Drei Kirchenfürsten sind auch Kurfürsten; Geistliche unterstützen den König bei der Reichsverwaltung; Bistümer, Klöster, Stifte besitzen eigene Territorien
Entwicklung der Herrschaft	Kein mächtiger zentraler Staat, sondern Staatengründungen in Europa und viele Siedlungen; Herrschaft unterschiedlicher Stammesfamilien	Mit der Magna Charta von 1215 wurde die Macht des Königs durch den Adel eingeschränkt; später Kontrolle durch ein Parlament	Zunehmende Zentralisierung, Sicherung der Königsherrschaft (Loyalität)	Herausbildung eines frühmittelalterlichen Großreiches	Rückgang der königlichen Macht, Wahlkönigtum mit starken Fürsten

2 Es ist schwer, Entwicklungen zu erkennen, die einheitlich verliefen, da es Reiche gab, in denen die zentrale Macht zunahm, und solche, in denen die Beteiligung der fürstlichen Macht wichtiger wurde. Tendenziell sucht der Adel nach Beteiligung an der Macht, beispielsweise durch Institutionen wie den Reichstag, Generalstände oder ein Parlament. Die Kirche blieb wichtig, teils als Stütze der Macht, teils als Widerpart. Generell entwickeln sich aus Gewohnheiten festere Spielregeln und erste Verfassungsdokumente (Urkunden, die die Machtverteilung regeln) wie die Magna Charta oder die Goldene Bulle.

Förderbogen 9.6

1 Regelung, wer als Kurfürst an der Wahl des Königs teilnehmen darf; das Wahlverfahren; die Rechte der Kurfürsten; Durchführung der Reichstage.

2 Beim Hoftag stand der König oder Kaiser im Zentrum, er hielt Hof, sammelte sein Gefolge, demonstrierte seine Macht. Die Würdenträger und Vasallen hatten die Pflicht, den König auf dem Hoftag zu beraten. Die Reichstage waren ein Gremium, auf dem die Reichsstände (Kurfürsten, geistliche und weltliche Fürsten, Vertreter der Reichsstädte) die Politik des Reiches mitbestimmen konnten. Aus einer Teilnahmepflicht war ein Teilnahmerecht geworden. In wichtigen Entscheidungen wie z. B. der Erhebung von Steuern, der Führung von Kriegen und dem Erlass von Reichsgesetzen konnte der König bzw. Kaiser nicht mehr ohne die Zustimmung des Reichstages handeln. Diese Entwicklung spiegelt die Machtverschiebung im Reich.

3 Die einflussreichsten und vornehmsten Stände, die Kurfürsten, sitzen direkt neben dem Kaiser, rechts, an der ehrenvolleren Seite, die geistlichen, links die weltlichen. An den Längsseiten des Saales sitzen die mächtigsten Reichsfürsten als unmittelbare Lehnsträger der Krone. Im Vordergrund, an der Eingangsseite des Saales und am weitesten vom Kaiser entfernt, sitzen auf Bänken hintereinander die Vertreter der Freien Reichsstädte. Sie mussten erst um ihr Recht, an Reichstagen teilzunehmen und abstimmen zu dürfen, kämpfen. Der Sitzungssaal symbolisiert die Formel „Kaiser und Reich".

Kompetenztraining Geschichte
9783060649396_GES_P_282-295.doc

4 a) Das Reich war ein Flickenteppich mit zahlreichen kleinen, mittleren und wenigen großen Territorien, die alle sehr unterschiedliche Interessen verfolgten. Auch machten große Herrscherdynastien wie die Luxemburger oder Wittelsbacher ihre eigene Politik. Bei so vielen verschieden gewichteten Stimmen war es schwer, einen Konsens zu finden, und noch viel schwerer, alle Herrschaftsträger des Reiches auf diesen Kompromiss zu verpflichten.

  b) Viele Fürsten waren eher an der eigenen Landesherrschaft orientiert als an den Belangen des Reiches oder des Königs bzw. Kaisers. Vielen reichte es, wenn sie ihre Macht erhalten oder ausbauen konnten, und sie vermieden es, sich durch Steuern oder militärische Hilfe dem Königtum zu verpflichten. Fürsten, die nicht anreisten (was zwar strafbar war, aber nicht immer geahndet wurde), fühlten sich nicht an die Beschlüsse gebunden. Es fehlte insgesamt an einer Stelle, die mit starker Hand sicherstellen konnte, dass die Politik der Reichstage auch umgesetzt wurde.

Lernerfolg Kapitel 9

1 Nach Karl dem Großen wurde das Frankenreich immer wieder geteilt, es gab mehrere Kronen, keine einheitliche. Die Krone Ottos I. setzte sich schließlich als Reichskrone durch. Die Könige aus dem sächsischen Geschlecht der Ottonen schafften es, Autorität zu erlangen und die Gefolgschaft anderer Stämme zu erhalten. Die Krone Ottos wurde nun von mehreren Stämmen akzeptiert. Diese Krone ist Zeichen für die Herausbildung des Deutschen Reiches und einer Ablösung vom reinen Stammesdenken mit seiner Erbteilung und vielen Kronen.

2 a) Die Reichskleinodien zeigen religiöse und weltliche Bezüge auf. Die Krone bezieht sich auf das „Himmlische Jerusalem", das Zepter hat eine religiöse Grundbedeutung, der Reichsapfel steht nicht für die weltliche Herrschaft des Kaisers, sondern für die Herrschaft Christi, die der Kaiser unterstützt. Das Schwert des Kaisers übt weltliche Macht aus und schützt das Christentum. Lanze und Kreuz haben als Reliquien eine unmittelbare religiöse Bedeutung. So wird der Kaiser mit allen Insignien in die Nähe göttlicher Macht gerückt, was den Päpsten doch ein bisschen zu viel gewesen sein mag.

  b) Die Päpste haben auf die Verwendung und Ausgestaltung der Reichskleinodien geachtet. Wie man am Zepter erkennen kann, nahm der Kaiser auch Teile seiner Symbolik zurück, um dem Papst ein Signal der Versöhnung zu senden. Das Papsttum hatte ein großes Interesse daran, dass der deutsche Kaiser als mächtiger Christ die Kirche schützt, der Investiturstreit zeigt jedoch, dass das Papsttum den Kaiser nicht als gleichrangige Macht anerkennen wollte.

3 Der König trägt das Schwert sowie Zepter und Reichsapfel mit sich. Er bringt also sämtliche Symbole königlicher Macht mit, die auch signalisieren, dass er die Zustimmung seiner Fürsten und des Volkes hat. Ihm vorangetragen werden die Lanze und das Kreuz mit den Reliquien. Die Krone, die auf dem Altar wartet, bekommt der König am folgenden Tag durch den Papst aufgesetzt, der die Insignien komplettiert. Der Papst akzeptiert die Insignien und stattet sie mit seiner Autorität aus, sodass der gekrönte Kaiser sich nun als weltlicher Herrscher von göttlichen und kirchlichen Gnaden fühlen darf.

4 Die Aussage ist sehr oberflächlich. Natürlich waren die Insignien auch sehr wertvoll, und Gold sowie Edelsteine beeindruckten die Zeitgenossen. Wichtiger jedoch war das Alter, die Tradition der Gegenstände und ihre religiöse Bedeutung. So war die Heilige Lanze eine Reliquie, das Reichskreuz war auch Aufbewahrungsort eines solchen heiligen Überrests. Der Wert der Reichskleinodien war ein ideeller, weil die Menschen den Gegenständen eine Bedeutung, eine Macht und auch einen Wert zusprachen, der jenseits irdischer Vorstellungen ist – vergleichbar vielleicht mit dem berühmten Heiligen Gral.

5 a) Der Investiturstreit war ein Konflikt zwischen Papst und König um die Einsetzung (= „Investitur") von hohen Geistlichen in ihre Ämter. Der König beanspruchte das Recht der Einsetzung für sich, da die Bischöfe und Äbte im Reich gleichzeitig weltliche Macht erhielten und ihn bei der Verwaltung des Reiches unterstützten. Der Papst wollte vor allem Kandidaten, die ihm und der Kirche treu ergeben waren. Der Streit spitzte sich zu: Der Papst bannte den König, der König ließ den Papst für abgesetzt erklären. Um sein Königtum zu retten, begab sich Heinrich 1077 auf den Bußgang nach Canossa, wo er die Vergebung des Papstes erlangte. Schließlich einigten sich Papst und König auf einen Kompromiss: Die Bischöfe und Reichsäbte wurden von der Kirche ausgewählt, sie bekamen die geistlichen Aufgaben durch die Kirche übertragen und die weltlichen Herrschaftsrechte vom König bzw. Kaiser.

  b) Die Reichsinsignien spiegelten den Machtkampf. Zunächst sollte das Eingravieren von Heinrichs Namen auf dem Schwert die Position Heinrichs unterstreichen und seine Legitimität als Nachfolger Karls bekräftigen. Offenbar hatte es Heinrich nötig, noch zu Lebzeiten zu diesem Mittel zu greifen. Auch das Zepter wurde verändert, jedoch als versöhnliches Zeichen nach dem Investiturstreit, da der Kaiser nicht mehr als Hirte der Gemeinde gelten sollte. Symbolisch verzichtete der Kaiser auf einen Teil seines Machtanspruchs, da der Papst traditionell für sich in Anspruch nimmt, der Oberhirte der Christenheit zu sein.

6 a) Erzbischöfe von Mainz, Köln und Trier sowie der König von Böhmen, Pfalzgraf bei Rhein, Herzog von Sachsen und der Markgraf von Brandenburg

  b) Die Reichsinsignien waren nicht nur dem König oder Kaiser vorbehalten, sondern sie wurden auch von Reichsfürsten berührt und aufbewahrt. Dies bedeutete eine Verschiebung der Macht zugunsten der Fürsten. Die Zentralgewalt verlor zunehmend an Bedeutung.

Kompetenztraining Geschichte
9783060649396_GES_P_282-295.doc

Lösungen zu Kapitel 10

Förderbogen 10.1

2

	Religiös-wissenschaftl. Karten	Karten zur Land-vermessung	Routenkarten
a) Ein Pilger ...			X
b) Vertreter zweier Orden ...	X		
c) Ein Kaufmann ...			X
d) Einem islamischen Gesandten ...	X		
e) Der Graf von Katzenellenbogen ...		X	
f) In einer Klosterschule müssen Schüler ...	X		
g) Ein Priester des Klosters Fulda ...			X
h) Der Abt des eines Klosters in Hildesheim ...			X

Förderbogen 10.2

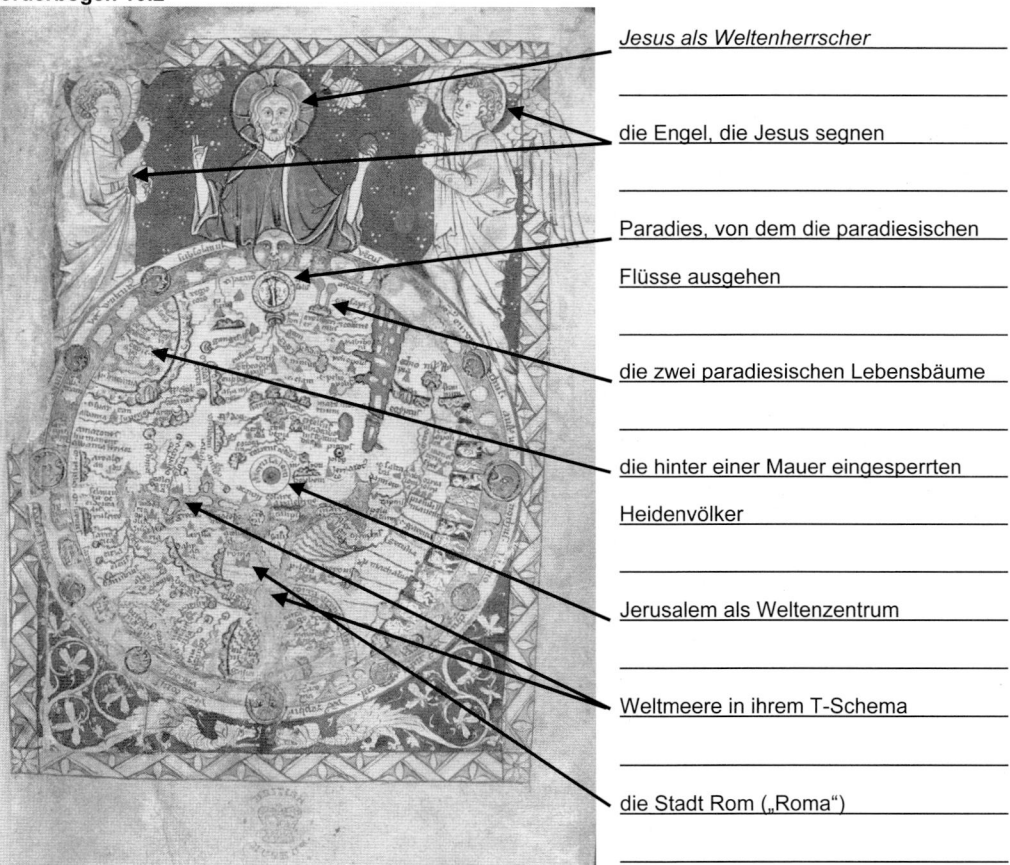

Jesus als Weltenherrscher

die Engel, die Jesus segnen

Paradies, von dem die paradiesischen Flüsse ausgehen

die zwei paradiesischen Lebensbäume

die hinter einer Mauer eingesperrten Heidenvölker

Jerusalem als Weltenzentrum

Weltmeere in ihrem T-Schema

die Stadt Rom („Roma")

Kompetenztraining Geschichte
9783060649396_GES_P_282-295.doc

Förderbogen 10.3
Die Karte steht aus unserer Perspektive auf dem Kopf.

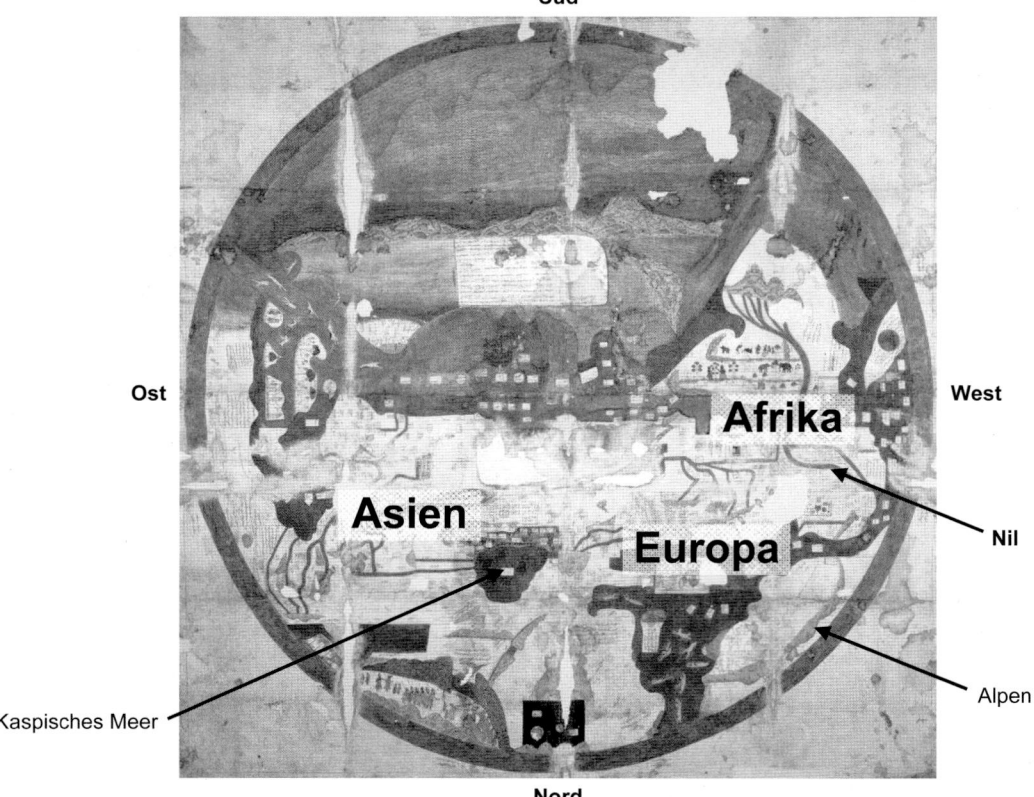

Förderbogen 10.4
1 **a)** Die beiden Religionen denken ähnlich über die beiden legendenhaften wilden Völker: Sie stellen eine Bedrohung dar und man muss sie hinter einer Mauer einschließen. Parallel ist auch noch, dass beide Völker besiegt wurden bzw. besiegt werden können – von einem islamischen Krieger bzw. von Jesus und guten, gläubigen Menschen. Der Islam weiß mehr über die Mauer zu berichten und dass die beiden Völker wenig entwickelt sind, weshalb man sie gefangen hält. Trotz dieser Unterschiede überwiegen die Parallelen.

    b) Die christlichen Weltkarten sind eher theologische und wissenschaftliche Auffassungen der Welt und haben keinen streng geographischen Aufbau, wie wir das heute kennen. Die beiden Völker standen im christlichen Vorstellungsraum für böse Völker, die mit dem Weltuntergang verbunden sind. Die islamischen Karten sind geographisch genauer und können das ummauerte Land nicht genau lokalisieren, weil es in ihrem Handelsnetz wohl auch nicht vorkommt. Insofern spiegeln sich die Unterschiede beider Kartenauffassungen hier wider.

    c) Die Suche nach der eigenen Identität folgt dem Bedürfnis nach Sicherheit und nach Selbstvergewisserung in der Welt. Wenn man sich fragt, wer man ist und wer zur eigenen Gruppe dazugehört, stellt sich allerdings immer auch die Frage, wer die „anderen" sind, was sie ausmacht und warum „andere" nicht dazu gehören. Vorstellungen von Fremden, die eine ganz andere Sprache sprechen, die weniger entwickelt sind oder mit anderen Dingen Handel treiben, sind uns Menschen eigen. In der Antike hat man auch auf Karten versucht, fremde Völker als „wildfremd" darzustellen und ihnen einen Platz im Weltbild zuzuweisen.

Kompetenztraining Geschichte
9783060649396_GES_P_282-295.doc

2   a) und **b)**

„Säureregenland" komplett von den USA abhängig, steht für Kanada mit seinen Waldgebieten und der starken kulturellen und wirtschaftlichen Gebundenheit an die USA	Ganz nach Norden, an den Polarkreis sollen die Palästinenser verbannt werden, damit Israel als Verbündeter der USA unbehelligt leben kann.
Ein ökologisches Utopia befindet sich im Nordwesten der USA, wo sich Umweltschützer und Liebhaber französischer Quiches tummeln.	Besonders groß ist die Sowjetunion dargestellt, aus Reagans Sicht ein Land gottloser Kommunisten, Lügner und Spione.
Die Ostküste der USA gilt als von der demokratischen Partei beherrscht und auf Wohltätigkeit orientiert, hier befindet sich auch die Hauptstadt.	In Europa von Interesse ist Großbritannien, das in den 1980er-Jahren von Margret Thatcher regiert wird und hier als Filiale von Disneyland firmiert.
Das Weiße Haus befindet sich in der Hand der republikanischen Partei von Reagan, die die wahren Amerikaner sein sollen und zu deren Territorium auch Las Vegas zählt.	Europa ist eingeteilt in Stationen für „ihre" und die amerikanischen Waffen, Polen liegt als Puffer zwischen den Machtblöcken. Die meisten europäischen Länder sind sehr klein und aus der Sicht der USA im Kalten Krieg weniger wichtig. Die Europäer galten als Pazifisten und Sozialisten und somit als potenzielle Verräter.
Der wichtigste US-Staat für den Ex-Schauspieler Ronald Reagan ist Kalifornien mit Hollywood und Disneyland im Zentrum, die Küste gesäumt von Ölfeldern.	Viel wichtiger als Afrika, das nur wegen des strategischen Verbündeten Ägypten und des Suez-Kanal von Interesse ist, ...
Im Gegensatz zu den riesigen USA steht ein winzig kleines Mexiko, ...	... ist die arabische Halbinsel mit dem Öl.
... der Verbündete El Salvador ist viel zu groß eingezeichnet,	Besonders groß dargestellt ist der Verbündete Israel, das fast alle Feinde in seiner Nachbarschaft wie den Libanon und Syrien besiegt hat.
Grenada ist als „unser Flughafen" strategisch im Zentrum der Karibik, ...	Der Iran und Pakistan gelten als Hort muslimischer Fanatiker.
... das kommunistische Kuba erscheint als „sowjetische Kolonie", eine Übertreibung, da Kuba einen eigenen kommunistischen Weg ging; ...	Der Indische Ozean wird als See unserer Stämme dargestellt. So wie Afrika nur den Negroiden zugeordnet wird, wird Australien als Kangaroo-Land verspottet und weltpolitisch nicht ernst genommen.
... der Panama-Kanal wird als amerikanisches Eigentum dargestellt, er sichert den Welthandel.	Taiwan, das mit den USA verbündet ist und auch wirtschaftlich wichtig war, wird als „unser" China groß geschrieben,
Der Rest Lateinamerikas ist uninteressant und gilt als Bananenlieferant, ...	... während Rotchina der Machtsphäre der USA zugeordnet wird. In der Tat war es ein kommunistisches Land, das jedoch meist eine eigenständige Politik verfolgt hat.
... lediglich der Kriegsschauplatz zwischen Großbritannien und Argentinien, die Falklandinseln, sind bemerkenswert.	Gänzlich auf den wirtschaftlichen Zulieferaspekt für Autos reduziert ist Japan, dargestellt als „Japan AG".

Insgesamt werden Verbündete und Konfliktherde überbetont, die Gewichte der geographischen Weltkarte verschoben. Das Weltbild des US-Präsidenten Reagan kennt nur seine Interessen von Politik, Bündnissen, Öl und Wirtschaft.
pdf

Lernerfolg Kapitel 10

1   Weltbilder sind zunächst allgemein Bilder, die sich Menschen von der Welt machen – also Vorstellungen, um sich etwas zu erklären. Jeder Mensch hat eine Vorstellung von der Welt, ein Weltbild, das von seinen Erfahrungen, Wahrnehmungen und Wünschen geprägt ist. Im engeren Sinne kann man auch die Vorstellung von der eigenen Umwelt als Weltbild bezeichnen; also die Vorstellung, die man sich vom Raum macht, in dem man lebt. Solche Weltbilder kann man aufzeichnen, um damit deutlich zu machen, wo die eigenen Schwerpunkte liegen. So geschah es auch im Mittelalter, als die Menschen ihre Vorstellungen in räumliche Bilder gossen, die alles andere sein sollten als geographische Wissenschaft.

2

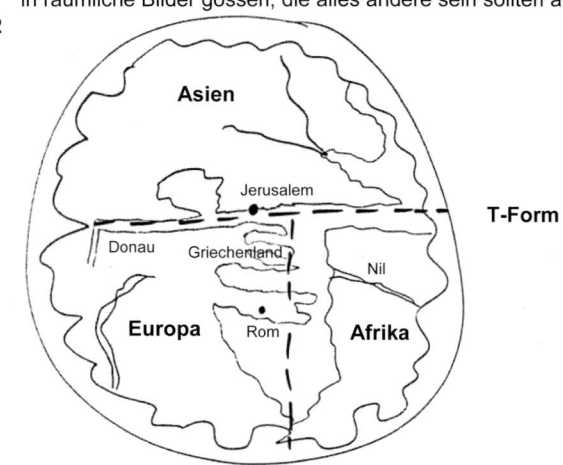

Kompetenztraining Geschichte
9783060649396_GES_P_282-295.doc

3 Beispiele: Die Ebsdorfer Weltkarte ist vom Christentum geprägt. Bei ihr geht es nicht so sehr um Genauigkeit, sondern um den Sinn. So werden Schauplätze des Alten und des Neuen Testaments verzeichnet. Die Welt hat den Mittelpunkt in der Stadt Jerusalem. Die Karte des Idrisi ist detailreicher und eher an den geographischen Gegebenheiten orientiert. Basis seiner Erfahrungen waren Reisen und Berichte von Händlern, das religiöse Weltbild des Islam mit seinen Heiligen Orten wie Mekka findet keine besondere Erwähnung.

4 Man könnte alle mittelalterlichen Karten als fehlerhaft und unsinnig abstempeln, die nicht die geographische Realität darstellen, wie wir sie heute verstehen. Dafür liefern sie Informationen, die für Historiker sehr wichtig sind, nämlich die nach dem Weltbild, also der eher ideellen Vorstellung. So zum Beispiel ist es für Forscher interessant, dass Jerusalem nicht nur als wichtige Stadt galt, sondern sie wirklich im Zentrum der christlichen Wahrnehmungswelt stand. Diese Informationen zum Vorstellungsbild vergangener Epochen zeigen uns, wie die Menschen gedacht haben, welche Welt- und Menschenbilder sie im Gegensatz zu uns heute hatten.

5 Mögliche Bewertung: Ich stimme dieser Aussage zu, weil man andere Menschen nicht kennt, wenn man nicht weiß, was ihnen wichtig ist, welche Vorstellungen von der gemeinsamen Welt sie haben. Wenn Gelehrte aus Ost und West im Mittelalter ihre jeweilige Sicht auf die Welt austauschten, konnte das helfen, sich gegenseitig zu verstehen. Begegnung und Austausch mit Händlern aus dem Orient, aus Mittelafrika haben das Verständnis von der Welt in Europa verändert. Deshalb gaben aber die Mönche ihr Weltbild mit Jerusalem im Zentrum nicht auf. Es konnten zwei Weltbilder existieren: eines, das sich nicht veränderte und die Traditionen speicherte, und eines der Erfahrung und des Austausches, das offen für Veränderung und Dazulernen war.

Lösungen zu Kapitel 11

Förderbogen 11.1

1 Jerusalem galt als das Zentrum der Christenheit und somit der Welt. In den Kreuzzügen sollte es gelingen, dieses Weltbildzentrum zu erobern, der christlichen Welt wieder einzugliedern – auch machtpolitisch.

2

	Papst	Ritter
1	Grab Christi wieder in christlicher Hand	Abenteuerlust, Neugier
2	Erweiterung seines Machtanspruchs	Armut entkommen
3	Förderung von Feindbildern	vor Schulden oder Strafen entkommen
4	Rückeroberung des Weltzentrums	Flucht vor ihrem Landesherrn
5		Suche nach einem besseren Leben

3 Jesus wird als Anführer der Kreuzfahrer dargestellt, um den Rittern das Gefühl zu geben, dass Jesus selbst ihr Handeln gut findet. Ja, dass er sich sogar an die Spitze des Kreuzzuges stellen würde. Mit diesem Bild wird der Waffengang gerechtfertigt. Vor sich her trugen die Kreuzfahrer Schwert und Bibel, wie auch hier bei dem reitenden Jesus dargestellt. Es soll zeigen, dass die Bibel notfalls mit Gewalt wieder im Heiligen Land Einzug finden soll.

Förderbogen 11.2

1 Frankreich – Urban – Pilger – Jerusalem – Saladin – Seldschuken – Schach
Lösungswort: Friedrich

2 Der Journalist Kleber meint, dass George Bush nicht für seinen Glauben streite, sondern weltliche Ziele verfolge (also „ohne Kreuz"). Sein Vorgehen erinnere jedoch an das Sendungsbewusstsein eines Urban oder der Kreuzritter. Kleber findet die Parallele mit den mittelalterlichen Kreuzzügen indes zulässig, denn auch hierbei sei es in erster Linie um Politik und Einfluss gegangen.

3 Man muss mit Vergleichen vorsichtig sein. Oft sind Vergleiche schief, weil Bush z. B. die Welt nicht christlich missionieren will, sondern politische Ziele verfolge. Es fehlt im Falle Bush an einer Unterstützung durch die breite Bevölkerung. Der Adel (heute: Eliten) unterstützt ihn auch nur teilweise. Der Begriff Kreuzzug weckt zudem falsche Bilder und wird somit auch den unterschiedlichen kultur- und gesellschaftspolitischen Bedingungen, die im Mittelalter im Vergleich zum 20./21. Jahrhundert herrschten, nicht gerecht.

Förderbogen 11.3

1 a) Exodus bezeichnet die Auswanderung der Israeliten aus Ägypten, im weiteren Sinne die Zerstreuung des jüdischen Volkes nach der Eingliederung ins Römische Reich.

b) Die drei Städte am Rhein Speyer, Worms und Mainz waren Zentren jüdischen Lebens im Mittelalter. Dort blühten Handel und Gelehrsamkeit, es fand ein reger Austausch statt.

c) Der Gelehrte Raschi lebte im 11. Jahrhundert und ist einer der berühmtesten jüdischen Gelehrten. Er gab den Talmud neu heraus und kommentierte diese Heilige Schrift. Aus Frankreich zog er nach Worms.

d) Das Ghetto war der Lebensbereich der Juden innerhalb einer Stadt. War die Judengasse oder das Judenviertel mit Synagoge und eigenen Geschäften abgeschlossen und ein eigener Lebensbereich, so spricht man von einem Ghetto, das den Juden aber auch Schutz gab und sie in ihrer Kultur leben ließ.

2 a) Die Juden werden als skrupellose Händler dargestellt; die Hostie, die für den Leib von Jesus Christus steht, wird durch das symbolische Töten geschändet. Damit haben sie sich der Gotteslästerung schuldig gemacht. Die Schändung der Hostie weist Parallelen zur Kreuzigung von Jesus auf, die man den Juden als Schuldigen zuschob. Die Juden werden auf dem Flugblatt als Feinde des Christentums dargestellt, die man wegen ihrer Verschlagenheit und Skrupellosigkeit bestrafen muss.

b) In beiden Fällen geht es um eine Schuldzuweisung an Juden. Sie werden als Brunnenvergifter oder Hostienschänder bezeichnet, ohne dass Beweise vorliegen. Viele Menschen mochten sehr gern daran glauben, dass Juden sich derlei Verbrechen schuldig gemacht haben. Wie Gerüchte verbreiteten sich Horrorgeschichten über Juden, die den christlichen

Kompetenztraining Geschichte
9783060649396_GES_P_282-295.doc

Gemeinden geschadet hätten. All diese Geschichten machten jüdische Menschen zu Außenseitern, stellten sie als unmenschlich und unchristlich an den Pranger. Sie dienten als Inbegriff des Bösen, von dem man sich abgrenzen und über das man sich erheben möchte.

Förderbogen 11.4

1 Ein Höriger war ein Bauer wie Meinhard. Er bewirtschaftete einen kleinen Hof, Hufe genannt. Er war seinem Grundherrn verpflichtet – auch durch das Ableisten von Frondiensten. Dafür gewährte dieser ihm Schutz. Ein Lokator warb die Hörigen an, versprach ihnen ein besseres Leben in den fruchtbaren Gebieten Osteuropas. Der Lokator hatte bereits mit dem Grundherrn von Meinhard gesprochen, der angesichts zu vieler hungriger Mäuler auf den einen oder anderen auf seinem Land verzichten konnte. Der Lokator half dabei, die Verpflichtungen zu lösen und die neuen Rechtsverbindungen zum neuen Grundherrn herzustellen, die meist mehr Freiheit für den Siedler mit sich brachten.

2

Argumente dafür	Argumente dagegen
viel Land, das nicht vergeben ist	neue, fremde Umgebung
Platz für Familien und alle Söhne	dünn besiedelt
Aussicht, ein wohlhabender Bauer zu sein	Wird ausreichend Schutz gewährt?
bessere rechtliche Bedingungen	Wer werden die Nachbarn sein?
	Wird der Lokator Wort halten?

3 Die slawischen Einheimischen sind zum einen von den gleichen Bedingungen des Landes, des Wetters oder der übergeordneten Herrschaft betroffen. Auch verbinden Herausforderungen und Probleme der Landwirtschaft die Bauern, die auch voneinander lernen konnten. Sie trennte die Sprache, oft auch rechtliche Gewohnheiten, sodass deutschstämmige Siedler bessergestellt sein konnten (z. B. im Hinblick auf die Besteuerung).

Förderbogen 11.5

1 a) Handelsdrehscheiben: Venedig, Genua, Tunis, Byzanz, Alexandria/Kairo, Bagdad, Hamadan
  b) In Europa wurden vor allem folgende Artikel verschifft: Holz, Honig, Wachs, Wolle, Fisch, Pelze.
    Im Morgenland: Zucker, Früchte, Papier, Gewürze, Quecksilber, Gold, Silber, Eisen, Korallen, Elfenbein, Sklaven.
2 wahr: 2, 4, 5, falsch: 1, 3, 6

Lernerfolg Kapitel 11

1 Mögliche Themenfelder:
  1. Muslime, Christen und Juden in Spanien, das von den sog. Mauren erobert wurde.
  2. Kreuzzüge: Christen und Muslime streiten nach den kriegerischen Expeditionen der Europäer um das Heilige Land.
  3. Jüdisches Leben in Europa: In Osteuropa, entlang des Rheins, in Spanien, Italien, Tunesien in gutem Zusammenleben, das immer wieder von Gewalt überschattet wurde.
  4. Polen und Deutsche (Ostsiedlung): Siedler aus stark bevölkerten Gebieten finden in polnischen Fürstentümern eine neue Heimat in einem kulturell anderen Umfeld.
  5. Pilgerreisen oder Kaufmannsreisen: gründen auf dem Willen zur Zusammenarbeit (Handel) und ließen die Menschen zu Hause von den Erlebnissen in der Fremde erzählen.
2 a) arabische Zahlen; x und o-Symbole in der Mathematik; Bewässerungssysteme; Alchemie; Algebra; medizinische Kenntnisse; Sanduhr
  b) Das Wissen von Karten und Rechenkünsten war in der islamischen Welt umfassender als in Spanien. Auch die Neuheiten in der Bewässerungstechnik und der Landwirtschaft im heißen Klima bereicherten Kreuzfahrerstaaten und Spanier. Man kann auch an die hygienischen Errungenschaften des Islam denken, der mit seinen Reinheitsritualen überzeugte. Für Gelehrte wie Astronomen oder Logiker waren die Ansichten zum Universum oder der Zahl 0 eine bedeutende Herausforderung.
3 Im Hinblick auf das maurische Andalusien stimmt diese Aussage. Das Zusammenleben zwischen Christen, Juden und Muslimen hätte nicht so gut funktioniert, wenn Gewalt das Verhältnis bestimmt hätte. Durch die zahlreichen Vorteile der neuen Regierung hatten auch Christen zum Teil ein sehr gutes Leben. Sie mussten Steuern zahlen, dafür wurden sie weitgehend in Ruhe gelassen. Zwang und Härte provozierten oft Widerstand – oder die Menschen wollten fliehen. Im maurischen Spanien war man auch auf gute Christen angewiesen. Deshalb war die Toleranzpolitik der Mauren klug und weitsichtig.
4 Handel bringt Wandel, sagt ein Sprichwort. Wenn man mit anderen Regionen und Ländern Waren austauschen möchte, muss man reisen und verhandeln. Das kann auch den eigenen Horizont erweitern.
  Händler und Seefahrer lernten neue Kulturen und Sprachen kennen und berichteten zu Hause. Auf der Seidenstraße begegneten sie fremden Kulturen aus Asien, europäischen und arabischen Händlern. Die Juden galten als Händlervolk; auch sie kamen weit herum, lernten Juden aus anderen Städten und Ländern kennen. Das maurische Spanien war ein Knotenpunkt von Warenströmen. Ein Kaufmann aus dem Frankenreich konnte nur staunen, was es in den prächtigen Städten der Iberischen Halbinsel zu kaufen gab und wie die Menschen dort lebten. Nicht immer führte dies jedoch zu mehr Verständnis und Toleranz. Wer aber fremde Orte bereiste, konnte weit über den eigenen Tellerrand hinaussehen.
5 Bei den drei genannten Beispielen treten verschiedene Europäer Seite an Seite auf und werden mit andersartigen Kulturen konfrontiert. „Fremd" ist nicht in erster Linie die Sprache, die ja auch in Europa unterschiedlich ist – sieht man einmal von Lateinischen als Kirchen- und Gelehrtensprache ab. Die Europäer verband die Religion: das auf Rom ausgerichtete Christentum mit den biblischen Wurzeln und die christlichen Mythen. Die meisten Mitteleuropäer hatten ähnliche Formen der Landwirtschaft und des Handwerks, gemeinsame Bräuche bei der Heirat oder beim Tod. Blickt man auf die islamische oder asiatische Welt, gibt es Unterschiede. Die meisten Adligen Europas kannten die aus römischen Wurzeln entstandene ritterliche Kultur. Gebäude und Bauweise, beispielsweise die romanische oder die gotische, waren in Zentraleuropa überall verbreitet. Der Einzelne jedoch, dessen Leben im Mittelalter ja eng an das Haus, den Hof, das Dorf oder die Stadt gebunden war, konnte Europa auch als eine Vielfalt von Kulturen wahrnehmen, weil er nicht wusste, wie er sich ohne Erfahrung sprachlich oder „standesgemäß" in der „Fremde" hätte bewegen sollen.

Kompetenztraining Geschichte
9783060649396_GES_P_282-295.doc

Lösungen zu Kapitel 12

Förderbogen 12.1

1

Weltlicher Gesandter (links)		Gelehrter Kleriker (rechts)	
Gegenstand:	Wofür er steht:	Gegenstand:	Wofür er steht:
Globus	Weltkenntnis/Interesse	Laute	Weltzugewandtheit
Bücher	Bildung	Fernrohr	Wissenschaftlichkeit
Sextant	Wissenschaftlichkeit	astronomische Instrumente	Welterkenntnis
Pendelinstrument	Erklärbarkeit der Welt	Bücher	Bildung

2 Der Kleriker sieht nicht mehr so aus wie ein typischer Mönch oder Geistlicher mit Kutte und Kreuz. Er ist in wertvolle Stoffe gehüllt und ist nicht auf den ersten Blick als Geistlicher zu erkennen. Ihn umgeben dieselben Symbole wie seinen weltlichen Kollegen, also Zeichen der Bildung, Wissenschaft, Neugier. Die Welt wird nicht mehr nur vom Glaubensstandpunkt her erfasst, sondern von der Erfahrung aus der Wirklichkeit, des Beobachtbaren. Insofern ist der geistliche Gesandte ein gebildeter Mann, der seinem weltlichen Gegenüber in nichts nachsteht. Von mittelalterlicher Frömmigkeit und der Betonung des reinen Glaubens fehlt beim Kleriker fast jede Spur.

Förderbogen 12.2

1 a) Zuerst ist er ergriffen und erstaunt. Die Landschaft ist fast so märchenhaft wie die der griechischen Dichter. Der Blick in die Alpen lassen diese nahe erscheinen. Seine Gefühle verändern sich nun: Petrarca betont die Entfernung, er seufzt vor Sehnsucht nach seinem Vaterland, die Faszination der Kulisse ist dem Gefühl des Heimweh gewichen.

b) Zunächst bezieht er sich auf die griechische Antike (Athos und Olympos). Aber dann schaut er auch sehnsüchtig auf das Heimatland der Renaissance: Italien. Petrarca versucht die Welt intensiv wahrzunehmen und verbindet auch Gefühle. Die Idee einer Bergbesteigung an sich ist schon fortschrittlich; sie dient nicht einem religiösen oder profanen Zweck, sondern der Erhebung des Individuums, das sich an der Natur berauscht und zu sich kommt.

2 a) Ingenieur, Handwerker, Maler, Bildhauer, Architekt, Naturforscher, Kunsttheoretiker, Philosoph etc.

b) Die Renaissance war geprägt von der Wiederentdeckung der Antike, auf die sich auch Leonardo bezogen hat. Vielmehr war er ein Mensch der Erfahrung und der allumfassenden Neugier. Leonardo wollte alles wissen, erforschen. Er engte seine Talente und seine Neugier nicht ein, ließ sich nicht auf eine einzige Tätigkeit beschränken, sondern liebte die Fülle der Experimente, Forschungen und Darstellungen. Als ein Universalgenie, das auf vielen Feldern Bleibendes geschafft hat, kommt er uns heute als ein wenig bescheidener, dafür sehr mutiger und anspruchsvoller Mensch vor, den das Leben wie die Kunst faszinierte und der zeigte, was Menschen leisten können, wenn sie neugierig sind und sich nicht von Glauben und falsch verstandenen Vorschriften einschränken lassen. Wie andere Renaissancepersönlichkeiten kommt uns Leonardo etwas übermächtig und fast unglaublich vor – faszinierend.

Förderbogen 12.3

1 1) Florenz – Medici (15. und 16. Jahrhundert)
2) Mantua – Gonzaga (1328–1708)
3) Mailand – Sforza (1352–1476)
4) Ferrara – d'Este (1452–1796)
5) Rimini – Malatesta (1239–1528)

2 wahr: 1, 2, 6, 7, 10, 11, 13, 14; falsch: 3, 4, 5, 8, 9, 12

3 a) In Italien entwickelten sich leistungsstarke Banken, bevor andere europäische Regionen nachzogen. In den wohlhabenden Städten bildeten sich aus einer Kaufmannsschicht heraus Häuser, die auf Geldgeschäfte spezialisiert waren. Da die Italiener auch nördlich der Alpen und in anderen Gebieten Europas als Geldverleiher auftraten, übernahm man die Fachsprache des Finanzwesens aus dem Italienischen.

b)

Begriff	Bedeutung
Bank	ital. *banca* war im Mittelalter der Wechseltisch
Kredit	Einer Person oder einem Unternehmen langfristig zur Verfügung gestellte Geldmittel (oder Sachgüter)
Konto	Laufende Abrechnung, in der Einnahmen und Ausgaben zwischen zwei Geschäftspartnern registriert werden
weiterer Begriff:	
Skonto	Preisnachlass bei Barzahlung

Förderbogen 12.4

1 Rom/Italien – Venedig/Italien – Budapest/Ungarn – Krakau/Polen – Mailand/Italien – Innsbruck/Österreich – Nürnberg/Deutsches Reich – Antwerpen/Belgien – Lissabon/Portugal

2 Mögliche weitere Gliederungspunkte: Einzelverkauf über Land, Expeditionen, Beschäftigung von Handwerkern, Beschäftigung von Heimwerkern, Betreiben von Hammerwerken und Mühlen, Bergwerke und Hütten, Kreditvergabe an Könige und Fürsten, eigene Handelshäuser, Beteiligungen an Handelshäusern, Märkte/Messen im In- und Ausland.

3 Ein solcher Vergleich fällt für viele Großunternehmen schwer. Ein Beispiel für einen Handelskonzern wäre zum Beispiel die METRO-Gruppe, zu der sehr viele Kaufhäuser, Elektrogeschäfte und andere Märkte gehören. Sie ist ein internationales Unternehmen, das auf der ganzen Welt vertreten ist. Auch eine Finanzierungssparte gehört zum Unternehmen, bei der man bei-

Kompetenztraining Geschichte
9783060649396_GES_P_296-305.doc

spielsweise Fernseher auf Kredit kaufen kann. Die Banktätigkeit steht jedoch nicht im Mittelpunkt oder ist nicht Kern moderner Unternehmen. Auch bei Autofirmen kann man seinen Wagen finanzieren, wenn man das Geld in Raten zahlen möchte. Besonders schwierig werden die Parallelen dann beim Gewinnen der Rohstoffe oder dem Herstellen von Waren: Der Autohersteller VW beispielsweise betreibt keine Erzgrube oder Walzwerke. In unserer Zeit überlässt man das den dafür spezialisierten Firmen in der Hoffnung, sie können einem das noch günstiger liefern als man es könnte. Es gibt aber große Chemiefirmen, die auch Gas importieren, um unabhängiger von den Energiepreisen anderer Unternehmen sein zu können. Viele Firmen haben sich auf das konzentriert, was sie vor allem können, sog. Mischkonzerne werden seltener. Einige Beispiele gibt es in Asien wie Daewoo, die vom Bergbau über Maschinenbau, Bank, Vertrieb alles in einer Hand haben. Aber auch hier überwiegen letztlich die Unterschiede zum Haus der Fugger, das in der Zeit um 1500 wirtschaftete.

Förderbogen 12.5

a) und b)

	Brieftext	a) Zeit/Modus	b) Warum schreibt er das?
1		Gegenwart/Indikativ	Er erinnert an die gemeinsamen Erfolge in der Vergangenheit, um die Beziehungen weiterzuführen.
2		Perfekt und Imperfekt/ Indikativ	Jakob Fugger macht ganz klar, was der Kaiser seiner Familie verdankt und welche ausschlaggebende Rolle er bei der Königswahl hatte. Dies soll Maximilian unter Druck setzen.
3		Perfekt/Indikativ	Er betont die Anstrengungen der Finanzierung, weil er sich eine entsprechende Gegenleistung erwartet.
4		Perfekt/Indikativ dann Irrealis	Dass er auch hätte zugunsten Frankreichs entscheiden können, verpflichtet Maximilian noch mehr, sich dem uneigennützigen Fugger gegenüber dankbar zu erweisen.
5		Irrealis Futurisches Präsens	Die Alternative einer Förderung Frankreichs wird hier zur Drohung angesichts zukünftiger Rückzahlungen. Die Fugger könnten auch anders, wenn kein Geld fließt!
6		Futur	Maximilian soll sich klar werden, was es bedeutet, wenn er das Geld nicht zurückzahlen kann. Es handelt sich also nicht um eine Bitte, sondern eine Drohung, angesichts des massiven Einsatzes zugunsten der Habsburger.

Förderbogen 12.6

1 a) Die Humanisten waren fasziniert von antiken Autoren und deren Gedanken. Das Beispiel des Literaturagenten beweist, wie ernst die Suche nach solchen Klassikern war. Die europäischen Gelehrten suchten überall, wo alte Bücher in Klosterbibliotheken überlebt haben könnten. Sie wollten ihr humanistisches Menschenbild erweitern und schulen und Lücken in der Überlieferung schließen.

b) Während des Mittelalters wurden griechische Autoren zwar tradiert, übersetzt und geschätzt, aber sie galten als heidnisch. In den Texten ist von den vielen antiken Göttern die Rede und von Mythen, die mit dem Christentum zunächst einmal nichts gemeinsam hatten. Wichtiger waren die Kirchenväter, Bibelkommentare – also christliche Literatur. Dass sich nun ein Papst für solche eigentlich heidnischen Texte interessiert, zeigte, wie angesagt diese Literatur seinerzeit war und dass sich die Renaissancepäpste an die Spitze dieser Bewegung stellen wollten.

2 a) „Der Umgang mit den Gefangenen war sehr human"; „Das Rote Kreuz startete einen humanitären Einsatz im Sudan"; „das Handeln seines Vater ist der Inbegriff von Humanität"; „das Unternehmen muss darauf achten, die Arbeitsbedingungen zu humanisieren"; „unser Deutschlehrer ist ein echter Humanist, weil er jedem Einzelnen in der Klasse gerecht werden will"; „Ich dachte ich bekomme eine Drei" – „Errare humanum est" ...

b) Was nützt alles Wissen, wenn man es nicht einordnen, bewerten kann – wenn man keine Haltung zu ihm hat? Dann ist es eingepaukt, künstlich und verfliegt. Bildung für den Menschen soll nicht von Dingen und Themen her konzipiert werden, sondern soll den Schwerpunkt auf die Lernenden legen. Jeder soll seine Fähigkeiten entdecken und ausbauen. Da es Irrwege und Scheitern braucht, um Erfahrungen zu sammeln, braucht Bildung auch Zeit. Eine Bildung, die nur auf schneller Überprüfbarkeit beruht, verliert den Einzelnen aus dem Auge, er ist egal. Wilhelm von Humboldt hat recht, wenn er fordert, dass man auf das Individuum schauen muss und nicht zuerst auf die Norm.

Förderbogen 12.7

1 Leonardo orientierte sich an der Antike. Seine Zeichnungen ähneln den Statuen der alten Griechen. Er knüpft an Vorstellungen Vitruvs zur Schönheit des menschlichen Körpers durch bestimmte Proportionen an. Er stellt den Mensch in den Mittelpunkt und zeigt ihn unverfälscht und entwickelt ein Ideal aus der Schönheit des Körpers.

2 a) Galenus war ein großer Sammler von medizinischem Wissen. Zunächst war er praktischer Arzt, erweiterte seine Kenntnisse aber schnell, auch außerhalb seiner Heimat – insbesondere in Alexandria, das eine legendäre Bibliothek besaß. Auf seiner nächsten Station, Rom, beobachtete er den Krankheitsverlauf der Pest als Epidemie. Die römischen Kaiser schätzten Galenus' Ratschläge für die Truppe und für ihr eigenes Wohl.

b)

Mittelalterliche Vorstellung	Vorstellung in der Renaissance
Blut zirkuliert nicht, es entsteht und wird verbraucht.	Das Herz lässt den Blutkreislauf fließen, der sich beständig erneuert.
Viersäftelehre, in der Körperflüssigkeiten die wichtigste Diagnose bildeten	Zu den Saftsymptomen kommen weitere messbare Faktoren hinzu.
Ungenaue Vorstellung von weiblichen Geschlechtsorganen und zur Geburt von Kindern	Beobachtungen von Gebärenden und Untersuchung des Unterleibs von Frauen

Kompetenztraining Geschichte
9783060649396_GES_P_296-305.doc

Lernerfolg Kapitel 12

1 a) Mailand, Florenz, Venedig, Lucca, Siena, Ferrara

   b) Die Renaissance entstand in Italien, weil sich in den dortigen Stadtrepubliken selbstbewusste, reiche Eliten entwickelten, die sich für Bildung interessierten (Reichtum der Städte entstand durch große Handelsaktivitäten). Wissenschaft und Kunst befruchteten sich. Es gab viele Herausforderungen für Architekten in diesen aufstrebenden Städten, der rege Handel untereinander und im Mittelmeer führte zum geistigen Austausch. Reiche Mäzene bestellten Kunstwerke, die sich von der klösterlichen Tradition abheben sollten. In Italien lagen die Wurzeln der römischen Kultur und es gab die Überlieferungen aus der griechischen Tradition, die die Römer in starkem Maße rezipiert hatten.

2 a) Dieses Bild ist perspektivisch und realistisch – es zieht den Betrachter in diese Alltagsszene mit hinein. Man hat einen nahezu perfekten räumlichen Eindruck. Auch die Gesichtszüge und die Handpartien der beiden Personen erscheinen realistisch. Wichtig sind nicht Typisches und Symbolisches, sondern die Menschen als Individuen, wie sie wirklich sind bzw. gesehen werden sollen – hier bei der Arbeit.

   b) Der Handel wurde nicht nur überregionaler, sondern vor allem europäischer. Verschiedene Währungen aus den vielen großen und kleinen Staaten mussten gewechselt werden. Dies geschah nicht in erster Linie bei einer Bank, sondern beim Geldwechsler, dessen Geschäftskorrespondenz und Unterlagen man im Hintergrund sieht. Mit großer Gewissenhaftigkeit prüfen der Geldwechsler und seine Frau die Münzen, sie haben Bücher vor sich liegen, die zeigen, dass ihr Geschäft seriös ist. Bei manchen Geldwechslern konnte man sich auch Wechsel ausstellen lassen, die wie Schecks funktionieren, oder auch Kredit bekommen. Die Geldwechsler ermöglichten den überregionalen Handel und hielten die europäische Wirtschaft durch tauschbares Geld und Verfügbarkeit von Kapital jenseits des Münzsäckchens am Laufen.

3 In Augsburg sind verschiedene Zünfte im Rat vertreten. Anfänglich gab es in Florenz solche beruflichen und sozialen Vereinigungen ebenfalls. In Florenz dominierten allerdings die Familien der Bankiers, die so stark wurden, dass die Medici-Familie die Macht ganz übernehmen konnte. In Augsburg gibt es offenbar keine hervorgehobene Herrscherfamilie aus der Reihe der Zünfte. Vielmehr sieht dies wie ein kleines Parlament aus. Während sich in Florenz eine Optimatenfamilie durchsetzte, geschah dies in Augsburg nicht.

4

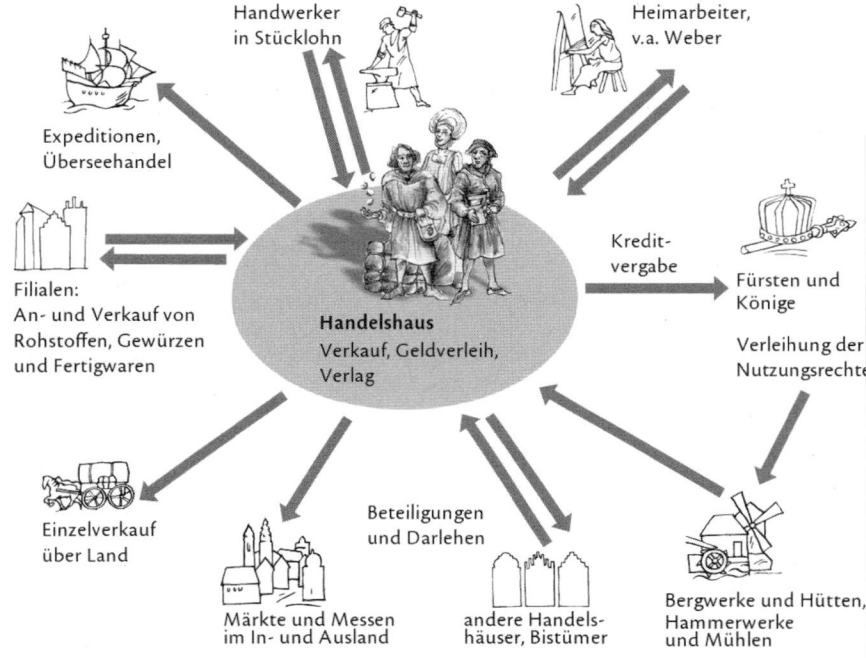

5 In der Schule von heute geht es wieder stärker um Leistungsdruck, Messbarkeit von Erfolg. Stichworte wie G8 oder Zentralabitur haben den Druck auf Schüler, Lehrer und Eltern erhöht. Angesichts von verbindlichen Inhalten müssen Lehrer im Stoff rasch vorankommen, auf den Lehrplan achten. In den meisten Fächern ist wenig Platz für den Einzelnen und seine Bedürfnisse. Dies könnte in einem Schulfach „Humanismus/Menschenkunde" anders sein. Während in den anderen Fächern Wissen angehäuft, abgerufen und vergessen wird, könnte dieses Fach zum Nachdenken dazu anregen, wie man zu den Inhalten steht, was sie mit den eigenen Interessen zu tun haben, beispielsweise mit der Berufswahl. Dieses Fach kann sich als sinnvoll und auch für die anderen befruchtend erweisen, wenn man darüber nachdenken kann, wo der Einzelne steht und welche historischen Beispiele es für erfolgreiche Menschen gibt, die ihren Traum gelebt haben, ihre Talente entwickeln konnten. Das Fach Humanismus könnte ein Fach ohne Wissensabfrage sein, ein Fach des Fortschritts im Nachdenken über sich und das Wissen der Schule. Es könnte motivierende Auswirkungen auf die anderen Fächer und den Anspruch an den Unterricht haben.

Lösungen zu Kapitel 13

Förderbogen 13.1

1 Lösungen: wahr sind 2, 4, 5, 6; falsch sind 1, 3.

2 a) Gutenberg lebte zwischen 1434 und 1444 in Straßburg und gründete dort mit anderen das Unternehmen „aventur und kunst", das für die Aachen-Wallfahrt im Jahre 1439 Wallfahrtsspiegel aus verschiedenen Metallen herstellte. Seine Experi-

mente im Gießen der Wallfahrtsspiegel waren nützlich für die Entwicklung einer Legierung und eines Handgießinstrumentes für Metall-Lettern, mit deren Hilfe er bis 1453 die so genannte Gutenberg-Bibel druckte. Darüber hinaus druckte er auch Ablassbriefe, eine lateinische Grammatik und einen „Türcken-Kalender auf das Jahr 1455".

b) Über Gutenbergs Leben ist nicht viel überliefert worden. Gutenberg musste sich für den Aufbau seiner Buchdruckerei zunächst viel Geld leihen, soll später aber an dem Verkauf der rund 180 „Gutenberg"-Bibeln recht gut verdient haben.

c) Die US-amerikanische Vereinigung für Druckgeschichte (American Printing History Association, APHA) hat dem Mainzer Gutenberg-Museum den Preis ihrer Vereinigung im Jahr 2000 mit der Begründung verliehen, dass das Mainzer Museum im Blick auf den bevorstehenden 600. Geburtstag von Johannes Gutenberg eine besondere Auszeichnung verdient habe, zumal es, in der „Wiege der europäischen Druckgeschichte", so viel für die Bewahrung und Erhellung in diesem Bereich geleistet habe.

3 Politisch-gesellschaftliche Folgen der neuen Buchdrucktechnik, z. B.:
- aktuelle schriftliche Nachrichten fanden seither, z. B. durch gedruckte, illustrierte Flugblätter, rasche Verbreitung;
- Anstieg der Lesefähigkeit in der breiten Bevölkerung;
- Menschen und Gruppen, die sich z. B. gegen einen Herrscher oder die Kirche auflehnen wollten, konnten ihre Ideen schneller und weiter verbreiten;
- wissenschaftliche Erkenntnisse, Entdeckungen, Erfindungen konnten schneller verbreitet werden.

Förderbogen 13.2
1 a) Bei der mittelalterlichen Vorstellung über die Bewegung der Planeten stand die Erde im Mittelpunkt (geozentrisch). Die anderen Planeten und der Mond drehten sich ebenso wie die Sonne um dieses Zentrum. Kopernikus hingegen erkannte, dass die Sonne im Mittelpunkt (heliozentrisch) des Planetensystems stand und die Erde damit nichts anderes als einer unter anderen Planeten ist.
b) Kopernikus zögerte mit der Veröffentlichung, weil er damit gegen die Lehre der Kirche verstieß, wie sich in M3 deutlich zeigt.
2 Geozentrisches Weltbild entspricht der Meinung aller Philosophen, Theologen sowie der Bibel. An dieser Lehre zu zweifeln, heißt zu behaupten, dass die Bibel fehlerhaft sei. Dies war aber gleichbedeutend mit Gotteslästerung.

Förderbogen 13.3
1 Jede Phase des Experiments wird detailliert beschrieben, die Zeit wurde genau gemessen und das Experiment wird hundertfach wiederholt, um sicherzugehen, dass es sich nicht um eine zufällige Beobachtung handelte.
2 Empirische Forschung, wie sie von Galilei betrieben wurde, ist gekennzeichnet durch eine systematische Vorgehensweise, ihre Objektivität und die Wiederholbarkeit der Beobachtungen.

Förderbogen 13.4
1

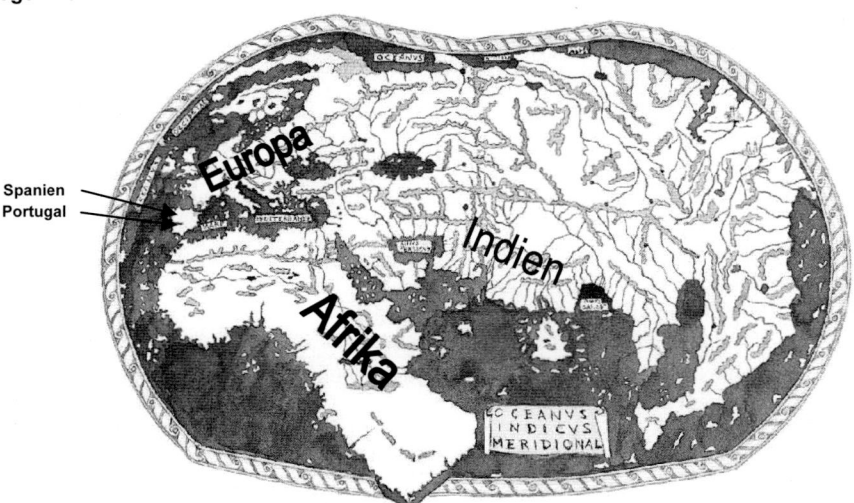

2 Wenn die Erde eine Kugel ist, müsste, wer nach Westen (links) segelt, den Osten „Indiens" erreichen – vorausgesetzt, es liegt kein Land dazwischen.
3 Kolumbus konnte sich nicht sicher sein, dass die Erde wirklich eine Kugel ist. Er hatte zwar recht, aber er konnte nicht wissen, welchen Umfang die Erde hat, wie lange seine Fahrt dauert, ob immer die richtigen Winde wehen oder ob die Mannschaft längere Zeit auf See durchhält. Wie bei jeder längeren Seereise wurden die Matrosen durch Krankheiten bedroht.

Förderbogen 13.5
2 Wenn Miguels Kette entdeckt worden wäre, hätte man auch ihn für einen heidnischen Verehrer der alten Götzen gehalten, womit ihm ein Inquisitionsprozess und womöglich seine Hinrichtung gedroht hätten.
3 Als Spanier nimmt Miguel an einem Eroberungszug gegen sein eigenes Volk teil. Er könnte eines Tages gezwungen gewesen sein, für eine Seite Partei zu ergreifen und entweder den Spaniern weiter zu helfen, die Ureinwohner zu unterdrücken oder aber den Indianern gegen die Europäer zu helfen. Ähnlich wie sein Großvater könnte er in einen Gewissenskonflikt geraten, welche Religion er verehren solle.

Kompetenztraining Geschichte
9783060649396_GES_P_296-305.doc

Förderbogen 13.6

2 Von Europa nach Afrika: Alkohol, Textilien, Glas; von Afrika nach Amerika: Sklaven; von Amerika nach Europa: Gold, Silber, Baumwolle, Zucker.

3 Verbindet man Europa, Afrika und Asien miteinander, entsteht ein Dreieck (s. Karte).

4 Lukrativ war der Dreieckshandel für die europäischen Besitzer der Schiffe, die keine Leerfahrten hatten. Ein Schiff, das Europa mit billigen Glasperlen und Alkohol verließ, kehrte schließlich aus Amerika mit Gold und Silber zurück. Die Rendite war daher äußerst hoch.

Lernerfolg Kapitel 13

1 Siehe Förderbogen 13.2, Aufgabe 1a.

2 Ziele: wirtschaftliche Ausbeutung des Landes, Gewinn von Gold und Silber, christliche Missionierung; Methoden: Gewalt, Encomienda-System, christliche Missionierung.

3 Siehe Förderbogen 13.3, Aufgabe 3.

4 Dehatkadons kritisiert die europäischen Eroberer, die völlig ignorierten, dass Amerika bereits seit langer Zeit besiedelt war. Die Europäer verhielten sich aber so, als hätten sie den dortigen Boden als erste Menschen betreten. Er begründet seine Kritik damit, dass sonst auch die Indianer umgekehrt nach England hätten aufbrechen und das dortige Land hätten besetzen können.

Lösungen zu Kapitel 14

Förderbogen 14.1

Datum	Ereignis	Erläuterung
1517	Thesenanschlag Luthers	Der Mönch Martin Luther veröffentlicht ein Thesenpapier, in welchem er die Frage erörtert, wie der Mensch die Vergebung seiner Sünden und die Gnade Gottes erhalten könne. Zentral wendet er sich gegen den Ablasshandel, gerät in Konflikt mit der Kirche und wird der Ketzerei beschuldigt.
1519	Luther gilt als Ketzer	Luther behauptet, dass Päpste und Konzilien sich irren können und dass die Kirche kein irdisches Haupt brauche. Daraufhin wird er vom Papst exkommuniziert.
1521	Reichstag in Worms	Luther weigert sich, seine Thesen zu widerrufen, woraufhin nach dem päpstlichen Bann auch die Reichsacht über ihn verhängt wird (Wormser Edikt). Luther gilt nun als vogelfrei.
1525	Bauernkrieg	Schon seit längerem gab es vereinzelte Aufstände, in welchen sich Bauern gegen ihre schlechten Lebensbedingungen zur Wehr setzten. Durch Luthers Kritik an der Kirche erhielt die Unzufriedenheit neue Argumente. Die schlecht ausgerüsteten und militärisch nicht geschulten Bauernhaufen hatten gegen die Soldaten des Kaisers keine Chance. Daher konnten die Aufstände des Jahre 1525 schnell und blutig niedergeschlagen werden.
1545 bis 1547	Schmalkaldischer Krieg	Krieg zwischen dem katholischen Kaiser Karl V. und protestantischen Fürsten, der mit der Niederlage der Protestanten bei Mühlberg endet.
1545 bis 1563	Konzil von Trient	Versammlung der katholischen Kirchenhäupter zur Sicherung der Einheit von Glauben und Kirche
1555	Reichstag in Augsburg	Durch die freie (katholische oder lutherische) Konfessionswahl der Landesfürsten und den freier Zu- und Abzug des Einzelnen aus Territorien mit anderem Bekenntnis wird zunächst der Frieden im Reich hergestellt. Der Konflikt zwischen Protestanten und Katholiken wird durch den Kompromiss allerdings nicht gelöst.
1618 bis 1648	Dreißigjähriger Krieg	Während es 1618 noch tatsächlich um Glaubensfragen ging, entwickelte sich der Krieg zu einem europäischen Machtkampf. Auf der einen Seite wollten die protestantischen Fürsten ihre Unabhängigkeit gegenüber dem Kaiser durchsetzen, auf der anderen Seite kämpften die Länder um ihre Machtstellung in Europa.
1648	Westfälischer Friede	Nach mehrjährigen Friedensverhandlungen wird der Friedensvertrag in Münster und Osnabrück unterzeichnet und beendet eine dreißigjährige Schreckensperiode in Europa, in der manche Gegend entvölkert wurde.

Förderbogen 14.2

1 Die Kirche spendet zum Beispiel durch die letzte Ölung den Kranken Trost und hilft den Menschen, auf Erden ein gottgefälliges Leben zu führen, damit sie das ewige Seelenheil erlangen.

2 Durch den Kauf eines Ablassbriefes erhält man die volle Vergebung seiner Sünden und man kann sogar anderen die Zeit im Fegefeuer verkürzen.

3 Die Versprechungen der Ablassverkäufer seien, so Luther, falsch. Der Käufer gehe sogar das Risiko ein, durch den Kauf auf ewig verdammt zu werden. Stattdessen sei die aufrichtige Reue der einzig richtige Weg, seine Sünden vollkommen erlassen zu bekommen.

Förderbogen 14.3

Linke Bildhälfte	Rechte Bildhälfte
• einfache Kanzel • Der Priester unterscheidet sich nicht von seinem Publikum. • Der Priester legt die Schrift aus. • Die Menschen hören der Predigt zu, sind zum Teil sogar in Gedanken vertieft. • Selbst die Frauen halten das Evangelium in den Händen. • keine Trennung zwischen Männern und Frauen	• reich verzierte Kanzel • Der wohlbeleibte Priester unterscheidet sich von den Gläubigen, z. B. durch Haartracht. • Der Priester predigt „frei". • Frauen und Männer sind getrennt. • Kaum einer der Gläubigen achtet auf die Predigt; zum Teil lenken die Frauen mehr die Aufmerksamkeit auf sich. • Es werden zur Hilfe Rosenkränze eingesetzt.
Hier soll die Predigt der <u>evangelischen</u> Kirche dargestellt werden.	Hier soll die Predigt der <u>römisch-katholischen</u> Kirche dargestellt werden.

Förderbogen 14.4

1 Im Prinzip treffen die Äußerungen A, B, E, D, H, I und L auf die Bauern zu, während die Äußerungen C, F, G, J und K aus dem Mund der adligen Grundherren stammen könnten.

Förderbogen 14.5

1 Man hat mitten in der Stadt vor dem Rathaus ein riesiges Gebäude errichtet, das in Flammen aufging, während Raketen in die Luft geschossen wurden. Über den Gassen der Stadt wurde eine Leine gespannt, die mit den Worten „Vivat Pax" versehen wurde und die mit den Wappen Münsters geschmückt war. Die ganze Stadt befand sich im Freudentaumel und allerorten brannten Freudenfeuer.

2 Siehe hierzu die entsprechende Karte in einem historischen Atlas, z. B. Putzger, 103. Aufl., Berlin 2006, S. 108 f.

3 Frankreich, Schweden, Niederlande, England

Förderbogen 14.6

1 Zeilen 10–15: „Eine Hostie sollte sie bespuckt ... und das Kind ihres Nachbarn ermordet".
Zeilen 43–49: „… dort hättet ihr Pläne geschmiedet, die heilige Kirche zu vernichten .... noch andere Bosheiten begangen".

2 Ihr Schwager wolle seit Jahren ihr Haus haben und hoffe, es auf diese Weise zu erhalten, und die Frauen hätten diese Beschuldigungen nur unter der Folter erhoben.

3 Irgendwann wird die Frau unter der Folter die Anschuldigungen gestehen, woraufhin sie als Hexe hingerichtet wird.

Lernerfolg Kapitel 14

1 Katholisches und lutherisches Glaubensbekenntnis sind gleichgestellt; Landesherr legt mit seinem Bekenntnis die Konfession seiner Untertanen fest („cuius regio, eius religio"); Untertanen, die nicht die Konfession ihres Landesherrn annehmen wollen, müssen auswandern.

2 Nach Martin Luthers Ansicht war kein Mittler zwischen den Gläubigen und Gott notwendig, was zur Folge hatte, dass die Priester keinen eigenen Stand bilden, der sie von den anderen Gemeindemitgliedern unterscheidet; jeder Mensch wird durch

Kompetenztraining Geschichte
9783060649396_GES_P_296-305.doc

die Taufe zum Verkünder von Gottes Wort („Priestertum aller Gläubigen"); der Gläubige erhält die Erlösung nicht durch gute Taten oder den Kauf von Ablassbriefen, sondern durch seinen Glauben und die Gnade Gottes; Richtschnur solle nicht die Meinung des Papstes oder der Kirchenversammlungen, sondern allein die Heilige Schrift sein.

3 Am Anfang stand immer die Behauptung, eine Person befände sich im Bund mit dem Teufel und betreibe Hexerei. Die derart beschuldigte Person hat nun praktische keine Chance mehr, ihrem Schicksal zu entgehen, denn wenn sie beim Verhör die zum Teil absurden Anschuldigungen leugnete, wurde sie gefoltert. Sofern sie die Folter überlebte, dürfte sie nahezu alles gestanden haben, sodass sie anschließend „rechtskräftig" verurteilt und hingerichtet werden konnte.

4 In dieser Pauschalität muss die Behauptung zurückgewiesen werden. Grundsätzlich blieben soziale Spannungen und wirtschaftliche Belastungen bestehen. Dem Anhänger bzw. der Anhängerin der neuen Glaubensrichtung eröffnete sich zweifelsohne ein neuer und aus seiner Sicht besserer Zugang zu Gott, für den Katholiken änderte sich nichts. Beide konnten aber ebenso wie Calvinisten und Zwinglianer durch die Konfessionalisierung gezwungen gewesen sein, die jeweils andere Konfession annehmen zu müssen. Außerdem waren die Glaubensstreitigkeiten Ursache des Dreißigjährigen Krieges, der Millionen Menschen das Leben kostete.

Lösungen zu Kapitel 15

Förderbogen 15.1

1 Am Anfang stand Gewalt gegen Hugenotten, evangelische Christen in Frankreich. Bis zu 15 000 Menschen starben in kurzer Zeit, als sich der Hass gegen die Minderheit entlud. Nachdem die Hugenotten auf diese Weise eingeschüchtert worden waren und viele das Land verlassen hatten, erklärte der König den Katholizismus zur Staatsreligion. Viele Hunderttausende Menschen wurden unterdrückt und flohen aus Frankreich, viele in deutsche Länder. Auf diese Weise gelang es, eine einheitliche Religion mit aller Macht durchzusetzen.

2
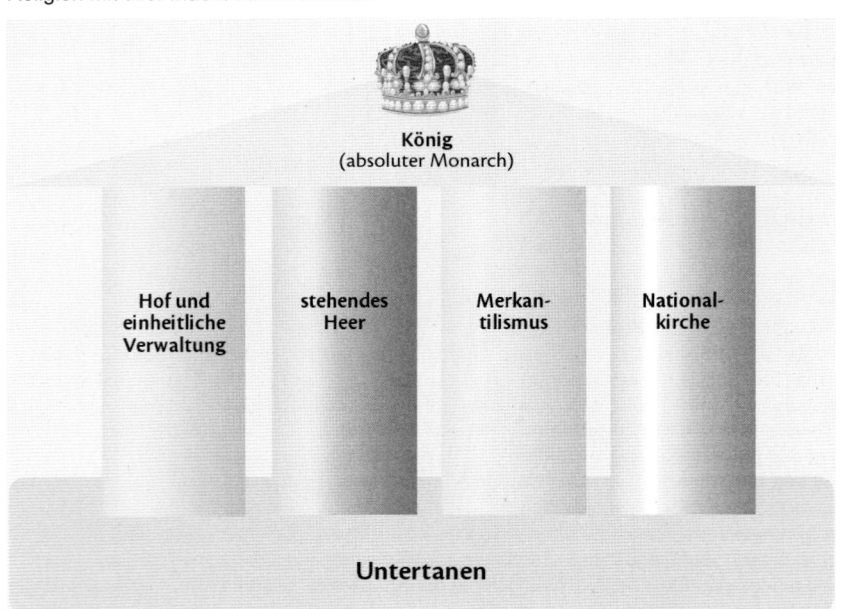

König
(absoluter Monarch)

Hof und einheitliche Verwaltung | stehendes Heer | Merkantilismus | Nationalkirche

Untertanen

3 Nein, das Schema stellt keine Verfassung dar, sondern veranschaulicht die Machtverteilung und -ausübung in Frankreich. Für ein Verfassungsschema müssten Verfahrensweisen von Machtausübung, Wahl etc. deutlich werden, es müsste genauer zeigen, wie der Staat funktioniert, und nicht nur, wie sich die Macht des Königs darstellt.

4

Charakteristika der Sonne	Ludwig XIV.
Wärme, Hitze	Macht, Energie, Handlungsfähigkeit, sichert Lebensgrundlage
Ausstrahlung überallhin	Seine Allmacht war unangetastet, seine Befehle sollten jeden Winkel seines Reiches erreichen
spendet Leben	Beschützt Bürger und Religion
steht in der Mitte des Universums	Zentralgewalt, von der alles Handeln ausgeht und auf den alles zuläuft

Förderbogen 15.2

1 a) 1. Schritt: Stärkung der Zentralgewalt auf Kosten des Adels
      2. Schritt: Keine Einberufung der Generalstände mehr, damit sie sich nicht beschweren
      3. Schritt: Bekämpfung der „Fronde" der Ständevertreter
      4. Schritt: Ausbau der Herrschaft bis hin zum Absolutismus

   b) Der König wollte die alten Standesvertretungen umgehen, auf denen sich Protest hätte zeigen können. Kamen Adlige dennoch zusammen, wurden sie (gewaltsam) nach Hause geschickt und die führenden Köpfe verhaftet. Sie wurden in Gefängnisse geworfen. Mit diesen abschreckenden Beispielen wollte der König Versammlungen des Adels verhindern.

2

	Absolutismus	Mittelalter
1	Territoriale Grundlage	Zersplitterte Territorien
2	Zentralgewalt	Partikulargewalten, also eine große Zahl von Landesherren
3	Einschränkung der Feudalmacht	Beharren auf feudalen Traditionen
4	Schaffung von Infrastruktur	Keine Möglichkeit zum Aufbau einer effektiven und schlagkräftigen Infrastruktur wegen rechtlicher Zersplitterung

3 Denkt man an den Begriff „Absolutismus", so klingt das nach einem perfekten System ohne Ausnahmen und Makel. Auch der König konnte nicht überall sein, seine Beamten nicht alles regeln – und wollten es auch oft nicht. In der Nachbarschaft, in der Gemeinde und in der Region trafen sich die Adligen und verwalteten ihre Gebiete. Das Königshaus konnte froh sein, dass Adlige immer noch ihre alten Rechte ausübten und das Land auf der untersten Ebene regierten. Nur zusammenschließen und mit einer Stimme sprechen konnten sie nicht. Der absolutistische Staat kennt also viele Spielräume. Der König war meist zufrieden, wenn die Steuern nach Paris flossen und seine Autorität nirgends angezweifelt wurde.

Förderbogen 15.3

1 a) Schaut man sich z. B. zeitgenössische Gemälde an, zeigen diese Adlige, die mit sich selbst und ihren Genüssen beschäftigt sind. Sie essen, trinken, genießen und nehmen keine Rücksicht. Diener verrichten „brav" ihre Arbeit. Sie stehen in der Ständehierarchie an zweiter Stelle nach dem Klerus. Sie leben von Privilegien (z. B. Steuerbefreiung; sie müssen ihre Existenz nicht durch Arbeit sichern). Ihr Anteil an der Bevölkerung beträgt 1,3 Prozent, sie verfügen aber über 20 Prozent des Bodens.

b) Der Dritte Stand umfasste alle Nicht-Adligen und Nicht-Kleriker. Der Dritte Stand besaß keine Privilegien (Angehörige mussten Steuern bezahlen, Abgaben leisten und ihre Existenz durch Arbeit sichern). Als Sammelbegriff ist die Bezeichnung allerdings recht pauschal und erfasst nicht die gesellschaftliche Wirklichkeit im 17./18. Jahrhundert mit ihrer breiten Ausdifferenzierung – z. B. gehörte der königliche Verwalter ebenso dazu wie der Tagelöhner und der städtische Arbeiter; auch gab es eine gewisse Mobilität zwischen den Ständen (s. Aufgabe 2).

2 Der Amtsadel kann zum hohen Klerus aufsteigen (z. B. Bischöfe).
Amtsadel kann zum Hofadel aufsteigen.
Großbürger können zum Hofadel aufsteigen (werden geadelt).
Kleinbürger steigen zu Großbürgern auf, so Händler zu Amtspersonen oder Handwerker zu freien Berufen.
Kleinbauern steigen zu Großbauern auf.
Arbeiter- und Händlerkinder steigen zu niedrigen Geistlichen auf.
Diener und Tagelöhner steigen als Arbeiter und Gesellen im Handwerk auf.

Förderbogen 15.4

a) Das Abschotten von Handelsmärkten konnte zu ihrem Zusammenbruch führen. Wie am Beispiel zu sehen, versuchten Staaten die Exklusivität von Gütern und notwendigen Rohstoffen zu erhalten. Sobald die Technologie für das Produkt anderswo bekannt war und funktionierte, brach die Nachfrage aus dem Ausland ein. Am Ende gab es nur noch einzelne Systeme mit relativ identischen Produkten in geschlossenen Märkten, die zum Teil zu klein waren. Die Zölle verhinderten eine Konkurrenz.

b) 1. Im Staat A werden in einer Stadt besonders filigrane Kutschen produziert.
2. A verdient am Export und verbietet die Ausfuhr von speziellen Speichen und Rädern.
3. Im Staat B hat sich ein Unternehmer das Vorgehen abgeschaut und beginnt ähnliche Kutschen unter neuem Namen zu bauen.
4. Staat A verhindert durch Zölle die Einfuhr der Kutschen aus B.
5. Beide werben um Kunden aus Staat C, der noch nicht über eine Kutschenmanufaktur verfügt. Die Geschäfte laufen für beide besser, haben aber wechselseitig ihre Kunden verloren.
6. Staaten A und B wollen ihre Fabriken schützen, indem sie die Ausfuhr von Speichen und Rädern in Staat C verhindern.
7. Staat C verhandelt mit Staat A über günstigere Bedingungen für die Einfuhr im Gegenzug für ein anderes Produkt mit niedrigerem Zoll.
8. Die Fabrik in Staat B hat keinen ausreichend großen Absatzmarkt mehr, da nun Staat C nur noch Kutschen aus A importiert.
9. In Staat C schaut sich ein Unternehmer die Produktionstechnik ab und eröffnet die Landauer Kutschenfabrik.
10. Für Staat A bricht der Absatzmarkt ein, da Land C nun Zölle gegen den Import aus A erhebt.
Am Ende exportiert die Manufaktur aus Staat C günstige Kutschen in den Staaten A und B, die wegen der Zusammenbrüche keine Kutschen dieses Typs mehr im Angebot haben und die Zölle freiwillig senken, da Monarch und Adel nicht auf den ausländischen Luxus verzichten wollen.

Förderbogen 15.5

a) wahr: 1, 3, 6; falsch: 2, 4, 5

b)

Aufklärung ist der Ausgang des Menschen aus seiner selbst verschuldeten Unmündigkeit.	Aufklärung ist, wenn Menschen sich auf den Weg machen, sich für sich selbst verantwortlich zu fühlen.
Unmündigkeit ist das Unvermögen, sich seines Verstandes ohne die Leitung eines anderen zu bedienen.	Wenn man sich von niemandem vorschreiben lässt, was man tun soll, sondern sich seines Verstandes bedient, ist man selbstständig.
Selbst verschuldet ist diese Unmündigkeit, wenn die Ursache derselben nicht am Mangel des Verstandes, sondern der Entschließung und des Mutes liegt.	Wenn man nicht selbstständig ist, ist man selbst daran schuld – besonders wenn es nicht am Verstand liegt, sondern daran, dass man keinen Mut hat.
Habe Mut, dich deines eigenen Verstandes zu bedienen! ist also der Wahlspruch der Aufklärung.	Trau dich, deinem Verstand zu trauen und ihn zu benutzen, ist das Motto der Aufklärung.

Kompetenztraining Geschichte
9783060649396_GES_P_296-305.doc

c) Beispiele: Man kann dort Zeitungen lesen (sich also bilden). Man kann sich dort mit anderen austauschen (Auseinandersetzungen führen). Man kann sich dort mit Gleichgesinnten treffen und Clubs gründen (Mut zu Kritik, Verantwortung übernehmen).

Förderbogen 15.6

1 • oben links: René Descartes (Rationalismus: „Ich denke, also bin ich")
  • oben rechts: Voltaire (Kritik an Absolutismus und katholischer Kirche)
  • Mitte links: John Locke (Gesellschaftsvertrag: Menschen ordnen sich freiwillig unter, Widerstandsrecht)
  • Mitte rechts: Jean-Jacques Rousseau (Kritik an der Monarchie, Regierung durch fähige Männer aus dem Volk)
  • unten links: Charles de Montesquieu (Teilung der Gewalten im Staat)
  • unten rechts: Immanuel Kant (kategorischer Imperativ: das eigene Handeln immer daran messen, dass es die Freiheit der anderen nicht einschränkt)

2 Judikative: Rechtspflegerin, Schöffe
  Exekutive: Gerichtsvollzieher, Justizministerin, Zollbeamter, Schulleiterin
  Legislative: Abgeordnete, Ausschussvorsitzender, Parlamentarischer Staatssekretär

Förderbogen 15.7

1 a) und b)
  Wir, Friedrich Wilhelm I., verfügen zum Wohle des Staatswesens und der Stadt Berlin:
  1. Das alte Pesthospiz jenseits des Brandenburger Thors wird zum Lazareth und Hospital bestimmt. Es soll ... Charité heißen. Als königliches Krankenhaus ist es wie folgt umzubauen:
  2. Es soll seine Abteilung für unbemittelte Alte behalten, die durch die staatlichen Aufseher für die Anstalt bestimmt werden. Jeder District hat ein Contingent und der staatlichen Einweisung ist Folge zu leisten. Die Alten werden unwürdigen Verhältnissen entwunden und auf Kosten und zum Wohle des Staates erhalten.
  3. Das Arbeitshaus für Bettelvolk soll neu entstehen und incriminierende Elemente des Staatswesen zum Besseren hin erziehen. Unter Aufsicht sollen die Anstaltsinsassen ein fleißig und ordentliches Leben führen und in sauberen und lichten Verhältnissen leben. Halbjährlich besucht ein Inspector des Königs die Anstalt ...
  4. Uneheliche Schwangere sollen hier niederkommen nach den besten Gesetzen der ärztlichen Kunst und nicht zu ihrem Schaden. Die Mündel sollen zu thatkräftigen Unterthanen herangebildet werden, den Frauen ist Kost zu gönnen.
  5. Der Besuch der allgemeinen Krankenanstalt sei frei für jedermann und geschieht ohne Ansehung des Glaubens. Auch den Geringsten soll eine angemessen medizinische Pflege angediehen werden. Jeder Insasse habe sein eigenes Lager und Bett. Der Staat verausgabt die Mittel für 400 Insassen, die dieses Haus nunmehr fassen soll.
  6. Das Lazareth ist die Lehranstalt für angehende Ärzte der kgl. Preußischen Armee. Den Ärzten wird ein Unterricht auch in Philosophie, Latein, Französisch und Polnisch erteilt. Die Ausbildung dauert vier Jahre, der Militärmediziner dient dann weitere acht Jahre bei der kgl. Armee.
  7. Für das Collegium der Professoren der militärärztlichen Bildungsanstalt wird ein Anatomisches Theater errichtet, Vorlesungen finden im Marstallgebäude statt, ebenso Sektionen. Jeder Tote soll examiniert werden nach den Regeln der Kunst ...
  8. Das Lazareth und Hospital unterstehen Uns persönlich und werden von der königlichen Verwaltung beaufsichtigt, die das Haus kontrolliert und die Führung zu verantworten hat. Die Ärzte werden durch die Königliche Administration im Benehmen mit dem Stab des Militärs ernannt.

2

Absolutismus	Aufgeklärter Absolutismus
Gottesgnadentum	Leistung und Erfolge zählen.
Ignoranz gegenüber Philosophie	Zusammenarbeit mit den Aufklärern (Friedrich II. und Voltaire)
„Der Staat bin ich." (Ludwig XIV.)	Josef II. hebt Fleiß und Pflicht vor. Friedrich II. bezeichnet sich als Diener seines Staates.
Der Staat unterdrückt die Bürger.	Zufriedene Bürger stärken den Staat.
Es gibt kein Recht auf Widerstand und Verteidigung.	Die fürstliche Gewalt hat eine Grenze, wenn sie gegen göttliche Gebote verstößt.

Förderbogen 15.8

1 a) Konstitutionelle Monarchie. Eingezeichnet werden sollten zur Exekutive: König und dessen Beamte; zur Legislative: Oberhaus und Unterhaus; zur Judikative: geteilte Macht.

b)

Nr.	Ereignis	Erläuterung	Datum
7	Glorious Revolution	Start zur konstitutionellen Monarchie	1688
2	Magna Charta	Verfassungsdokument	1215
4	Hundertjähriger Krieg	Krieg gegen Frankreich, Glaubensfrage	1357–1453
8	Bill of Rights	Rechte des Parlaments	1689
5	Pest und Ende der Leibeigenschaft		Ende 16. Jahrh.
6	Herrschaft Oliver Cromwells	Abgeordneter als Republikgründer	1653–1658
1	Herrschaft König Johanns Ohneland	Verlust von Königsherrschaft	1119–1216
3	Ausbildung des House of Commons	Gegengewicht	ab 1348

Kompetenztraining Geschichte
9783060649396_GES_P_296-305.doc

c) Das House of Commons besaß in der Frühen Neuzeit in begrenztem Umfang Einfluss auf die königlichen Befugnisse, die Besteuerung und Religionsfragen. Der Dritte Stand hatte hingegen als Ständeversammlung in der Frühen Neuzeit keinen Einfluss – ganz einfach, weil der König die Generalständeversammlung vor Ausbruch der Französischen Revolution das letzte Mal im Jahre 1614 einberufen hatte.

Lernerfolg Kapitel 15

1 Der König steht im Zentrum und ist dort als Einzelner. Er hält die Zügel in der Hand, sieht dynamisch aus, er ist nach vorne gerichtet. Der Absolutismus ist als Staatsform ganz auf den Herrscher zugeschnitten, auch hier laufen alle Wege der Macht auf ihn zu.

2 a) Der Absolutismus brachte ein modernes stehendes Heer hervor. Die Herrscher sorgten für den Ausbau des Landes mit Infrastruktur: Beamte, Behörden, Straßen. Auch war der Staat schlagkräftig und effizienter aufgebaut als im Mittelalter.

b) Der Eindruck der totalen Kontrolle ist nicht richtig. Der absolute König konnte nicht überall sein und alles kontrollieren. Auch musste sehr viel vor Ort geklärt werden, wo der Adel und die Städte ihren Einfluss hatten. In Stadträten und Landständen gab es Spielraum, und sie wurden gebraucht. Der König gab die Linie vor, wollte hohe Steuereinnahmen, musste aber vor Ort die althergebrachten Kräfte wirken lassen – anders hätte der Absolutismus nicht funktioniert.

3

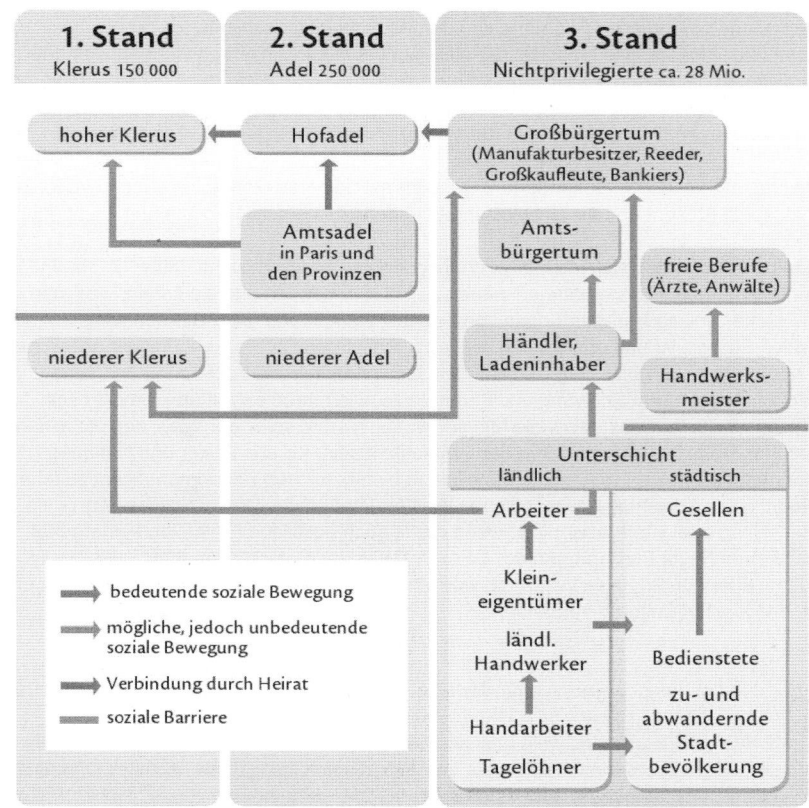

4 Kurzfristig nützte der Merkantilismus den Unternehmern, die durch Zölle vor der Konkurrenz aus dem Ausland geschützt wurden. In zweiter Linie dann den Staaten, die ihrerseits vom Export profitierten. Langfristig führte es zur Abschottung der Märkte, die dann oft zu klein waren bzw. zum Handelsstopp für Rohstoffe. Oft waren dann Verbraucher mit zu hohen Preisen konfrontiert, die Märkte waren zu eng und die Zolleinnahmen sanken.

5 Rousseau glaubt nicht daran, dass ein Einzelner einen Staat gerecht führen kann. Aus der Menge des Volkes finden sich immer zahlreiche kluge und fähige Menschen, die in Ämter gewählt werden können, während die Auswahl bei den Herrscherfamilien recht beschränkt ist. Es ist eher Zufall, wenn einer von ihnen große Talente hat, während die Zahl der Talente im Volk natürlich größer ist. Sie werden von der Monarchie jedoch daran gehindert, sich zu Wort zu melden und für Volk und Staat ihr Bestes zu geben.

6 Für die Presse als vierte Gewalt spricht ihre Unabhängigkeit. Sie hat kein politisches Interesse im eigentlichen Sinn. Reporter decken viele Missstände auf und geben der Judikative Anregungen oder machen auf verbesserungswürdige Gesetze aufmerksam. Sie kontrollieren die richtige Umsetzung der Beschlüsse der Legislative durch die Exekutive. Jedoch ist die Presse keine feste Säule mit ganz klaren Aufgaben und Kontrollmöglichkeit. Sie wird tätig, wenn Journalisten etwas thematisieren wollen. Auch kann die Presse manipuliert werden und in der heutigen visuellen Welt zu viel Macht gewinnen. Letztlich sollte die Presse ein abgetrennter Bereich sein, der das Handeln der staatlichen Vertreter beobachtet.

Lösungen zu Kapitel 16

Förderbogen 16.1

1 a) Hier ist zunächst die Ablösung der USA von der kolonialen Mutter England gemeint. Die Kolonialherrschaft wurde zunehmend als ausbeuterisch und unterdrückend wahrgenommen und endete im Krieg gegen England. Melville meint weiterhin, dass die Flucht der Israelis neue Wege nahm (Moses teilte das Meer) und einen Neuanfang bedeutete. Genauso wünscht er sich, die USA mögen als Land neue Wege gehen und sich vom kolonialen Vorbild unterscheiden.

b) Freiheit ist das wichtigste politische Stichwort der Amerikaner, damals wie heute. Den Anspruch auf Freiheitsrechte wollen sie vor sich hertragen wie damals die Israeliten ihre Bundeslade, die ja ein Aufbewahrungsort heiliger Texte ist. Hier vergleicht Melville die Unabhängigkeitserklärung der USA von 1776 und auch die Verfassung von 1787 mit den Dokumenten der Bundeslade.

c) Hiermit ist nicht nur gemeint, dass ein neuer Kontinent zu erobern ist, sondern dass die USA in dieser Welt überall Neuland betreten. Vor allem beim Bau ihrer neuen politischen Ordnung. Auch hier soll unbekanntes Gelände erforscht werden, sollen Regelungen ausprobiert werden, die das strenge und absolutistische Europa nicht kannte: Freizügigkeit, Gleichheit, Chance zum Aufstieg, zur Selbstbestimmung, aber auch Waffenbesitz für jedermann, keine Meldepflicht. Die Amerikaner empfanden ihren neuen Staat als großes und spannendes Experiment in der Menschheitsgeschichte.

d) Gläubige Christen erwarten die Ankunft des Erlösers, des Messias, der alles auf der Welt zum Guten wenden wird. Melville meint, dass man auf diesen politischen Erlöser nicht warten soll, sondern dass er in den Amerikanern selbst steckt, die ihr eigenes Schicksal in die Hand nehmen sollen. Sie sollen auf ihre Vorstellungen und Ideale vertrauen und diese „Eingebungen" von einer besseren Welt in die Tat umsetzen – ganz nach dem aufklärerischen Motto „Wage es, deinen eigenen Verstand zu gebrauchen!".
Dem Text eigen sind biblische Vergleiche, mit denen die Besonderheit der USA mit dem von Gott auserwählten Volk Israel verglichen wird. Die religiöse Ebene ist somit präsent und die Entwicklungen in den USA erscheinen in einem Licht göttlichen Aufbruchs auf Erden.

2 a) Melville und mit ihm die meisten Amerikaner befanden sich in einer euphorischen Zeit des Aufbruchs (Mitte 19. Jh.: Industrialisierung, Frontierbewegung) und der Hoffnung. Für sie hatte ein neues Zeitalter begonnen und sie sahen, was man im Vergleich zu Europa alles verändern konnte. Solche Veränderungen von Freiheit, Demokratie und Aufbruch wünschten sie der ganzen Welt. Was einerseits positive Energie ist und ansteckend wirkte, schreckte und schreckt auch viele Menschen auf der ganzen Welt ab, die mit der amerikanischen Politik ihre traditionellen Gewohnheiten bedroht sahen und sehen. In der Tat wirkt es überheblich, wenn jemand mit großem Schwung erklären möchte, wie man die Welt umkrempeln soll.

b) Nicht erst in jüngster Zeit schreckte dieses Selbstbewusstsein viele Menschen ab. Warum sollte der Weg, den die Amerikaner gehen – Freiheitlichkeit, Demokratie, freier Markt –, der Weg der Menschheit sein, für alle Völker und Nationen? Viele Europäer im 19. Jahrhundert konnten und wollten sich nicht vorstellen, in einem solchen Experiment-Staat zu leben. Im 20. Jahrhundert steigerten sich Gefühle der Abwehr in der arabischen Welt und anderswo. Der „american way of life" wird häufig nur akzeptiert, wenn er den Alltag erleichtert, aber nicht, wenn damit auch politische Freiheiten einhergehen sollen. Die Diktatoren auf dieser Welt wehren heute Forderungen der USA ab: „Was euch glücklich macht, muss die Welt nicht glücklich machen". Sie sagen damit aber nur die halbe Wahrheit, weil hinter dem Freiheitsgefühl der Amerikaner ein großes Menschlichkeitsgefühl steckt, das in allen Kulturen vorhanden ist.

Förderbogen 16.2

1 Der **Bauer** mit dem Dreschflegel in der Hand findet das nur allzu verständlich, schließlich litt die ganze Landbevölkerung unter dem Adel. Er ist wütend.
Der **Kaufmann** findet, dass dies zu weit geht. Als gebildeter Mann weiß er schon lange, dass das Zusammenleben nicht mehr gut ging, aber die Methoden der Bauern verurteilt er als barbarische Gewalt. Was, wenn man sein Geschäft als nächstes plündert?
Der **Adlige** versteht die Welt nicht mehr. Was sich die Bauern erlauben, ist unerhört. Das steht ihnen nicht zu. Nicht nur Gott wird sie strafen, man muss ihrem Treiben sofort Einhalt gebieten!
„Gib dem Kaiser, was des Kaisers ist", so steht es in der Bibel. Dass die Bauern nun revoltieren schockt den **Priester**. Er predigt Folgsamkeit, Duldsamkeit und Gewaltverzicht. Was die Bauern tun, zerstört die gottgewollte Ordnung.

2

	Gesellschaftl. Gruppe	Unzufriedenheit	Interesse	„Partei"
1	städtische niedere Schichten	Brotpreise, ausschweifendes Leben des Adels	bessere Ernährung, Bescheidenheit des Hofstaats	Jakobiner
2	Bauern, Landbevölkerung	Beschwerdebriefe blieben unbeantwortet, Angst vor Verschwörung des Adels	Abschütteln von Frondiensten und hohen Steuerlasten	Jakobiner
3	gebildete Aufklärer des Dritten Standes	Behandlung der Generalstände und Nationalversammlung durch den König	Ausarbeitung einer Verfassung, Beteiligung an der Macht, moderner Staat	Gemäßigte, z. B. Feuillants

Förderbogen 16.3

1 Beispiel, das „feine Fräulein" links: „Ja, ich beeile mich ja." Gedacht hat sie möglicherweise: „Meine Güte, stinkt die Alte!"; oder: „Bei der ersten Gelegenheit haue ich ab."

2 1. Schritt: Alle drei Personen erschrecken sich, Panik ist zu erkennen
2. Schritt: Es geht um die Stände während der Französischen Revolution. Es geht um Gewalt.
3. Schritt: Im Hintergrund erkennt man ein zerstörtes Gebäude. Ein Mann am Boden löst sich von Ketten, er findet Waffen und greift nach ihnen. Ein Mann mit schwarzer Kutte stolpert über den Liegenden. Ein gut gekleideter Mann mit Degen ist entsetzt über den Liegenden.

Kompetenztraining Geschichte
9783060649396_GES_P_306-315.doc

4. Schritt: Im Hintergrund ist die Pariser Bastille dargestellt, Truppen sind aufmarschiert. Der Dritte Stand erhebt sich aus seinen Fesseln, daher auch der Titel „Das Erwachen des Dritten Standes". Er greift zur Gewalt, die sich mutmaßlich gegen die beiden anderen Stände richtet, die entsprechend große Angst haben. Klerus und Adel ergreifen die Flucht und zeigen sich entsetzt.

5. Schritt: Die Karikatur zeigt, wie die Revolution des Dritten Standes 1789 gesehen wurde. Man befürchtete Gewalttätigkeit und einen Übergriff auf Adel und Klerus. Das Bild nimmt eher die Perspektive der Herrschenden ein, erweckt Verständnis für deren Angst und zeigt den Liegenden eher grimmig, gefährlich und versessen auf Waffen und Gewalt.

Förderbogen 16.4

1   a und **b)**

	Ereignis	Datum
7	Levée en masse (Erhebung des Volkes)	August 1793
1	Sturm auf die Bastille	1789
10	Direktoriumsherrschaft	1794–1799
3	Einführung der Guillotine	1792
2	Zensuswahlrecht	1791
9	Tod Robespierres	Juli 1794
4	Kriegserklärung an Preußen und Österreich	April 1792
6	Hinrichtung der Königsfamilie	Jan. 1793
5	Einführung des Revolutionskalenders	Sept. 1792
8	Jakobinerherrschaft	1793–1794

  c) Im Namen der Menschen- und Bürgerrechte wurden im revolutionären Frankreich zahlreiche Verbrechen begangen. Eine Sitzung des Revolutionsgerichtes kann man nicht mit einer professionellen und fairen Verhandlung vergleichen. Auch wurden im Namen der Bürgerrechte viele Menschen inhaftiert – oft reichte schon der Verdacht, mit der Gegenrevolution im Bunde zu sein. Im Laufe der Revolution sind die großen Ideale immer mehr missachtet und ausgehöhlt worden.

2   a) Die „terreur"-Herrschaft der Jakobiner wandte sich gegen die eigene Bevölkerung, insbesondere Regimegegner. Die Schreckensherrschaft ging vom Staat aus und richtete sich gegen Bürger, die den Zielen der Staatsführung im Weg standen. So wurden politische Gegner gefangen genommen und getötet. Der Terrorismus unserer Tage wendet sich gegen Staaten, deren Bürger und deren Ideologie. Fanatische Menschen, Fundamentalisten, demonstrieren so ihre Gewaltbereitschaft. Gemeinsam ist hier das grausame Vorgehen und das Ziel der Destabilisierung.

  b) Der Begriff des „Staatsterrorismus" ist schwierig. Er bezeichnet ein Handeln der staatlichen Organe gegen unliebsame Mitbürger. Der Staat unterdrückt nicht nur Oppositionelle, er bringt sie sogar ohne feste Regeln, quasi willkürlich, um. Ein solcher Staat bewegt sich nicht mehr auf dem Boden einer modernen Verfassung, die Unversehrtheit und Gleichbehandlung der Bürger wird stark verletzt. In einer Diktatur richtet sich der Staat willkürlich gegen die eigenen Staatsbürger, oft reichen Anschuldigungen und Verrat. Ein Staat, der gleichzeitig eine Terrororganisation ist, stellt einen Widerspruch in sich dar, denn wir erwarten von ihm den Schutz der Bürger.

Förderbogen 16.5

1

1776 Unabhängigkeitserklärung der USA	1791 Frankreich wird zur konstitutionellen Monarchie	1793/94 Schreckensherrschaft der Jakobiner	1804 Kaiserkrönung Napoleons und „Code civil"	1814 Entmachtung Napoleons

1789 ◄ Französische Revolution und Erklärung der Menschen- und Bürgerrechte

1801 bis 1813 ◄ Französische Vorherrschaft auf dem europäischen Kontinent

1799 bis 1814 ◄ Alleinherrschaft Napoleons

► 1806 Ende des Heiligen Römischen Reiches Deutscher Nation und Rheinbund

1775   1785   1795   1805   1815

2

	Gemeinsamkeiten	Unterschiede
1	Gewaltenteilung	Konstitutionelle Monarchie vs. präsidiale Demokratie
2	Wahlmännerprinzip	Legislative in USA aus zwei Kammern bestehend
3	Macht geht vom Volk aus	US-Verfassung kennt stärkere Anbindung der Gerichte an die Legislative
4	Vetorechte der Spitze der Exekutive	Wahlrechtsalter unterschiedlich
5	Oberbefehl für Armee bei Spitze der Exekutive	Staatsoberhaupt der USA wird gewählt

Kompetenztraining Geschichte
9783060649396_GES_P_306-315.doc

Förderbogen 16.6

1 Napoleon wirkte dynamisch, war ein Gewinnertyp, ein Mann, der zupackt. Man erkennt Ludwig XVI. als pompöse Herrschergestalt, verweichlicht, mit sanfter Geste in eitlem Aufzug. Napoleon wirkt gegen ihn wie ein dynamischer Held des Aufbruchs, der das Pferd beherrscht, nach vorn und nach oben deutet. Einem solchen Mann traut man mehr zu.

2 Napoleons Gesetzeswerk brachte auch für Deutsche positive Änderungen: Nicht mehr die Kirche bestimmte in Ehedingen, sondern dafür galten nun klare weltliche Gesetze. Frauen und Männer konnten sich auf den Code civil berufen, die Regelungen waren einheitlich. Im Vergleich zum Ehegesetz der Kirche bot das von Napoleon mehr Freiheiten, Klarheit und Gleichbehandlung ohne Ansehen der Religion.

3 **a)** Kaisertum: kommt zum Ende, der letzte Kaiser dankt 1806 ab.
   b) Mittelgroße Staaten: wie Baden, Württemberg, Hannover, gewinnen an Macht (Mediatisierung).
   c) Geistliche Territorien: werden im Zuge der Säkularisierung aufgelöst und weltlichen Herrschaften zugeschlagen (zum Teil als Entschädigung).
   d) Einheit der Länder: ist allenfalls unter napoleonischer Klammer gegeben; so vereinigte das Königreich Westfalen zahlreiche kleinere Herrschaften.
   e) Nationalstolz: wurde durch Napoleons Eroberungen und Umgestaltung geweckt; er wuchs in Opposition zu Napoleon.
   f) Machtstellung in Europa: Deutschland ging im napoleonischen Machtbereich auf; in Preußen und anderswo regte sich jedoch Widerstand; man wollte selbst an mehr Macht gewinnen und die napoleonische Herrschaft abschütteln.
   g) Zusammengehörigkeitsgefühl: wurde durch die Ablehnung Napoleons gestärkt; die Deutschen werden sich ihrer nationalen Gemeinsamkeiten bewusst.
   h) Rechtsbewusstsein: durch Napoleons Reformen und Gesetze wuchs das Rechtsbewusstsein, das die Deutschen nun nicht mehr einfach abschütteln oder aufgeben wollen.

Lernerfolg Kapitel 16

1 Frankreich war durch den Krieg in Amerika und die steigenden Hofhaltungskosten fast pleite (c). Im Dritten Stand keimte Widerstand dagegen, die Zeche allein durch noch mehr Steuern zu zahlen, während Adel und Klerus sich zurückziehen konnten. Die Unzufriedenheit bezog sich jedoch nicht nur auf die allgemeine Ungerechtigkeit, sondern die konkrete Situation von hohem Brotpreis und Hungersnot (d). Im französischen Bürgertum verbreiteten sich schon länger Vorstellungen von Freiheitlichkeit, Bürgerrechten und Demokratie (a). Das städtische Bürgertum entwickelte neue Ideen einer gerechteren konstitutionellen Monarchie. Diese Ideen waren erst denkbar durch die Erfolge der Revolutionäre und Freidenker in den USA, die sich von der britischen Kolonialmacht emanzipiert hatten (b).
Man kann diese Zusammenhänge auch in einer anderen Reihenfolge erklären.

2 Das Stürmen des Waffenlagers und Gefängnisses zeigte allen ganz eindeutig, dass die Bürger sich nun herausnahmen, was seit Jahrhunderten in königlicher Hand lag: die Waffen und die Justiz. Die Bastille war Symbol der Unterdrückung und Kontrolle. Im Bewusstsein der Franzosen begann dort die neue Ordnung.

3 Der frische Wind des mit dem Dritten Stand sympathisierenden Sieyès kann man auf dem Bild sehen. Frische Luft weht in das Ballhaus, in dem es zum Schwur kam. Die neue Ordnung wird hier mit frischer Luft verglichen, die den Muff der alten Monarchie wegweht. Gemeint waren die neuen bürgerlichen Ideen und der neue Umgang miteinander: Brüderlichkeit und Freiheit. Neben dem Wind tritt auch helles Licht in das Ballhaus ein und erleuchtet die Schwurgemeinschaft – hier ist also auch noch die Aufklärung ins Bild gesetzt.

4

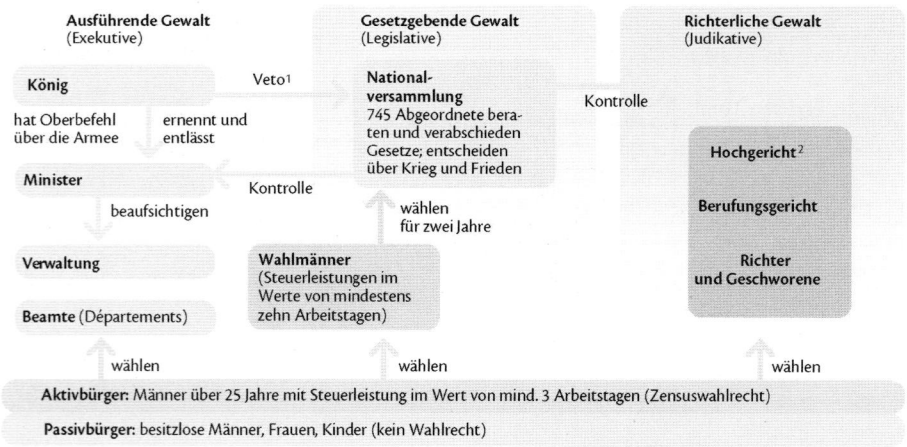

5 Zunächst kann man sich fragen, warum die konstitutionelle Ordnung der gemäßigten Kräfte, der Bürger und Intelligenz nicht stabil genug war, um den Staat zu befrieden. Die Gründe liegen in der weiter andauernden Unzufriedenheit der Bauern und der Stadtbevölkerung, deren Versorgungslage sich nicht deutlich gebessert hatte. Wären Getreide- und Brotpreis stabil geblieben, wäre es zu einer weiteren Radikalisierung nicht gekommen.
Ein weiterer Punkt ist die Entwicklung hin zum Terreur. Warum war diese nicht zu stoppen? Hier war es z. B. der Wohlfahrtsausschuss, der Politik nicht für den ganzen Staat, sondern für die Unterschichten machte. Mehr Ausgleich hätte auch hier eine bedenkliche Entwicklung stoppen können. Aber dazu hätte es erneut Mittel bedurft, den Franzosen etwas zu Essen zu geben.

6 Die Behauptung b) ist deutlich besser historisch zu rechtfertigen. Zwar haben die Auflösung des Reiches und die Besetzung deutscher Länder die deutsche Position geschwächt, die entfesselten Kräfte des Widerstands und Einheitswillens waren dafür sehr groß. Schon der Begriff „Befreiungskriege" zeigt das. Zusammen wandte man sich gegen den französischen Feind und wurde sich eigener Gemeinsamkeiten bewusst. Und derer fand man viele. Insgesamt hat sich aus den Kriegen gegen Napoleon ein starkes Nationalgefühl gebildet, das das ganze 19. Jahrhundert über wirken sollte.

Kompetenztraining Geschichte
9783060649396_GES_P_306-315.doc

Lösungen zu Kapitel 17

Förderbogen 17.1

Datum	Ereignis	Erläuterung
1814/15	Wiener Kongress	Europäische Fürsten beschließen nach der napoleonischen Herrschaft die Neuordnung Europas. Es entsteht hieraus der „Deutsche Bund".
1815 bis 1848	Vormärz	Zeit zwischen dem Wiener Kongress und dem Revolutionsjahr 1848
1817	Wartburgfest	Versammlung von etwa 500 Studenten auf der Wartburg, die politische Freiheit und ein national geeintes Deutschland forderten.
1819	Karlsbader Beschlüsse	Auf die Ermordung eines Schriftstellers durch einen Burschenschaftler reagierten die Mitgliedsstaaten des Deutschen Bundes u. a. mit einer strengen Überwachung der Universitäten und einer verschärften Pressezensur.
1832	Hambacher Fest	Über 25 000 Menschen forderten auf der Ruine des Hambacher Schlosses ein national geeintes Deutschland, Freiheit und politische Rechte.
Feb. 1848	Revolution in Frankreich	In Frankreich wird der König abgesetzt und nach allgemeinen Wahlen wird Frankreich wieder Republik. Dies wird in vielen europäischen Ländern im gleichen Jahr als Vorbild genommen.
März 1848	Revolutionen im Deutschen Reich	In verschiedenen Ländern des Deutschen Bundes finden im Frühjahr 1848 Revolutionen statt, die u. a. zur Wahl der Paulskirchenversammlung führen.
1866	Deutsch-Österreichischer Krieg	Die Rivalität im Deutschen Bund nach 1815 zwischen Preußen und Österreich entscheidet Preußen nach einem kurzen Krieg für sich.
1867	Gründung des Norddeutschen Bundes	Norddeutsche Staaten schließen sich unter der Führung Preußens zu einem eigenen Bund zusammen, der für das spätere Kaiserreich als Vorbild dient.
1870/71	Deutsch-Französischer Krieg	Nach einer Provokation durch Bismarck erklärt Frankreich den Krieg und wird von den vereinten deutschen Staaten besiegt.
1871	Reichsgründung	Im Spiegelsaal von Versailles wird das Deutsche Reich gegründet. Erstmals gibt es ein national und politisch geeinigtes Deutschland.

Förderbogen 17.2
Durch die neue Grenzziehung in Europa entstanden weitere lebensfähige Staaten, die ein Gegengewicht zum noch immer großen Frankreich bilden sollten. Im Deutschen Bund schlossen sich 39 deutsche Staaten zusammen.

Förderbogen 17.3
1

Erwartungen der Monarchen	Erwartungen des Bürgertums
• Aufhebung der Grenzveränderungen infolge der napoleonischen Kriege • gegebenenfalls Vergrößerung des eigenen Territoriums	• Abschaffung der Kleinstaaten zugunsten eines deutschen Nationalstaats
• Aufhebung der revolutionären Errungenschaften, z. B. Code civil	• Beibehaltung der revolutionären Errungenschaften, z. B. Code civil
• künftiger Schutz vor Revolutionen und revolutionären Ideen	• Demokratie und liberale Freiheitsrechte
→ Wiederherstellung der <u>vor</u>revolutionären Ordnung	→ teilweise Beibehaltung der revolutionären Ordnung

2 Auf dem Wiener Kongress waren nur die Monarchen anwesend bzw. vertreten. Das Bürgertum war in die Beratungen nicht einbezogen.

Förderbogen 17.4
Lösungen: wahr 1, 4, 6, 7, 8, 10; falsch 2, 3, 5, 9

Förderbogen 17.5
1 1. Hoffmann von Fallersleben war ein liberaler Professor, der das Lied in der Zeit des Vormärz dichtete, als Deutschland noch nicht geeint war und die Forderung nach einem deutschen Nationalstaat nicht öffentlich geäußert werden durfte.
2. Strophe 1: Deutschlands Einheit wird beschworen, die von der Maas im Westen bis an die Memel im Osten und von der Etsch im Süden bis an den Belt im Norden reichen soll.
Strophe 2: Deutschlands romantische Seiten werden beschworen.
Strophe 3: Deutschland solle einig und frei sein und die Grundrechte sollen garantiert sein. Diesem Ziel sollen alle Deutschen nacheifern.
3. Von Fallerslebens Lied richtet sich gegen die bestehende politische Ordnung, dass nämlich Deutschland noch immer politisch zersplittert ist und der deutsche Nationalstaat noch keine Wirklichkeit geworden ist. Damit kritisiert er die deutschen Fürsten, die an der Beibehaltung des gegenwärtigen Zustandes interessiert waren. Von Fallersleben möchte mit seinem Lied die Deutschen aufrütteln, gemeinsam „mit Herz und Hand" für die nationalen und liberalen Ziele zu kämpfen.

Kompetenztraining Geschichte
9783060649396_GES_P_306-315.doc

4. Das Lies ist ein typischer Text aus der Zeit des Vormärz, als in derartigen Liedern und Gedichten die bestehende Zersplitterung Deutschlands kritisiert wurde.

2 Hoffmann von Fallersleben kritisiert mit seiner Forderung nach einem deutschen Nationalstaat offen die politische Ordnung, wie sie 1815 auf dem Wiener Kongress geschaffen wurde. Die Bildung eines Nationalstaates hätte zur Folge gehabt, dass die souveränen Fürsten Teile ihrer Rechte an den Gesamtstaat hätten abgeben müssen.

Förderbogen 17.6

Politische Forderungen sind <u>unterstrichen</u>, wirtschaftliche Forderungen *kursiv* gesetzt.

M1 Märzforderungen aus Dresden

Wir [erwarten] von der sächsischen Staatsregierung: ...
1. <u>Freiheit der Presse</u> ...
2. <u>Freiheit des religiösen Bekenntnisses</u> ...
3. <u>Freiheit des Versammlungs- und Vereinsrechtes</u> ...
4. <u>Gesetzliche Sicherstellung der Person gegen willkürliche Verhaftung</u> ...
5. <u>Verbesserung des Wahlgesetzes ... durch Herabsetzung des Zensus.</u>
6. <u>... Schwurgericht.</u>
7. <u>Vereidigung des Militärs auf die Verfassung.</u>
8. <u>Verminderung des stehenden Heeres</u> ...
9. <u>Vertretung der deutschen Völker bei dem Deutschen Bunde.</u>
10. <u>Lossagung ... von den Karlsbader Beschlüssen</u> ...

Wir zweifeln nicht an dem landesväterlichen Sinne des allverehrten, allgeliebten Königs ... Es lebe der König!

M2 Märzforderungen aus Köln

1. <u>Gesetzgebung und Verwaltung durch das Volk,</u> da ein freies Volk ... sich nicht mehr im Interesse Einzelner ausbeuten lassen will ..., <u>allgemeines Wahlrecht und allgemeine Wählbarkeit.</u>
2. <u>Unbedingte Freiheit der Rede und Presse.</u>
3. <u>Aufhebung des stehenden Heeres</u> und <u>Einführung einer allgemeinen Volksbewaffnung mit vom Volke gewählten Führern</u> ...
4. <u>Freies Vereinigungsrecht.</u>
5. *Schutz der Arbeit und Sicherstellung der menschlichen Bedürfnisse für alle* ... Nur die schlechte Verteilung der Arbeit und ihre Ausbeutung im Interesse Einzelner verhindert es, dass genug hervorgebracht wird, um die Bedürfnisse aller Einzelnen zu befriedigen. *Es ist daher Sache des Staates, die Produktion dem Interesse der Einzelnen zu entreißen und sie im Interesse aller zu leiten.* Jeder Mensch hat ein *Recht auf Arbeit* sowie auf einen *seinen Bedürfnissen angemessenen Lohn.*
6. *Vollständige Erziehung aller Kinder auf öffentliche Kosten.*

Förderbogen 17.7

1

	Paulskirchenentwurf 1849	**Reichsverfassung 1871–1918**
Staatsoberhaupt	Kaiser der Deutschen (vorgesehen war König Friedrich Wilhelm IV. von Preußen als erblicher Monarch)	König von Preußen als Deutscher Kaiser: Wilhelm I. (1871–1888), Friedrich III. (1888), Kaiser Wilhelm II. (1888–1918)
Ländervertretung	Staatenhaus aus Vertretern der deutschen Staaten, die von den Regierungen dieser Staaten ernannt werden	Bundesrat (58 Vertreter der Landesregierungen, darunter 17 aus Preußen)
Volksvertretung	Volkshaus aus gewählten Vertretern des deutschen Volkes	Reichstag (397 Abgeordnete)
Wahlrecht	Wahlrecht für alle Männer ab 25 Jahren, die einer selbstständigen Tätigkeit nachgingen	allgemeines, gleiches, freies, direktes und geheimes Wahlrecht für Männer ab 25 Jahren
Grundrechte	Grundrechte wie Gleichheit vor dem Gesetz, Freiheit der Person, Recht der freien Meinungsäußerung oder auch Versammlungsfreiheit waren garantiert.	keine Garantie der Grundrechte in der Reichsverfassung
Flagge	Schwarz-Rot-Gold	Schwarz-Weiß-Rot
Hauptstadt	Frankfurt (freie Reichsstadt)	Berlin (Hauptstadt Preußens)

2 In beiden Verfassungen hatte der Kaiser jeweils die größte politische Macht, da er sowohl den Reichsminister ernannte bzw. entließ und den Oberbefehl über die Streitkräfte hatte. Während die Paulskirchenverfassung nur ein aufschiebendes Veto des Kaisers gegen Gesetzesvorhaben des Parlaments vorsah, konnte der Kaiser nach 1871 den Reichstag einberufen und wieder auflösen.

Kompetenztraining Geschichte
9783060649396_GES_P_306-315.doc

Förderbogen 17.8

Person	Das wird gut gefunden:	Das wird kritisiert:
Süddeutsche Demokratin	Einheit	kein Mitspracherecht für das Bürgertum; Monarchen regieren weiter
Bayerische Lehrerin	Einheit	kleindeutsche Lösung unter der Führung eines Preußen
Preußischer Bauer	„Sein" König ist nun Kaiser Europa nimmt Deutschland nun ernst	
Norddeutscher Arbeiter		keine Meinungsfreiheit → Auswanderung nach Amerika
Polnische Landarbeiterin		Nationalitätenprobleme sind weiterhin nicht gelöst
Rheinischer Industrieller	Einheit erhebt Deutschland zur Großmacht, sodass er nun Geschäfte in der ganzen Welt machen kann	

Förderbogen 17.9

1 Sozialdemokratische, sozialistische und kommunistische Vereine und Verbindungen wurden verboten. Dies galt auch für Vereine, die deren Ziele vertraten.
Hinweis: Die *Partei* der Sozialisten, die SAP (ab 1890: SPD), wurde nicht verboten und konnte daher weiterhin für Reichstagswahlen kandidieren.

2 Beabsichtigte Wirkung des Sozialistengesetzes: Verbot des überwiegenden Teils der Partei- und Gewerkschaftspresse, Auflösung der meisten Gewerkschaften sowie zahlreicher lokaler sozialdemokratischer Arbeiter-, Bildungs-, Gesangs- und Turnvereine, an deren Spitze Sozialdemokraten standen, Verbote von Druckschriften, Ausweisung führender Sozialdemokraten, soziale Not für die Ausgewiesenen und deren Familien.
Nicht beabsichtigte Wirkung des Sozialistengesetzes: Durch Ausweisungen wurden reichsweit zahlreiche neue – auch geheime – Verbindungen geknüpft, die Sozialdemokraten wurden enger zusammengeschweißt.

Förderbogen 17.10

1 Zahlreiche Kinder stehen (Jungen und Mädchen getrennt) auf einem großen Hof in Reih und Glied. Sie haben eine sehr starre Körperhaltung – selbst der Winkel zwischen den Füßen scheint vorgeschrieben – und ernste Gesichter. An den Bäumen und an der Kleidung der Kinder erkennt man, dass das Foto in der kälteren Jahreszeit aufgenommen wurde. Am Rande und zwischen den Reihen stehen Erwachsene.

2 Das Verhältnis zwischen Lehrern und Schülern war durch Distanz geprägt und darauf, dass die Kinder die Anweisungen ihres Lehrers bedingungslos befolgen. Die Schulleitung konnte mit einer solchen Aufnahme belegen, dass sie ihre Schülerschaft „im Griff hatte" und die Schüler darauf vorbereitete, im späteren Berufs- und Erwachsenenleben das Empfangen von Befehlen gewohnt zu sein.

3 Ordnung, (Selbst-)Disziplin, Gehorsam, Ein- und Unterordnen in ein System.

4 Der Eindruck deckt sich mit der Rede Wilhelms II.: Gymnasiasten sollten national bewusste Deutsche werden, die als Soldaten bzw. staatstreue „geistige Führer" und Beamte dem Kaiserreich bedingungslosen Gehorsam leisten.

Lernerfolg Kapitel 17

1 Politische Bewegung, die sich in Deutschland nach dem Wiener Kongress herausbildete. Zentrales Anliegen war die Sicherung der politischen und wirtschaftlichen Freiheitsrechte des Einzelnen gegen jede Bevormundung durch den Staat.

2 a) Restauration: Wiederherstellung der politischen Verhältnisse, die vor der Französischen Revolution herrschten.
b) Legitimität: Ehemalige aristokratische Herrscherhäuser begründeten damit ihren erneuten Herrschaftsanspruch (z. B. in Frankreich).
c) Solidarität: Fürsten schlossen sich zusammen, um gegen die liberalen und nationalen Ideen in ganz Europa vorgehen zu können, u. a. durch die „Heilige Allianz".

3 a) Siehe Förderbogen 17.4.
b) Politische Feste (Wartburg 1817, Hambach 1832), Reden, Druckschriften, Lieder und Gedichte, Demonstrationen, Zusammenschluss in politischen Vereinen,

4 Durch die Ablehnung der Kaiserkrone durch Friedrich Wilhelm IV. konnte der Verfassungsentwurf nicht realisiert werden. Die meisten Abgeordneten gaben nach den zähen mehrmonatigen Verfassungsverhandlungen auf, sodass kein neuer Entwurf zustande kam.

5 Siehe Förderbogen 17.8.

Lösungen zu Kapitel 18

Förderbogen 18.1

M1: Das Spinnen fand ursprünglich noch zu Hause in der eigenen Wohnung statt und war vor allem Frauenarbeit. Andere Familienmitglieder halfen mit. Ein einzelner Faden wurde mithilfe eines Spinnrades gesponnen.

M2: Durch die Erfindung der „Spinning Jenny" konnten nun 16 Fäden gleichzeitig gesponnen werden. Die Anschaffung einer solchen Maschine konnten sich aber nur Unternehmer leisten, sodass die Arbeit von der heimischen Wohnung in die Manufaktur oder in eine Fabrik verlegt wurde.

Kompetenztraining Geschichte
9783060649396_GES_P_306-315.doc

M3: Schließlich brauchte man ganze Fabrikhallen, um die Wagen-Spinnmaschinen unterzubringen, mit denen unzähligen Fäden gleichzeitig gesponnen werden konnten. In diesen Großbetrieben arbeiteten zunehmend auch Männer; Kinder wurden für einfache Hilfsarbeiten herangezogen. Die Maschinen wurden selbst wieder von anderen (Kraft-)Maschinen angetrieben.

Förderbogen 18.2

1 Die Sicht auf die Industrialisierung ist hier einseitig sehr positiv dargestellt: Innerhalb der 100 Jahre von 1776 bis 1886 habe der technische Fortschritt und die Verbesserung der Lebensbedingungen dazu geführt, dass
- sich die Menschen leisten konnten, prächtigere Gebäude zu errichten,
- sich das Transportwesen von der Kutsche zur Eisenbahn und vom Segelschiff zum Dampfschiff modernisierte,
- Maschinen den Menschen schwierige Arbeiten abnahmen, sodass beispielsweise Frauen nicht mehr so hart arbeiten mussten, sondern sich der Muße hingeben konnten,
- Elektrizität die alten Lichtquellen ersetzte,
- sogar das Vieh besser genährt war.

2 Nach Ansicht Goedes brachte die Industrialisierung auch zahlreiche Unfälle mit Todesfolge mit sich. Während die vermögenden Bürger ihr Kapital in ihre Unternehmen investieren können und diese dadurch immer weiter wachsen, werden die Kleinbetriebe durch die großindustrielle Konkurrenz in den Ruin getrieben. Dies führt zur Verarmung eines großen Teils der Bevölkerung.

Förderbogen 18.3

1 Im politisch in viele Klein(st)staaten zersplitterten Deutschland behinderten Zölle und Zollformalitäten den Warenverkehr.

2 Vom Aufschwung der Eisenbahn profitierten der Hoch- und der Tiefbau (Brücken, Bahnhöfe, Bahndämme), der Bergbau (Kohle zum Verfeuern), die Eisen- und Stahlindustrie (Brückenbauteile, Schienen) und der Maschinenbau (Waggons, Lokomotiven, Werkstätten). Andererseits nahmen all diese Industriezweige die Dienste der Bahn in Anspruch, um ihre Güter zu transportieren.

Förderbogen 18.4

1 Die Stollen sind so niedrig, dass Menschen sich darin nur kriechend oder robbend fortbewegen konnten. Die Kohle wurde mit einfachsten Werkzeugen abgebaut. Grubenwasser erschwerte das Arbeiten zusätzlich.

2 Mangelnde Kontrolle durch Aufseher und harte Arbeit schädigen den allgemeinen Gesundheitszustand und führen zu Muskel- und Knochenschäden.

3 *1. Schritt:* Die Statistik untersucht die Häufigkeit von Unfällen in englischen Kohlenbergwerken innerhalb der 25 Jahre von 1860 bis 1884 und unterscheidet nicht tödlich verlaufende Unfälle von Unfällen mit bis zu vier bzw. mehr als vier Todesopfern.
2. Schritt: In der zweiten Hälfte der 1860er-Jahre gab es die meisten Unfälle und prozentual gesehen fast die meisten Unfälle mit Todesfolge. Insgesamt nahmen die Unfälle seit den 1870er-Jahren ab, wenngleich die Häufigkeit größerer Unfälle (fünf und mehr Todesfälle) recht hoch blieb.
3. Schritt: Die Statistik passt gut zu den Aussagen des Berichtes der Kommission über die Arbeit von Frauen und Kindern in Bergwerken von 1842 (M2).
4. Schritt: Über die Ursache der Unfälle erfährt man aus der Statistik nichts.
Beispiel für eine der zu erstellenden Grafiken:

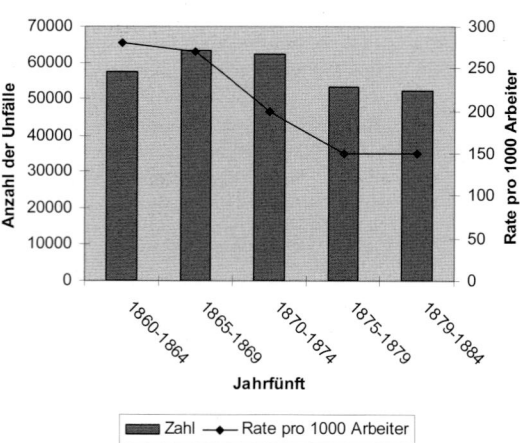

Nicht tödlich verlaufende Unfälle

4 Harte körperliche Arbeit, mangelnder Schutz vor Unfällen, lange Arbeitszeiten, Kinder- und Frauenarbeit sind normal.

Förderbogen 18.5

Ein Staatsbeamter = „Unser Kultusminister …"; Eine Erzieherin = „Die Kinder müssen …"; Ein Fabrikherr = „Ich bin stolz darauf …"; Ein Arzt = „Die Fabrikkinder sind blass …"; Arbeitereltern = „Manchmal haben unsere Kinder …"

Förderbogen 18.6

a) Fabrikbesitzer und Arbeiter sehen sich kaum.
b) Wohnung und Fabrik liegen oftmals weit auseinander.
c) Viele Arbeiter haben keine qualifizierte Ausbildung.
d) Die Arbeiter produzieren in Mengen und auf Vorrat.
e) Die Maschinen, an denen die Männer arbeiten, werden nach einigen Jahren durch neue ersetzt, die produktiver als die alten sind.

Kompetenztraining Geschichte
9783060649396_GES_P_306-315.doc

Förderbogen 18.7

1

Mobilität	Kommunikation	Elektronik/Energie	Verfahrenstechnik	Chemie	Alltagserfindungen
Metro	Telegraphone	Licht aus Lampe	Stahl schneiden	Phenoplast	Rolltreppe
Taxi	Drahtl. Übermittlung	Leuchtstofflampe	Glasscheiben	Kasein	Rasierklinge
Zeppelin	Drahtl. Telegraphie	Zündung	Druckschmierungsmotor		Klimaanlage
U-Bahn	Bildtelegraph	Lügendetektor	Gasturbine		Elektr. Schreibmaschine
Teerung		saubere Glühbirne	Kettensäge		Bleistift
Allradauto		Photozelle			Teebeutel
Schwebebahn		Leuchtröhre			
Motorflug		Elektronenröhre			
Panzerwagen		Elektrozündung			
Traktor					

2 Der Erste Weltkrieg erlangte traurige Berühmtheit als erster Krieg der Massenvernichtung. Er dauerte zudem sehr lange und in ihm wurden so viele technische Neuerungen getestet und bald auch eingesetzt wie nie zuvor: Die neuen Möglichkeiten der Mobilität erleichterten die Aufklärung und die Bombenabwürfe aus der Luft, Panzer und Kübelwagen sorgten für Bewegungsfreiheit und rasches Vorankommen an der Front, U-Boote machten Jagd auf Schiffe. Der Erste Weltkrieg war auch ein Krieg mit neuen Verständigungsmöglichkeiten per Draht und Funk: So waren die Einheiten und Gefechtsstände nun untereinander und mit dem Kommando verbunden. Der Einsatz von künstlichem Licht erleichterte die Kriegsführung. Auch wurden neue Materialien, vor allem Kunststoffe, eingesetzt – sie sollten leichter, widerstandsfähiger und günstiger sein. Zu nennen ist aber auch der Einsatz von Giftgas aus der chemischen Produktion. Diese Neuerungen zeigen, dass die Menschen ihre Kriegsanstrengungen weiter ausdehnen konnten und Natur und technische Hemmnisse sich immer seltener in den Weg stellten. In diesem Krieg wurden sämtliche Mittel eingesetzt, die die aktuelle Wissenschaft zur Verfügung stellen konnte. Letztlich führte dies zu einem längeren Krieg und zu mehr Verletzten und Toten. Die eingesetzten Mittel waren häufiger tödlich: Giftgas, Maschinengewehre, Panzer, Bomben aus der Luft. Ohne die „zweite" Industrielle Revolution wäre der Weltkrieg in seiner schrecklichen Dimension und hohen Opferzahl nicht denkbar gewesen.

Lernerfolg Kapitel 18

1 Als Industrialisierung werden tief greifende technische, wirtschaftliche und soziale Veränderungen bezeichnet, die in der zweiten Hälfte des 18. Jahrhunderts in England und in Europa im 19. Jahrhundert begannen. Wichtige Merkmale waren der Einsatz von Maschinen, die Arbeitsteilung und die Massenproduktion in den entstehenden Fabriken.

2 Faktor 1, Raum und Bevölkerung: Vorteilhafte Insellage, gute Transportwege, günstige klimatische Bedingungen.
Faktor 2, Neue Wirtschaftsweise des Liberalismus und Kapitalismus: Der Staat hielt sich in der Wirtschaft zurück und garantierte und schützte dabei gleichzeitig Gewerbefreiheit und Privateigentum.
Faktor 3, Technik: Durch die Erfindung der Dampfmaschine und andere technische Neuerungen konnte die Produktivität immens gesteigert werden.
Faktor 4, Bildung: Die Maschinen wurden immer komplizierter, sodass die Menschen, die sie bedienen sollten, über immer mehr Bildung verfügen mussten. Infolge der Industrialisierung vervielfachte sich beispielsweise in Irland zwischen 1840 und 1910 der Anteil der Lese- und Schreibkundigen.

3 a) Sowohl in Frankreich als auch in Deutschland und in Großbritannien nahm zwischen 1850 und 1873 die Länge der Eisenbahnkilometer zu, allerdings in Deutschland und Frankreich stärker als in Großbritannien: In Deutschland vervierfachte sich die Länge, in Frankreich versechsfachte sie sich und in Großbritannien wuchs sie mit dem Faktor 2,5. 1873 verfügte Deutschland über ein annähernd so langes Netz wie Großbritannien.

b) **Länge der Eisenbahnkilometer**

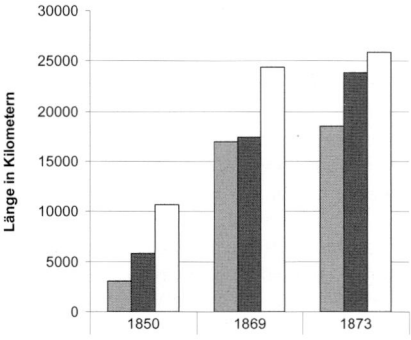

	1850	1869	1873
Frankreich	3007	16923	18503
Deutschland	5755	17432	23880
Großbritannien	10653	24370	25876

4 Sicherlich ging es zahlreichen Menschen besser. Man muss aber differenzieren: Während die Fabrikbesitzer und das Bürgertum von der Industrialisierung profitierten, verschlechterten sich die Lebensbedingungen vieler Arbeiter in dieser Zeit enorm, insbesondere in der Frühindustrialisierung. Schlechte und gefährliche Arbeitsbedingungen, geringe Löhne, teilweise stupide Arbeitsvorgänge, Trennung von Arbeit und Wohnen sind nur einige Beispiele. Andererseits wuchs die Lebenserwartung der Menschen bzw. erleichterte sich die Arbeit durch technische Neuerungen; mit der „zweiten" Industriellen Revolution (Hochindustrialisierung) um 1900 verbesserten sich erstmals auch die Arbeiterlöhne.

Kompetenztraining Geschichte
9783060649396_GES_P_306-315.doc

Lösungen zu Kapitel 19

Förderbogen 19.1

Text	Markierungen	Mein Exzerpt
<u>Vor der Kolonisation gab es keine ethnischen Konflikte in Ruanda.</u> Die drei Volksgruppen – <u>Hutu, Tutsi, Twa (Pygmäen)</u> – verwalteten das Land gemeinsam, jede in dem wirtschaftlich-sozialen Bereich, in dem sie vorwiegend tätig war: in der Landwirtschaft, der Viehzucht, der Metallverarbeitung oder der Töpferei.	**These** **Lex.**	Wörtliches Zitat: „Vor der Kolonisation gab es keine ethnischen Konflikte in Ruanda." (Muyombano, S. 75) Paraphrase in Stichworten:
<u>Die Keime des ruandischen Konflikts sind schon lange vor der Unabhängigkeit gesät worden. Maßgebend war der Einfluss des</u> belgischen Kolonialherrn auf die politische Entwicklung des Landes. Die Deutschen hatten die vorgefundenen sozial-politischen Einrichtungen nicht angetastet. Um ihre Autorität zu behaupten, beeilten sich aber ihre Nachfolger, die Belgier, die dreifache Verwaltung aufzulösen, indem sie die ethnischen Gruppen gegeneinander ausspielten. <u>Die belgische Kolonialverwaltung betrachtete die Tutsi als Menschen mit großem Organisationstalent.</u> Sie wurden als Instrument der belgischen Machthaber verwendet und dienten als Treibriemen zwischen dem Volk und den Kolonialherren, indem sie deren Befehle ausführten, Strafen verteilten etc. Später trennte sich der belgische Kolonialherr von seinem „befehlsausführenden" Organisationstalent – den Tutsi – und erhob das „ausgebeutete Kind" – die Hutu – auf den Thron.	**These** **These**	• Hutu, Tutsi und Twa hatten keine ethnischen Konflikte vor Kolonisierung. • Deutsche tasteten sozial-politisches System nicht an. • Belgier spielten ethnische Gruppen gegeneinander aus. • Instrumentalisierung der Tutsi („Organisationstalent") als Handlanger der Kolonialherren • Nach einiger Zeit änderte sich die Politik der Belgier, die nun die Hutu bevorzugten. Fazit: Ohne die Kolonisierung Ruandas durch die Deutschen und insbesondere die Belgier wäre es nicht zum Völkermord in Ruanda gekommen. Eigene Anmerkungen: Das Ende des Textes wird nur verständlich, wenn man sich die hierzu notwendigen Hintergrundinformationen beschafft.

Förderbogen 19.2

1. a) „Afrika eröffnet unerahnte Absatzchancen!"
   b) „Wo wir Engländer sind, geht es voran!"
   c) „Französische Zivilisation auch in Übersee"
   d) „Aberglaube noch immer großes Problem in Afrika"
   e) „Die SPD wird in Übersee besiegt!"
   f) „Abschreckung ist die beste Verteidigung!"
2. Die Europäer hatten bei der Kolonialisierung in erster Linie die Interessen ihrer Heimatländer im Blick. Gerade das Beispiel Ruanda zeigt, dass die Verbreitung der europäischen Kultur, des christlichen Glaubens und die Einführung europäischer Verwaltungsstrukturen für die Menschen in den Kolonien eine Verbesserung ihrer eigenen Lebensumstände mit sich brachte.

Förderbogen 19.3

1. Heinrich Claß' Nationalismus richtet sich gegen Minderheiten (Juden, Polen, Dänen usw.) im eigenen – inzwischen geeinten – Land und sieht ausdrücklich die Anwendung kriegerischer Mittel zur Vergrößerung des Reichsgebietes vor. Derartige aggressive Tendenzen finden sich bei der frühen Nationalbewegung des 19. Jahrhunderts nicht. Der künftige großdeutsche Nationalstaat soll nach Ansicht Claß' nur von Germanen besiedelt sein. Innenpolitisch lehnt er demokratische Strukturen als undeutsch ab und fordert stattdessen die Unterordnung unter einen starken Führer. Liberale Gedanken, die im 19. Jahrhundert die nationalen Forderungen oft begleiteten, sind ihm fremd.
2. In den „Grundsätzen und Beschlüssen des achtzehnten Oktobers [1817]" wird Deutschland, das als Staat zu der damaligen Zeit noch nicht bestand, idealisiert. Der Nationalismus, der aus den „Grundsätzen" spricht, ist eher ein Nationalstolz und eine Wunschprojektion auf den künftigen Nationalstaat, in dem liberale Freiheiten durch Gesetz – also eine Verfassung – garantiert sein sollen. Der Fürst solle sich nach dem Willen des Volkes richten, was auf eine demokratische Grundordnung verweist. Der frühe Nationalismus zielte in Deutschland auf nationale Einheit *und* Freiheit, um 1900 ging der freiheitliche Aspekt verloren (Einheit *ohne* Freiheit).

Förderbogen 19.4

1

Bündnisse	Mitglieder
Dreibund (mit angeschlossenen Staaten)	Deutschland, Österreich-Ungarn und Italien (mit Rumänien)
Entente Cordiale (1904) bzw. Tripelentente (1907)	Großbritannien und Frankreich bzw. Großbritannien, Frankreich und Russland
Zweibund (1894)	Frankreich und Russland
Neutralitätsabkommen (1902)	Frankreich und Italien
Interessensausgleich (1907)	Großbritannien und Russland

2 Deutschland hielt sich mit seinem Verbündeten Österreich-Ungarn und seiner hochgerüsteten Armee den verbündeten anderen europäischen Großmächten für überlegen: Frankreich, Großbritannien, Russland gemeinsam mit Serbien, Belgien, China und Japan vermochten dem Bündnis nichts wirksames entgegenzustellen, solange die Türkei, die USA und Italien (vor der Waage) neutral blieben.

Förderbogen 19.5

a) Deutschland: Wilhelm II. hat dem österreichisch-ungarischen Kaiser eine Blankovollmacht ausgestellt, ihn im Falle eines Krieges zu unterstützen. Er forderte ihn sogar direkt auf, den „günstigen Moment" zu nutzen.

b) Österreich-Ungarn: Die Doppelmonarchie war schon vor Kriegsausbruch zum Krieg entschlossen und fasste das Ultimatum so ab, dass es von Serbien nicht angenommen werden konnte.

c) Großbritannien: Der Staatssekretär im Außenministerium rät dazu, die gesamte britische Flotte im Fall einer Mobilmachung Österreichs oder Russlands zu mobilisieren, um Deutschland vor einem Kriegseintritt abzuschrecken.

d) Russland: Der russische Außenminister macht unmissverständlich klar, dass es nicht bei einem begrenzten Konflikt zwischen Österreich-Ungarn und Serbien bleiben werde, sondern die europäischen Mächte und vor allem Russland nicht tatenlos zusehen werden.

Fazit: Deutschland und Österreich-Ungarn tragen eine wesentliche Verantwortung für den Ausbruch des Ersten Weltkrieges, weil sie bereits Wochen zuvor nicht mehr an einer friedlichen Lösung interessiert waren. Die Gegner dieser Koalition – Großbritannien, Frankreich und Russland – tragen aber ebenso Verantwortung, da sie lediglich drohen, aber nicht zu einer Deeskalation beitragen.

Förderbogen 19.6

1 Francke ist entsetzt von dem, was er sieht und erlebt: Man kämpfte und (über-)lebte in einer Mondlandschaft zwischen toten Soldaten, Tierkadavern, Ruinen und Schützengräben. Die Angst vor dem eigenen Tod ist allgegenwärtig, da die feindlichen Geschosse aus großer Entfernung abgefeuert werden konnten. Zu der Angst gesellt sich eine Apathie, die daher rührt, dass der einfache Soldat an seinem Schicksal im Schützengraben nichts ändern konnte. Trost spendeten die Briefe und andere Andenken an die Heimat. Bild M2 verweist auf die erstmalige Verwendung von Giftgas und ist ein Hinweis auf den erstmaligen Einsatz moderner Kampfmittel wie Gas, Panzer und Flugzeug.

2 Die hohe Zahl der Verwundeten ist die Folge der neuen Waffen und des monatelangen Stellungskrieges: Durch Bombensplitter oder auch den Einsatz von Gas und chemischen Kampfstoffen werden unzählige Soldaten verstümmelt, ohne jedoch den Verletzungen zu erliegen.

Übersicht der Verluste in Millionen	Gefallene	Verwundete	Verhältnis
Deutschland	1,9	4,25	1 : 2,4
Frankreich	1,4	3,0	1 : 2,1
Großbritannien	0,95	2,1	1 : 2,2
Italien	0,46	0,95	1 : 2,1
Österreich-Ungarn	1,2	3,6	1 : 3
Russland	2,0	5,0	1 : 2,5
Türkei	0,3	0,4	1 : 1,3
USA	0,12	0,2	1 : 1,7

Lernerfolg Kapitel 19

1 Mit der Oktoberrevolution 1917 in Russland und dem anschließenden Frieden von Brest-Litowsk (März 1918) schied zwar Russland als Kriegsgegner im Osten aus, aber im gleichen Jahr trat die USA in den Krieg ein, was die Kräfteverhältnis eindeutig zugunsten der Alliierten verschob.

2 a) Suche der Industrieunternehmen nach Absatzmärkten und Rohstoffen, Kapitalanlage in kolonialen Unternehmen, innenpolitische Spannungen (z. B. soziale Probleme, politische Bewegungen) wurden als imperiale Politik „nach außen abgeleitet", militärische Machtinteressen und Sicherheitsüberlegungen führten zu Gebietseroberungen und zur Errichtung von Stützpunkten, Kolonien als „Ventil" für die schnell wachsende europäische Bevölkerung, Behauptung von der Überlegenheit der „weißen Rasse" (Sozialdarwinismus), Schwäche der außereuropäischen Länder.

b) Gründung von Kolonien, Schutzgebieten und Handelsniederlassungen, Übertragung der europäischen Kultur (Schulen), Aufbau einer Infrastruktur, Errichtung einer von Europa aus gesteuerten Verwaltung nach europäischen Prinzipien bzw. Besetzung aller Schaltstellen mit Europäern und Beibehaltung der einheimischen Regierung (z. B. in Ägypten), Unterwerfung von Grenzvölkern.

3 a) tagtägliche Todesangst, Dauerbeschuss, Vegetieren in Schützengräben, Kämpfen um wenige Meter Land, Todesfälle in der eigenen Einheit, schlechte Versorgung, Mondlandschaften

b) Versorgungsengpässe, Übernahme von Männertätigkeiten, Angst um den Verlobten

4 Unter den gegebenen Umständen des Sommers 1914 – d. h. dass keine europäische Großmacht mehr an der Enthaltung des Friedens interessiert war –, war es sehr schwer, den Krieg zu verhindern. Dies war aber die bewusste Entscheidung der Politiker, keine schicksalhafte Zwangsläufigkeit, wie es auch sonst keine zwangsweisen historischen Entwicklungen gibt.

Kompetenztraining Geschichte
9783060649396_GES_P_306-315.doc

Lösungen zu Kapitel 20

Förderbogen 20.1

1 a) Estland, Lettland, Litauen, Weißrussland, Ukraine, Moldawien, Aserbaidschan, Armenien, Georgien, Kasachstan, Kirgisien, Turkmenistan, Tadschikistan, Usbekistan, Russland.

b) Die weit auseinanderliegenden Landesteile in den Staat zu integrieren war nicht leicht. Viele Regionen sind abgelegen und waren schwer zugänglich. Entsprechend schwer waren Gebiete zu beherrschen, die in einsamen Gebirgsregionen lagen und schwer zu kontrollieren sind. Um im ganzen Land eine Verwaltung aufzubauen, musste es auch eine Infrastruktur geben: Straßen, Linienverkehr, Kommunikation. Die Verwaltung hat nur eine Autorität, wenn sie sich durchsetzen kann. Nur dann gelingt auch eine ernst zu nehmende Herrschaft.

2 Weitere Punkte können sein: Trotz Reformen bleibt Mehrzahl der Ländereien in den Händen adliger Grundbesitzer; zu wenig inländisches Kapital (wenige Fortschritte in der Industrie); Fehlen eines finanzkräftigen Bürgertums; Zarismus, rückständige Politik des Zaren (Geheimpolizei, orthodoxe Kirche als Machtinstrument; Fehlen von liberalen oder demokratischen Parteien); Kriegsmüdigkeit; Hungersnöte.

Förderbogen 20.2

1 Zarenhaus, Hochadel, Klerus, Militär, Bürgertum, Arbeiter und Bauern

2 „Wir sind von Gottes Gnaden Herrscher und unsere Familie seit Jahrhunderten zu Recht an der Macht."

„Wir als Fürsten unterstützen den Zaren und profitieren von seiner Gunst. Was wären wir ohne ihn?"

„Der Zar garantiert Ruhe in weltlicher Hinsicht und ist Beschützer der Kirche. Er lässt uns frei schalten und walten, er ehrt den Glauben."

„Der Zar als unser Herrscher erhält unsere Armee, er rüstet sie auf, sendet sie in Kriege, die wir meist gewinnen. Von ihm erhalten wir den Sold. Wenn er sich nicht einmischt und gut zahlt, sind wir zufrieden."

„Uns Bürgern geht es auch ganz gut. Im Zarenreich haben wir unsere exklusive Stellung. Auf Adelstitel sind wir ganz erpicht, der Zar hält die Arbeiter und unsere Feinde in Schach."

„Wir müssen alles ertragen, werden unterdrückt. Der Fisch stinkt vom Kopf her. Der Zar ermöglicht eine ungerechte Herrschaft, in der wir ausgebeutet und klein gehalten werden! Das muss sich ändern!"

Förderbogen 20.3

1 Von links oben erste Spalte bis rechts unten zweite Spalte: 2–1–3–4–5

2

Parlamentarismus	Rätesystem
evolutionärer Ansatz	revolutionärer Ansatz
Abgeordnete entscheiden	Basis entscheidet
Gewissensverantwortung	direkte Verantwortung gegenüber der Basis
Gewaltenteilung	Räte führen Gesetze durch
einmalige Wahl	permanente Kontrolle

Förderbogen 20.4

1

Bolschewiki	Menschewiki
Revolutionsregierung, Diktatur d. Proletariats	bürgerliche Regierung
Aufbau einer neuen Armee	Weiterentwicklung der alten Armee
Kriegskommunismus	gelenkte Marktwirtschaft
zunächst Unabhängigkeit	Bündnis mit westeuropäischen Staaten
Entmachtung der Zaren um jeden Preis	

2 a)

Textausschnitt: Was Lenin sagt	Was Lenin meint, worauf er anspielt
Kommunismus – das ist die Macht der Sowjets plus Elektrifizierung des ganzen Landes.	Ohne technischen Fortschritt und die Macht bei den Räten wird unser neues System nicht funktionieren.
Sonst wird ein Land immer ein kleinbäuerliches Land bleiben ...	Er appelliert an den Aufbruchsgeist der Menschen und will die Russen aus der Agrargesellschaft führen.
Erst dann, wenn das Land elektrifiziert ist, wenn die Industrie, die Landwirtschaft und das Verkehrswesen eine moderne großindustrielle Grundlage erhalten, erst dann wird unsere Revolution endgültig gesiegt haben ...	Die Revolution braucht eine wirtschaftliche Basis, denn nur ein wirtschaftlich entwickeltes Land ist ein mächtiges.
Wenn Russland sich mit einem dichten Netz von elektrischen Kraftwerken bedeckt haben wird, wird unser Wirtschaftsaufbau zum Vorbild für das kommende kommunistische Europa und Asien werden.	Unser Beispiel und unsere Technik werden die Menschen in anderen Regionen beeindrucken, die in unserer Interessssphäre liegen. Auch diese Staaten werden unserem Beispiel dann folgen.

Kompetenztraining Geschichte
9783060649396_GES_P_316-327.doc

b) Aus heutiger Sicht ist die sowjetische Industrie ein großer Umweltverschmutzer gewesen. Man setzte auf Großtechnik, die nicht immer effizient war. Mit Rohstoffen musste die Sowjetunion zum Teil nicht sparen. Auch die Art und Weise, wie Waren hergestellt wurden und welche Mittel man dazu einsetzte, war oft verschwenderischer und gefährlicher als im Westen. Die sowjetische Baumwollindustrie ist beispielsweise für das Austrocknen des Aralsees verantwortlich. Sowjetischer Atommüll verstrahlt Teile des Polarmeeres. Die Aufholjagd der Sowjetunion geschah auf Kosten der natürlichen Ressourcen; die Industrieverunreinigungen waren Firmen in anderen Ländern jedoch auch lange gleichgültig.

c) Wenn die Sowjetunion Vorbild sein soll für die Wirtschaft in den Nachbarregionen, dann sollen diese die planwirtschaftliche Wirtschaftsweise übernehmen. Ziel Stalins war also eine attraktive Sowjetunion, mit der sich andere Völker verbrüdern und die die Wirtschaftsweise übernehmen. Diese Idee ist eindeutig auf Expansion der Wirtschaftsweise und mithin sogar der politischen Einflusssphäre gerichtet.

Förderbogen 20.5

1 Trotzki war ein mächtiger Konkurrent, der Stalin gefährlich werden konnte. Ihn liebten die Massen, er war beliebter als Stalin selbst, den er verehrte. Stalin merkte, dass er Trotzki unterschätzte und dass diesem die Herzen zuflogen. Dies neidete ihm Stalin.

2 Wie man schon an Asts Artikel erkennen kann, ist das nicht gelungen. Auch heute kann man viele Informationen über Trotzki finden. Über ihn gibt es auch im Internet jede Menge Informationen. Es gibt sogar eine politische Gruppierung, die sich Trotzkisten nennt und sich auf ihn beruft. Dies zeigt, dass man die Erinnerung an Trotzki nicht auslöschen kann. In weiten Teilen der Welt hat ihn sein tragischer Tod unsterblich gemacht.

Lernerfolg Kapitel 20

1
  a) Arbeitskräfte fehlen durch Bauernbefreiung der Landwirtschaft.
  b) Zu viele Arbeitskräfte in den Städten.
  b) Schwerindustrie dominiert zu stark.
  c) Kapital meistens aus dem Ausland; Bürgertum fehlt für Investitionen.
  d) Unterdrückungspolitik des Zaren.

2 Die Russen waren angesichts eines für sie ungünstig verlaufenden Krieges kriegsmüde. Die Versorgungslage war schlecht, viele Soldaten fehlten auf dem Feld, in den Familien. Streiks blockierten das Land, das sich in einem Krieg befand, den der Zar zu verantworten hatte und der nicht Herzenssache des Volkes war. Das Deutsche Reich konnte anfangs große militärische Erfolge verbuchen. Das Zarenregime, in dem sich bereits mehrere Probleme angestaut hatte (vgl. Aufgabe 1), brach unter diesem Druck zusammen. Die erste Revolution Anfang 1917 brachte dann eine bürgerliche Regierung an die Macht, die die Situation nicht entscheidend verbessern konnte. So kam es zur Oktoberrevolution der Kommunisten um Lenin, die einen Neuanfang wollten, vor allem keinen Krieg mehr

3
  a) Das Räte- oder auch Sowjetsystem stellt eine Form der Basisdemokratie dar. Vor Ort, z. B. in den Betrieben, versammeln sich die Arbeiter und entsenden einen Delegierten in den nächsthöheren Rat. Die Basisentscheidungen muss der Delegierte kommunizieren, er hat keinen Spielraum z. B. für eine Gewissensentscheidung. Entscheidet er zu eigenmächtig, wird er abgewählt. So soll sich die Meinung des Volkes bis hin zum obersten Sowjet abbilden. Diese Räte beschließen Gesetze und führen sie aus.
  b) Die Gefahr dieses Systems ist, dass sich die unterschiedlichen Vorstellungen der Basis gegenseitig blockieren und stattdessen von oben nach unten geherrscht wird, weil dies einfacher ist als der Weg der Meinungsbildung von unten. Ein weiterer Nachteil ist auch die mangelnde Gewaltenteilung. Der Ansatz von direkter und gelebter Demokratie an der Basis ist positiv zu bewerten, jedoch zeigt das Beispiel der UdSSR, dass der Missbrauch der Kontrolle der Räte von oben zu groß ist, da die Anzahl der Meinungen von unten sehr vielfältig und widersprüchlich ist.

4 Russland war zu Beginn des 20. Jahrhunderts ein wenig und auch einseitig industrialisiertes Land. Lenin war klar, dass eine starke Sowjetunion eine mächtige industrielle Basis braucht. Im eigenen Land und noch viel mehr am Beispiel Englands oder Deutschlands konnten die Kommunisten sehen, dass die Industrialisierung mit Ausbeutung, Kinderarbeit, Arbeitskämpfen etc. einherging. Man wollte eine ungerechte Industrialisierung auf dem Rücken der Arbeiterschaft vermeiden. Die wichtigsten Beobachtungen zur Industrialisierung und den Schlüssen, wie man ihre Fehler vermeidet und die Arbeiterschaft in eine selbstbestimmte glückliche Zukunft führte, stammten von Karl Marx und Friedrich Engels. Die beiden deutschen Philosophen waren längst tot, ihre Schriften alt. Aber sie machten auf die Kommunisten um Lenin Eindruck, weil dort eine Zukunftsvision eines Arbeiterregimes entworfen wird, die im linken Lager immer weitergelebt hatte. Lenin wollte die „Revolution des Proletariats" mit Arbeitern, Soldaten und Bauern in Wirklichkeit umwandeln und ein Vorbild geben. Marx und Engels waren noch in aller Welt bekannt.

5 Unter Stalin war das Rätesystem weitgehend noch Theater. Von der Parteiführung in Moskau kamen die Anordnungen, die dann nach unten weiterkommuniziert wurden. Es handelte sich letztlich um einen diktatorischen Führer- und Parteistaat. Der demokratische Ansatz war fast ganz verschwunden – die Räte tagten jedoch brav und spielten Basisdemokratie. Gewisse Entscheidungen wurden auch umgesetzt; die Menschen hatten das Gefühl, dass zumindest die Idee von der Basisdemokratie noch vorhanden ist. Sie wussten aber auch, dass ohne Stalin keine grundlegende Entscheidung getroffen wurde und er sich von unten wenig sagen ließ.

Lösungen zu Kapitel 21

Förderbogen 21.1

1 Die Amerikaner bezeichneten die Verschiebung ihrer Westgrenze als „frontier". Diese Grenzverschiebung bezieht sich aber nicht nur auf eine geographische Grenzlinie, sondern auf eine wirtschaftliche, verwaltungsmäßige und kulturelle Durchdringung der neuen Gebiete. Anhand des Bildes kann man ganz klar erkennen, wo Naturraum mit schneebedeckten Bergen, einsamen Seen und Steppe ist. Siedler verschieben mit ihren Dörfern und Städten die Siedlungslinie immer weiter. Häuser ent-

Kompetenztraining Geschichte
9783060649396_GES_P_316-327.doc

stehen, die Eisenbahn ist die Lebensader, von dort aus gehen Trecks in Richtung Westen. Fleißig arbeiten die Siedler an dieser Kultivierungsarbeit. In einer Schule lernt eine neue Generation von Siedlern.

2 Die Indianer, in den Rauch der Lokomotive gehüllt, schauen zu – eher rückständig passiv denn als Bedrohung. Sie beobachten, was sich im Tal ereignet, das sicher einst zu ihrem Einzugsbereich gehört hat. Sie stehen abseits, sind keine Störenfriede, die mit einem Überfall drohen. Die Entwicklung des Fortschritts, die „frontier" ist schon an ihnen vorübergegangen, die Straße der Zukunft, die Straße der weißen Siedler und der Eisenbahn durchschneidet ihr ehemaliges Land. Sie können dem Bild zufolge dabei nur noch zuschauen.

Förderbogen 21.2

Zeit	Name der Staaten / Gebiete
Bis 1783	Georgia, Süd Carolina, Nord Carolina, Virginia, Pennsylvania, Maryland, Delaware, New Jersey, New York, Rhode Island, Connecticut, Vermont, New Hampshire, Massachusetts, West Virginia
Bis 1800	Tennessee, Kentucky
Bis 1821	Alabama, Ohio, Missouri, Louisiana
Bis 1861	Florida, Michigan, Wisconsin, Minnesota, Iowa, Arkansas, Texas, Kalifornien, Oregon, Kansas
Bis 1880	Colorado, Nebraska
Bis 1900	Washington, Idaho, Utah, Nord und Süd Dakota
Nach 1900	Neu Mexiko, Arizona, Oklahoma

Förderbogen 21.3

1 a) Jefferson sieht die USA in einer ganz besonderen Position: Diese einzigartige Republik sei Hüterin der Menschenrechte, der Freiheit und Selbstregierung. Von den USA sollen diese Ideen in alle Welt ausgehen. Der ganzen Menschheit soll die Entwicklung in den USA zugute kommen, weil dort alle Interessen und Neigungen vertreten sind und Kompromisse geschlossen werden. Die Menschheit soll sich ein Beispiel am neuen Amerika nehmen. Aus Jeffersons Worten spricht ein Sendungsbewusstsein, ein Anspruch auf einen besonderen Platz in der Weltgeschichte.

b) Es ist immer schwierig, seine Meinung und Einstellung über andere Vorstellungen zu stellen. Jefferson ist so überzeugt von der Sendung seines Landes, dass er glaubhaft machen muss, alle Länder der Erde könnten von den USA lernen. Heute kann man diese Vorstellung eher kritisieren, auch wenn man sie aus dem damaligen Zusammenhang verstehen muss. Häufig traten auch in den vergangenen Jahren die USA als Weltpolizei auf, die Freiheit, Demokratie und Menschenrechte bringen wollten. Viele Staaten weigerten sich und sperrten sich dem Einfluss des „american way of life". Es ist unterdessen umstritten, ob und wie demokratische und freiheitliche Vorstellungen für alle Staaten diese Erde angewandt werden sollen.

2 a) Berlin, Hamburg, Potsdam, Braunschweig, Bremen, Frankfurt, Bethel, Colmar, Münster, Metz, Bergen, Coburg, Minden, Bebra, Kiel, Offenburg, Luxemburg, Altenburg, Bingen, Fulda, Leipzig, Pyrmont, Oldenburg, Königsmark, Tilsit, Melle.

b) Hannover

c) Insgesamt 5 530 200 Personen in 106 Jahren, macht also 52 171 Menschen jährlich. Für den späteren Zeitraum gilt: 647 400 Personen in 16 Jahren, also 40 463 Menschen.

Förderbogen 21.4

1 1. Schritt: Spontaner Eindruck: Eine Männerrunde sitzt gemütlich in einem Lokal zusammen und spielt Karten. Es geht um viel Geld.

2. Schritt: Ideen sammeln: Amerika als Spielcasino, Arm gegen Reich, manche stehen im Abseits.

3. Schritt: Einzelheiten: Die Arbeiter, Bauern und ehrlichen Geschäftsleute sind die Verlierer im Spiel, sie wollen ein neues faireres Spiel, den „New Deal". Sie haben kein Geld mehr, sind empört, fühlen sich über den Tisch gezogen, sie schauen grimmig aus und ernst. Spekulanten, bestochene Politiker und das „Big Biz" haben das große Geld, sie rauchen Zigarren, die Großindustrie lächelt, während der Spekulant leer ausgegangen ist. Ein Kongressabgeordneter eilt herbei und verschafft sich einen Überblick. Er ist voll Tatendrang, was man an seiner Armhaltung erkennen kann. Er lässt Privilegien fallen, die wohl für die Gewinnerseite gedacht waren. Das Hinterzimmer ist „The USA".

4. Schritt: Bedeutung klären: Die meisten Figuren stehen für die entsprechende soziale Klasse oder Gruppe. Die ausgebeuteten normalen Leute bekommen nichts vom großen Geld ab. Für die Politik entsteht ein Handlungsbedarf, die Schwächeren verlangen eine neue Spielpraxis.

5. Schritt: Aussage formulieren: Die Karikatur zeigt, dass die wirtschaftlichen und sozialen Zustände als ungerecht wahrgenommen wurden. Die Ungerechtigkeit ist offenkundig und kann und soll durch das Eingreifen ehrlicher und entschlossener Politiker aus dem Kongress beseitigt werden – eben durch einen New Deal. Der Zeichner der Karikatur steht auf der Seite der kleinen Leute und bestätigt das hohe Maß an Ungerechtigkeit. Vor einer Kongressabstimmung beispielsweise kann eine Zeitung versuchen, ihre Leser von der Notwendigkeit eines neuen Umgangs mit den weniger gut Bemittelten zu überzeugen.

2 Offenbar trauten viele Amerikaner damals wie heute der wirtschaftlichen Elite nicht und empfanden das System als ungerecht, das die großen Geschäftsleute so einseitig begünstigt und den Ehrlichen als den Dummen dastehen lässt. Trotz Befürworten der Freiheit sollte die Politik die wirtschaftliche Elite ausbremsen. Die Karikatur drückt die Hoffnung aus, dass der Kongress für neue, gerechtere Verhältnisse sorgen könne. Eine Wirtschaft, die nur auf das Geld und dessen Vermehrung schaut und die soziale Verantwortung aus dem Blick verliert, hat schlechte Karten.

Kompetenztraining Geschichte
9783060649396_GES_P_316-327.doc

3

These	Herbert Hoover	Franklin D. Roosevelt	Meine Meinung
Ein Eingriff des Staates zerstört das Gleichgewicht.	genau Hoovers Meinung	Im Ausnahmefall kann und muss der Staat eingreifen können.	
Der Staat muss für das Auskommen seiner Bürger sorgen.	lehnt er eher ab	fühlt sich verantwortlich dafür	
Jedermann hat ein Recht auf Eigentum.	uneingeschränkte Zustimmung	Zustimmung, aber Eigentum verpflichtet auch	
Gruppeninteresse muss hinter öffentl. Wohlfahrt zurückstehen.	Starke Interessen innerhalb der Freiheitsordnung sind legitim, starke Unternehmer fördern die Wohlfahrt.	Die Regierung muss einschreiten, wenn Gruppeninteressen zu stark werden.	
Die Freiheit des Unternehmertums ist die Grundlage dieses Landes.	glaubt an starke Unternehmer und wirtschaftliche Freiheit	Wirtschaftlich Verantwortliche müssen zusammenarbeiten und auf den Staat orientiert sein.	

Förderbogen 21.5

	USA	Russland/Sowjetunion
Politisches System	Parlamentarische Demokratie	Rätesystem
Regierungsform	Präsidiales System	Diktatur Lenins, Stalins
Wirtschaftliche Freiheit	Freie Unternehmen, Börse, aber auch Eingriffe	Planwirtschaft mit Jahresplänen zur Erfüllung von Produktionszahlen
Weltpolitisches Engagement	Abkehr von Isolationismus, Eingreifen in den Ersten Weltkrieg	Propaganda für die kommunistische Idee, Aufrüstung
Art der Modernisierung	Investitionen und Konsum, Innovationen und staatliche Aufträge, Angebot und Nachfrage	Zwangsmodernisierung der Industrie, Anlage künstlicher Industriestädte, wenig Rücksicht auf Bevölkerung und Umwelt
Expansion	Expansionspolitik im Pazifik, mehr Einfluss in Mittelamerika und Pazifik	Expansion in Mittelasien, Kaukasus, insbes. Konflikte mit islamischen Gebieten
Umgang mit Krisen	New Deal, Sozialpolitik und Staatsschulden für Flaute	Abstreiten von Problemen, Bevölkerung war Krisen ausgesetzt
Beteiligung am Ersten Weltkrieg und Folgen	Intervention 1917 auf der Seite der Alliierten, kriegsentscheidende Unterstützung Großbritanniens und Frankreichs	Krieg auch Ursache für Revolution, Friede von Brest-Litowsk
Gliederung der Gesellschaft	Stark gegliederte Schichten und Milieus, reiche Oberklasse, Industriemagnaten, starke Unterschiede zwischen bettelarm und fantastisch reich. Rassentrennung	Gleichheitsanspruch, geringe Einkommensunterschiede, Steuerung durch Partei, Trennung der Volksgruppen
Bedeutung des Lebensmodells für uns heute	Weitgehende Lebensgrundlage, außer in Wirtschafts- und Sozialpolitik, Ähnlichkeit der Lebensstile	Eher abschreckende Erfahrung von Unfreiheit, Scheitern des Kommunismus, dennoch Faszination des Anspruchs und der Theorie

Lernerfolg Kapitel 21

1 a) Ausgehend von den dreizehn Gründerstaaten an der Ostküste verschob sich das Staatsgebiet immer weiter nach Westen. Dies dauerte jedoch mehr als 100 Jahre. Die Entwicklung vollzog sich zunächst langsamer und erreichte im letzten Drittel des 19. Jahrhunderts einen Höhepunkt. Nachdem auch im Westen Staaten gegründet worden waren, bildeten die an Mexiko grenzenden Staaten im Süden wie Arizona und Neu Mexiko den Abschluss der kontinentalen Ausbreitungsentwicklung, die hinter den Siedlertrecks die Infrastruktur mit sich brachte.

b) Wenn ein Land im Bewusstsein lebt, die Grenze seines Staates weiter zu verschieben, so ist das zunächst einmal aufregend, dynamisch, auch gefährlich. Die USA stießen in Neuland vor und gestalteten es. Das wirkte auf die Mentalität der Amerikaner. Wehrhaft sicherten sie die Grenze, kontrollierten das Land, aber sie entwickelten es auch, besiedelten es, machten es urbar, unterwarfen es sich und die dort lebenden Einheimischen. Insofern ist die Mentalität der „Frontier" zweischneidig: von Gewalt und Gestaltung geprägt.

2 Insbesondere Japan entwickelte sich zum Feind der USA. Mit dem Stichwort „Pearl Harbor" ist der Beginn des Pazifikkrieges Ende 1941 verbunden. Dies hatte Folgen auf die Auswanderung aus Japan und dem durch das Kaiserreich besetzten Gebiet in China und Korea. Nach Ende des Weltkrieges bestimmte der Kalte Krieg das Verhältnis zu den Chinesen; der Koreakrieg wurde zu einem heißen Konflikt. Das wirkte sich auf die Einwanderung aus, die in den genannten 30 Jahren stark zurückging, was jedoch auch auf die Initiative der Amerikaner zurückging, die keinen asiatischen Feind duldeten. Nach 1960 kamen viele chinesische Regimegegner wieder in die Chinatowns der Westküste.

Kompetenztraining Geschichte
9783060649396_GES_P_316-327.doc

3 Man sieht einen abwartenden Onkel Sam als Symbol für Amerika. Er schaut dem Brückenbauprojekt zu und hat den entscheidenden Schlussstein. Zwischen Belgien und Frankreich einerseits und Großbritannien und Italien andererseits fehlt ein Stein, der die Tragfähigkeit herstellen soll. Die USA hatten den Weg zum Völkerbund bereitet und waren nun nicht bereit, den entscheidenden Schritt zu gehen. Hier wird der nach dem Ersten Weltkrieg stärker werdende Isolationismus der USA kritisiert. Der Künstler meint, dass sich die USA stärker in Europa engagieren und beenden müssten, was sie begonnen haben.

4

Pro wirtschaftliche Freiheit	Pro Eingriff des Staates
geringere Verschuldung	Beruhigung der sozialen Situation
freies, kreatives Unternehmertum	Ideen des Keynesianismus (antizyklische Ausgaben)
Gleichbehandlung, Chancengleichheit	Begrenzung von Spekulation und Egoismus
Leistungsfähigkeit des Kapitalismus mit Anreizen und Wohlfahrt	Wahrung des sozialen Friedens im Land

5 Man kann der These weitgehend zustimmen, da nach 1917 in Russland und später in der UdSSR eine kommunistische Wirtschaftsordnung, eine Planwirtschaft etabliert wurde. Die USA waren traditionell Hort des freien Unternehmertums und der Marktwirtschaft, in der Angebot und Nachfrage den Preis bestimmen und nicht eine Planung des Staates. Jedoch muss man einschränken, dass die New-Deal-Politik auch in diese Marktordnung eingriff und den Staat als Garanten und Rahmen der Wirtschaft stärkte.

Lösungen zu Kapitel 22

Förderbogen 22.1

Datum	Ereignis	Erläuterung
28.10.18	Einführung der parlamentarischen Monarchie in Deutschland	Unter Reichskanzler Prinz Max von Baden versucht die letzte Regierung des Kaiserreiches mit der Parlamentarisierung der Verfassung eine wichtige Vorbedingung der Alliierten für die Aufnahme von Friedensverhandlungen zu erfüllen.
9.11.18	Ernennung Friedrich Eberts zum Reichskanzler	Prinz Max von Baden dankt zugunsten eines Sozialdemokraten ab.
9.11.18	Abdankung des Kaisers und Ausrufung der Republik	Ende des 1871 in Versailles gegründeten Kaiserreichs.
19.01.19	Wahlen zur Nationalversammlung	Zum ersten Mal in Deutschland herrscht ein allgemeines, gleiches und freies Wahlrecht, das auch die Frauen einschließt.
28.06.19	Unterzeichnung des Versailler Vertrages	Auf Druck der Alliierten unterzeichnet die Reichsregierung den Friedensvertrag, der für Deutschland demütigende Bedingungen enthält und die junge Republik schwer belastet.
April 1922	Vertrag von Rapallo	Vertrag zwischen dem Deutschen Reich und der Sowjetunion, der zu einer Normalisierung der Beziehungen zwischen beiden im Weltkrieg verfeindeten Ländern führte.
1923/24	Ruhrkampf	Wegen ausbleibender Reparationslieferungen besetzten französische und belgische Truppen das Ruhrgebiet, worauf dort – von der Reichsregierung unterstützt – ein Generalstreik ausbricht.
1923	galoppierende Inflation	Die seit dem Weltkrieg herrschende schleichende Inflation verschärft sich Anfang der Zwanzigerjahre immer mehr, sodass im November 1923 ein US-Dollar 4,2 Billionen Reichsmark wert ist. Mit der Einführung der Rentenmark wurde die Inflation gestoppt.
9.11.23	Hitlerputsch in München	Adolf Hitler versucht mit seiner 1920 gegründeten NSDAP von Bayern aus, die Reichsregierung zu stürzen. Der Aufstand wird von der bayerischen Polizei mit Waffengewalt erstickt und Hitler nach einem Hochverratsprozess zu fünf Jahren Festungshaft verurteilt. Nach neun Monaten wird er dort wieder entlassen.
Okt. 1925	Konferenz von Locarno	Völkerrechtliche Vereinbarungen, in welchen Deutschland u. a. die im Versailler Vertrag festgelegte Westgrenze anerkannte.
Sept. 1926	Aufnahme Deutschlands in den Völkerbund	Mit der Aufnahme in den 1920 gegründeten Völkerbund kehrt Deutschland wieder in den Kreis der gleichberechtigten Staaten zurück.
Okt. 1929	Beginn der Weltwirtschaftskrise	Durch den Börsencrash in den USA beginnt eine weltweite Wirtschaftskrise der Industrienationen, die in Deutschland u. a. zu einem dramatischen Anstieg der Arbeitslosigkeit und damit einhergehend zur politischen Radikalisierung führte.
30.01.33	Ernennung Hitlers zum Reichskanzler	Reichspräsident von Hindenburg ernennt mit Hitler (NSDAP) den Führer der stärksten Reichstagsfraktion zum Reichskanzler. Sein Amtsantritt kennzeichnet das Ende der Weimarer Republik und den Beginn des nationalsozialistischen Terrorregimes.

Kompetenztraining Geschichte
9783060649396_GES_P_316-327.doc

Förderbogen 22.2

1

	Reichsverfassung 1871–1918	**Weimarer Verfassung 1919–1933**
Staatsoberhaupt	König von Preußen als Deutscher Kaiser: Wilhelm I. (1871–1888), Friedrich III. (1888), Kaiser Wilhelm II. (1888–1918)	Reichspräsident Friedrich Ebert (1920–1925), Paul von Hindenburg (1925–1934)
Ländervertretung	Bundesrat (58 Vertreter der Landesregierungen, darunter 17 aus Preußen)	Reichsrat (55–68 Vertreter der Länder)
Volksvertretung	Reichstag (397 Abgeordnete)	Reichstag (421–647 Abgeordnete)
Wahlrecht	allgemeines, gleiches, freies, direktes und geheimes Wahlrecht für Männer ab 25 Jahren	allgemeines, gleiches, freies, direktes und geheimes Wahlrecht für Männer und Frauen ab 20 Jahren
Grundrechte	keine Garantie der Grundrechte in der Reichsverfassung	Grundrechte sind garantiert.
Flagge	Schwarz-Weiß-Rot	Schwarz-Rot-Gold
Hauptstadt	Berlin (Hauptstadt Preußens)	Berlin

2 Im Kaiserreich lag die größte Macht sicherlich beim Kaiser, da er sowohl den Reichskanzler ernannte bzw. entließ, den Oberbefehl über die Streitkräfte hatte und den Reichstag einberufen und wieder auflösen konnte. Nach der Verfassung der Weimarer Republik war der Reichstag die mächtigste Institution, da dieser Gesetze initiieren und beschließen sowie einzelne Minister bzw. die gesamte Regierung abberufen konnte. Der Reichspräsident hatte seine Legitimation zwar „nur" durch das Volk, besaß aber durch Art. 48 eine solche Machtfülle, dass er faktisch die stärkste Macht war. So konnte er beispielsweise den Reichstag auflösen.

3 Deutschland war nun – trotz des „Ersatzkaisers" von Hindenburg – eine Republik, die Grundrechte garantierte und in der auch Frauen wahlberechtigt und wählbar waren.

Förderbogen 22.3

1 Auch Schülern, welche die Unterzeichnung des Versailler Vertrags nicht selbst miterlebt haben, sollten dessen demütigende Regelungen kennenlernen.

2 „Die geben immer noch nicht Ruhe, obwohl sie doch Schuld am Ausbruch des Krieges waren!" oder „Die Abtretungen sind nicht mehr als gerecht; Deutschland muss für die Kriegsschuld zahlen!"

3 das Selbstbestimmungsrecht der Völker – Republik – Völkerbund – Kriege – Friedensvertrag von Versailles – Kolonien – Verkleinerung – Zahlung – Schmach

Förderbogen 22.4

1 Drei Kinder stehen an einer improvisierten Kinokasse und „bezahlen" wegen des wertlos gewordenen Geldes mit je zwei Stück Presskohle. An die Stelle der Geldwirtschaft trat also vorübergehend wieder die Tauschwirtschaft.

2 Das Naheliegendste – die Kohlen wurden zum Heizen genutzt – dürfte, wenn überhaupt, nur zu einem geringen Teil zutreffen, denn die Kohlen waren als gefragtes Tauschmittel viel zu wertvoll, um sie selbst zu verbrauchen. Durch den Tausch der Kohlen erhielten die Kinobetreiber an anderer Stelle zum Beispiel Lebensmittel oder Kleidung.

3 Ablenkung vom harten Alltag

Förderbogen 22.5

1 Durch die winterlich verschneiten Straßen einer Stadt ziehen verschiedene Demonstrationszüge, die sich nur durch die mitgeführten Fahnen und ihre Symbole (Stern bzw. Hakenkreuz) unterscheiden. Die Personenkolonnen sind gleich stark, die Menschen haben ihre Fäuste geballt, bei den uniformierten Nationalsozialisten herrscht militärische Ordnung. Gesichter sind keine zu erkennen. Die Demonstrationszüge laufen sehr dicht aneinander vorbei bzw. sogar aufeinander zu. Hinter den Menschen fährt jeweils ein schwarzes Auto, das durch die Bildunterschrift als Leichenwagen identifiziert werden kann. Außer den demonstrierenden Nationalsozialisten und Kommunisten sind keine Menschen auf der Straße zu sehen.

2 Im Winter 1930/31 war es zu zahlreichen Straßenschlachten zwischen Kampfverbänden der NSDAP und der KPD mit Todesopfern gekommen.

3 Politik wurde zunehmend auf der Straße und mit Gewalt ausgetragen. „Recht" hatte derjenige, der sich bei den Lokalschlachten und Straßenkämpfen durchsetzen konnte.

Förderbogen 22.6

1–3 Ein ernst schauender und gut gekleideter Mann steht auf dem Bürgersteig und schaut genau in die Kamera. Um die Schulter trägt er ein Schild mit der Aufschrift „Ich suche Arbeit jeder Art!". Seine Körperhaltung ist statisch, d. h., er lässt seine Arme herunterhängen, wirkt dadurch wehrlos und resigniert. Hinter ihm steht ein anderer Mann im Mantel, der ihn überrascht und vielleicht auch belustigt anschaut. Es könnte sein, dass der Passant sich über die Situation amüsiert, dass ein Mann aus offensichtlich guten Kreisen in eine derartige Notlage geraten kann, jede Arbeit annehmen zu wollen.

4 Da es dem Mann noch vor nicht allzu langer Zeit besser ging, dürfte er seine Situation als demütigend und beschämend empfinden.

5 Die heutige Sozialgesetzgebung verhindert, dass Menschen, auch wenn sie arbeitslos sind, so weit unter die Armutsgrenze rutschen, dass sie Hunger leiden müssen.

Kompetenztraining Geschichte
9783060649396_GES_P_316-327.doc

6 Pinneberg befindet sich in einer ähnlichen Lage wie der Mann auf dem Foto: Beide hatten bessere Zeiten erlebt, besaßen „Arbeit und sicheres Brot" und sind nun sozial abgestiegen und verarmt. Pinneberg ist aber schon so weit, dass er überlegt, sich für sein Schicksal an der Gesellschaft gewaltsam zu rächen. Hiervon ist bei dem Arbeitsuchenden auf dem Foto (noch?) nichts zu spüren.

Lernerfolg Kapitel 22

1 Die Weimarer Republik hatte noch stark mit den Folgen des verlorenen Weltkrieges zu kämpfen. Die wirtschaftlichen und politischen Probleme führten zu Aufständen und katastrophalen Verhältnissen, die das Ende der jungen Republik hätten bedeuten können:
- Kapp-Lüttwitz-Putsch 1920 (Besetzung des Regierungsviertels in Berlin durch eine Marinebrigade unter dem Befehl des Generals von Lüttwitz und des Politikers Wolfgang Kapp, DNVP);
- Besetzung des Ruhrgebiets 1923 (Einmarsch französischer und belgischer Truppen wegen ausstehender Reparationszahlungen);
- kommunistischer Putschversuch 1923 in Sachsen und Thüringen;
- Hitlerputsch in München 1923 unter Führung Adolf Hitlers und des Generals Ludendorff;
- Inflation 1923 durch Kriegsfolgen: Staatsverschuldung, Reparationszahlungen, Produktionsumstellungen, Verlust von Industrie- und Rohstoffgebieten.

2 Siehe Förderbogen 22.3, M1.

3 Die Fotografie stammt aus dem Frühjahr 1930, als es infolge der Weltwirtschaftskrise in Deutschland etwa 3,5 Millionen Arbeitslose und zunächst keine Aussicht auf Besserung gab. Man erkennt auf dem Foto auch, dass von dieser prekären sozialen Lage die politischen extremen Parteien profitierten: An der hinteren Gebäudewand ist die Parole „WÄHLT HITLER" mit einem Hakenkreuz zu lesen. Im Herbst des Jahres verneunfachte die NSDAP ihre Abgeordnetenzahl im Reichstag auf 107 Mandatsträger.

4 Die Weimarer Republik hatte zahlreiche Schwächen und mit Problemen zu kämpfen, die miteinander vernetzt waren (siehe hierzu zum Beispiel: *http://www.hellfirez.de/web/referate/inhalte/Weimarer_Republik.htm?style=print)*:
- zahlreiche Gegner der Republik und Verfassungsfeinde, vor denen es keinen wirksamen Schutz gab;
- Weltwirtschaftskrise mit schließlich 6 Millionen Arbeitslosen;
- ungünstige Startbedingungen durch den Versailler Vertrag;
- institutionelle Mängel der Weimarer Verfassung;
- versäumte Demokratisierung von Justiz, Verwaltung und Militär;
- persönliches Versagen verantwortlicher Politiker;
- Unterschätzung der NSDAP und deren große Mobilisierungskraft.

Die Weimarer Republik scheiterte dennoch nicht zwangsläufig (ohnehin gibt es keine Zwangsläufigkeiten in der historischen Entwicklung), sondern es gab zu wenige verantwortliche Personen, die den Krisenerscheinungen aktiv entgegentraten. Die alternativen Konzepte zu Hitler schienen vielen Menschen nach über einem Jahrzehnt ungeliebter Republik nicht mehr attraktiv genug.

Lösungen zu Kapitel 23

Förderbogen 23.1

Datum	Ereignis
1933	
30. Jan.	Ernennung Hitlers zum Reichskanzler
28. Feb.	Reichstagsbrandverordnung
23. März	Ermächtigungsgesetz
1. April	Aufruf zum Boykott jüdischer Geschäfte
Frühjahr	Gleichschaltung der Länder und der Gesellschaft
1935	
16. März	Einführung der allgemeinen Wehrpflicht
Sept.	Nürnberger Gesetze
1936	
März	Besetzung des entmilitarisierten Rheinlands
1938	
13. März	Anschluss Österreichs an das Deutsche Reich
29. Sept.	Münchner Abkommen
9./10. Nov.	„Reichskristallnacht"

Datum	Ereignis
1939	
15./16. März	Einmarsch deutscher Truppen in die „Resttschechei"
23. Aug.	Hitler-Stalin-Pakt
1. Sept.	Überfall deutscher Truppen auf Polen
3. Sept.	Kriegserklärung Frankreichs und Großbritanniens an Deutschland
1941	
22. Juni	Überfall deutscher Truppen auf die Sowjetunion
1942	
20. Jan.	Wannsee-Konferenz
1943	
18. Feb.	Beginn des „totalen Krieges"
1944	
20. Juli	Attentat auf Hitler
1945	
30. Apr.	Selbstmord Hitlers
8./9. Mai	Bedingungslose Kapitulation Deutschlands

Kompetenztraining Geschichte
9783060649396_GES_P_316-327.doc

Förderbogen 23.2

Datum	Ereignis bzw. Maßnahme	Bedeutung
30.1.33	Ernennung Hitlers zum Reichskanzler	Reichspräsident von Hindenburg ernennt mit Hitler den Führer der stärksten Reichstagsfraktion zum Reichskanzler. Sein Amtsantritt kennzeichnet das Ende der Weimarer Republik und den Beginn des nationalsozialistischen Terrorregimes.
27./28.2.33	Reichstagsbrand	Der Reichstagsbrand wird als Vorwand genutzt, die Verordnung „zum Schutze von Volk und Staat" zu erlassen.
28.2.33	Reichstagsbrandverordnung	Legal werden wichtige Grundrechte außer Kraft gesetzt.
23.3.33	Ermächtigungsgesetz	Durch das „Gesetz zur Behebung der Not von Volk und Reich" konnte die Reichsregierung ohne Zustimmung des Reichstags Gesetze erlassen, womit faktisch die Gewaltenteilung aufgehoben wurde.
31.3./7.4.33	Gesetze zur Gleichschaltung der Länder	Die Nationalsozialisten kontrollieren nun auch die einzelnen Länder des Deutschen Reiches.
2.5.33	Auflösung der Gewerkschaften	Die Gewerkschaften als Vertreter der Arbeiterschaft werden zerschlagen und gehen in der „Deutschen Arbeitsfront" auf.
22.6.33	Verbot der SPD	Die wichtigste Oppositionspartei, die im März als einzige gegen das Ermächtigungsgesetz stimmte, wird hierdurch in den Untergrund gedrängt.
14.7.33	Gesetz gegen die Neubildung von Parteien	Die NSDAP ist damit die einzige legale Partei im Reich.
1.8.34	Vereinigung der Ämter des Reichspräsidenten und des Reichskanzlers; Vereidigung der Reichswehr auf Hitler	Hitler besitzt nun praktisch unbeschränkte Macht: Der Reichstag kann ihn nicht mehr kontrollieren, jede legale Opposition ist ausgeschaltet, das Militär ist ihm – und nicht mehr der Verfassung – zur Treue verpflichtet und als Staatsoberhaupt kann er nicht mehr legal abgesetzt werden.

Förderbogen 23.3

1 An der Spitze des NS-Staates steht Hitler. Er ist gleichzeitig Reichskanzler und seit August 1934 auch Staatsoberhaupt (Titel: „Führer und Reichskanzler"). Ihm unterstehen die staatlichen Organe ebenso wie alle Parteigliederungen und er hat den Oberbefehl über die Wehrmacht. Lediglich in Scheinwahlen werden die von Hitler vorgeschlagenen Abgeordneten des Reichstages vom Volk gewählt. Sowohl im Rechtsbereich des Staates als auch im Rechtsbereich der Partei herrscht eine strenge Hierarchie mit bedingungslosem Gehorsam nach oben und dem Führerprinzip nach unten.

2 Auf den verschiedenen Hierarchiestufen gab es immer den entsprechenden „Partner" im anderen Rechtsbereich, d. h., Gauleiter konnten mit Ministern in die Quere kommen oder Bürgermeister die Pläne von Ortsgruppenleitern o. Ä. behindern. Durch das Führerprinzip konnte aber auch immer eine übergeordnete Stelle die Beschlüsse der unteren Ebenen aufheben – sodass unter Umständen die nächsthöhere Autorität eingeschaltet wurde.

3 Bei dieser Konkurrenz zwischen Staat und Partei bzw. der Konkurrenz innerhalb verschiedener Parteigliederungen war ein Schiedsrichter notwendig. Dieser Schiedsrichter konnte natürlich nur jemand sein, der keine Autorität über oder neben sich hatte: Hitler.

Förderbogen 23.4

1 Siehe Schülerbuch.

2

Die nationalsozialistische Weltanschauung			
Führerprinzip	**Rassismus und Überlegenheitswahn**	**Antisemitismus**	**„Antibolschewismus" und „Lebensraum"**
• Missachtung von Bürger- und Menschenrechten • Ablehnung von Toleranz, Meinungsfreiheit und Demokratie	• Menschen seien wie Tiere in Rassen unterteilt • germanische/arische Rasse sei den anderen überlegen • Deutsche nehmen innerhalb der arischen Rasse die Rolle des „Herrenvolkes" ein	• Juden waren Sündenbock für (wirtschaftliche) Probleme • Juden seien verantwortlich für die Niederlage im Ersten Weltkrieg, Einführung des Parlamentarismus und verantwortlich für Sozialismus und Kommunismus	• bestehende Ängste vor dem Kommunismus wurden aufgegriffen und verschärft
→ absoluter Gehorsam gegenüber dem Willen des Führers → quasireligiöse Verehrung Hitlers	→ andere Rassen (z. B. Slawen) schienen minderwertig	→ Vernichtung der Juden	→ Ausrottung des Bolschewismus → von minderwertigen Rassen bewohnte Gebiete seien der künftige „Lebensraum" für das deutsche Volk

Kompetenztraining Geschichte
9783060649396_GES_P_316-327.doc

Förderbogen 23.5

1 Nachts versammeln sich Nationalsozialisten, um die Bücher unliebsamer Autoren zu verbrennen. Man erkennt zahlreiche uniformierte SA-Männer, aber auch junge Menschen in Zivil. Der brennende Bücherhaufen lenkt zumindest nicht die Aufmerksamkeit aller Anwesenden auf sich.

2 1. Schritt: Die Rundfunkübertragung erfolgte am Abend des 10. Mai 1933 und berichtet live von der Bücherverbrennung auf dem Berliner Opernplatz.

2. Schritt: Die Propagandasendung war als Nachrichtenübertragung getarnt. Sie richtete sich an alle Hörer im ganzen Reich, die selbst an dem Ereignis nicht teilnehmen konnten (oder wollten), und beabsichtigte, die Hörer von der Richtigkeit der Bücherverbrennung zu überzeugen.

3. Schritt: Jedem Autor wird sein „Vergehen" vorgeworfen (z. B.: „literarischer Verrat an den Soldaten des Weltkrieges"), bevor die entsprechenden Bücher ins Feuer geworfen werden. Das Verfahren gleicht einem Gerichtsprozess mit der anschließenden Exekution des Angeklagten. Diese Struktur wird konsequent beibehalten. Auffallend ist, dass es bei den Behauptungen bleibt, d. h., es wird gar nicht erst der Versuch unternommen, die Anschuldigungen zu beweisen.

4. Schritt: Durch die Nennung vermeintlicher „Vergehen" sollte die Bücherverbrennung zum einen gerechtfertigt werden. Zum anderen waren die „Vergehen" so formuliert, dass ein Großteil der Hörerschaft der Vernichtung der Werke bedenkenlos zustimmen konnte.

Lernerfolg Kapitel 23

1 Siehe Förderbogen 23.2.

2 Siehe Förderbogen 23.4.

3 Ob die nationalsozialistische Diktatur hätte tatsächlich verhindert werden können, ist zu bezweifeln. Hitler hätte es aber nicht so leicht gehabt, den Aufbau seiner persönlichen Diktatur scheinbar legal aussehen zu lassen. Der Reichstag stimmte jedoch im März 1933 seiner eigenen Entmachtung zu, sodass Hitler den Anschein erwecken konnte, er bewege sich mit seinen Maßnahmen im Rahmen der geltenden Gesetze.

Lösungen zu Kapitel 24

Förderbogen 24.1

Datum	Ereignis bzw. Maßnahme	Bedeutung
30.1.33	Ernennung Hitlers zum Reichskanzler	Reichspräsident von Hindenburg ernennt mit Hitler den Führer der stärksten Reichstagsfraktion zum Reichskanzler. Sein Amtsantritt kennzeichnet das Ende der Weimarer Republik und den Beginn des nationalsozialistischen Terrorregimes.
1.4.33	Aufruf zum Boykott jüdischer Geschäfte	Reichsweite Propagandaaktion gegen die deutschen Juden. Beginn der gesellschaftlichen Isolierung der deutschen Juden.
2.5.33	Auflösung der Gewerkschaften	Die Gewerkschaften als Vertreter der Arbeiterschaft werden zerschlagen und gehen in der „Deutschen Arbeitsfront" auf. Widerständige Gewerkschafter werden verfolgt.
14.11.33	Gründung der Organisation „Kraft durch Freude" (KdF)	Die Sonderorganisation der „Deutschen Arbeitsfront" organisierte u. a. Freizeitangebote und verhalf dem NS-Staat so zu großer Zustimmung innerhalb der nicht ausgegrenzten Bevölkerung.
15.9.35	Nürnberger Gesetze	Unter anderem Eheverbot zwischen Juden und Ariern mit dem Ziel, die Juden weiter aus der „Volksgemeinschaft" auszugrenzen.
1.12.36	Gesetz über die Hitler-Jugend	Alle Jugendlichen mussten mit zehn Jahren in das „Jungvolk" bzw. in den „Jundmädelbund", mit 14 Jahren in die „Hitler-Jugend" bzw. in den „Bund Deutscher Mädel" eintreten. Ziel war die totale Erfassung der Jugendlichen in NS-Verbänden.
9./10.11.38	„Reichskristallnacht"	Reichsweites staatlich inszeniertes Pogrom gegen die deutschen Juden: Unzählige Geschäfts- und Wohnhäuser wurden geplündert und hunderte Synagogen in Brand gesteckt. Beginn der systematischen Verfolgung der deutschen Juden.
Januar 1940	Beginn der „Euthanasie"-Maßnahmen	Menschen, deren Leben nach der NS-Ideologie als „lebensunwert" galt, wurden getötet. Den systematischen Tötungsmaßnahmen fielen etwa 60 000 bis 80 000 Menschen zum Opfer.
1941	Offizielles Ende der „Euthanasie"-Maßnahmen im Deutschen Reich	Auf Protest der Kirchen wurde die Tötungskampagne eingestellt.

Förderbogen 24.2

1 M1: Vor den erhabenen Umrissen des Deutschen Reiches steht eine Abwehrkette aus Männern (Arbeiter und Soldaten), die den gemeinsamen Schulterschluss üben. Sie schauen entschlossen und wachsam. M2: Ein einfacher Herd ist zu sehen, auf dem ein einzelner Topf steht, in dem gerade gekocht wird.

2 Die Deutschen – bezeichnenderweise nur die Männer – bilden eine gemeinsame Abwehrfront nach außen. Im Zentrum dieser schützenden „Volksgemeinschaft" liegt das nationalsozialistische Deutsche Reich, das durch ein Hakenkreuz gekennzeichnet

Kompetenztraining Geschichte
9783060649396_GES_P_316-327.doc

ist. Botschaft: Wenn alle Deutschen an einem Strang ziehen, bilden sie einen festen Block und können das Reich gegen alle äußeren (und inneren) Feinde verteidigen.

Das Abzeichen wirbt für das Eintopfessen des Winterhilfswerkes. Die „Volksgemeinschaft" sollte jeden ersten Sonntag eines Monats nur Eintopf essen und das eingesparte Geld dem Winterhilfswerk für wohltätige Zecke spenden. Botschaft: Alle Deutschen bilden dadurch eine „Volksgemeinschaft", indem die reicheren Bürger gelegentlich auf ihren Wohlstand verzichten und stattdessen die ärmeren Volksgenossen unterstützen.

3 Ausgeschlossen waren alle nichtarischen Deutschen wie Juden oder Farbige, Sinti und Roma, geistig und körperlich behinderte, „Asoziale" (Landstreicher, Bettler, Arbeitsunwillige, Alkoholiker, Homosexuelle, Kriminelle, Prostituierte, Zuhälter, …) oder auch die aus dem Osten ins Reich verschleppten Zwangsarbeiter.

Förderbogen 24.3

1 Mädchen: Freundlich schauend, ordentlich angezogen, Mitglied im Jungmädelbund bzw. Bund Deutscher Mädel, absoluter Gehorsam gegenüber der NS-Ideologie.

Jungen: Entschlossen, stark, konform mit der politischen Meinung Hitlers, Mitglied im Jungvolk bzw. in der Hitler-Jugend, absoluter Gehorsam gegenüber der NS-Ideologie.

2 Weibliche Bevölkerung: Jungmädel (10–14 Jahre), Bund Deutscher Mädel (14–18 Jahre), Arbeitsdienst (18–21 Jahre), NS-Frauenschaft, Deutsche Arbeitsfront und weitere NS-Organisationen (ab 21 Jahren). Männliche Bevölkerung: Jungvolk (10–14 Jahre), Hitler-Jugend (14–18 Jahre), Arbeitsdienst und Wehrdienst (18–21 Jahre), Deutsche Arbeitsfront und weitere NS-Organisationen wie SS, SA, NSKK usw. (ab 21 Jahren).

Beurteilung: Das Ziel der nationalsozialistischen Erziehung war die totale Erfassung des Einzelnen. Jeder sollte in NS-Organisationen eingebunden und hierdurch sowohl kontrolliert als auch indoktriniert sein. Ein Leben außerhalb der gleichgeschalteten Verbände war nicht mehr vorgesehen.

Förderbogen 24.4

1 a) Juden werden sehr negativ dargestellt.
   b) Jüdischer Fremder: Verschlagen, dick, ungepflegt, teuflischer Kinderschänder;
      Junge: Schlau, mutig, „rassebewusst".
   c) Der jüdische Fremde wagt sich nur an wehrlose Kinder heran, er versucht sie mit Süßigkeiten zu verführen, durch den dicken Mantel wirkt er fremd, sein korpulenter Körper lässt ihn unsympathisch aussehen.

2 Zum einen, von Fremden keine Geschenke anzunehmen. Vor allem aber, vor Juden stets auf der Hut zu sein: Diese seien Verführer, „Menschenmörder" und „Rassenschänder".

3 Die ständige Indoktrination kann (und sollte im Dritten Reich) dazu führen, dass die Kinder die judenfeindliche Propaganda zu glauben beginnen und selbst eine Abneigung gegenüber Juden entwickeln.

Förderbogen 24.5

1 Menschen mit Behinderungen werden als eine enorme finanzielle Belastung für die Allgemeinheit dargestellt.

2 Die Alkoholikerin sieht gleichermaßen bedrohlich wie verwirrt aus. Sollte sie sich ungehindert fortpflanzen dürfen, werden 50 % ihrer Nachkommen „asozial" sein und enormen volkswirtschaftlichen Schaden anrichten. Ziel war es, beim Betrachter selbst die Forderung heranreifen zu lassen, dass sie – auf welchem Wege auch immer – daran gehindert werden müsse, sich fortzupflanzen.

3 Menschen mit Behinderung und „Asoziale" seien „lebensunwertes" Leben.

4 Die ständige Indoktrination kann (und sollte im Dritten Reich) dazu führen, dass die Kinder die Propaganda zu glauben beginnen und selbst eine Abneigung gegenüber Menschen mit Behinderung und „Asoziale" entwickelten. In Schulbüchern erhält die Propaganda sogar noch einen wissenschaftlichen Anschein.

5 Der Wert eines Menschen hängt nicht von seiner Nützlichkeit ab, es gibt kein minderwertiges Leben; die Frage der Fortpflanzung ist eine höchst privaten Angelegenheit und darf nicht vom Staat entschieden werden; prozentual fielen die „unbrauchbaren, verbrecherischen Elemente" kaum ins Gewicht, schon gar nicht was den „Lebensraum" oder den Aufschwung in Deutschland anging.

Lernerfolg Kapitel 24

1 Euthanasie (griech.: leichter, schöner Tod; Sterbehilfe): Bei den Nationalsozialisten in neuer Verwendung: bewusste Herbeiführung des Todes; Vernichtung „lebensunwerten" Lebens. Etwa 60 000 bis 80 000 Menschen wurden 1940/41 ermordet, bevor die Tötung nach Kirchenprotesten gestoppt wurde. Fortgesetzt wurden Einzeltötungen, Kindereuthanasie und Ermordung kranker KZ-Häftlinge bis zum Kriegsende.

2 Die nationalsozialistische Frau sollte die treue Gefährtin ihres Mannes sein. Bis zum Krieg wurden die Frauen auf ihre Rolle als Mutter reduziert, die dem „Führer" eine möglichst große Anzahl von Kindern „schenken" sollte. Auch während des Krieges blieb sie dem Mann untergeordnet, musste aber aus Personalmangel immer mehr Tätigkeiten übernehmen, die sonst von Männern ausgeübt wurden. Dies ermöglichte ihr auch den verstärkten Zugang zu den Hochschulen.

3 Zur „Volksgemeinschaft" sollte die Gemeinschaft aller Deutschen gehören, d. h. nichtarische Bürger (M3), „Asoziale" oder Menschen, die sich nicht konform mit den Ideen des Nationalsozialismus verhielten (M2), waren aus dieser Gemeinschaft ausgeschlossen. Keimzelle der Volksgemeinschaft sollte die „arische" Familie sein, die von der Partei geschützt und unterstützt werden sollte (M4). Öffentlichkeitswirksam wurde die „Volksgemeinschaft" alljährlich auf den Reichsparteitagen der NSDAP zelebriert: Der Einzelne verschmolz in der Masse, die als Ganzes auf den „Führer" hin ausgerichtet war (M1).

4 Der Novemberpogrom 1938 war insofern ein Wendepunkt in der Politik der Nationalsozialisten gegenüber den deutschen Juden, als dass nun die Phase der Diskriminierung durch die Phase der systematischen Verfolgung abgelöst wurde. Allerdings war es auch schon vor dem Herbst 1938 zu offener Gewalt gegenüber Juden gekommen.

Kompetenztraining Geschichte
9783060649396_GES_P_316-327.doc

Lösungen zu Kapitel 25

Förderbogen 25.1

Datum	Ereignis bzw. Maßnahme	Bedeutung
14.10.33	Austritt Deutschlands aus dem Völkerbund	Hitler verlässt den Völkerbund. Der Bund wurde nach dem Ersten Weltkrieg gegründet, um Konflikte friedlich zu lösen.
16.3.35	Einführung der allgemeinen Wehrpflicht	Eine der Bestimmungen des Versailler Vertrages wird damit von Deutschland verletzt: Die deutsche Wehrmacht rüstet auf.
13.3.38	Anschluss Österreichs an das Deutsche Reich	Erste – noch friedliche – Vergrößerung des Reichsgebietes
29.9.38	Münchner Abkommen	Großbritannien, Frankreich und Italien stimmen der Abtretung des Sudetenlandes an das Deutsche Reich zu. Die Tschechoslowakei war an den Beratungen nicht beteiligt.
23.8.39	Hitler-Stalin-Pakt	Das nationalsozialistische Deutschland und die kommunistische Sowjetunion schließen ein Nichtangriffsabkommen sowie ein geheimes Zusatzprotokoll, in dem sie die Aufteilung Ostmitteleuropas vereinbaren.
1.9.39	Überfall deutscher Truppen auf Polen	Ohne Kriegserklärung greifen deutsche Truppen Polen an. Hiermit beginnt der Zweite Weltkrieg.
1939	Beginn der Ghettoisierung der Juden in Deutschland	Juden werden in so genannten Judenhäusern zusammengefasst, was die spätere Deportation wesentlich erleichterte.
22.6.41	Überfall deutscher Truppen auf die Sowjetunion	Trotz des Nichtangriffsabkommens vom August 1939 greift die Wehrmacht die Sowjetunion an. Ein grausamer Vernichtungskrieg wird gegen sowjetische Soldaten und die Zivilbevölkerung geführt.
1.9.41	Juden müssen in der Öffentlichkeit einen gelben Stern tragen	Juden können nun von jedem erkannt werden; sie werden hierdurch als „andersartig" gebrandmarkt.
20.1.42	Wannsee-Konferenz	Verschiedene NS-Organisationen und staatliche Behörden beschließen die systematische Vernichtung der europäischen Juden in den osteuropäischen Lagern.
8./9.5.45	Bedingungslose Kapitulation Deutschlands	Nach dem Selbstmord Hitlers und der fast vollständigen Besetzung des Deutschen Reiches durch alliierte Truppen unterzeichnet die Führung der Wehrmacht die bedingungslose Kapitulation. Der Zweite Weltkrieg ist damit in Europa beendet.

Förderbogen 25.2

1 Offizielle bzw. öffentlich geäußerte (M1, M2, M4) und inoffizielle bzw. im Geheimen geäußerte Quellen (M3).

2 Solange die Wehrmacht noch nicht kriegsfähig war, musste Hitler auf die Reaktionen des Auslandes Rücksicht nehmen. So offen von Kriegsvorbereitungen zu sprechen, wie er es im November 1937 tat, hätte außerdem den strategischen Vorteil der Überraschung gekostet.

3 Offiziell: Frieden, Revision des Versailler Vertrages, Rückkehr Deutschlands in den Kreis der gleichberechtigten Großmächte. Tatsächlich: Eroberung des „Lebensraums" im Osten, gewaltsame Unterwerfung aller Gegner der deutschen Expansion, Hegemonie in Europa.

Förderbogen 25.3

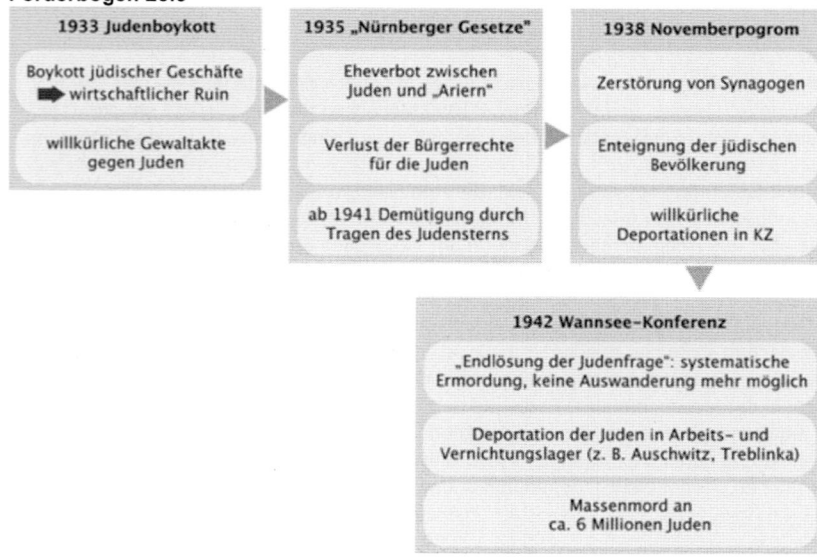

Kompetenztraining Geschichte
9783060649396_GES_P_316-327.doc

Förderbogen 25.4

1 1 Albanien; 2 Belgien; 3 Dänemark; 4 Danzig; 5 Deutschland; 6 Estland; 7 Finnland; 8 Frankreich; 9 Griechenland; 10 Italien; 11 Jugoslawien; 12 Lettland; 13 Litauen; 14 Luxemburg; 15 Malta; 16 Niederlande; 17 Norwegen; 18 Österreich; 19 Polen; 20 Rumänien; 21 Sowjetunion; 22 Tschechoslowakei; 23 Ungarn.

3 a) Bulgarien liegt südlich von Rumänien am Schwarzen Meer

b) Die anderen europäischen Länder waren während des Krieges von deutschen Truppen besetzt.

Förderbogen 25.5

1 Im Text heißt es, Hitler habe die deutsche Wehrmacht bei Stalingrad in die militärische Katastrophe geführt, die deutsche Jugend müsse davor geschützt werden, weiterhin im Krieg geopfert zu werden, Deutschland lebe in einer Tyrannis, es sei keine freie Meinungsäußerung und keine Freiheit des Geistes mehr möglich, Deutschland bleibe auf immer geächtet, wenn die Diktatur nun nicht von innen beseitigt werde.

2 Zeigen, dass nicht mehr alle Deutschen hinter dem Regime standen, Sturz Hitlers und Beseitigung des NS-Diktatur, persönliche (Gewissens-)Freiheit, Beendigung der Privilegien für Parteibonzen, Beendigung des Krieges.

3 Weitere Informationen: *http://www.dhm.de/lemo/html/nazi/widerstand/weisserose/* und *http://de.wikipedia.org/wiki/Weiße_Rose*

Förderbogen 25.6

1 Eine Gruppe jugendlicher Fahrradfahrer fährt durch eine mit Tarnnetzen bedeckte Straße einer Stadt. Auf dem Bürgersteig sind Schuttberge oder Erdwälle zu sehen und Menschen, die diese Wälle aufschütten. Die Radfahrer schauen ernst und entschlossen.

2 Über der Schulter ein Gewehr und am Lenkrad zwei Panzerfäuste.

3 Vermutlich zwischen 15 und 18 Jahren.

4 Die Jugendlichen sollten als schnelle und mobile Einsatzgruppe feindliche Panzer mit ihren Panzerfäusten aufhalten und zerstören.

5 Nur bei einem Volltreffer konnten die Jugendlichen den Panzer tatsächlich stoppen. Gegen die Panzerung und die Maschinengewehre der Begleittruppen hatten die Jugendlichen keine Chance.

6 Wenn die deutsche Wehrmacht schon auf die Unterstützung von Kindern und Jugendlichen angewiesen war, musste die Armee schon ziemlich am Ende gewesen sein. Auch die Tarnnetze konnten die Bombardierung der deutschen Städte nicht verhindern.

7 Das Foto sollte den Durchhaltewillen der deutschen Bevölkerung stärken: Wenn sich alle Deutschen so tapfer wie die Jugendlichen dem Feind entgegenstemmten, dann werde der Krieg noch gewonnen werden können. Die Kameraperspektive (in Augenhöhe eines Passanten) verstärkt die Dynamik des Panzerjagdkommandos.

Lernerfolg Kapitel 25

1 Unter „Holocaust" (vom griechischen „vollständig Verbranntes", d. h. „Brandopfer") oder als Shoah versteht man den Völkermord an etwa 6 Millionen europäischen Juden. Die Deportation der Juden in den Osten begann schon 1939, die systematische Vernichtung der Juden wurde im Januar 1942 auf der „Wannsee-Konferenz" beschlossen.

2 a) Verbündete: Bulgarien, Finnland, Italien, Rumänien, Slowakei, Ungarn

b) Gegner: Frankreich, Großbritannien, Polen, Sowjetunion, USA, im weiteren Sinne auch Australien, China, Kanada, Neuseeland und Südafrika sowie die von Deutschland eroberten Länder: Belgien, Dänemark, Griechenland, Jugoslawien, Luxemburg, Niederlande, Norwegen und die Tschechische Republik

3 a) Die nationalsozialistische Außenpolitik zwischen 1933 und 1938 lässt sich durch ihr Doppelgesicht charakterisieren: Nach außen betonte Hitler den Friedenswillen des Deutschen Reiches, schloss Nichtangriffsverträge und betonte, ihm ginge es lediglich um die Revision des Versailler Vertrages. Hinter den Kulissen war Hitler schon 1933 fest zum Eroberungskrieg entschlossen, der aber wegen der noch unzureichend gerüsteten Wehrmacht erst nach einigen Jahren stattfinden konnte.

b) Es ging nicht mehr um die Revision des Versailler Vertrages, sondern um die Eroberung neuen „Lebensraums" und um das Ziel, Deutschland zur Weltmacht aufsteigen zu lassen.

c) Schon 1933 hatte der französische Künstler das Doppelgesicht Hitlers erkannt: Auf der einen Seite gab er sich bürgerlich (Cutaway-Anzug, ohne Parteiabzeichen), harmlos und friedlich (Taube), auf der anderen Seite plante der gleiche Hitler schon wieder den Krieg im Namen der NS-Ideologie. Dies erkennt man am kampfbereiten Hitler mit Stahlhelm, Gasmaske, Uniform und Stechschritt, der etwas zu schreien scheint.

4 Die „Weiße Rose" hat in dem peukertschen Modell die Stufen der „Nonkonformität" und der „Verweigerung" bereits genommen und stand zum Zeitpunkt ihrer Zerschlagung auf der dritten Stufe: „Protest". Die Mitglieder gingen mit ihren Flugblättern verstärkt in die Öffentlichkeit und lehnten das System weitgehend ab (siehe Förderbogen 25.5). Je nachdem, wie man Widerstand definiert, könnte man sie auch auf der letzten Stufe ansiedeln, da sie mit ihren Flugblättern auch offen zum Systemsturz aufriefen.

Kompetenztraining Geschichte
9783060649396_GES_P_316-327.doc

Lösungen zu Kapitel 26

Förderbogen 26.1

1

	USA	Sowjetunion
Politisches System	freie Wahlen, freie Einrichtungen, Mehrheitswillen	Einheit von Weltanschauung, Staat und Partei
Regierungsform	Präsidiale Demokratie	Föderation sozialistischer Sowjetrepubliken
Wirtschaftliche Freiheit	Kapitalismus	Planwirtschaft
Weltpolitisches Engagement	Unterstützung für „freie Völker" (Truman)	„Überwindung des Kapitalismus"; Beseitigung der „Überreste des Faschismus" (Kominform)
Gliederung der Gesellschaft	Garantie der individuellen Freiheit; Rede- und Religionsfreiheit, keine politische Unterdrückung	„Diktatur des Proletariats", praktisch jedoch totale Kontrolle ohne individuelle Freiheit

2

Monroe-Doktrin (1832)
Verzicht auf Einmischung in europäische Angelegenheiten, dafür Warnung vor politischer Einflussnahme
auf Staaten in der westlichen Hemisphäre; 1904 um internationale „Polizeifunktion" der USA erweitert
→ **Isolationismus bis 1917**
↓
Open Door Policy (1947)
Unterstützung aller „freien Völker" zur „Sicherung des internationalen Friedens" über die „Truman-Doktrin",
Schwerpunkt zunächst in Westeuropa, dann auch in Lateinamerika und Asien
→ **Ziel ist Containment** (Eindämmung des Kommunismus) als Position der Demokraten
↓
Roll Back (1948)
offensive „Zurückdrängung" des Kommunismus in dessen Machtbereich zur „Befreiung unterdrückter Völker";
Androhung „massiver Vergeltung" als Position der Republikaner in den Wahlkämpfen 1948 und 1952 (Dulles)
→ **ab 1954 gemeinsame Containment-Liberation-Strategie**, die auch nach Ende des Kalten Krieges weiterbesteht

Förderbogen 26.2

1

Erklärungsansatz	Hintergrund, in eigenen Worten
(1) Aggressive Sowjetideologie	Wunsch nach Verbreitung der Ideen des Marxismus-Leninismus mit Agitation gegen US-Imperialismus und Kampf gegen „Überreste des Faschismus" in Europa
(2) Amerikanischer Wirtschafts-imperialismus	ständige Suche nach neuen Rohstoff- und Absatzmärkten; Wirtschaftshilfe über Marshall-plan als Form politischer Einflussnahme
(3) Fehlinterpretationsthese	übersteigertes Misstrauen führt zu fortgesetzter beidseitiger Fehlwahrnehmung; Folgen sind z. B. die Kubakrise (1962)

2

Staat	Blockstatus
Albanien	1968 einseitig aus dem Warschauer Pakt ausgetreten
Belgien	NATO (ab 1949)
Bulgarien	Warschauer Pakt (1955–91)
Deutschland	NATO (BRD ab 1955); Warschauer Pakt (DDR 1955; Austritt 1990)
Finnland	neutral; Beistandspakt mit UdSSR (1948)
Griechenland	NATO (1974 aus der militärischen Integration ausgetreten)
Großbritannien	NATO (ab 1949)
Irland	neutral
Italien	NATO (ab 1949)
Jugoslawien	Bewegung der blockfreien Staaten (Gründungsmitglied 1961)
Niederlande	NATO (ab 1949)
Norwegen	NATO (ab 1949)
Österreich	neutral
Polen	Warschauer Pakt (1955–91)
Portugal	NATO (ab 1949)
Rumänien	Warschauer Pakt (1955–91)
Schweden	neutral
Schweiz	neutral
Spanien	NATO (ab 1982)
Tschechoslowakei	Warschauer Pakt (1955–91)

Kompetenztraining Geschichte
9783060649396_GES_P_328-343.doc

Förderbogen 26.3

1

	USA	**UdSSR**
Politische Freiheit	freie Wahlen, freie Einrichtungen, freie Presse (M2a)	Wahlen, praktisch jedoch totale Kontrolle ohne Pluralität der Meinungen
Wirtschaftliche Freiheit	freier Handel, frei zugängliche Rohstoff- und Absatzmärkte (M1)	Planwirtschaft nach Vorgaben durch Mehrjahrespläne; kollektiviertes Land
Individuelle Freiheit	Redefreiheit, Religionsfreiheit, keine politische Unterdrückung (M2a)	„klassenlose Gesellschaft", Einschränkung der Rechte Einzelner (M2a)
Freiheitsrechte der Staaten	freie, demokratische Staaten (M2, M3)	sozialistische „Bruderstaaten" in ideologischer und systemischer Abhängigkeit
Friedensordnung	die „eine Lebensweise": Freiheit, Demokratie, Marktwirtschaft (M2a)	das „demokratisch-antiimperialistische Lager": Überwindung des Kapitalismus und der „Überreste des Faschismus" (M2b)
Mittel zur Sicherung des Weltfriedens	Marshallplan; Konzepte wie „Open Door Policy", „Containment", „Roll Back"	Verbreitung des Marxismus-Leninismus
Frieden durch Stärke	Militärbündnis NATO ab 1949 (M3)	Militärbündnis Warschauer Pakt ab 1955 (M3)

2

1948	Berlinblockade durch die sowjet. Militäradministration → **Reaktion** auf Währungsreform in den Westzonen
1949	Gründung der NATO mit westeuropäischen Staaten und den USA → **Reaktion** u. a. auf Berlinblockade
1950	Eintritt der USA in den Koreakrieg im Auftrag der UNO → **Reaktion** auf Bruch des Vertrages über die Teilung Koreas
1955	NATO-Beitritt der BRD → **Reaktion** u. a. auf die Geschehnisse des 17. Juni 1953 in der DDR
1955	Gründung des Warschauer Pakts mit der DDR als Mitglied → **Reaktion** u. a. auf den NATO-Beitritt der BRD

Förderbogen 26.4

1 a) UdSSR: Josef Stalin; Großbritannien: Winston Churchill; USA: Harry S. Truman; Frankreich: Charles de Gaulle (von links nach rechts).

b) Übersetzung der „Spielregeln der UNO": Alle spielen zusammen, aber nicht so, dass irgendein Spieler eingeengt wird (das wäre unrealistisch). Die Probleme bestehen darin, dass die Alliierten grundsätzlich andere Interessen hinsichtlich der Gestaltung der Nachkriegswelt hegen – ideologisch, wirtschaftlich und gesellschaftlich. (Beispiel: Ordnung des Nachkriegsdeutschlands).

2 a) Die weiße Taube gilt seit alters her als übergeordnetes Friedenssymbol. Im Kalten Krieg reklamieren beide Blöcke für sich, die friedliche Seite des ideologisch-systemisch-wirtschaflichen Gegensatzes zu verkörpern, obwohl beide ein atomares Wettrüsten betreiben. Die eigene Seite wird so zur „guten", die andere zur „bösen".

b) Das Taubensymbol ist kein in einem der Machtblöcke entstandenes Emblem. Seine übergeordnete Bedeutung schafft ein Identifikationspotenzial, sodass sich Gleichgesinnte bei gemeinsamen Aktionen (Flugblätter, Sitzblockaden etc.) erkennen, egal woher sie stammen.

c) Da ein „Kalter Krieg" nicht mit herkömmlichen Waffen geführt wird, sind Propaganda, Symbolik und Geld von großer Bedeutung: Reden (z. B. Kennedy in Berlin, Chruschtschows Schuhklopfen), der Wettlauf um die Erstlandung auf dem Mond, die angebliche „Raketenlücke" zugunsten der UdSSR, Spionage, Wirtschaftshilfe, Beeinflussung der Medien.

Förderbogen 26.5

1

Konflikt (z. B. Kubakrise 1962)

Wahrnehmungsmuster (Gegner ist böse und gefährlich) √

Eigendynamik des Rüstungswettlaufs (angebliche „Raketenlücke") √

Rüstung (A-Waffen; H-Waffen) √

Feindbild (Kapitalismus vs. Sozialismus) √

2 a) Nasser (1918–1970), verdrängte als Oberbefehlshaber und Innenminister 1854 Ali Nagib als Staatspräsident, 1956 durch Wahl bestätigt; verstaatlichte 1956 den Suezkanal und wurde nach der Verteidigung dieser Maßnahme in einer internationalen politisch-militärischen Kraftprobe (u. a. mit Frankreich und Großbritannien) zu einer Art Führer im arabischen Raum. Der Zusammenschluss von Ägypten und Syrien zur „Vereinigten Arabischen Republik" 1958 scheitert 1961; anschließend Leitidee eines „arabischen Sozialismus" mit westlicher Wirtschaftshilfe. Als Sprecher der Blockfreien tritt er für Unabhängigkeit der afrikanischen Völker ein; in Israelfragen enge Anlehnung an die UdSSR; Auslösung des 6-Tage-Krieges 1967.

b) Tito (1892–1980), organisierte den kommunistischen Widerstand Jugoslawiens im Zweiten Weltkrieg; als KP-Chef und Ministerpräsident 1948 Bruch mit Stalin; 1953 Modell einer sozialistisch bestimmten Selbstverwaltung der Wirtschaft mit Annäherung an die westlichen Staaten. 1961 Gründung der Organisation der blockfreien Staaten in Belgrad, 1963 auf Le-

benszeit zum Staatspräsidenten gewählt, nach innen diktatorisches Regierungssystem mit Repressionsapparat. Sein Tod löst die Bande des historisch spannungsreichen Vielvölkerstaats.

c) Nehru (1889–1964), engagierte sich im Rahmen der 1916 entstandenen „Home Rule League" für die Unabhängigkeit Indiens, beeinflusst von Ghandi. Mehrfach inhaftiert. Nach der Teilung des indischen Subkontinents 1917–1964 erster Premier- und Außenminister Indiens. Richtpunkte seiner Innen- und Gesellschaftspolitik waren Demokratie und Sozialismus, staatliche Einheit und säkulares Denken; im Kampf gegen die Armut einer der Wortführer der Dritten Welt. Trat für die Blockfreiheit Indiens und das Prinzip der „friedlichen Koexistenz" ein. Erlitt jedoch militärische Niederlage im Grenzkonflikt mit China (1962).

d) Senghor (1906–2001), kulturell eng an Europa orientierter senegalesischer Dichter und Politiker; 1945 Mitglied der französischen Nationalversammlung für den Wahlbezirk Senegal-Mauritanie; 1960–1980 Präsident des Senegal. Entwickelte das Konzept der „Negritude" zur Identitätsstiftung Schwarzafrikas; 1968 Friedenspreis des Deutschen Buchhandels als versöhnungsbereiter „afrikanischer Ideologe des Kolonialismus und Neokolonialismus".

Förderbogen 26.6

1

Industrieländer im Norden
wirtschaftl. und technolog. Überlegenheit
politisch stabil
historisch gewachsen

USA   Europa

↓↓↓

↑

willkürliche Grenzziehung
politisch oft instabil und abhängig
auf Entwicklungshilfe angewiesen
Entwicklungsländer im Süden

Asien   Afrika

2

	Staat	Ehemalige Kolonialmacht	Unabhängig seit
1	Burundi	Belgien	1962
2	DR Kongo	Belgien	1960
3	Liberia	Gründung durch repatriierte schwarze Sklaven aus den USA	1847
4	Äthiopien	Italien (im Zweiten Weltkrieg besetzt)	1941
5	Eritrea	Abspaltung von Äthiopien	1993
6	Malawi	Großbritannien	1964
7	Sierra Leone	Großbritannien	1961
8	Niger	Frankreich	1960
9	Ruanda	Belgien	1962
10	Mosambik	Portugal	1975

Quelle: Fischer Weltalmanach 2010; gemessen nach Bruttonationaleinkommen (BNE).

3 a)

	Polen	UdSSR
Initiative für Wandel	Gewerkschaft Solidarność	Michail Gorbatschow
Beginn der Veränderungen	Streiks 1980	Perestroika, Glasnost 1985
Träger der neuen Ideen	Arbeiter	Parteispitze
Wodurch wurde Wandel nötig?	hohe Preise; Kriegsrecht	geringer Lebensstandard
Rolle innerhalb des Ostblocks	Massenbewegung	Vorreiter
Bedeutung einzelner Personen	Lech Wałesa	Michail Gorbatschow

b) In Polen ging die Initiative von einer Schlüsselschicht der sozialistischen Bevölkerung aus, den in der Gewerkschaft Solidarność organisierten Arbeitern; in der UdSSR zeichnete der Generalsekretär der KPdSU, Michail Gorbatschow, für die Veränderungen durch Glasnost und Perestroika verantwortlich.

Förderbogen 26.7

1 Während des 19. Jahrhunderts entwickelten sich in Europa Spielarten des Nationalismus, die ein homogenes Territorium mit homogener Bevölkerung zum Ziel hatten. Die Minderheit jüdischen Glaubens wurde seit jeher diskriminiert, jedoch erst im 19. Jahrhundert unter pseudowissenschaftlichen Vorzeichen als „fremdvölkisch" bewertet. Als Reaktion entstand der Zionismus als Idee eines utopischen Staates Israel und als Vision der Rückkehr nach dem Exodus der Juden in römischer Zeit. In der Zeit des Nationalsozialismus entwickelte sich der Nationalismus hin zur Rassepolitik und zum Holocaust. Die Staatsgründung Israels 1948 ist eine Konsequenz aus der Diskriminierung, der Verfolgung und der Ermordung der Juden in Europa.

Kompetenztraining Geschichte
9783060649396_GES_P_328-343.doc

2

Datum	Ereignis	Bedeutung
24. April 1920	Konferenz von San Remo	Palästina wird britisches Mandatsgebiet.
14. Mai 1948	Proklamation des Staates Israel	Hoffnung für Flüchtlinge, gleichzeitig Beginn arabischer Kriegshandlungen.
Nov. 1956	Suezkrise	Ägyptische Verstaatlichung des Kanals führte zur Besetzung des Sinai durch Israel.
Juni 1964	Gründung der PLO (= Palestinian Liberation Organization)	Palästinenser haben eine politische Organisation, die von arabischen Staaten gestützt wird.
Juni 1967	Sechstagekrieg	Israels rascher Sieg über arabische Staaten stärkt Israel, Jerusalem jetzt unter israelischer Kontrolle.
Okt. 1973	Jom-Kippur-Krieg	Israel widersteht dem Angriff arabischer Staaten.
März 1977	PLO-Treffen in Kairo	Die Zweistaatenlösung wird von allen arabischen Staaten akzeptiert.
14. März 1978	Einmarsch im Südlibanon	Israel wird Partei im Bürgerkrieg.
Sept. 1978	Camp-David-Abkommen	Ägypten, Israel schließen Frieden unter Führung der USA, Aussöhnungsbeginn.
8. Dez. 1987	Beginn der (1.) „Intifada"	Rebellion gegen israelische Besatzung, Kontrollen, Repressionen.
15. Dez. 1988	XIV. Nationalkongress der Palästinenser	Anerkennung der Existenz Israels sichert weitere Verhandlungen.
14. Okt. 1994	Friedensnobelpreis für Arafat, Peres und Rabin	Zeichen des Aussöhnungswillens.
16. Okt. 2000	Gipfel von Sharm el-Sheikh	Ende der Gewalteskalation nach gescheiterten Konferenzen.
Aug. 2005	Beginn des Baus einer Mauer durch Israel an der Grenze zum Westjordanland	Zementierung des Status quo, Zeichen von Stärke oder Hilflosigkeit?

3 Vorteilhaft wäre diese Lösung, weil die Fragen nach Territorium, Grenzverlauf, Gebietsverteilung usw. dadurch hinfällig würden. Diese Fragen, wie z. B. die nach dem Standort von Siedlungen, waren sehr umstritten und untergruben das Vertrauen. Nach der Zweistaatenlösung gäbe es dann jedoch auch zweierlei Art von Recht und Gesetz, zwei Sicherheitskräfte. Es bedarf einer klarer Abgrenzung der Zuständigkeit und auch der Kooperation der ausführenden Kräfte. Auch müssen beide Parteien die Ausschließlichkeit der Zuständigkeiten abgeben. Fraglich ist, inwiefern beide Seiten gewährleisten können, dass die Ordnungshüter und Beamten unparteiisch sind. Auch muss die Bevölkerung das Agieren der anderen Behörden akzeptieren. Zum Beispiel: Was geschieht, wenn ein palästinensischer Polizist Zeuge eines Autounfalls zwischen Palästinenserin und einem Israeli wird oder wenn in der Sozialpolitik Unterscheidungen (z. B. Ansprüche) gemacht werden? Hierzu bedarf es genauer Absprachen und eines größeren Vertrauens, als es bisher auf beiden Seiten festzustellen ist.

Förderbogen 26.8

1 a) Glasnost soll durch eine gewisse Pressefreiheit den Reformprozess ankurbeln, d. h., es soll durch Transparenz Druck auf mögliche Blockierer ausgeübt werden. Perestroika soll durch eine Lockerung des Zentralismus die Möglichkeit zu mehr Mitbestimmung und Mitgestaltung des Staatswesens ermöglichen.

b) Glasnost kann durch Transparenz Mängel in Betriebsabläufen und Korruption aufdecken und so zu mehr Effizienz beitragen; mehr Markt und Konkurrenz im Rahmen von Perestroika kann die Qualität der Produkte und die Versorgungslage verbessern.

2

	Bipolare Welt (Kalter Krieg 1945–1989)	Monopolare Welt (Dominanz einer Weltmacht?)	Multipolare Welt (Konkurrenz mehrerer Machtzentren
Entwicklung von Feindbildern	Kapitalismus versus Sozialismus; Gut gegen Böse	überwunden (positiv) oder nach Interessenlage „der" Weltmacht neu definiert (negativ)	je nach Bündnis oder Interessenlage
Persönliche Bedrohung	je nach geographischer Lage latent	überwunden (positiv) oder (negativ) durch Neoimperialismus	in Krisenregionen latent
Konfliktklärungsmöglichkeiten	Drohung mit Waffengewalt, Durchlaufen von Eskalationsstufen	„Weltpolizeifunktion" oder Bündnis gegen „die" Weltmacht	Friedensmissionen, Blauhelm-Einsätze
Art kriegerischer Auseinandersetzung	Stellvertreterkriege, Agitation, Spionage, Sabotage	Okkupation oder Rebellion	diplomatische Initiativen, Handelsembargos, Sanktionen
Verhalten kleiner Staaten	Blockbindung oder Neutralität	Anlehnung oder organisierten Widerstand	Bemühen um Aufnahme in Organisationen und Bündnisse (z. B. EU)
Rolle der Vereinten Nationen (UNO)	Vermittlung zwischen den Blöcken (wie in der Kubakrise durch Generalsekretär Thant)	unter Einfluss der Weltmacht oder Sprachrohr der Anderen	Mittler, Entwicklungshelfer und Sanktionierer, Weltparlament
Kooperationschancen	durch bilaterale Abkommen der Blockführer (z. B. SALT I)	vom Entgegenkommen „der" Weltmacht abhängig	Bündnisse wie die EU
Rolle von Friedensorganisationen	symbolische Bedeutung, Status von Protestbewegungen	Mahner oder Widerstandsbewegung	humanitäre Hilfe, Aufklärung, Demonstrationen

Kompetenztraining Geschichte
9783060649396_GES_P_328-343.doc

Lernerfolg Kapitel 26

1 a) • traditionelle Vorstellung: aggressiver Expansionskurs der Sowjetunion wird durch marxistisch-leninistische Ideologie bedingt
  • revisionistische Erklärung: permanente und expansive Suche nach Rohstoff- und Absatzmärkten ist im US-amerikanischen System verankert
  • postrevisionistische Interpretation: kontinuierlich falsche Wahrnehmung beiderseits produziert falsche Entscheidungen

b) Als „Kalter Krieg" wird der globale Antagonismus zwischen den USA und der UdSSR zwischen 1947 und ca. 1990 bezeichnet. Er äußert sich in politischer Blockbildung, Wettrüsten, Stellvertreterkriegen, ideologischen, wirtschaftlichen und kulturellen Auseinandersetzungen. Der Begriff wird seit 1950 in beiden Lagern verwendet.

2 a) „Frieden" ist ein Angebot vom Stärkeren an den Schwächeren im Kontext gleicher Weltsicht, politischer Partnerschaft und militärischer Stärke. US-Außenminister Byrnes verdeutlicht am Beispiel des besiegten Deutschlands Amerikas Bereitschaft, zur Friedenssicherung Gewalt anzuwenden.

b) Die UdSSR formuliert ihre Weltsicht spiegelbildlich zu der der USA. Belege hierfür sind die 1947 entstandene Truman-Doktrin und die Zwei-Lager-Theorie des Kominform, die jeweils von zwei „Lebensweisen" sprechen, von denen sich eine durch Demokratie, Freiheit und Friedensliebe auszeichnet. Gemeint ist immer das eigene Lager.

3 a) Die blockfreien Staaten hatten sich von einer der Blockmächte gelöst (Jugoslawien), waren aus Befreiungskämpfen entstanden (Indien) oder versuchten die Umsetzung politischer Mischformen aus beiden Systemen (Ägyptens „arabischer Sozialismus"). Die Blockfreien sind politisch zu unterschiedlich und geographisch zu weit auseinander, um eine Führungsrolle einzunehmen.

b) Ein gutes Beispiel ist der Jugoslawe Tito. Nachdem er sich 1948 von Stalin gelöst hatte, da er auf einen eigenständigen Sozialismus setzte und den sowjetischen Hegemonialanspruch ablehnte, lief Jugoslawien stets Gefahr, zwischen den Blöcken aufgerieben zu werden. Das Ergebnis war eine autoritäre Herrschaft Titos, die zwar den Vielvölkerstaat viele Jahrzehnte lang zusammenhielt, jedoch keinen transkontinentalen Einfluss gewinnen konnte.

4 a) Beide Begriffe bezeichnen einen Reformprozess der sowjetischen Gesellschaft hin zu mehr wirtschaftlicher, politischer und individueller Freiheit. „Perestroika" zielt auf den Umbau der Gesellschaft ab, „Glasnost" soll ihn durch Transparenz beschleunigen und effizienter machen (s. auch oben Lösung zu Förderbogen 26.8, Aufgabe 1).

b) „Glasnost" und „Perestroika" wurden durch Michail Gorbatschow, Generalsekretär der KPdSU, initiiert und trotz Widerständen am Leben erhalten. Somit kann einerseits von einer „Revolution von oben" gesprochen werden, andererseits setzte er einiges von dem um, was die Novelle der Verfassung der UdSSR von 1977 sowieso vorsah, bislang aber nur auf dem Papier gestanden hatte. Bis heute werden Reformen in Russland von oben, also von „starken Männern", durchgeführt. Das galt für Gorbatschows Nachfolger Boris Jelzin genauso, wie es für Wladimir Putin gilt. Putins Formulierung „Demokratur" steht als Beleg dafür, dass Russlands Demokratie „von oben" gelenkt wird, mithin nicht vom Volke ausgeht.

Lösungen zu Kapitel 27

Förderbogen 27.1

1 a)

Deutsche Kriegstote	1,5 Mio.	4,3 Mio.	6,8 Mio.	14 Mio.
Obdachlose	300.000	3,2 Mio.	4,6 Mio.	7,5 Mio.
Flüchtlinge und Vertriebene	8 Mio.	12 Mio.	16 Mio.	22 Mio.
Zerstörungsrate der Großstädte	unter 10 %	bis 50 %	50–90 %	90 %
Zerstörter Wohnraum	25 %	30 %	50 %	60 %
Ehemalige NSDAP-Anhänger in Westzonen	1,5 Mio.	4 Mio.	8 Mio.	12 Mio.
Deutsche Kriegsgefangene nach 1945	400 000	700 000	900 000	über 1 Mio.
Durchschnittl. Kalorienversorgung pro Tag	1000 kcal.	1200 kcal.	1400 kcal.	3000 kcal.

b) Täglich verzehrt werden sollten laut Vollernährungtabelle der Deutschen Gesellschaft für Ernährung e.V. 30 % Fette, 10–15 % Eiweiß, 55–60 % Kohlenhydrate. In Produkten heißt dies 30 % Getreide, Getreideerzeugnisse, Kartoffeln; 26 % Gemüse, Salate, 17 % Obst, 18 % Milch, Milchprodukte, 7 % Fleisch, Wurst, Fisch, Eier, 2 % Fette, Öle. Je nach Belastung entsprechend mehr.
Anm.: Die Einheit „Kalorie" ist nach EU-Bestimmungen ab 1. Jan. 2010 ungültig.

2

D-Begriff	Inhalt	Umsetzung West	Umsetzung Ost
Demilitarisierung	Auflösung der Wehrmacht, völlige Entwaffnung	durchgesetzt; Aufbau von Polizeikräften	durchgesetzt; Aufbau von Polizeikräften
Denazifizierung	Auflösung der NSDAP und aller NS-Organisationen; Bestrafung der Kriegsverbrecher	Nürnberger Tribunal 1946, Unterscheidung Nazis – Mitläufer, Lagerhaft, z. T. Wiedereingliederung	Nürnberger Tribunal 1946, Unterscheidung Nazis – Mitläufer, Persilscheine, z. T. Wiedereingliederung
Dezentralisierung	Aufbau einer demokrat. Verwaltung von unten; Verbot der Rüstungsprod., Zerschlagung der Kartelle; Aufteilung in Besatzungszonen	Gründung von Ländern, Zusammenschluss zur Bizone, dann Trizone; Demontage in Maßen	Einführung des Sozialismus der SBZ; massive Demontagen; Einführung der Planwirtschaft; Bodenreform
Demokratisierung	in begrenztem Umfang Zulassung politischer Parteien, Gewerkschaften, Verbände	Entstehung von Parteien, Wahlen in den Ländern, Genehmigung von Zeitungen	Einheitspartei SED (1946), Wahlen mit Behinderungen der Bürgerlichen, Einführung des Stalinismus

Kompetenztraining Geschichte
9783060649396_GES_P_328-343.doc

3 a) *Casablanca (Jan. 1943):* TN Churchill, Roosevelt, Forderung nach bedingungsloser Kapitulation Deutschlands; Stalin schließt sich später an.
Moskau (Okt. 1943): TN Eden, Hull, Molotow (Außenminister), bedingungslose Kapitulation; Verfolgung von Naziverbrechen.
Teheran (Nov. 1943): TN Churchill, Roosevelt, Stalin; Westverschiebung Polens bis zur Oder, Königsberg an UdSSR, Teilung Deutschlands (zunächst ohne konkrete Einigung).
Jalta (Nov. 1944): TN Churchill, Roosevelt, Stalin; Denazifizierung, Demilitarisierung, Teilung unter Einbeziehung Frankreichs, Reparationen, endgültige Festlegung der polnischen Westgrenze.

b) Demilitarisierung, Denazifizierung, Demokratisierung, Dezentralisierung, Demontage

Förderbogen 27.2

Westliches Lager	Jahr	Östliches Lager
Potsdamer Konferenz	1945	Potsdamer Konferenz
	1945	Bodenreform
	1945/1946	Vertreibung Deutschsprachiger
Nürnberger Prozesse	1946	Nürnberger Prozesse
	1946	Vereinigung von KPD und SPD
	1946	Gründung der FDJ
Marshallplan-Programm	1947	
Etablierung einer Bizone	1947	
Gemeinsame Wirtschaftsverwaltung	1948	
	1948	Berlin-Blockade
Währungsreform	1948	
	1948	Gründung des „Deutschen Volksrates"
Parlamentarischer Rat	1948	
	1949	
Verabschiedung des Grundgesetzes	1949	
Bonn als Hauptstadt	1949	
	1952	Gründung von Bezirken der DDR
Schuldenabkommen von London	1953	
Pariser Verträge	1954	
Gründung der Bundeswehr	1955	

Förderbogen 27.3

1 Zunächst hatten Amerikaner und auch Briten keine forcierte Demontagepolitik betrieben und setzten schon früh auf den wirtschaftlichen Wiederaufbau der Bundesrepublik. Durch die Währungsreform und für die BRD günstige Schuldenpolitik waren die Weichen auf Aufschwung gestellt. Die westdeutschen Waren wurden im westlichen Ausland gern gekauft und die harte DM-Währung erleichterte dies. Auch Infrastrukturprogramme wie der Marshallplan oder die hohe Nachfrage der Besatzungsmächte auf dem westdeutschen Markt führten zum Aufschwung.

2

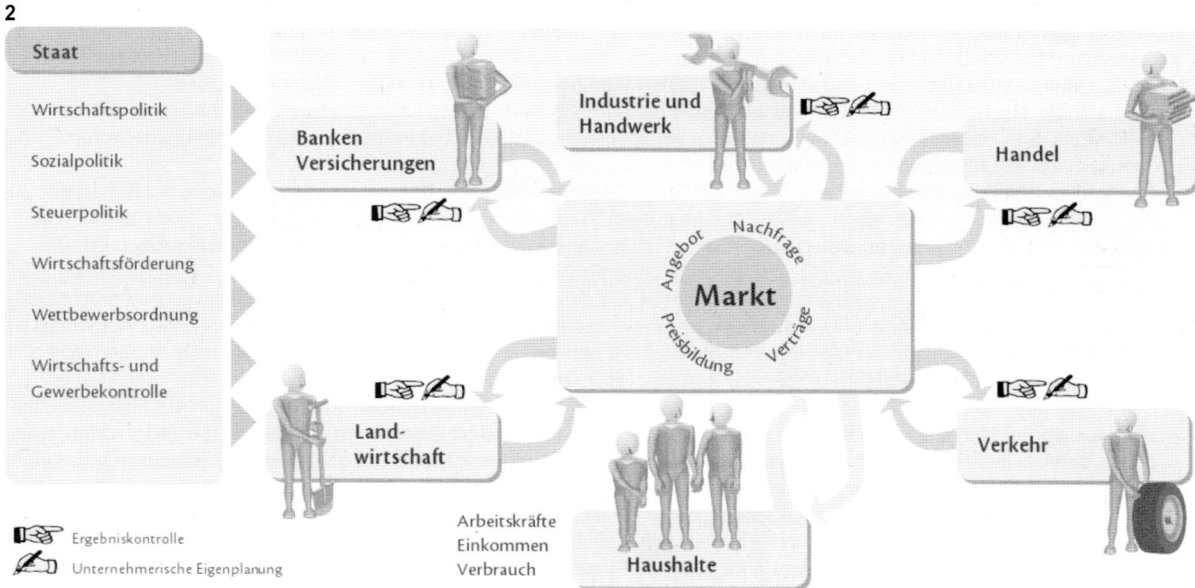

Kompetenztraining Geschichte
9783060649396_GES_P_328-343.doc

3 „Elfriede, stell dir vor, was ich eben von drüben gehört habe. Im Westdeutschen Rundfunk prahlen sie von den Erfolgen. Ob das so alles stimmen kann? Bei uns sieht das ja nicht so rosig aus. Und die dollen Zahlen, allein für die Autoproduktion. Das kann man sich kaum vorstellen. Und dann auch noch die Steigerung der Wirtschaftsleistung um mehr als 10 Prozent. Das wäre dem Ulbricht mit seinen Fünfjahresplänen nicht eingefallen. Das scheint mir etwas traumtänzerisch zu sein." – „Heinrich, du weißt doch, dass Tante Lina neulich von Berlin aus im Westen war. Was da auf den Straßen brummt und wie gefüllt die Vorratskammern der Menschen sind. Alles gibt es ohne Bezugsschein. Und immer ist alles vorrätig. Die Arbeitslosigkeit ist gesunken, das sagte sie auch. Also ich denke, denen geht es besser, es geht aufwärts." – „Alles Propaganda der Kapitalisten! Die Flüchtlinge leiden dennoch Elend dort. Ich bin stolz auf das, was in der DDR erreicht wurde, auch hier wird fleißig angepackt, wir sollten uns die Butter nicht vom Brot nehmen lassen."

4 Planwirtschaft ist – im Gegensatz zur – freien Marktwirtschaft – eine Wirtschaftsordnung, in der der Staat alle Prozesse einer Volkswirtschaft zentral und planmäßig (z. B. Festlegung von Fünfjahresplänen) lenkt. Damit sind insbesondere die Lenkung der Produktion und der Verteilung der Güter und Dienstleistungen gemeint. Der Staat definiert damit – anders als in der freien Marktwirtschaft – auch die Bedürfnisse der Menschen, was sich in der staatlichen Festlegung von Produktarten und Produktionszahlen niederschlägt.

5 Die Frau am Kühlschrank wird als treu sorgende Mutter dargestellt, die die Familie mit den Segnungen des Kühlschranks versorgt. Der Kühlschrank ist sehr prall gefüllt, das Wirtschaftswunder ist bei der Familie angekommen. Vorher hat sie eingekauft, das Netz liegt noch daneben. Die Mutter wird als brave Hausfrau mit Kittelschürze dargestellt. Aus heutiger Sicht ist das Familienbild rückständig, da die Mutter als Versorgerin dargestellt wird, die Kinder dürfen vielleicht nicht einmal selbstständig an den Kühlschrank. Diese Zeiten sind heute vorbei, der Kühlschrank ist nicht mehr tabu.

Förderbogen 27.4

1

Aussagen	Dein Kommentar: Was meint er? Was will er eigentlich sagen? Sprachliche Besonderheiten?
Wir hatten eine Portion Tote, aber mich ging es nichts an. Ich war nicht Dienstältester.	„Portion Tote" ist ungenau und unmenschlich; er verweigert sich, sieht keine Verantwortung.
Ich meine, das geht ja nicht, dass jeder über einen Zug bestimmen kann, wie er will. Es ist doch so, dass der Zugführer seinen bestimmten Plan hatte, nach dem er fahren musste.	Er will sich schützen, indem er unterstellt, dass er keine Handlungsalternative gehabt hätte. Er stellt den Plan über menschliche Entscheidungen, hinterfragt Befehle nicht.
Die Gefangenen hatten es auf dem Transport ganz gemütlich. Je Hundert Stück Häftlinge auf einem Waggon.	Eine Beschönigung, denn „gemütlich" war der Transport nicht. Auch die Bezeichnung „Hundert Stück" ist auf Gegenstände anzuwenden, nicht auf Menschen.
Diese Bahnhöfe, dieses Wasser ... es gibt da Bestimmungen, das ist nur für die Lokomotiven da. Auch hatte ich ja nicht das Kommando.	Er gibt vor, dass er nicht helfen konnte, weil dem auch hier Bestimmungen im Wege gestanden hätten (was vielleicht auch stimmt). Er weist die Verantwortung wieder von sich, als ginge ihn die Situation nichts an.

2 *Reeducation:* Umerziehung hin zu freiheitlichen, demokratischen Werten; Ausstatten mit politischem Handwerkszeug und Urteilsvermögen.

Spruchkammer: Gruppierte die Angeklagten in Gruppen von weniger oder stark Schuldigen ein. Ihr standen häufig normale Bürger, meist Regimegegner vor, die diese Prozesse ähnlich wie normale juristische Prozesse führten – z. B. mit Beweisaufnahme, Anklageschrift.

Nürnberger Prozesse: Die Kriegsverbrecherprozesse im Nürnberger Gericht stellten die wichtigsten noch lebenden Kriegsverbrecher wie Göring u. a. vor ein Tribunal, dem alle vier Besatzungsmächte angehörten. Auch hier wurden zahlreiche Belege für Massenmord und die Verstrickung vorgelegt.

Mitläufer: In den Spruchkammern wurden Millionen Menschen, oft ehemalige NSDAP-Parteimitglieder, freigesprochen und zu „Mitläufern" erklärt, denen keine Verantwortung zugesprochen werden konnte und die vorgaben, von nichts gewusst zu haben. Man bezeichnete die Bundesrepublik daher in den 1950er-Jahren auch als eine Gesellschaft von Mitläufern.

Schlussgesetze: Gesetze, die einen Schlussstrich unter die Vergangenheit ziehen sollten und eine Entschädigung beinhalteten.

Mitläuferfabrik: So wurden die Spruchkammern unter westdeutscher Regie oft bezeichnet, da die meisten ungeschoren, schlimmstenfalls als „Mitläufer" davonkamen.

3 a) Für Sattlers Position spricht, dass man in der Tat fähiges Personal brauchte, das Berufserfahrung hatte, um Behörden wieder aufzubauen. Insofern wären die Zwänge begründet. Dagegen sprechen moralische Bedenken: Wie kann man dem Ausland glaubwürdig beweisen, dass eine neue Zeit begonnen hat? Jedenfalls nicht, wenn belastete Personen schnell wieder in Ämter aufsteigen. Es ging ja auch um eine neue politische Kultur, um neue demokratische Gepflogenheiten. Gegen Sattlers These spricht, dass man auch Emigranten aus dem Exil hätte bitten können, das Auswärtige Amt aufzubauen. Von einem moralischen Standpunkt aus muss man Sattler widersprechen, vom praktischen eher nicht. Fragt sich, ob es sich die BRD leisten konnte, in erster Linie pragmatisch zu denken und zu handeln. Man hatte keinen ernsthaften Versuch unternommen, mit neuem Personal eine neue Außenpolitik zu machen.

b) Das Auswärtige Amt ist ein Paradebeispiel für die Elitenkontinuität der frühen Bundesrepublik, weil dort viel Personal übernommen wurde. Menschen, die vorher einer Diktatur gedient hatten und oft auch von der Ideologie überzeugt waren, wandelten sich teilweise über Nacht zu Demokraten – manche meinten es ernst, viele gaben es vor. Im Nachhinein muss man staunen, wie stabil sich die neue Ordnung entwickelte und wie schnell sich auch ehemalige Nazis integrieren ließen. Obwohl man denken könnte, mit einer starken Kontinuität sei ein Neuanfang nicht möglich, gelang dieser aufs Ganze gesehen bemerkenswert gut. Viele Menschen änderten ernsthaft ihre Meinung, auch die Ewiggestrigen konnten das System nicht gefährden – dafür war es für alle zu erfolgreich, insbesondere in wirtschaftlicher Hinsicht.

Kompetenztraining Geschichte
9783060649396_GES_P_328-343.doc

Förderbogen 27.5

1 und 2

I am proud to come to this city as the guest of your distinguished Mayor, who has symbolized throughout the world the fighting spirit of West Berlin. And I am proud to visit the Federal Republic with your distinguished <u>Chancellor[1] who for so many years has committed Germany to democracy and freedom and progress</u>, and to come here in the company of my fellow American, General Clay[2], who has been in this city during its great moments of crisis and will come again if ever needed.

Two thousand years ago the proudest boast was "civis Romanus sum.[3]" <u>Today, in the world of freedom, the proudest boast is "Ich bin ein Berliner."</u>

There are many people in the world who really don't understand, or say they don't, what is the great issue between the free world and the Communist world. Let them come to Berlin. There are some who say that <u>communism is the wave of the future</u>. Let them come to Berlin. And there are some who <u>say in Europe and elsewhere we can work with the Communists</u>. Let them come to Berlin. And there are even a few who say that it <u>is true that communism is an evil system, but it permits us to make economic progress. Lass' sie nach Berlin kommen</u>. Let them come to Berlin.

<u>Freedom has many difficulties and democracy is not perfect, but we have never had to put a wall up to keep our people in, to prevent them from leaving us[4]</u>. I want to say, on behalf of my countrymen, who live many miles away on the other side of the Atlantic, who are far distant from you, <u>that they take the greatest pride that they have been able to share with you, even from a distance, the story of the last 18 years</u>. I know of no town, no city, that has been besieged for 18 years that still lives with the vitality and the force, and the hope and the determination of the city of West Berlin. While <u>the wall is the most obvious and vivid demonstration of the failures of the Communist system</u>, for all the world to see, we take no satisfaction in it, for it is, as your Mayor has said, an offense not only against history but an offense against humanity, separating families, dividing husbands and wives and brothers and sisters, and dividing a people who wish to be joined together.

<u>What is true of this city is true of Germany</u> - real, lasting peace in Europe can never be assured as long as one German out of four is denied the elementary right of free men, and that is to make a free choice. In 18 years of peace and good faith, this generation of Germans has earned the right to be free, including the right to unite their families and their nation in lasting peace, with good will to all people. <u>You live in a defended island of freedom, but your life is part of the main.</u> So let me ask you as I close, to lift your eyes beyond the dangers of today, to the hopes of tomorrow, beyond the freedom merely of this city of Berlin, or your country of Germany, to the advance of freedom everywhere, beyond the wall to the day of peace with justice, beyond yourselves and ourselves to all mankind.

<u>Freedom is indivisible, and when one man is enslaved, all are not free. When all are free, then we can look forward to that day when this city will be joined as one and this country and this great Continent of Europe in a peaceful and hopeful globe.</u> When that day finally comes, as it will, the people of West Berlin can take sober satisfaction in the fact that they were in the front lines for almost two decades.

All free men, wherever they may live, are citizens of Berlin, and, therefore, as a free man, I take pride in the words "Ich bin ein Berliner."

[1] *Konrad Adenauer, der von 1949 Bundeskanzler ist, setzte sich stets für die Westintegration der BRD ein.*

[2] *Lucius D. Clay*

[3] *„Ich bin ein römischer Bürger". Mit diesem Spruch wiesen sich Träger des römischen Bürgerrechts in der damaligen Welt stolz und selbstbewusst aus.*

[4] *Anspielung auf den Bau der Mauer*

3 Der Grund, warum Kennedy Berlin besuchte, ist der Bau der Berliner Mauer zwei Jahre zuvor. Er wollte ein Zeichen setzten für die freie, westliche Welt und die Berliner bestärken, auf die Westmächte zu vertrauen. Er solidarisierte sich mit den Berlinern und nannte alle freien Menschen „Berliner". Er protestierte gegen die Unfreiheit der DDR und deren Abschottung durch den Westen. Kennedy spricht mehrfach von „the wall" und prangert das Regime an, das seine Staatsbürger einschließt.

Förderbogen 27.6

Konrad Adenauer (1876–1967): Bundeskanzler der Bundesrepublik 1949–1963, im Kaiserreich und in der Weimarer Republik Oberbürgermeister der Stadt Köln; wollte eine deutsche Vereinigung durch Westanbindung und „Magnettheorie" erreichen, gab ostdeutsche Gebiete nicht auf, Alleinvertretungsanspruch der BRD. Partei: CDU.

Willy Brandt (1913–1992): Bundeskanzler der Bundesrepublik 1969–1974, davor Außenminister in der Großen Koalition und Regierender Bürgermeister von Berlin. Er trat mit seiner „neuen Ostpolitik" für eine Entspannung mit Polen und der UdSSR ein. Partei: SPD.

Kurt Schumacher (1895–1952): Parteivorsitzender der SPD seit 1946 bis zu seinem Tod. Er war als Oppositionsführer Adenauers Gegenspieler und kritisierte die Westanbindung, kritisierte aber auch die DDR. Er schlug auch nationale Töne an und suchte Wege zur Wiedervereinigung jenseits von Adenauer, den er als „Kanzler der Alliierten" bezeichnete.

Walter Ulbricht (1893–1973): DDR-Staatsratsvorsitzender 1949–1971. Er stand für die Abgrenzung von Westdeutschland und behauptete die DDR als eigenen sozialistischen Staat. Auf ihn ging der Bau der Berliner Mauer zurück. Er musste zurücktreten, weil er sich völlig isoliert hatte und auch die Annäherung von bundesdeutscher Seite ausschlug. Partei: SED.

Ludwig Erhard (1897–1977): 1963–1966 zweiter Bundeskanzler, der aus der CDU kam; stand in der außenpolitischen Tradition Adenauers, näherte sich weiter den USA an und vernachlässigte die Beziehungen zum Partner Frankreich.

Erich Honecker (1912–1994): seit 1976 DDR-Staatsratsvorsitzender; galt als politische Hoffnung. Die wirtschaftlichen Probleme der DDR ließen ihn immer mehr mit der Bundesrepublik kooperieren (Eingehen auf die neue Ostpolitik). Er konnte den Auflösungsprozess der DDR nicht mehr verhindern und trat im Oktober 1989 zurück. Partei: SED.

Kompetenztraining Geschichte
9783060649396_GES_P_328-343.doc

Förderbogen 27.7

1

	Weimarer Verfassung	Reichsverfassung in der NS-Zeit, Herrschaftspraxis	Grundgesetz
Gewaltenteilung	ausgeprägt vorhanden	Justiz beeinflusst und parteiisch (z. B. Volksgerichtshof); Reichstag ausgeschaltet; Diktatur der Exekutive	unabhängige Justiz, Bundesverfassungsgericht
Prozenthürden für Parteien	nicht vorhanden	Parteienverbot, NSDAP als Einheitspartei	5-Prozent-Hürde
Befugnisse des Präsidenten	präsidiale Züge der Demokratie, Notverordnungen, wird direkt gewählt	Nach Tod Hindenburgs 1934 ging die ehemalige präsidiale Kontrolle an Hitler als Führer über.	repräsentative Aufgaben, Unterzeichnung der Gesetze vor Gültigkeit; gewählt von der Bundesversammlung
Befugnisse des Kanzlers		Hitler als Reichskanzler und Führer hatte weitreichende Machtbefugnisse	gibt in der Regierung die politische Linie vor; wird vom Bundestag gewählt
Garantie der Grundrechte	in der Verfassung garantiert; der Staat kommt dem nicht immer nach (z. B. Freikorps)	wurden bereits nach Reichstagsbrand und durch Ermächtigungsgesetz ausgeschaltet	garantiert, sind einklagbar, zunehmende Einbettung in supranationale Einrichtungen (EU)
Notstandsgesetzgebung	nach § 48 möglich; gegen Ende häufig (= Notstandskabinette)	war nicht mehr nötig, da der Reichskanzler nach dem Ermächtigungsgesetz sowieso alle legislative Macht bekam	anfangs nicht vorgesehen; erbitterte Debatten Mitte der 1960er-Jahre
Beteiligung der Länder	im Reichsrat vertreten; föderales System, Kompetenzen liegen z. T. allein bei den Ländern (z. B. Schule)	Durch Gleichschaltung verloren die Länder ihre wichtigsten Kompetenzen (z. B. Polizei, Gestapo).	starke Aufwertung der Länder gegenüber dem Bund, Bundesrat, Bundesversammlung
Rolle des obersten Gerichts	Reichsgericht in Leipzig gilt als sehr konservativ.	Gerichte agieren in den meisten Fällen ideologisch (Arisierung, Militärgerichte, Volksgerichtshof)	Bundesverfassungsgericht wahrt die Interessen aller Bürgerinnen und Bürger; Parteien schlagen verdiente Juristen für beide Senate vor, sodass „Basisanbindung" besteht.
Gültigkeit für Staatsgebiet	ja	Durch Kriegsführung wurden deutsche Gerichtsbarkeit und Militärgerichtsbarkeit ausgedehnt; Folgen für die NS-Herrschaftspraxis in ganz Europa.	ja

2 In der DDR ist die Zweiteilung von Staats- und Parteiapparat bestimmend. Das Volk wählt über die Nationale Front die SED, die kleinen „Blockparteien" und Massenorganisationen in die jeweiligen Parlamente. An der Spitze steht der Staatsrat mit seinem Vorsitzenden. Das zweite Zentrum der Macht liegt im SED-Politbüro und dem SED-Zentralkomitee. In der Bundesrepublik ist die Arbeit der Parteien in die jeweiligen Ebenen integriert, im Zentrum steht der in freier und geheimer Wahl gewählte Abgeordnete.

Förderbogen 27.8

1 Die Antwort hängt von der eigenen Einschätzung ab, jedoch sind fast alle Maßnahmen angesichts des Verlusts eines Familienmitglieds zweifelhaft und nur aus der Perspektive der Stasi verständlich: das Ausschließen von Mitschülern, das Vertuschen der Todesumstände, die Verpflichtung der Familie zum Schweigen, die Ermittlungen gegen die Eltern, die nun investigative Fragen beantworten müssen, statt trauern zu können. Der gesamte Umgang mit dem Fall ist repressiv und geht nicht von den Bedürfnissen der Familie, sondern von denen der Stasi aus.

2 Ein „inoffizieller Mitarbeiter" soll die Mutter betreuen, was konkret bedeutete: Der IM sollte kontrollieren, ob sie das verlangte Spiel mitspielt. Vorgesehen war vielleicht ein Nachbar, der unter dem Vorwand des Kondolierens der Mutter zu verstehen geben sollte, dass sie sich an die Stasi-Forderungen zu halten habe. Auch hätte eine solche Gesprächsführung die Schuld auf den Sohn lenken und staatliches Handeln rechtfertigen können.

3 Diese Formulierung ist als Verdrehung und einseitige Interpretation zu werten. Sie verkennt die Auswirkungen des Todes auf die Familie und geht nur von der doktrinären Staatssicht aus. Die Erklärung vertuscht zudem die eigentliche Ursache, nämlich den Tod bei Grenzübertritt (die DDR-Verantwortlichen gaben ungern öffentlich zu, dass es so etwas überhaupt gegeben habe). Die Formulierung klingt so, als sei der Jugendliche bei einer beliebigen Straftat erschossen worden. Diese Schutzbehauptung dürfte sich in der Realität als wenig sinnvoll erwiesen haben, weil sie sofort die Frage nach der Straftat nach sich zieht. Sie zeigt, wie sehr die DDR bemüht war, die „Republikflucht" zu vertuschen, und wie sehr sie sich in Rechtfertigungsschwierigkeiten befunden haben muss. Hätte die Mehrheit der DDR-Bevölkerung hinter einer solchen Justiz und Rechtsanwendung gestanden, hätte man die „Straftat" ganz offen benennen können, anstatt sie – halb – zu vertuschen.

4 Das Observieren der Beerdigungsgesellschaft und das Aktenkundigmachen des Teilnehmerkreises zeigt einerseits das Kontrollbedürfnis des Staates, verkörpert durch die Stasi, aber auch die Angst vor den eigenen Staatsbürgern, denen das Regime grundlegend misstraute. Somit ist das Observieren als Zeichen des Kontrollverlusts und der Repression zu werten. Medium dieser Aktion war auch hier die Stasi.

Kompetenztraining Geschichte
9783060649396_GES_P_328-343.doc

Förderbogen 27.9

1 a) *Berlin-Abkommen* (1971): Auch Viermächteabkommen über Berlin genannt; Sicherung der Präsenz der vier Siegermächte im geteilten Berlin. Man sprach wieder miteinander, legte Reiseerleichterungen für Berliner und Transitregelungen fest.
Grundlagenvertrag (1972): Erstes umfassendes Vertragswerk zwischen DDR und BRD. Vereinbart werden Gewaltverzicht, vorläufige Anerkennung der Grenzen, gegenseitige Anerkennung, Kooperation, Bekenntnis zur UNO, Austausch von Ständigen Vertretern.
Ostverträge: Sammelbezeichnung für Moskauer Vertrag (1970), Warschauer Vertrag (1970), Berlin-Abkommen und Grundlagenvertrag. Sie sind Kennzeichen der Entspannungspolitik und der Bemühungen um gute Nachbarschaft. Man vereinbarte Gewaltfreiheit, akzeptierte prinzipiell die Grenzen und beschloss Kooperation im KSZE-Prozess (Konferenz für Sicherheit und Zusammenarbeit in Europa) und der UNO.

b) KSZE-Prozess (Konferenz für Sicherheit und Zusammenarbeit in Europa): Es handelt sich um die Idee einer europäischen Sicherheitskonferenz, die Breschnew und Nixon 1972 ins Leben riefen und die bis 1975 wichtige grenz- und blocküberschreitende Themen diskutieren sollte. In der Schlussakte von Helsinki 1975 wurden die Ergebnisse der KSZE-Verhandlungen in drei Ergebniskörben festgeschrieben. Im Prinzipienkatalog ging es um Menschenrechte, Gewaltanwendung, Grenzfragen, Völkerrecht und die Nichteinmischung. Im zweiten Korb um Zusammenarbeit in Wirtschaft, Wissenschaft, Verkehr und Technik und im dritten um humanitäre Angelegenheiten wie Kontakte, Reiseerleichterungen, Familienzusammenführung.

2

	Gründe für Flucht	Gesellschaftliche Alternative BRD
1	Unzufriedenheit mit Versorgungslage	freie Verfügbarkeit fast aller Güter weltweit in Konsumgesellschaft
2	unzureichende Dienstleistungen	Wählbarkeit des (nichtstaatlichen) Dienstleisters (Angebot und Nachfrage)
3	schlechte medizinische Betreuung	Angebote der medizinischen Maximalversorgung
4	eingeschränkte Reisemöglichkeiten	unbeschränkte Reisemöglichkeiten, Massentourismus
5	unbefriedigende Arbeitsbedingungen	Chancen zur freien Selbstverwirklichung, Aufstieg und Arbeitsplatzwechsel
6	Unzufriedenheit mit Leistungsanreizen	klare Leistungsanreize durch Arbeitsmarkt und fast freie Lohngestaltung
7	Bürokratie	Möglichkeiten der Beschwerde, weniger Intransparenz
8	Medienangebot der DDR	vielfältige freie Medien

b) Auf der einen Seite trieb „der Westen" das Wettrüsten weiter voran, z. B. US-Präsident Reagan. Das ökonomische System der USA hielt die großen Rüstungsausgaben aus und lebte zum Teil vom Systemgegensatz. Auf der anderen Seite belasteten die Ausgaben für die Rüstung die Haushalte. Abrüstungsangebote sollten die Eskalationsspirale stoppen und Gespräche ermöglichen. Ein weiteres globales Zerstörungspotenzial und das permanente Denken in Kriegslogik konnte auch nicht im Interesse des Westens liegen, der sich mit seinen Abrüstungsangeboten auch in der moralisch überlegenen Position zeigte.

Förderbogen 27.10

1

1989 30. Sept.: Botschaftsflüchtlinge aus Prag und Warschau dürfen ausreisen
6./7. Okt.: 40. Jahrestag der DDR mit Gorbatschow
18. Okt.: Erich Honecker tritt als Staats- und Parteichef zurück
7./8. Nov.: SED-Regierung und Politbüro treten zurück
9. Nov.: Presseerklärung zur Reisefreiheit, Öffnung der Grenzen
13. Nov.: neuer Volkskammerpräsident Hans Modrow (SED)
7. Dez.: Runder Tisch der Oppositionsparteien
1990 1. Juli: Staatsvertrag zwischen BRD und DDR, Einführung der D-Mark
31. Aug.: Einigungsvertrag, Beitritt der DDR nach Art. 23 GG
12. Sept.: 2-plus-4-Vertrag der Siegermächte und deutschen Staaten zur Souveränität und Anerkennung der Grenzen

2

Indikator	Pro Revolutionsbegriff	Kontra Revolutionsbegriff
Gewaltanwendung		friedliche Demos in DDR
Einführung eines neuen Systems		eher Weiterentwicklung des Sozialismus
Diskussion außerhalb des alten Systems	Kirchen, Bürgerinitiativen organisieren Widerstand außerhalb des Staates	Auch Kräfte in der SED wissen, dass es so nicht mehr weitergehen kann.
Zustimmung durch Bevölkerung	Massenproteste, Montagsdemonstrationen, Ausbleiben von hartem Widerstand oder Gewalt des SED-Regimes	
Rücktritt der alten Kräfte, Machtvakuum	Rücktritt Honeckers, Modrow nicht stark genug, um DDR als System zu erhalten	kein eigentliches Machtvakuum, da Volkskammer vorhanden

Es sprechen also viele Indikatoren für eine Revolution. Das Besondere war in diesem Fall, dass auf Gewaltanwendung fast völlig verzichtet wurde („friedliche Revolution") und dass es nie Phasen eines Bürgerkriegs gab. Eher war das alte Regime an ein Ende gekommen und neue demokratische Kräfte nutzten die Volkskammer mit ihren neuen Parteien wie „Demokratischer Aufbruch" oder „Bündnis 90" als Plenum zur Durchsetzung ihrer Politik.

Kompetenztraining Geschichte
9783060649396_GES_P_328-343.doc

Förderbogen 27.11

1 Köhler trennt zwischen der Charakterisierung des Gesamtsystems als „Unrechtsstaat", dem er zustimmt, und den Lebensbiographien der einzelnen Menschen, die in diesem System gelebt haben bzw. darin leben mussten und deren Leben damit keine Abwertung erfährt. Köhler beklagt allerdings, dass es immer noch Probleme zwischen Ost- und Westdeutschen, Ost- und Westdeutschland gebe.

Anders als Köhler lehnt Schwan den Begriff Unrechtsstaat zur Charakterisierung des Gesamtsystems ab. Er sei zu ungenau und unterstelle, dass alles in der DDR unrecht war. Ob Schwan auch zwischen einer Betrachtung des Systems und der einzelnen Menschen unterscheidet, geht aus der Kurzmeldung M1 nicht hervor.

Lernerfolg Kapitel 27

1 a) Demilitarisierung, Denazifizierung, Demokratisierung, Dezentralisierung, Demontage

b) *Demontage:* Während die Sowjets sehr stark demontierten und ihrer Besatzungszone einen Großteil der ökonomischen Basis nahmen, hielten sich besonders Amerikaner und Briten sehr zurück, weil sie wussten, dass eine starke westdeutsche Volkswirtschaft ihnen nur nutzen könnte. Die Sowjetunion war durch den Vernichtungskrieg im Osten so gebeutelt, dass eine Demontage eher nötig war.

Demokratisierung: Unter „Demokratie" verstanden Ost- und Westalliierte jeweils etwas sehr anderes. Die UdSSR favorisierte das basisdemokratische Rätesystem, die Westalliierten wiederum setzten auf eine parlamentarische Demokratie mit Abgeordneten und billigten der Konkurrenz vieler Parteien die besten Chancen zu. Die UdSSR setzte ein undemokratisches Einparteiensystem (SED, Blockparteien und Massenorganisationen in einer Einheitsliste).

Denazifizierung: Die Verfolgung faschistischer Verbrechen hatten sich die DDR und die sowjetische Besatzungsmacht groß auf die Fahnen geschrieben; und sie gingen auch konsequenter vor als beispielsweise die Amerikaner, die ein System der Spruchkammer entwickelten, in dem keine politischen Prozesse geführt werden sollten wie in der DDR. Die Spruchkammern entwickelten sich jedoch zu „Mitläuferfabriken" und sorgten für die Entlastung einer Mehrheit der westdeutschen Bevölkerung. Lediglich die Franzosen führten ein härteres Entnazifizierungsregime.

2 a) In drei Etappen wird die zunehmende Entfremdung der Deutschen in Ost und West dargestellt. Am Anfang herrscht das Gefühl des Trennungsschmerzes vor, die Mauer zwischen beiden trennt sie unfreiwillig und unüberwindbar. Beide sind vom Krieg gekennzeichnet und tragen die Mütze des deutschen Michel. Dies ändert sich bereits 1955: Beide haben den Hut der jeweiligen Besatzungsmacht aufgesetzt, sind gut gekleidet – ganz im Stil der großen Bruderländer. Man schreibt sich, jedoch schon deutlich distanzierter und ist über politische Fragen auch nicht mehr einig. Bereits zehn Jahre später haben die beiden es sich hinter dem Eisernen Vorhang gut eingerichtet, sind abgewandt. Der Stacheldraht stört sie nun nicht mehr. Ihren Kindern oder Enkeln gegenüber verleugnen sie die einstige Bruderschaft. Die Karikatur zeigt, dass der durch Propaganda befeuerte Systemgegensatz zur Normalität wurde und die Menschen abstumpften, sich einrichteten und so die „Mauer in den Köpfen" immer weiter wuchs. Man musste sich nicht mehr um einander kümmern und lebte in getrennten Welten.

b) Auf den Bau der Berliner Mauer reagierten Deutsche in Ost und West 1961 bestürzt. Im Westen zeigte man dies ganz offen und betonte das „Unrecht des Mauerbaus". Das zeigt, dass man sich mit einer deutschen Teilung nicht abgefunden hatte. Auch die Bundesregierung erklärte immer wieder, dass die Deutsche Einheit ihr langfristiges Ziel sei. Von Entfremdung und Gleichgültigkeit war also im August 1961 wenig zu spüren; das Thema beschäftigte die Menschen sehr. Insofern kann der These widersprochen werden. Lediglich aus der Perspektive der DDR war der Mauerbau konsequent, denn sie stoppte die Abwanderung.

3 Beispiel: Willy Brandt (1913–1992), Bundeskanzler der Bundesrepublik 1969–1974, davor Außenminister der Großen Koalition und Regierender Bürgermeister von Berlin. Er trat in seiner „neuen Ostpolitik" für eine Entspannung mit Polen und der UdSSR ein. Er war der Architekt des Berlin-Abkommens, des Grundlagenvertrages mit der DDR und der Aussöhnung mit den osteuropäischen Staaten. Er strebte eine Integration der BRD in UNO und KSZE-Prozess an. Brandt hatte die Vorstellung eines einigen Deutschland, das nach parlamentarischen Prinzipien organisiert sein sollte. Als Sozialist hatte er jedoch einen anderen Staat im Blick gehabt als seine konservativen Vorgängerkanzler. Es ist zu vermuten, dass er den sozialistischen Anteil in der DDR als verbindend empfand, den dominierenden kommunistischen mit der Planwirtschaft als hemmend. Ziel der SPD war ein demokratischer Sozialismus, auch als eine Art dritter Weg zwischen den Systemextremen.

4 In der DDR mangelte es an einer reibungslosen Produktion, einem Güter- und Wirtschaftsfluss, der zu dauerhafter Verfügbarkeit führt. Die DDR war ein Mangel- und Improvisationsstaat. Das betraf die Industrie genauso wie den Verbraucher. Gewisse Produkte gab es gar nicht, sie waren kontingentiert, andere waren im Überfluss vorhanden, aber nicht nachgefragt. Auch die Möglichkeit der Geldanlage, der privaten Vorsorge, des Vermögensaufbaus waren gering, da die Einkommen dicht beieinander lagen. Die Bevölkerung hatte weitgehend den Eindruck, dass Staat und Wirtschaft nicht reibungslos funktionieren – und das weit über die Nachkriegszeit und Lebensmittelbewirtschaftung mit Lebensmittelmarken hinaus.

Da bot die bunte Konsumwelt der BRD freilich ein fast spiegelbildliches Gegenbild mit fast unbegrenzten Konsummöglichkeiten, einem je nach Preis immer verfügbaren Warenangebot. Dies führte insbesondere dazu, dass eine effiziente Industrie sehr produktiv war, da der Alltag reibungslos organisiert werden konnte – es gab keinen Ersatzteilmangel. Diese Möglichkeiten bergen jedoch auch die Risiken des Überangebots, der Fülle, der Verschuldung und des Konsumrausches.

Es wäre zu kurz gegriffen, wenn man die Motivation der DDR-Bürger vorwiegend auf Ökonomisches reduzieren würde, denn auch hinter den wirtschaftlichen Unzulänglichkeiten steckte ein Mangel an Freiheit und Entfaltungskraft. Die Menschen wollten nicht nach staatlichen Plänen arbeiten und einkaufen, sondern selbstbestimmt handeln. Sie wollten als Unternehmer und mündige Konsumenten selbstständig freie Entscheidungen treffen; sie wollten den Urlaubsort frei wählen etc. Was an der Oberfläche nach rein wirtschaftlichen Gründen aussieht, lässt sich auf die mangelnde Freiheit in der DDR zurückführen, sodass man zum Schluss kommen kann, dass der Mangel an geistiger Freiheit letztlich höher zu gewichten ist und auch dem idealistischen Aufbruch der Bürgerrechtler und Parteien mehr Rechnung trägt als der Eindruck, es sei nur um das Befriedigen von Konsumwünschen gegangen.

Kompetenztraining Geschichte
9783060649396_GES_P_328-343.doc

Lösungen zu Kapitel 28

Förderbogen 28.1

1 Frankreich, Großbritannien, Russland, USA, China

2

Stichwort der Charta	Historische Erfahrung	Relevanz für heute
Weltfrieden wahren	Gefährdung des Weltfriedens durch totalitäre Staaten wie Japan und das Deutsche Reich	Iran, Nord-Korea
Freundschaftliche Gleichberechtigung	Länder wähnen sich überlegen, überfallen andere, behandeln Menschen als Untermenschen	Dafourkonflikt im Sudan
Internationale Zusammenarbeit	Länder wie Japan oder NS-Deutschland traten aus dem Völkerbund aus, verweigerten Kooperation	Nord-Korea
Gleichheit der Mitglieder	Länder zweifeln Existenzrecht anderer an	China und Taiwan; Iran und Israel
Einsatz friedlicher Mittel	Viele Bürgerkriege waren von großer Gewalt geprägt; Genozid	Kambodscha oder Jugoslawien; Tutsi und Hutu
Beistand für die UNO	Völkerbund nach 1930 machtlos	

3 *Kennziffer der Resolution:* 1803; *Datum:* 2008; *Betroffene Staaten:* Iran und seine Nachbarländer, fünf Vetonationen, Deutschland; *Abstimmungsergebnis in der UNO:* 14 Mitglieder stimmen zu, Indonesien enthält sich; *Wirkungsabsicht der Resolution:* Urananreicherung im Iran stoppen. *Wurde die Resolution umgesetzt?* Embargo wurde verhängt, da Iran keine Folge leistete, auf Kontrollen vor Ort wurde verzichtet. *Folgeresolutionen:* bislang keine.

Förderbogen 28.2

1 a) *Argumente pro:* Die Bundeswehr übernimmt international Verantwortung; vielen unschuldigen Menschen konnte geholfen werden, indem die Bundeswehr den Aufbau ziviler Strukturen ermöglicht; die Bundeswehr tritt aktiv für die Ziele der UNO ein; es gibt keine Vorbehalte mehr gegenüber deutschen Soldaten im Auslandseinsatz (Erinnerungen an Zweiten Weltkrieg). *Argumente kontra:* Die Einsätze sind umstritten, da die Abgrenzung zu Kriegseinsätzen schwer fällt; deutsche Soldaten kamen ums Leben; die Nachhaltigkeit der Einsätze steht infrage; die Einsätze sind teuer.

b)

Nr.	Einsatz wo	Einsatz wann und warum
1.	Kambodscha	1992 Befriedung der Bürgerkriegsparteien
2.	Somalia	1993 Schutz der Zivilbevölkerung im Bürgerkrieg
3.	Ex-Jugoslawien	1996 Schutz der Zivilbevölkerung
4.	Bosnien	1997 Wahrung des Friedens und Minderheitenschutz
5.	Kosovo	1999 Schutz von Minderheiten
6.	Afghanistan	2001 Sicherung der Friedensbemühungen und des Aufbaus
7.	Kongo	2006 Sicherung der Wahlen
8.	Djibouti	2008 Einsatz gegen Piraterie

2 a) Staaten sind souverän, wenn die politischen Entscheidungen der Regierungen unabhängig von direkten äußeren Einflüssen erfolgen und sie ihr Gewaltmonopol im eigenen Land unzweifelhaft ausüben können. Die Souveränität hat Grenzen, z. B. bei Massenmord, Bürgerkrieg.

b) Der ehemalige UN-Generalsekretär Annan meint, dass das Souveränitätsrecht nicht Schutzschild und Vorwand für Menschenrechtsverletzung sein dürfe. Das heißt, es geht nicht ausschließlich die eigene Regierung an, was im Land passiert, sondern manchmal auch die Völkergemeinschaft, die menschliche Grundrechte respektiert sehen möchte. Ein Staat kann unter Berufung auf das Souveränitätsrecht versuchen, Massenmord zu verschleiern und zur internen Angelegenheit zu erklären. Im Extremfall kommt es zu einer „humanitären Intervention", die das Selbstbestimmungsrecht einschränkt.

Förderbogen 28.3

a)

Autorenschaft	Material	User
Die Autoren des Materialien: *Anonyme User mit Fantasienamen*	Entspricht es fachlichen Ansprüchen? *Nein, es ist rein argumentativ und spekulativ.*	Wird die Zielgruppe genannt? *In beiden Fällen nicht.*
Stehen Einrichtungen dahinter? *Nicht erkennbar.*	Ist die Information schlüssig? *Teilweise ja.*	Ist die stetige Erreichbarkeit des Servers gewährleistet? *Unsicher*
Verhältnis zum Sachverhalt: *Beide sind Laien und haben kein professionelles Verhältnis.*	Werden Quellen genannt? *Nein, lediglich „Medienberichte".*	
Position der Autoren: *Keskau: ist für Intervention und hartes Durchgreifen. Odium: wägt eher ab, bezieht mehrere Ebenen ein, lehnt Engagement ab.*	Gibt es Literatur? *Zeitungsartikel, Bücher über Myanmar.*	

Kompetenztraining Geschichte
9783060649396_GES_P_328-343.doc

b) Positiv ist, dass jeder sich beteiligen kann und es einen offenen, auch kontroversen, Meinungsaustausch gibt. Als User kann man die Argumente selbst abwägen, braucht dazu aber auch eine große Sachkompetenz. Oft werden auch sehr merkwürdige oder auch unrealistische Ansichten vertreten; Menschen behaupten in Internetforen mit voller Überzeugung sehr angreifbare Positionen, z. B.: „Wir fliegen jetzt mal da hin (Birma)". Die meisten Wissenschaftler nehmen solche Foren wenig erst, sie dienen oft eher dem Bedürfnis, sich Luft zu machen. Als Informationsquellen für Referate etc. taugen sie meistens nicht – es sei denn, sie verweisen an seriöse Einrichtungen weiter oder differenzieren anstatt zuzuspitzen.

Förderbogen 28.4

1

Nr.	Abkürzung	Besteht seit	Auflösung der Abkürzung
1	OECD	1948	Organisation für wirtschaftliche Zusammenarbeit und Entwicklung
5	EG	1967–2007	Europäische Gemeinschaften (Fusion)
2	EGKS	1952–2002	Europäische Gemeinschaft für Kohle und Stahl
4	EURATOM	1957–2002	Europäische Atomgemeinschaft
6	EU	1993	Europäische Union
3	WEU	1954	Westeuropäische Union
4	EWG	1957–1993	Europäische Wirtschaftsgemeinschaft

2

	Spanien	Italien	Liechtenstein	Deutschland	Frankreich	Belgien	BRD	Dänemark
Ja		X			X	X	X	
Nein	X		X	X				X

3 *Wirtschaftliche Ziele:* Ausweitung der Grundproduktion, Hebung des Lebensstandards.
Politische Ziele: Zusammenschluss und Überwindung von Rivalitäten; Formulieren gemeinsamer Interessen.
Ideelle Ziele: einem gemeinsamen Schicksal eine ideelle Richtung geben; lebendiges Europa, vertiefte Gemeinschaft unter Völkern.
4 *Abbau von Zöllen:* im Zollverein 1834 innerhalb der deutschen Bundesstaaten (ohne Österreich); Zollvereinbarungen der EWG vergleichbar.
Zusammenschluss: beim Zollverein in fiskalischer Hinsicht; in der EWG ging es auch um gemeinsame Pläne, Forschung und stärkere industriepolitische Abstimmung.
Entstehen eines Wirtschaftsraumes: der deutschen Staaten ohne Österreich beim Zollverbund; Kern eines Wirtschaftsraumes entstand auch mit EWG.
Zusammenwachsen der Einzelstaaten: fand beim Zollverein statt ebenso bei der EWG.
Förderung eines Gemeinschaftsgefühls: fand in beiden Fällen statt; Zollverein richtete sich jedoch gegen Österreich, EWG war eher integrativ angelegt.

Förderbogen 28.5

1 *Schengener Abkommen:* Verzicht auf Kontrollen im Personenverkehr seit 1985 in einer wachsenden Zahl von EU-Staaten; Schengen-Visum; getrennte Flugabfertigung Schengen- und Nicht-Schengenstaaten; gemeinsame Strafverfolgung; Zollkontrollen bleiben bestehen. *Maastricht-Vertrag:* Europäische Gemeinschaften werden durch übergeordneten Verbund abgelöst; geht durch gemeinsame Außen- und Sicherheitspolitik über Römische Verträge von 1957 hinaus; Währungs- und Wirtschaftsunion; EU-Bürgerschaft; Zusammenarbeit in Innen- und Rechtspolitik; Konsultationen über Sozialpolitik.

2 a)

Staat	Bulgarien	Estland	Kroatien	Rumänien	Polen	Slowenien	Slowakei
Jahr	2007	2004	Verhandl.	2007	2004	2004	2004

b) Schweiz, Norwegen, Andorra, Monaco, Albanien, Montenegro, Weißrussland, Ukraine, Moldawien, Kosovo.
3 a) Solana: seit 1999 Generalsekretär des Rates der Europäischen Union und Hoher Vertreter für die Gemeinsame Außen- und Sicherheitspolitik (GASP). Im November desselben Jahres wurde Solana darüber hinaus Generalsekretär der Westeuropäischen Union (WEU). Aufgrund seiner weitreichenden Kompetenzen in außen- und verteidigungstechnischen Fragen der EU wird Solana häufig als deren „Außenminister" bezeichnet. Von 1995 bis 1999 war er NATO-Generalsekretär.
b) Bedeutung des Amtes: Sprachrohr und Prozessgestalter; weltweit hochgeachteter Akteur; nach seiner prägenden Amtszeit geht nichts ohne Europa.
Qualitäten Solanas: kann zuhören, schweigen, die richtigen Fragen stellen, ist umsichtig, hat Charme, mag Menschen, kann Emotionen zeigen
4 Man findet zunächst sehr viele Artikel von Zeitungen und Zeitschriften über Sarkozys Äußerungen; darüber hinaus findet man Blog-Einträge und Artikel auf Seiten von Privatpersonen, interessengesteuerte Seiten wie „turkish-talk" oder die „fatih moschee". Das seriöseste Angebot ist wohl das der Bundeszentrale für politische Bildung „bpb". Deutsche Parteien haben offenbar nicht auf den Ausspruch reagiert, jedenfalls nicht auf ihren Homepages, nur in Statements der Zeitungen.
Das Resümee einer Analyse der Interneteinträge ist, dass es keine richtige Analyse gibt, welche Argumente Sarkozy zu dieser These führen und wie diese europaweit diskutiert wird. Die Beschäftigung mit dem Statement kann nicht zu einer intensiven Beschäftigung mit dem angesprochenen Thema führen, es geht im Internet eher darum, ob und wie sich Sarkozy geschadet hat, also eher um das Phänomen und nicht seine Wurzeln.

Kompetenztraining Geschichte
9783060649396_GES_P_328-343.doc

Lernerfolg Kapitel 28

1 a) Man wollte in der Nachfolge des Völkerbundes Konflikte friedlich lösen. Vor Augen stand allen Beteiligten der Zweite Weltkrieg mit seinen schrecklichen Auswirkungen. Die UNO sollten Basis für den Dialog sein und friedliche Wege ermöglichen. Die Abstimmungen im Sicherheitsrat müssen einstimmig getroffen werden, damit es keine kontroversen Mehrheitsverhältnisse gibt. Mit ihm haben die UNO ein ernstzunehmendes Sprachrohr.

b) Frankreich, Großbritannien, Russland, USA, China

2 a) Einen Einsatz „unter dem blauen Helm" der UNO. Diese Einsätze sollen Frieden sichern, die Versorgung der Bevölkerung ermöglichen, Bürgerkriegsparteien trennen, freie Wahlen ermöglichen. Sie sind also so eine Art Schiedsrichter in konfliktbeladenen Ländern.

b) Weil deutsche Soldaten sehr viel Leid über Europa gebracht haben, wäre es verständlich, wenn ein Soldat hier Abstand nehmen möchte. Häufiger dürfte aber die Argumentation sein, dass jemand nicht in gewalttätige Auseinandersetzungen verwickelt werden möchte, die ihm nichts bedeuten – die Blauhelme sollten hinter ihrer Mission stehen. Oft kommen Soldaten aber in Konflikte, weil sie nicht mit Waffen einschreiten dürfen, und sehen ohnmächtig zu, wie eine Situation eskaliert. Überhaupt ist die Lösung vieler Konflikte so komplex, dass ein Blauhelmeinsatz nur ein Beitrag von vielen sein kann.

3 a) Schengen-Abkommen: Verzicht auf Kontrollen im Personenverkehr seit 1985 in einer wachsenden Zahl von EU-Staaten; Schengen-Visum; getrennte Flugabfertigung Schengen- und Nicht-Schengenstaaten; gemeinsame Strafverfolgung; Zollkontrollen bleiben bestehen.

b) Maastricht-Verträge: Europäische Gemeinschaften werden durch übergeordneten Verbund abgelöst; geht durch gemeinsame Außen- und Sicherheitspolitik über Römische Verträge von 1957 hinaus; Währungs- und Wirtschaftsunion; EU-Bürgerschaft; Zusammenarbeit in Innen- und Rechtspolitik; Konsultationen über Sozialpolitik.

4 a) Fischer war 1998–2005 deutscher Außenminister und sammelte sehr viele Erfahrungen bei wichtigen internationalen Konflikten. Er gilt als einer der wichtigsten Vermittler im Nahen Osten. Fischer genießt noch heute viel Vertrauen in aller Welt. Seine Erfahrungen hat er an einer amerikanischen Universität auch akademisch reflektiert. Er muss eine breite Palette an sehr guten Kontakten einbringen, muss ein guter Vermittler sein, der nicht als parteiisch wahrgenommen wird. Er muss alle diplomatischen Techniken der Vermittlung kennen.

b) Der Vertreter der gemeinsamen Außen- und Sicherheitspolitik ist dem Europäischen Rat zugeordnet, deren Generalsekretär er zugleich ist.

Lösungen zu Kapitel 29

Förderbogen 29.1

1 *Exogener Prozess:*
- technologischer Fortschritt der Produktivkräfte
- Entstehung transnationaler Konzerne
- Ausdifferenzierung internationaler Arbeitsteilung
- sozialer und kultureller Wandel
- Verwestlichungsprozess, Modernisierungsprozess

Durch Staaten gewollter Prozess:
- Staaten haben Rahmen für Globalisierung geschaffen
- politische Logik in internationalen Beziehungen
- gewollte Deregulierung

2 *Wirtschaftliche Aspekte:* Finanzen und Kapitalbesitz, Märkte
Teilschnittmenge: Technologien und Wissen
Kulturelle Aspekte: Kulturformen
Teilschnittmenge: Politische Einigung
Politische Aspekte: Politische Steuerung
Mitte: Wahrnehmungen und Bewusstsein

3 „Guten Abend, wie ich sehe, arbeiten Sie noch, ich will Sie nicht stören". – „Keineswegs, ich plaudere gern ein wenig. Aber wie Sie sehen: Das Flugzeug ist mein Büro." – „Wie furchtbar, lässt die Arbeit Sie denn nie in Ruhe?" – „Ich arbeite für eine große französische Bank, die mich um die ganze Welt schickt." – „Wie furchtbar, ich arbeite an einem ökologischen Projekt in Indonesien mit. Da bekommt man mit, was es heißt, wenn die Rendite stimmen soll." – „Auch den Indonesiern wird es bald besser gehen. Ich und meine Bank sorgen dafür, dass dort investiert wird, wo Gewinne gemacht werde können. Und das ist auch in den Schwellenländern der Fall." – „Sie sind ja ein Samariter! Die Menschen, denen ich helfe, werden ausgebeutet, gerade von großen Konzernen, denen die Rendite nicht stimmt, wenn die Menschen zu fair bezahlt werden." – „Das ist ein Übergangsphänomen. Die Märkte öffnen sich doch nun für alle. Wenn Staaten den Riegel der Regulierung wegschieben, können sich auch die Indonesier qualifizieren. Wir brauchen gut ausgebildete Menschen auch dort." – „Sie müssten sich mal anschauen, wie sich dieses von ihnen genannte Übergangsphänomen anfühlt. Hier auf meinem Laptop können Sie es sehen." – „Ich bin gerne bereit, Ihnen zuzuhören, ich komme ja sonst aus den Bankentürmen nicht raus. Zeigen Sie mal her ..."

4

Behauptungen	wahr	falsch
Die Welthandelsorganisation setzt die Zölle zwischen Ländern fest.		X
WTO greift ein, wenn ein Land finanzpolitische Probleme bekommt.		X
USA, EU und Japan dominieren die Kreditvergabe an Reformländer.	X	
Die Weltbank gewährt kurzfristige Kredite im Katastrophenfall.		X
Der Stimmanteil der WTO folgt den Kapitaleinlagen der Mitgliedsländer.		X
Die WTO wurde 1944 zur Verhinderung neuer Kriege gegründet.		X
Der IWF berät Staaten, wenn sie mit Geldentwertung kämpfen.	X	

Kompetenztraining Geschichte
9783060649396_GES_P_328-343.doc

Förderbogen 29.2

1 *Richtige Reihenfolge:* südlichen Afrika; 54 von 1000 Kindern; 67-fache; in Südasien und in Ostasien/Pazifik; Südasien; 13 Prozent; 270 Millionen Menschen im Jahr 2000; 5,6 Millionen

2 a) *Technik:* Internet, Handytelefonie, Elektrifizierung, Kühlschränke, iPods, Flachbildschirme; *Konsum und Marken:* BMW, Apple, Microsoft, Coca-Cola, Toyota, Louis Vuitton, McDonalds; *Medien und TV-Produktionen:* Disneyfilme, DVD, HDTV, Harry Potter, Telenovelas, Musicals, Internetforen, Facebook, Youtube.

   b) In ihrer „Antiglobalisierungsbibel" aus dem Jahr 2000 schildert Klein ganz offen die andere Seite unserer westlichen Markenwelt: Kinderarbeit, Ausbeutung, Umweltverschmutzung. Sie zeigt, warum Unternehmen die Industrieländer verlassen und dann mit Auftragsvergabe in „Entwicklungsländer" gehen und dort die gewachsenen Arbeitsstrukturen zerstören. Der westliche Markenwahn hält ein gigantisches Geldverteilungsprinzip aufrecht, das im Kern auf Gewinnmaximierung und Ausbeutung besteht.

   c) Am Beispiel der westlichen Kleidung, z. B. gedeckte Anzüge mit Hemd und Krawatte für Männer oder Jeanshosen, kann man erkennen, wie sehr die Globalisierung das Straßenbild prägt. In Mexiko City, Kalkutta oder Algier sah die Kleidung der meisten Menschen vor einigen Jahrzehnten bunter aus. Ein besonders häufig anzutreffendes Beispiel sind Baseballmützen, die sich insbesondere aus den USA über den ganzen Erdball verbreitet haben; ein weiteres wären Boxershorts, die selbst in Mitteleuropa vor zwanzig Jahren noch Seltenheitswert hatten. Was in Filmen gezeigt und in Dresscodes der Firmen festgeschrieben wird, prägt das Leben von Männern weltweit, die sich äußerlich immer ähnlicher sehen. Es fällt als große Besonderheit auf, wenn der afghanische Präsident Karsai seine heimische Kleidung dem dreireihigen Anzug bevorzugt.

Förderbogen 29.3

1 a) Zusammenprall verfeindeter Kulturen

   b) größte kulturelle Einheit, mit der sich Menschen identifizieren; Gemeinsamkeiten oberhalb der Ebene des Nationalstaats

   c) der westliche, islamische, chinesische, japanische, hinduistische, slawisch-orthodoxe, lateinamerikanische und afrikanische Zivilisationskreis

   d) entlang der islamischen Welt: Balkan, Kaukasus, Zentralasien, Nahost, Afrika, Südostasien

2 a) Sie passt zum Bild der Bedrohung der westlichen Welt durch den Islam, der eben die Konflikte von den Bruchstellen in die westliche Welt geholt hat. Huntingtons Denken wirkt vereinfachend und bot ein klares Angebot von Freund und Feind und ein Deutungsschema des (notwendigen) kulturellen Gegensatzes. Sowohl die Attentäter als auch Al-Qaida sind nicht einfach einer Nation zuzuschreiben, sondern international. Auch deshalb passte das Deutungsschema sehr gut in die damalige Situation.

   b) Es gibt in der Geschichte viele Belege, die zeigen, dass und wie Koexistenz und Kooperation verschiedener Kulturen funktionieren: so zum Beispiel das maurische Spanien mit jüdischer und christlicher Minderheit unter muslimischer Herrschaft im Hoch- und Spätmittelalter.

   c) Siehe Lösungen zum Lernerfolg, Kapitel 29, Aufgabe 4 b.

Förderbogen 29.4

1 a)

Nr.	Historisches Phänomen	Datierung (Jh.)	Buch S.?	Handlungsfeld
13	Fordismus, Fließband	Anfang 20. Jh.		Wirtschaft
3	Handelshaus der Medici	14.–15. Jh.		Wirtschaft
5	Entdeckung Amerikas	Beginn 15. Jh.		Herrschaft
10	Auswanderer in die USA	18.–20. Jh.		Wirtschaft, Herrschaft, Religion
4	Humanismus	14./15. Jh.		Kultur, Religion
11	Kolonialismus	19. Jh.		Herrschaft
12	Commonwealth	19./20. Jh.		Herrschaft
2	Kreuzzüge	11./12. Jh.		Herrschaft, Religion
7	Fugger-Konzern	16. Jh.		Herrschaft, Wirtschaft
6	Ausbreitung des Buchdrucks	um 1500		Kultur, Religion
8	Emigration der Hugenotten	17. Jh.		Religion, Herrschaft
15	McDonald's Restaurants	20. Jh.		Kultur
1	Seidenstraße	ab 5. Jh.		Kultur, Wirtschaft
9	Reisen von James Cook	18. Jh.		Wirtschaft, Kultur
14	Internationaler Flugverkehr	Mitte 20. Jh.		Wirtschaft

   b) Fugger-Konzern, Humanismus, Hugenottenemigration

2 Einwanderung nach *Nordamerika* aus Europa 16.–20. Jh.; Sklavenhandel nach Nordamerika 16.–19. Jh.; Einwanderung aus Spanien, Portugal, Niederlande, England. Sklavenhandel nach *Südamerika*, Karibik.
Völkerwanderung in *Europa* 6.–9. Jh.; maurische Einwanderung und Landnahme ab 7. Jh.; Ostsiedlung nach Osteuropa im Hochmittelalter; Vertreibung und Emigration von Glaubensflüchtlingen in der Frühen Neuzeit; Auswanderungen aus Europa, insbesondere im 19. Jh. nach Amerika; Holocaust und Deportation im 20. Jh.; Flucht und Vertreibung von Millionen Deutschen aus Osteuropa Ende des Zweiten Weltkriegs.

Kompetenztraining Geschichte
9783060649396_GES_P_328-343.doc

Förderbogen 29.5

1 a) McLuhan bezog sich auf die Verbreitung der Fernsehgeräte, mit denen seiner Meinung nach das Ende des Buchzeitalters erfolgen würde.

  b) Pro: Ja, das Medium ist preiswerter als Bücher, leichter als Bücher, kann viele Bücher gleichzeitig speichern und wird daher künftige Printprodukte ablösen: Kontra: Wie bei der Computer-Entwicklung, bei der einige das Verschwinden von Stift und Papier vorgesagt hatten, wird es voraussichtlich ein Nebeneinander von e-books und Print-Büchern geben.

  c) Vorteile: Viele Bücher sind über eine virtuelle Bibliothek für ein Millionenpublikum kostenlos bzw. preiswerter und schneller zu beschaffen. Nachteil: Urheberrechte können ausgehebelt werden; es kommt nur noch Massenware auf den Markt, weil Publizisten und Schriftsteller kaum mehr Honorare bekommen.

  d) An einem Informationsaustausch interessierte Menschen sind besser mit dem Internet bedient, da dieses schneller arbeitet und gleichzeitig viele Menschen erreichen kann. Der an Sach- und Wissenschaftsliteratur interessierte Leser ist stärker an Printprodukten interessiert, weil diese „seriöser" sind, da ihre Produktion einen durch Lektoren begleiteten „Prüfgang" durchlaufen haben.

2 Internet 2.0 bedeutet: Die Benutzer erstellen, bearbeiten und verteilen Inhalte in entscheidendem Maße selbst, unterstützt von interaktiven Anwendungen.

Vergleich Internet vor 2005 – Internet 2.0, Beispiele: Die Inhalte werden nicht mehr nur zentralisiert erstellt, sondern auch von einer Vielzahl von Nutzern, die sich mithilfe spezieller Software untereinander vernetzen. Nutzer sollen auch motiviert werden, Webseiten von sich aus zu gestalten. Im Internet vor 2005 gab es hingegen nur wenige Anbieter, die Inhalte bereitstellten, aber viele passive Nutzer.

Lernerfolg Kapitel 29

1 Die Globalisierung hat wirtschaftliche, politische und kulturelle Aspekte. Es geht um einen vermehrten Austausch von Waren und Dienstleistungen und durch das internationale Agieren insbesondere großer transnationaler Konzerne, die daran interessiert sind, ihre Waren weltweit zu bewerben und zu vertreiben. Dadurch entsteht eine uniforme Konsumwelt, die lokale Traditionen bedroht. Die Globalisierung kann als ein quasi willkürlicher, nicht zu steuernder Komplex beschrieben werden, aber auch als von Staaten gewolltes Mittel der wirtschaftlichen Expansion.

2 a) Ölbedarf steigt aufgrund von Massenmobilität und weltweitem Absatz von Fahrzeugen. Ausstoß von Treibhausgasen steigt wegen Zunahme von Verkehr und Produktion. Getreidepreise steigen aufgrund von Verknappung von Lebensmitteln.

  b) Alle drei Themenbereiche betreffen nicht nur einzelne Staaten, sondern müssen global gelöst werden; für einen nationalen oder regionalen Ansatz (EU) spricht, dass man schneller zu Ergebnissen kommt und man mit gutem Beispiel vorangehen kann; für einen globalen Ansatz spricht, dass man auch alle weniger entwickelten Länder mitnimmt und vermeidet, dass dort ähnliche Fehler gemacht werden, wie sie die westlichen Nationen durchlaufen haben. Globale Lösungen brauchen oft mehr Zeit und nicht alle halten sich an die Absprachen (z. B. Kyoto-Protokoll).

3 a) 17 Jh.; b) 13. Jh., c) 19. Jh., politische Verfolgungen in Europa, wirtschaftliche Lockungen in den USA; d) 1945–1947; e) Reconquista ab 13. Jh.

4 a) Siehe dazu z. B. die ausführliche Zusammenstellung unter:
www.hagalil.com/israel/geschichte/geschichte.htm (Stand: 19. Oktober 2009).

  b) Im Kern ist der Nahostkonflikt ein politischer Konflikt, der auch eine politische Lösung braucht – also Kompromisse und Verträge. Viele Konflikte überlagern sich zum Beispiel: So gibt es Muslime mit israelischer Staatsbürgerschaft, die in den USA studiert haben, oder palästinensische Unternehmer, die jüdische Angestellte beschäftigen, die eine eher amerikafeindliche Einstellung haben. Auch sind die Großmächte nicht an einer Austragung interessiert, sondern eher an einer gewaltfreien Regelung. Schritte der Eskalation stammen oft von den beiden Konfliktparteien selbst wie Ausbau von Siedlungen durch Israel oder Selbstmordattentate von Palästinensern. Der Konflikt ist zu unübersichtlich, als ihn unter dem Stichwort des Kulturkampfes zusammenzufassen. Es gibt Großmachtinteressen, die in den Konflikt hineinspielen: z. B. die starke Unterstützung Israels durch Großbritannien und vor allem durch die USA.

Bildquellenverzeichnis

akg-images: 21, 27, 36/M2, 59, 115, 121 (British Library), 127, 199 l. 1–3, 143, 149/M1, M2, 160, 188, 201, 229 o. r., 240 l. o., M. r., u. r.

Antikenmuseum Basel: 36/M4

Archivio e Sevicio Fotografico die Musei Vaticani: 38/M1 u. r.

Bayerisches Nationalmuseum, München: 116/M2

Bayerische Staatsgemäldesammlungen, Alte Pinakothek, Foto: Joachim Blauel – Artothek: 116/M1

Bertelsmann Lexikonverlag, Gütersloh: 128

Bildarchiv Foto Marburg: 102 u.

D. Bönninghaus, Dortmund: 48

bpk: 54, 77 (RMN), 109, 199 r. o. (Gerard Le Galle), r. u., 150, 161, 178, 199 (Kunstbibliothek), 200, 214, 215/M1 (Bayerische Staatsbibliothek München Abtlg. Karten und Bilder), M3, 222

BStU, Berlin: 242; Bundesbildstelle, Berlin/Engelbert Reineke: 240 r. o.;

aus: Burleigh/Wippermann, The Recia State, Cambridge University Press 1991: 215/M2

aus: John Camp, Die Agora von Athen, Philipp von Zabern, Mainz 1989: 13 o. M.

Bridgeman Berlin: 146/M1

Corbis/© Andrew Fox: Titelbild (Vordergrund)

Corel Library: 19

DAI, Rom: 61 o. r.

Deutsches Historisches Museum, Berlin: 164/M3, 198

Deutsches Institut für Filmkunde e.V., Frankfurt am Main: 60

Deutsches Museum, München: 164/M2, 168, 169/M1, M2, 211/M1, M2, 213

aus: Adolf Erman, Ägypten und ägyptisches Leben im Altertum, Verlag der H. Laupp'schen Buchhandlung, Tübingen 1985: 29

Finnish publishing Company Finnreklama Oy: 99

Germanisches Nationalmuseum, Nürnberg: 166/M1

aus: René Goscinny/Albert Uderzo, Asterix als Legionär, Bd. 10, Ehapa Comic Collection – Egmont Manga & Anime 1986: 62 o.

aus: René Goscinny/Albert Uderzo, Der Sohn des Asterix, Bd. 27, Ehapa Comic Collection – Egmont Manga & Anime 1986: 62 M. und u.

aus: René Goscinny/Albert Uderzo, Die Trabantenstadt, Bd. 17, Ehapa Comic Collection – Egmont Manga & Anime 1986: 64

aus: H. Jucker, Dokumentation zur Augustusstatue von Primaporta, Hefte des Archäologischen Seminars der Universität, Bern 1977: 58

Keystone Pressedienst: 215/M4

Koninklijke Bibliotheek, Den Haag: 102/M1

Langewiesche-Brandt, Ebenhausen: 218

Linden-Museum, Stuttgart: 98

Karikatur: David Low: 228/M1

Mairie de Paris: 146/M2

Mansell Collection, London: 164/M1

Mary Evans Picture Library, London: 145/M1

Museum of Fine Arts, Boston: 38/M1 u. l.

Neanderthal-Museum Mettmann: 20 u.

Nordrhein-Westfälisches Hauptstaatsarchiv Düsseldorf „NWHSA, RW 58-3093, Bl. 60": 221

Photo Scala, Florenz: 61 M. r.

picture-alliance/akg-images: Titelbild (Hintergrund), 90, 93

picture-alliance/dpa: 36/M5, 229 u. r.

picture-alliance/dpa/© dpa-Bildarchiv: 207, 240 M. l.

picture-alliance/dpa/© dpa-Fotoreport: 13 M. l.

picture-alliance/dpa/© dpa-Report: 13 u. r.

picture-alliance/HB Verlag: 74

picture-alliance/maxppp: 199 M.

picture-alliance/Sander: 13 u. l.

picture-alliance/ZB/© dpa-Report: 13 o. l.

picture-alliance/ZB/© ZB-Fotoreport: 13 o. r.

Rheinisches Landesmuseum, Trier: 61 o. l.

aus: S. Sancha, Das Dorf. So lebte man im Mittelalter auf dem Lande, 1993, Gerstenberg: 79

Stadtmuseum Erfurt: 20 2

Karl Stehle, München: 176

The Art Archive: 97

The British Museum, London: 38/M1 o. l.

ullstein bild: 30, 33, 44 (AKG Pressebild), 65 (Imagebroker.net), 88 (Stary), 182 (Archiv Gerstenberg), 229 u. l., 240 l. u.

Waldburg Zeilsches Gesamtarchiv, Leutkirch: 129

Wikipedia: 13 M. r.

www.loc.gov/gov/rr/print: 165